SAINT LOUIS

ET SON TEMPS

PAR H. WALLON

MEMBRE DE L'INSTITUT
PROFESSEUR D'HISTOIRE MODERNE A LA FACULTÉ DES LETTRES DE PARIS

TOME PREMIER

PARIS
LIBRAIRIE HACHETTE ET Cie
79, BOULEVARD SAINT-GERMAIN, 79
—
1875
Droits de propriété et de traduction réservés

SAINT LOUIS
ET SON TEMPS

OUVRAGES DU MÊME AUTEUR

QUI SE TROUVENT A LA LIBRAIRIE HACHETTE ET Cie.

JEANNE D'ARC, 2⁰ édition. 2 vol. in-8.............. 12 fr. »
  Ouvrage qui a remporté en 1860 le grand prix Gobert.

RICHARD II, épisode de la rivalité de la France et de l'Angleterre. 2 vol. in-8 .... .15 fr. »

LA TERREUR, études critiques sur l'histoire de la Révolution française. 2 vol. in-18 jésus.................... 7 fr..»

LA SAINTE BIBLE, résumée dans son histoire et dans ses enseignements (Ancien et Nouveau Testament); 2⁰ édition. 2 vol. in-18 jésus................................ 7 fr. »

VIE DE N. S. JÉSUS-CHRIST, SELON LA CONCORDANCE DES QUATRE ÉVANGÉLISTES. 2⁰ édition. 1 vol. in-18 jésus.................................. 3 fr. 50

DE LA CROYANCE DUE A L'ÉVANGILE, examen critique de l'authenticité des textes et de la vérité des récits évangélistes. 1 vol. in-8 .... 6 fr. 50

LES SAINTS ÉVANGILES, traduction tirée de Bossuet, avec des réflexions prises du même auteur. 1 vol. in-8.... 12 fr. »

HISTOIRE DE L'ESCLAVAGE DANS L'ANTIQUITÉ, précédée d'une introduction sur l'esclavage dans les colonies. 4 vol. in-8. Édition épuisée.

Typographie Lahure, rue de Fleurus, 9, à Paris.

A

MON EXCELLENT CONFRÈRE

ET AMI

M. NATALIS DE WAILLY

AU SAVANT ÉDITEUR

DE JOINVILLE

INTRODUCTION

Louis IX fut un saint sur le trône. Quelle influence le caractère du saint a-t-il eue sur la conduite du roi? Quelle action le gouvernement d'un tel roi a-t-il exercée sur les destinées de la France? La France, durant les siècles qu'elle a traversés et dans la suite des dynasties qui ont régné sur elles, a vu des princes de bien des natures différentes; et sans parler des mauvais rois, elle a compté de grands cœurs, des âmes dévouées, une ou deux fois de vrais génies. Une seule fois (en ne comptant pas Charlemagne) elle a connu un saint. Il est donc intéressant de voir quelle figure il a faite parmi tant de noms fameux. Sa vie n'est pas seulement un exemple pour le chrétien; elle est un sujet de méditation pour le politique. On y verra où est la grandeur, où est la force d'une nation et sa bonne renommée. On y trouvera la justification de cette parole de l'Évangile : « Bienheureux les pacifiques, parce qu'ils seront appelés les enfants de Dieu ! Bienheureux ceux qui sont doux, parce qu'ils posséderont la terre ! *Beati pacifici.... beati mites, quoniam possidebunt terram.* ».

Rappelons quelle était la situation du royaume et de la royauté à l'avénement de saint Louis.

La France n'était plus ce qu'elle avait été sous Charlemagne. L'Empire, échappé aux mains des Carlovingiens, avait été relevé par les princes germaniques. La royauté, dans les limites fort amoindries de l'ancienne Gaule, était échue aux Capétiens : royauté féodale, ayant ses racines dans le pays ; mais d'autres maisons établies aussi de longue date sur le sol pouvaient lui en disputer la possession. Entre ces rivales de la maison de France, le premier rang appartenait à celle de Normandie qui venait de conquérir le trône d'Angleterre (1066); et quand son héritage passa à la maison d'Anjou, on aurait pu se demander si cette maison n'était pas plus que les Capétiens appelée à grouper autour d'elle toute la France. Henri Plantagenet, duc d'Anjou par son père, roi d'Angleterre et duc de Normandie par sa mère, avait, par sa femme, réuni à ces provinces le Poitou, l'Aquitaine, presque tous les rivages de l'Océan, moins la Bretagne qu'un mariage donna à l'un de ses fils. Il occupait ainsi en France bien plus de pays qu'il n'en restait en propre à ceux qui s'en disaient les rois; et à sa puissance territoriale s'était jointe après lui dans sa maison une force non moins considérable en ces temps de chevalerie : entre tous les héros de la croisade, quel prince avait brillé d'un plus vif éclat que Richard Cœur le Lion? Mais une chose retenait l'ascendant aux Capétiens : c'était le titre de roi et le droit de suzeraineté qu'il emportait sur tous les autres; et dès le temps de Richard, il y avait sur le trône de France un prince qui, inférieur en puissance et en renom militaire, n'en devait pas moins changer la situation et ramener la prépondérance là où était le droit de suzeraineté. Je veux parler de Philippe Auguste[1]. Rival effacé de Richard dans l'expédition faite en commun pour la délivrance de la Terre Sainte (troisième

---

1. Plusieurs chroniqueurs notent volontiers que par son mariage avec Isabelle ou Élisabeth de Hainaut, issue des Carlovingiens, Philippe Auguste avait transmis à ses descendants les droits des deux races. (*Gesta Phil. Aug.* et *Gesta Ludov. octavi* ap. Duchesne, *Script.*, t. V, p. 258 et 285 *b* ; Bernard Guidonis, dans les *Historiens de France*, t. XXI, p. 694 *b*.) L'auteur des *Gesta Phil. Aug.* rappelle que, du reste, le sang de Charlemagne se retrouvait déjà dans Hugues Capet.

croisade), il sut reprendre au retour ses avantages, surtout quand à Richard succéda son frère Jean : prince cruel, bas et avide, qui voulut s'assurer tout l'héritage de sa maison en faisant périr son neveu Arthur, duc de Bretagne, et qui par là ne fit qu'y attirer l'intervention de la France. Cité devant la cour des pairs, condamné par défaut, il vit le roi de France lui enlever la plupart des provinces qui relevaient de la couronne : Normandie, Maine, Anjou, Touraine, Poitou. Il le vit même bientôt le menacer pour son propre royaume. Excommunié, puis déposé par Innocent III, il ne garda sa couronne, offerte par le pape à Philippe Auguste, qu'en la mettant aux pieds du souverain pontife lui-même, pour la reprendre en fief de ses mains. La France avait donc reconquis son rang sur l'Angleterre, et elle maintint son indépendance à l'égard de l'Empire, lorsque Othon, qui voulait encore se croire le suzerain des rois, vint, à l'appel de Jean, attaquer Philippe Auguste à Bouvines (1214).

C'est l'année où naquit saint Louis.

La royauté française victorieuse avait dès lors conquis sa place dans le monde, et un moment elle faillit dominer l'Angleterre à son tour. Jean, humilié en France, odieux dans son pays, avait dû concéder la Grande Charte à ses barons révoltés (1215); mais, tirant parti de sa déchéance même, il s'en était débarrassé presque aussitôt en la faisant annuler par le pape dont il était devenu le vassal. Les barons offrirent le trône à Louis, fils de Philippe Auguste, et Philippe, tout en évitant de se compromettre lui-même auprès du Saint-Siége, souffrit que son fils acceptât (1216) : on mettait en avant les droits, primés par beaucoup d'autres, que la jeune femme du prince, Blanche de Castille, tenait de Henri II, son aïeul maternel[1]. Ainsi l'héritier du trône de France devenait roi d'Angleterre; et l'on pouvait prévoir le jour où les deux couronnes seraient unies sur la même tête. Cet avenir peu souhaitable pour chacun des deux pays ne devait pas se réaliser. La mort de Jean, qui semblait débarrasser Louis d'un rival, ne fit que lui en susciter un autre plus dangereux. Les barons anglais avaient déjà eu le temps de songer au péril qu'il y avait à mettre sur le trône un prince venu en Angleterre avec tant d'autres barons désireux de s'y établir autour de lui; et les libertés stipulées par la Grande Charte ne leur

[1]. Blanche de Castille était née en 1187 d'Alfonse IX, roi de Castille, et d'Éléonore, fille de Henri II, roi d'Angleterre. Son union avec Louis, fils de Philippe Auguste, avait été une des clauses de la paix conclue par Jean sans Terre avec Philippe Auguste. Éléonore de Guyenne, aïeule de Blanche, l'amena elle-même en France, où le mariage fut célébré.

paraissaient pas bien garanties sous un roi qui pourrait se croire roi d'Angleterre par la conquête. Le fils de Jean, un enfant, leur offrait l'avantage de maintenir leur dynastie nationale et de garder le pouvoir entre leurs mains. Aussi les défections ne tardèrent-elles pas à réduire, au profit du jeune Henri III, le parti de Louis, qui ne fut plus que le parti de l'étranger. Louis se rembarqua, restituant au prince anglais ce qu'il avait conquis en Angleterre, et promettant même d'intervenir auprès de son père pour lui faire rendre ce que Jean avait perdu en France (traité de Lincoln, 1217) : promesse qui pouvait être tenue par le prince sans qu'on pût craindre en France qu'elle fût suivie d'effet dans les conseils du roi.

A la mort de Philippe Auguste (14 juillet 1223), la maison royale était maîtresse directement de la meilleure partie de la France du nord et du centre, et suzeraine incontestée de tout le reste, dans les bornes que lui avait marquées en 843 le traité de Verdun : au sud la Méditerranée et les Pyrénées (moins la basse Navarre et le Roussillon) ; à l'ouest l'Océan ; au nord et à l'est l'Escaut, la Meuse, la Saône et le Rhône (moins le Lyonnais et le Vivarais[1], où l'Empire avait étendu les

---

1. Pour les prétentions de l'Empire dans les régions de l'Escaut, voy. Huillard-Bréholles, *Histoire diplomatique de Frédéric II*,

prétentions qu'il gardait sur les pays situés en deça de cette grande ligne) ; et un événement qui, sans procéder de l'action du roi, n'en est pas moins l'un des principaux de son règne, avait préparé l'extension du domaine royal dans le Midi : je veux parler de la croisade des Albigeois.

Pour nous réduire à ce qu'il en faut connaître avant d'en voir le dénoûment sous saint Louis, rappelons qu'une hérésie manichéenne, à ce qu'il semble, transférée, on ne sait comment, en Bulgarie et en Hongrie, et de là répandue dans l'Allemagne du Sud et dans l'Italie du Nord, avait pénétré de l'Italie dans le midi de la France, notamment dans le diocèse d'Albi : d'où le nom d'Albigeois donné à ces sectaires. Eux-mêmes s'appelaient *Cathares* ou purs, nom grec qui marque bien l'origine byzantine de l'hérésie. Ils prétendaient revenir aux coutumes de la primitive Église, et, se faisant de la richesse et des vices d'une partie du clergé un moyen d'attaque contre lui, ils entraînaient les populations

---

introduction, p. CCLXXXI-CCLXXXIV ; sur le Lyonnais, voy. un article de M. Bonnassieux, dans la *Bibl. de l'École des Chartes*, t. XXXV (1874) ; sur le Vivarais, voy. la note ajoutée par M. Longnon à la grande et belle édition de Joinville publiée par M. N. de Wailly chez MM. Didot, et la carte jointe à cet ouvrage. Nous reviendrons tout à l'heure sur ce savant travail.

et avaient trouvé faveur auprès des seigneurs qui voulaient se soustraire à l'empire de l'Église ou convoitaient ses biens [1].

Dès le douzième siècle, la papauté s'était efforcée de combattre le mal par des missions, mais sans résultat. Saint Bernard lui-même y avait échoué. Innocent III reprit l'œuvre commencée, et grâce au concours de l'évêque d'Osma, Diégo, et de son acolyte Dominique [2], l'entreprise eût réussi peut-être, si l'excommunication du comte de Toulouse par le légat Pierre de Castelnau, et le meurtre du légat par un chevalier qui voulait venger ainsi son seigneur (1208), n'eût entraîné dans les voies de la guerre. La croisade fut prêchée contre les Albigeois, et une troupe nombreuse de pèlerins et de seigneurs, notamment le duc de Bourgogne et Simon comte de Montfort, accoururent par plusieurs chemins vers le Midi, attirés par des indulgences qui se pouvaient gagner avec si peu de peine, et tant de profit par surcroît.

Deux périodes, séparées par le concile de La-

---

1. Sur l'origine de la doctrine des Albigeois, voy. C. Schmidt, *Histoire et doctrine des cathares*, t. II, notes 1 et 2 à la fin du volume.

2. Voy. sur leur mission vraiment apostolique, Pierre de Vaux-Cernay, dans le *Recueil des Historiens de France*, t. XIX, p. 7.

tran (1215), précèdent l'intervention directe de la France dans cette guerre. Dans la première les croisés l'emportent; dans la seconde ils sont à la veille d'être vaincus.

D'abord, le comte de Toulouse menacé de tous les côtés, et ne trouvant d'appui ni auprès du roi de France ni auprès de l'empereur Othon, cède et signe tout ce que l'on veut (15 juin 1209). La croisade eût été prévenue si Raymond Bérenger, vicomte de Béziers et de Carcassonne, n'eût refusé de plier : il y perdit ses villes et seigneuries qui furent données à Simon de Montfort (novembre 1209). Un homme du Nord est ainsi établi dans le Midi : mais il est seul au milieu de toutes les haines du pays, et il aurait succombé si une nouvelle excommunication, lancée contre Raymond VI, n'eût renouvelé la croisade. La lutte cette fois promet d'être plus égale. Le comte de Toulouse, attaqué par le Nord, trouve au Midi un puissant auxiliaire : le roi d'Aragon, vainqueur des Almohades à la grande journée de Tolosa (16 juillet 1212). Mais ce prince est vaincu et tué à la bataille de Muret (12 septembre 1213), et sa défaite entraîne la ruine de Raymond VI. Le concile de Latran vient clore cette période et paraît mettre fin à la guerre. L'hérésie est condamnée et comme dépossédée, exterminée par la substitution des vainqueurs aux vaincus. Simon de Montfort joint à ses précédentes acquisitions celle du comté de Toulouse[1]. Le fils de Raymond VI, qui a abdiqué, ne retient que le marquisat de Provence (entre la Durance et l'Isère) : à quoi le pape ajoute, par un don bénévole, le comtat Venaissin comme fief du Saint-Siége (1215).

Rien n'est fini pourtant. La haine contre Simon de Monfort s'est accrue avec ses possessions et sa fortune. Le jeune Raymond VII entre en scène (1216). Toulouse, qui frémit sous le joug, réussit enfin à lui ouvrir ses portes (13 septembre 1217), et Simon, qui vient l'y assiéger, périt tué d'un coup de pierre (25 juin 1218).

Cet événement, qui semblait ruiner l'œuvre de la croisade dans le Midi, allait lui donner un plus redoutable soutien. Amaury, fils de Simon, fait appel, non plus seulement au pape, mais au roi de France. D'abord il ne fait qu'invoquer son secours, et ce secours insuffisant faillira le com-

---

1. Philippe Auguste se plaignit, dit-on, au pape de cette dépossession du comte de Toulouse comme d'une atteinte à la suzeraineté de la couronne dont ses fiefs relevaient. Le roi fit du reste bon accueil à Simon de Montfort quand il vint lui faire hommage. Tillemont, t. I, p. 67; D. Vaissette, *Hist. du Languedoc*, l. XXII, § 103, t. III, p. 285, et M. F. Faure, *Vie de saint Louis*, t. I, p. 59.

promettre davantage. Philippe Auguste n'intervient pas lui-même; il se contente d'envoyer son fils. Louis, rejoignant Amaury de Montfort, prend Marmande et met le siége devant Toulouse, mais il est contraint à le lever au bout de deux mois (1ᵉʳ août 1219) : marque d'impuissance qui fait perdre à Amaury presque toutes les villes dont il avait encore la possession. Béziers même, imitant Toulouse, reçoit le jeune Trencavel, le fils de son ancien seigneur; Amaury ne retient que Carcassonne, Agde et Narbonne. C'est alors que, désespérant de sa cause, il offre de la remettre, avec tous ses droits, aux mains du roi (1222). Cette offre que Philippe Auguste, malade et mourant, ne put accueillir pour lui-même, allait être acceptée de son fils.

Louis VIII pourtant, aux débuts de son règne (1223), avait porté ses vues d'un autre côté; et il eût mieux fait d'y persister, car c'était encore la voie la plus sûre pour aller à Toulouse. Il voulait reprendre aux Anglais ce qui leur restait de possessions au delà de la Loire. Au traité de Lincoln, il est vrai, il avait promis d'intercéder auprès de son père pour leur faire restituer tout ce qu'ils avaient perdu, même en deçà. Le fit-il? Devenu roi, la chose semblait toute faite : il n'avait qu'à vouloir. Mais il ne s'en souciait pas plus que Philippe son père. Il prétendait, d'ailleurs, que le roi d'Angleterre avait violé le traité.

Henri III pouvait bien réclamer l'exécution de la promesse, il n'était pas en mesure de l'exiger. Entre lui et ses barons il y avait défiance réciproque et dans une telle situation, il avait bien plus à souhaiter de prolonger la trêve que de la rompre. Ce fut Louis VIII qui la dénonça. Il entra dans le bas Poitou : rien n'avait été fait pour mettre le pays en défense. Niort se rendit; la Rochelle même, n'étant pas secourue, dut capituler (3 août 1224) : et l'exemple de cet abandon décida tout le pays jusqu'à la Garonne à se soumettre. L'Aquitaine aurait sans doute subi le même sort et Bordeaux aurait été contraint de suivre l'exemple de la Rochelle, malgré la présence de Richard, frère de Henri III, si le roi ne s'était laissé détourner ailleurs.

Il se détourna vers l'Albigeois.

Amaury était près de succomber. Le pape, craignant de voir dans sa chute le triomphe de l'hérésie, pressait vivement Louis de répondre à l'appel qui lui était fait. Dans un concile (Bourges) où l'on assigna Raymond et Amaury, Raymond fut excommunié, et Louis accepta enfin, avec la succession d'Amaury, la direction de la croisade (novembre 1225)¹. Le lieu de réunion de tous les croisés était fixé à Lyon. Ils descendirent par la rive gauche du Rhône (bien que ce fût terre d'Empire), la rive gauche offrant seule une plaine convenable à la marche d'une armée. Ils comptaient repasser le fleuve à Avignon qui avait consenti au passage; mais quand la première troupe des croisés eut traversé la ville, les habitants eurent peur et fermèrent leurs portes à tout le reste. Ils ne leur concédaient qu'un passage étroit le long du rocher sur lequel s'élève encore aujourd'hui la terrasse du palais des papes². Du pied de l'arche ils auraient dû sans doute gagner le tablier du pont par des échelles. Ce procédé, qui eût fait défiler l'armée sous les créneaux des murailles et comme à la merci des habitants, ne convint pas au roi. Il voulut passer avec toute son armée par la ville et assiégea la place (10 juin 1226)³. Elle finit par capituler

---

1. Sur l'empressement d'un certain nombre de villes et de seigneurs, mais surtout du clergé, à aller par des adresses au-devant de la domination du roi de France, voy. les pièces citées par Teulet, *Layettes du trésor des Chartes*; t. II, n° 75 et suiv., et par M. Boutaric, *Saint Louis et Alfonse de Poitiers*, p. 37.

2. *Portas civitatis præcladunt, Regi tamen cum paucis transitum permittentes, aut haberet transeundi sub'rupe, via arctissima, optionem*, Guill. de Puy Laurens, ch. xxxv, dans les *Historiens de France*. t. XIX, p. 216 d.

3. D'autres chroniques, peut-être pour justifier la conduite du

(10 septembre[1]). Mais on avait perdu un temps précieux, et plusieurs pouvaient regretter de s'être obligés à rester au delà des quarante jours de leur service féodal jusqu'à la fin de la guerre[2]. Le jeune comte de Champagne, qui n'était pas engagé, partit sans plus attendre. Déjà pourtant presque tout le pays s'était soumis depuis le Rhône jusqu'à quatre lieues de Toulouse[3], lorsque des maladies se déclarèrent parmi les troupes. Le roi lui-même en fut atteint, et il y succomba dans la ville de Montpensier, le 8 novembre 1226.

Quoique ayant en partie réussi, cette campagne contre les Albigeois avait été fatale à la France : elle avait détourné Louis VIII de son expédition contre Henri III ; elle l'avait arrêté au milieu de ses conquêtes, lorsqu'il venait de prendre la Ro-

roi de France, parlent d'embûches que les Avignonais lui avaient tendues. Voy. Tillemont, t. I, p. 390.

1. *Chron. Turon.*, dans les *Historiens de France*, t. XVIII, p. 317, *a*, *b*. Guill. de Nangis (*ibid.*, t. XX, p. 544) dit à l'Assomption (15 août).

2. *Usque ad ipsius negotii consummationem vel quandiu in negotio [rex] laborabit* (Paris, janvier 1225). Teulet, *Layettes du trésor des Chartes*, t. II, nº 1742. Nous aurons souvent l'occasion de renvoyer à ce précieux recueil dont deux volumes ont été publiés par le regrettable Teulet, et qui se continue, sous la surveillance du directeur des Archives, par de jeunes archivistes dignes de leur prédécesseur.

3. Voy. D. Vaissette, *Hist. du Languedoc*, l. XXIV, §§ 13-21, p. 355-360.

chelle, et qu'il pouvait espérer de se faire ouvrir les portes de Bordeaux. Bordeaux pris, le roi ne se fût certes pas trouvé en moins bonne position pour menacer Toulouse. L'expédition fut donc dommageable à ce point de vue ; elle le fut, à un autre titre encore, bien davantage, puisqu'elle coûta à la France la vie du roi. Or la mort du roi, en laissant, pour la première fois depuis Hugues Capet, le trône à un enfant, pouvait mettre en péril l'œuvre poursuivie depuis plus de deux siècles. Constatons, au moment où la question se pose, la situation respective du roi et des barons : ce sera donner le tableau de la France à l'avénement de saint Louis.

DOMAINE ROYAL.

Le roi possédait directement l'*Ile de France* et l'*Orléanais* (comtés de Paris, de Melun, d'Orléans), qui constituaient le patrimoine des premiers Capétiens ; le *Gâtinais* (Château-Landon), le *Vexin français* (rive gauche de l'Epte), la vicomté de *Bourges*, acquis par Philippe Ier ; la seigneurie de *Montlhéry* et le comté de *Corbeil*, par Louis VI ; l'*Artois*, cédé par le comte de Flandre en 1191 ; le *Vermandois* (y compris le comté d'*Amiens*), et le *Valois*, promis à Philippe Auguste lors de son premier mariage, et réunis définitivement en 1214 ; *Gisors, Vernon, Néauffle, Pacy-sur-Eure, Longueville*, cédés par Richard Cœur de Lion en 1195 ; la *Normandie*, le *Maine*, l'*Anjou*, la *Touraine*, enlevés à Jean en 1204 ; les comtés d'*Évreux* (1200), et de *Meulan* (1203) ; le *Vexin normand* (1205) ; les comtés d'*Alençon* et du *Perche* (1219, 1226) ; de Beaumont-sur-Oise (1223) ; la ville de *Montargis* et la seigneurie de *Gien*, qui précédèrent ou complétèrent ces grandes acquisitions au nord de la Loire; au sud, le *Poitou*, conquis en partie en 1205 et en totalité sous Louis VIII; la plus grande partie de l'*Auvergne* (la *terre d'Auvergne*), abandonnée, avec Vernon, etc., par Richard Cœur de Lion à Philippe Auguste (1195), ou conquis par ce roi sur le comte et sur le dauphin d'Auvergne; et dans le Midi, ce qui avait été cédé par Amaury ou conquis par Louis VIII : *Beaucaire*, *Nîmes*, *Carcassonne*, etc.[1].

DOMAINE FÉODAL[2].

Les principaux fiefs ou arrière-fiefs de la couronne peuvent être rangés dans les divisions suivantes :

I. PAYS AU NORD DE LA LOIRE.

I. RÉGION DU NORD.

La FLANDRE, dont le comte Ferrand était retenu prisonnier au Louvre depuis la bataille de Bouvines; à la Flandre se rattachaient plusieurs terres tenues en fief de l'Empire : au nord, les îles de Zélande, les Quatre-métiers le comté d'Alost, etc.; au sud, Crèvecœur, Arleux et l'Ostrevant (Bouchain).

Le comté de *Boulogne*, dont le titulaire, Renaud, avait eu le même sort que le comte de Flandre : le comté, assuré en héritage à sa fille quand elle épousa Philippe Hurepel, fils de Philippe Auguste et d'Agnès de Méranie,

---

1. Louis VIII, pendant son expédition, établit déjà des sénéchaux à Carcassonne et à Beaucaire (D. Vaissette, *Histoire du Languedoc*, t. XXIX, §§ 18 et 21, p. 359-360).

2. Pour cette description de la France féodale, je renvoie à la carte dont M. Longnon a enrichi le Joinville de M. N. de Wailly (éd. Didot), et à la savante note qui l'explique et la complète en y joignant les détails historiques propres à déterminer les limites

était alors occupé par ce prince. Au comté de Boulogne se rattachait Calais. Au nouveau comte de Boulogne appartenait encore le comté de *Dammartin* et le comté de *Clermont*[1].

Le comté de *Saint-Pol*, qui relevait de Boulogne; les comtés d'*Ardres* et de *Guines*, de l'Artois.

Les comtés de *Ponthieu* et d'*Aumale*, unis par le mariage de Marie, comtesse de Ponthieu, avec Simon de Dammartin, comte d'Aumale[2].

Les comtés d'*Eu*, de *Soissons*[3]; les seigneuries de *Coucy*[4] et de *Montmorency*.

de chaque fief (p. 559 et suiv.). Pour les maisons qui les occupaient, on sait les ressources que présente l'*Art de vérifier les dates*. Il ne faut pas oublier que tel grand seigneur, soit, pour en nommer un, le comte de Champagne, était feudataire de tel ou tel évêché compris dans sa province, Reims et Langres par exemple, en raison des domaines qu'il tenait de l'évêque :

1. Le comté de *Clermont*, acquis en 1218 par Philippe Auguste des héritiers de Thibaut IV, comte de Blois par son père et de Clermont par sa mère, et donné cette année même à Philippe Hurepel; le comté de *Dammartin*, un des fiefs de l'ancien comte de Boulogne, rendu au même Philippe Hurepel, son gendre, en 1223. Une fille de Philippe Hurepel hérita du comté de Clermont, et épousa Gaucher de Châtillon qui périt en Égypte (1250). Elle mourut la même année et le comté échut au roi.

2. Ces deux comtés avaient été également confisqués en châtiment de la participation du comte d'Aumale à la révolte de la Flandre. Marie avait obtenu la restitution du Ponthieu, moyennant la cession de Doullens et de Saint-Riquier qui furent unis à l'Amiénois; Simon ne recouvra Aumale qu'en 1230.

3. Alix, comtesse d'Eu, avait épousé Raoul de Lusignan, dit d'Issoudun; en 1227, Raoul succéda à sa mère. Sa fille et son héritière épousa le fils de Jean de Brienne, roi titulaire de Jérusalem, Alfonse de Brienne, dit d'Acre, compagnon de saint Louis dans sa première croisade, et qui mourut devant Tunis le même jour que le roi. — Le comte de Soissons était en 1226 Raoul de Nesle, et depuis 1237 Jean II de Nesle, cousin de Joinville.

4. Coucy, la Fère, Marles et Vervins.

Et au sud-ouest de Paris le comté de *Montfort-l'Amaury*, dont le nom, rendu si fameux par le comte Simon, devait recevoir une nouvelle illustration en Angleterre par un autre Simon, fils du premier;

Le comté de *Dreux*, tout petit apanage d'une branche de la maison de France (issue de Robert, troisième fils de Louis VI).

L'évêché de *Tournai*, sur les deux rives de l'Escaut, n'avait pas cessé d'être regardé comme se rattachant directement au royaume; les évêques de *Beauvais*, de *Noyon*, de *Laon*, étaient comtes dans leurs évêchés; l'évêque de *Lisieux* en était seigneur; il ne prit le titre de comte que plus tard.

II. RÉGION DE L'EST.

Le comté de CHAMPAGNE sous Thibaud IV, fils posthume de Thibaud III (1201). Placé dès sa naissance sous la tutelle de sa mère, Blanche de Navarre, il venait d'atteindre sa majorité (1222) à l'avénement de Louis VIII, qu'il accompagna dans la guerre contre les Anglais, au siége de la Rochelle, et qu'il abandonna dans la guerre contre les Albigeois, au siége d'Avignon.

Six comtés en relevaient au treizième siècle: les comtés de *Réthel*, de *Grandpré*, de *Roucy*, de *Brienne*, de *Joigny*, et le *comté Porcien*.

L'archevêque de *Reims*, les évêques de *Châlons* et de *Langres* étaient comtes dans une partie de leur diocèse. Le chapitre de Reims rendait directement hommage au roi pour une partie détachée du comté Porcien, au nord de la Champagne, sous le nom de *Potées* (*Potestates*).

Le duché de BOURGOGNE, dont le titulaire, Hugues IV, tenait plusieurs fiefs des évêques de Châlon et de Langres, et même au delà de la Saône, de l'Empire;

Les comtés de *Tonnerre*, d'*Auxerre* et de *Nevers*, réunis pendant la plus grande partie des règnes de Philippe Auguste, de Louis VIII et de saint Louis par deux femmes, Mahaut Ire (1192-1257) et Mahaut II (1257-1262);

Le comté de *Mâcon*, vendu en 1239 à saint Louis;

Le comté de *Beaujeu*, dont le titulaire, Humbert IV, accompagna Louis VIII en 1226, dans sa croisade contre les Albigeois, et saint Louis en 1248, dans sa croisade en Égypte où il mourut.

III. RÉGION DE L'OUEST.

Les comtés de *Blois* et de *Chartres*, appartenant à deux princesses d'une branche de la maison de Champagne, dont ils relevaient encore au commencement du règne de saint Louis; les cinq baronies du *Perche* (Perche-Gouet), unies et tenues en fief de l'évêque de Chartres.

Le comté de *Vendôme*, mouvant du comté d'Anjou.

Le comté ou duché de *Bretagne* (ces deux titres sont portés au treizième siècle), échu, après la mort d'Arthur, à sa demi-sœur Alix, fille aînée de la duchesse Constance et de Gui de Thouars, et porté par elle en mariage à Pierre Mauclerc, de la maison de Dreux. Depuis sa mort, en 1220, Pierre Mauclerc ne tenait plus la Bretagne que comme baile ou régent, au nom de son fils mineur; mais il garda jusqu'à la majorité de ce dernier le titre de comte de Bretagne, qu'il rendit redoutable à ses barons d'abord et aussi à la France pendant la minorité de saint Louis. — Parmi ces vassaux du comte de Bretagne, Henri d'Avaugour, dépouillé de ses terres de Tréguier, de Lamballe et de Guingamp, ne possédait plus que quelques domaines sous le nom de comté de *Goello*; le vicomte de *Léon*, qui n'avait plus Morlaix, mais gardait Brest, céda ce grand port, en 1240, au comte de Bretagne.

II. PAYS AU SUD DE LA LOIRE.

I. BASSIN DE LA LOIRE.

La seigneurie de *Bourbon*, dont les domaines correspondaient à peu près au Bourbonnais, et par conséquent s'étendaient aussi sur la rive droite du fleuve : ils devaient passer, par un mariage (1272), au plus jeune fils de saint Louis, Robert de Clermont.

Le comté de *Forez*, à cheval aussi sur la rivière. Le Lyonnais, qui appartenait à la même maison, avait été cédé en 1173 à l'archevêque de Lyon[1].

Le comté de *Velay* à l'évêque du Puy; la seigneurie de *Clermont* à l'évêque de Clermont; la seigneurie de *Montbonnet*, qui relevait directement du roi.

Le *comté* et le *dauphiné* d'*Auvergne*, petite partie de cette vaste contrée qui, sous le nom de terre d'Auvergne, avait été réunie au domaine royal. Le comté d'Auvergne se réduisait à Vic-le-Comte et à quelques domaines à l'entour; le Dauphiné d'Auvergne consistait en une bande de territoire qui s'étendait entre Clermont et Langeac.

Le comté de *Sancerre*, que le comte de Champagne allait bientôt céder à saint Louis (1234).

Les comtés de la *Marche* et d'*Angoulême*, fiefs du Poitou. Le comte de la Marche, Hugues X, qui avait épousé Isabelle, veuve de Jean[2], se trouvait ainsi le beau-père du roi d'Angleterre Henri III.

---

1. Le fils de Guignes V, qui était comte en 1226, Guignes VI, épousa Mathilde ou Mahaut Ire, comtesse de Nevers, mais leurs intérêts restaient séparés. Voy. les accords conclus entre eux, 25 février 1239 et décembre 1242 (*Layettes du trésor des Chartes*, t. II, n°s 2768 et 3004). Le comte de Forez accompagna saint Louis dans sa première croisade et fut blessé devant Damiette.

2. Avant d'épouser Jean, Isabelle avait été fiancée à Hugues IX,

II. BASSIN DE LA GARONNE.

A côté de la Guyenne[1], qui restait au roi d'Angleterre avec la suzeraineté de plusieurs fiefs de sa dépendance[2], on trouve la vicomté de *Limoges* et le comté de *Périgord*, la vicomté de *Turenne* et la seigneurie de *Hautefort*, qui en avaient été détachés par la conquête, et qui devaient lui revenir par le traité de 1258.

Le comté de Toulouse, si puissant avant la guerre des Albigeois[3], si amoindri alors, mais qui restait encore le principal État du Midi, s'étendant en général sur les terres des diocèses de *Toulouse*, d'*Agen*, de *Cahors*, de *Rodez*, et d'*Albi*; nous verrons la situation que lui reconnut, dès les premières années de saint Louis, le traité de Paris (1229).

Dans la mouvance de Toulouse étaient les comtés de *Foix* et de *Comminges* pour une partie de leurs possessions; la seigneurie de *Mirepoix*, les comtés d'*Armagnac*, de *Fezensac*, unis alors, et la vicomté de *Fezensaguet*, qui

---

père de Hugues X, et non, comme on l'a cru, à Hugues X qu'elle épousa plus tard. Voy. L. Delisle, *Bibl. de l'École des Chartes*, 4ᵉ série, t. II, p. 514.

1. Diocèses de Bordeaux, de Bazas, d'Oloron, de Lescare, d'Aire, et partie des diocèses de Bayonne et de Tarbes.

2. Vicomtés de *Marsan*, de *Bearn*, de *Soule*; comté de *Bigorre*, seigneurie d'*Albret*.

3. Avant la guerre des Albigeois, Raymond VI possédait : 1º le duché de *Narbonne*; 2º le domaine direct des comtés particuliers de *Narbonne*, *Nîmes*, *Uzès*, *Béziers*, *Agde* et *Lodève*; 3º le comté de *Toulouse* comprenant toute la province ecclésiastique de ce nom; 4º les comtés particuliers d'*Albigeois*, de *Quercy*, de *Rouergue*, en Aquitaine, et la suzeraineté de plusieurs pays de Gascogne; 5º le *Vivarais*, dans la province de Vienne; à quoi il faut ajouter le marquisat de Provence, comprenant une grande partie du pays situé entre la Durance, l'Isère, le Rhône et les Alpes. (Voyez D. Vaissette, *Hist. du Languedoc*, l. XXIII, § 64, t. III, p. 325.)

s'y joignit en 1256; le comté de *Rodez*, le comté d'*Astarac*, de *Pardiac;* les vicomtés des *Quatre-Vallées*, de *Nebouzan*, de *Lomagne;* de *Gavardan* (appartenant au vicomte de Béarn); la seigneurie de l'*Isle en Jourdain*.

L'évêque de *Mende* possédait le comté de *Gévaudan;* les évêques de *Lodève*, d'*Albi* et de *Cahors* étaient comtes dans leurs diocèses : le premier depuis 1190, les deux autres depuis la guerre des Albigeois. La partie méridionale de l'Albigeois avait formé la seigneurie de *Castres* comme fief de la couronne au profit de Philippe de Montfort.

III. BASSIN DE L'AUDE ET DE L'HÉRAULT.

La vicomté de *Narbonne* et la seigneurie de *Montpellier*. Montpellier appartenait au roi d'Aragon, comme fief de l'évêque de Maguelonne[1] ; mais la ville de Montpellier avait les droits de commune les plus étendus, d'après sa grande Charte du 15 août 1204[2]. — L'évêque de *Maguelonne* possédait le comté de *Melgueil;* les évêques d'*Agde* et de *Lodève* occupaient, à titre de comtes, tout ou partie de leurs diocèses.

Du côté de l'Est, nous l'avons dit, le Rhône, la Saône, la Meuse et l'Escaut étaient la limite tracée, depuis le traité de Verdun, entre ce qui fut la terre de France et la terre d'Empire; mais les pays situés au delà de cette ligne, presque indépendants de l'Empire, étaient unis à la France par de nombreux liens : le Brabant, le comté de Namur, l'Ostrevant (Bouchain), le Hainaut au nord; le comté de Bar et le duché de Lorraine au nord-est; le comté de

---

1. Voy. l'hommage rendu à l'évêque de Maguelonne par le roi d'Aragon pour Montpellier, le 16 décembre 1236 (*Layettes du trésor des Chartes*, t. II, n° 2470 et 2471).

2. Voy. A. Germain, *Histoire de la Commune de Montpellier*, t. I, ch. IV, p. 53 et suiv.

Bourgogne à l'est; le Dauphiné du Viennois, et la Provence au sud-est[1].

Voilà dans ses traits principaux, non dans ses détails, le tableau de la France féodale ; la France dans son morcellement en fiefs et arrière-fiefs, mais aussi avec le principe qui devait constituer sa nationalité.

La maison de France, depuis Philippe Auguste, n'avait pas seulement acquis par ses domaines une supériorité en rapport avec son titre; elle avait donné à ce titre toute sa valeur. Le roi avait véritablement groupé autour de lui et maintenu à leur rang, dans l'observation de leurs devoirs, les membres de la féodalité. Les seigneurs lui faisaient leur service et dans son ost et dans sa cour. C'est cette cour qui, composée plus solennellement des grands vassaux et des évêques au nombre de douze (six laïques et six ecclésiastiques[2]), avait formé la cour des pairs où le roi

___

1. La cité basse de Marseille fut donnée pour la vie au comte de Toulouse par les Marseillais, le 7 novembre 1230 (*Layettes du Trésor des Chartes*, t. II, n° 2079). Il y eut pour leurs possessions respectives de fréquentes contestations entre le comte de Toulouse et le comte de Provence pendant le règne de saint Louis. La maison de Provence était une branche de la maison d'Aragon.

2. Les six pairs laïques étaient originairement les ducs de Normandie, d'Aquitaine, de Bourgogne, et les comtes de Flandre, de Champagne et de Toulouse (les deux premières pairies apparte-

Jean avait été cité comme duc de Normandie et condamné faute de comparaître; et depuis, les douze pairs n'y pouvant être très-régulièrement présents, d'autres barons y avaient été appelés avec eux et maintenus, malgré quelques protestations, même quand la question touchait les grands vassaux de la couronne. Les offices de la maison du roi étaient devenus les principales charges de l'Etat: sénéchal, bouteiller, chambrier, connétable et chancelier; les baillis institués par Philippe Auguste, quand la charge de sénéchal fut supprimée (1191) et au-dessous d'eux les prévôts, étendaient l'action de la justice et de l'administration du roi dans toutes les parties du domaine.

Secondé par cette administration, le pouvoir royal avait pu donner plus d'activité et de suite à ses rapports avec les différents ordres. De nombreuses transactions avaient resserré les liens des seigneurs et du roi; et souvent des traités obligèrent tel ou tel d'entre eux à garantir la fidélité de quelques seigneurs du voisinage. Philippe Auguste s'était aussi attaché l'Église en lui faisant des donations, en confirmant ses priviléges,

---

naient donc alors au roi d'Angleterre); les six pairs ecclésiastiques étaient l'archevêque de Reims et les évêques de Laon, de Langres, de Noyon, de Châlons-sur-Marne et de Beauvais.

tout en recommandant aux baillis de veiller sur les empiètements de sa juridiction. Il trouvait enfin un appui sérieux dans les populations des villes ou des campagnes, en accordant des chartes de priviléges ou de libertés, même à de simples villages, et en se montrant en toute circonstance favorable à l'affranchissement des serfs[1]. Ainsi le pouvoir royal s'était plus fortement constitué, et par la supériorité de son administration il acquérait faveur jusque au delà des limites où il devait se contenir. Louis VIII, dans son règne de trois ans, n'avait pas laissé déchoir la puissance qu'il avait reçue de son père. Il l'avait accrue même, en donnant place aux grands officiers dans sa cour à l'occasion d'un procès où les pairs prétendaient avoir, seuls, droit de siéger; introduction qui, sans porter atteinte à l'indépendance de la cour du roi, ne laissait point que d'y donner à l'autorité royale plus de garanties. Louis VIII avait pourtant compromis l'œuvre de Philippe Auguste lorsque, par son testament, il distribua les principales acquisitions de la couronne en apanage à ses enfants: donnant au deuxième (Robert), l'Artois; au troisième (Jean), l'Anjou et le Maine; au quatrième (Alfonse), le Poitou et

---

1. Nous reviendrons sur toutes ces matières en traitant du gouvernement de saint Louis, au t. II de cette histoire.

l'Auvergne[1]. C'était faire de la fécondité de la maison royale une calamité publique, mettre en question, à chaque règne, la puissance de la branche régnante, et, ce qui préoccupait moins, sans doute, alors les esprits, la formation de la nationalité. Le péril était encore éloigné, puisque ces princes n'étaient que des enfants : mais l'aîné n'était qu'un enfant lui-même. Qu'allait devenir avec un roi mineur l'œuvre des Capétiens ? C'est ce que nous allons voir par l'histoire du prince qui va prendre le rang de Louis IX, et que nous appelons saint Louis.

Avant d'aborder le récit, je crois utile d'offrir au lecteur quelques notions sommaires sur les principaux historiens dont le témoignage sera soumis à son appréciation.

Les principaux historiens de saint Louis sont publiés dans le tome XX du *Recueil des historiens de France*. Pour tous on consultera avec fruit la préface du volume et les notices mises en tête de chacun des auteurs.

Le premier, non dans l'ordre des temps, mais dans l'ordre de l'importance, c'est JOINVILLE. Jean, sire de Joinville, né vers 1224, avait déjà hérité de son père le titre de sénéchal de Champagne quand il assista, en 1241,

---

1. Voyez son testament (juin 1225) dans Teulet, *Layettes du trésor des Chartes*, t. II, n° 1710. Le cinquième fils, Charles, ne reçut point d'apanage étant destiné à entrer dans les ordres. Plus tard, Jean étant mort, Charles lui fut directement substitué, le comté de Poitou restant à Alfonse comme le portait le testament.

avec le comte de Champagne son seigneur, à la cour plénière tenue par saint Louis à Saumur. C'est la première fois qu'on le voit en présence du saint roi. Il l'accompagna dans sa première croisade en Égypte, mais refusa de le suivre à Tunis. Il déposa dans l'enquête ouverte en 1282 pour sa canonisation, et après la canonisation (1297), il assista à la levée du corps. Tous ses souvenirs se seraient éteints avec lui, si la reine Jeanne de Navarre, femme de Philippe le Bel, qui était sa dame aussi, comme comtesse de Champagne, ne l'avait pressé de les mettre en écrit. Ce livre qui était fait pour elle, elle mourut avant de le recevoir (1305). C'est à son fils Louis que Joinville l'offrit en 1309, cinq ans avant que ce prince montât sur le trône. Il mourut lui-même en 1317. Ces pages, écrites dans sa *ou 1319* vieillesse, conservent encore aussi vives et aussi fraîches les impressions qu'il avait reçues de la longue familiarité dont l'honora saint Louis. On fera plus ample connaissance avec lui dans cette histoire. Joinville a été l'objet d'un bien grand nombre de travaux depuis Ducange. Je renvoie particulièrement le lecteur aux préfaces et aux notices que M. Natalis de Wailly a mises en tête de ses deux éditions (1867 et 1874).

Le second rang appartient à GEOFFROI DE BEAULIEU, qui fut pendant vingt ans le confesseur de saint Louis; qui l'accompagna à la croisade d'Égypte et partagea sa captivité; qui le suivit encore à la croisade de Tunis, et recueillit son dernier soupir. Il écrivit son histoire à la demande de Grégoire X qui, élu pape en 1271 et sacré en 1272, songea, dès le commencement de son pontificat, à procéder aux informations pour la canonisation de saint Louis. On croit qu'il mourut après l'avoir rédigée, de 1273 à 1275. C'est l'histoire non des actes politiques, mais de la vie privée et des vertus de saint Louis. M. Natalis de Wailly en a démontré l'authenticité pour le livre entier contre des critiques qui l'avaient contestée pour plusieurs de ses chapitres; et il porte ce jugement sur sa valeur : « Geoffroi de Beaulieu a sur la plupart des chroniqueurs de son temps un avantage inappréciable : il ne copie personne. C'est un auteur original qui, par son naturel et sa simplicité, rappelle Joinville dont il se rapproche plus que tout autre[1]. »

Guillaume de Chartres, chapelain de saint Louis avant la croisade de 1248, l'accompagna comme Geoffroi de Beaulieu en Égypte; comme lui encore, il le suivit à Tunis et l'assista dans ses derniers moments. Il fut de ceux à qui fut donné le soin de rapporter ses ossements à Saint-Denis. Dans l'intervalle des deux croisades, il s'était fait dominicain. Il écrivit après Geoffroi de Beaulieu, pour compléter son histoire, sans sortir d'ailleurs du même ordre de faits, et lui aussi s'acquitta de cette tâche avant la canonisation du saint roi.

A ces deux derniers récits, il faut joindre comme ayant le même caractère la vie de saint Louis par le Confesseur de la reine Marguerite. L'auteur, dont le nom est inconnu, dit de lui-même qu'après avoir été pendant dix-huit ans confesseur de la reine Marguerite, il s'est attaché à la maison de la reine Blanche sa fille, mariée à l'infant de Castille, Ferdinand; elle était revenue en France après l'avoir perdu en 1274. Il écrit après la canonisation du roi et paraît avoir puisé dans les documents de l'Enquête. Ces documents n'ayant pas été gardés, le livre en est d'autant plus précieux, et il a un autre intérêt encore : c'est que, comme l'histoire de Joinville, il est écrit en français.

Les histoires qui présentent la vie de saint Louis dans la suite des actes de son règne sont sorties de l'abbaye de Saint-Denis.

Ce n'est pas le lieu de reprendre, ni même de résumer ici les travaux qui ont été publiés récemment sur la composition des Grandes Chroniques. Pour nous en tenir aux

---

1. *Mémoires de l'Acad. des inscriptions et belles-lettres*, t. XV, 2ᵉ partie, p. 419.

textes qui peuvent servir à notre histoire, nous rappellerons qu'une rédaction de ces chroniques, comprenant le règne de saint Louis, existait avant sa canonisation (1297) et en latin et en français : tel était par exemple le *romant* ou récit français d'où Joinville déclare avoir tiré ce qu'il n'avait ni vu ni ouï par lui-même ; et l'on a signalé une rédaction de cette nature et de cette date dans le manuscrit 2615 de la Bibliothèque nationale. La vie de saint Louis notamment avait été écrite par deux moines de Saint-Denis qui avaient mis à profit des rédactions déjà faites ou des documents tout préparés : Guillaume de Nangis et Primat.

GUILLAUME DE NANGIS, selon qu'il le déclare lui-même, se servit du récit de Geoffroi de Beaulieu (la confrontation est facile), et d'une histoire commencée par Gilon de Reims, dont il ne reste plus rien que dans son histoire. A la vie de saint Louis il joignit celle de Philippe le Hardi, et il dédia l'une et l'autre à Philippe le Bel. Ces deux récits, qu'il écrivit en latin entre l'avénement de Philippe le Bel et la canonisation de saint Louis, furent mis en français soit par lui, soit plus probablement par un autre après la canonisation, vers la fin du treizième siècle ; les deux textes sont imprimés parallèlement dans le tome XX des *Historiens de France*. PRIMAT avait aussi écrit en latin, et l'on croit qu'il avait traduit lui-même son récit en français avant la canonisation de saint Louis. Mais son œuvre eût été perdue si elle n'avait été un peu plus tard mise en partie à profit par un autre. Au quatorzième siècle, Jean du Vignay, ayant traduit le *Miroir historial* de Vincent de Beauvais, prit pour le continuer depuis 1250 le récit de Primat : et c'est cette traduction, récemment retrouvée en Angleterre par M. P. Meyer, qui va paraître dans le tome XXIII du *Recueil des Historiens de France*. On avait supposé d'abord, à cause des ressemblances des deux récits de Guillaume de Nangis et de Primat, que l'un était tiré de l'autre, et que Primat, comme Gilon de Reims, avait été copié par Guillaume de Nangis. Mais avec les ressemblances qui motivaient cette induction, il y a des différences qui la combattent. M. L. Delisle, dans un mémoire spécial sur les écrits de Guillaume de Nangis, les a fait ressortir et arrive à cette conclusion plus probable : que l'un et l'autre se sont servis d'une rédaction antérieure, tout en la modifiant par des informations personnelles et par un travail indépendant[1].

Après cette vie de saint Louis, Guillaume de Nangis a fait une chronique universelle depuis la création jusqu'au milieu du règne de Philippe le Bel. M. Léopold Delisle, par une étude attentive des manuscrits, a établi qu'il en avait fait deux rédactions; l'une antérieure, l'autre postérieure à la canonisation de saint Louis : la première dont il n'y a qu'un manuscrit incomplet: ¹ seconde qui en compte neuf à la Bibliothèque nationale, et dans ce nombre le manuscrit original de l'auteur lui-même, d'où tous les autres sont dérivés. C'est la seconde édition qui est publiée dans le tome XX des *Historiens de France*[2].

La *Vie de saint Louis*, de Guillaume de Nangis, a passé avec des modifications postérieures dans le corps des *Grandes Chroniques*, et c'est pourquoi les auteurs de ce

---

1. Voyez sur cette question des Chroniques de Saint-Denys ce qu'ont publié MM. Lacabanne (*Bibl. de l'Ecole des Chartes*, 1re série, t. II (1840), p. 57; Paulin Paris, dans la préface de son édition des *Grandes chroniques de France* (1836); Paul Viollet et Natalis de Wailly (*Bibl. de l'Ecole des Chartes*, 3e série, t. V (1869), t. XXXIII (1872) et t. XXXIV (1874) et le Mémoire de M. Léopold Delisle *sur les ouvrages de Guillaume de Nangis* dans les *Mém. de l'Acad. des Inscrip.*, t. XXVII, 2e partie.

2. Léopold Delisle (mémoire cité). Guillaume de Nangis a fait de plus une chronique abrégée des rois de France qui ne nous est point parvenue en latin, mais qui est restée en français sous deux formes : l'une abrégée qui est la traduction faite par l'auteur; l'autre amplifiée souvent à l'aide des Grandes Chroniques (*Ibid.* p. 342 et suiv.). — Ce qui regarde saint Louis dans la première tient une page dans le *Recueil des Historiens de France*, t. XX, p. 650.

recueil, pour éviter les répétitions, n'en ont produit que quelques extraits contenant des faits nouveaux au t. XXI de leur publication. Ils avaient donné au volume précédent, et à la suite de Geoffroi de Beaulieu, et de Guillaume de Chartres, un fragment d'un autre ouvrage écrit à Saint-Denis, fragment déjà publié par Duchesne sous le titre de *Gesta sancti Ludovici noni Francorum regis*, comme d'un moine anonyme de Saint-Denis. M. Léopold Delisle a soulevé le voile de l'anonyme et montré que l'abbé qui fit faire, du moins, s'il ne fit pas lui-même ce livre, est Gilles de Pontoise, abbé de Saint-Denis sous les règnes de Philippe le Bel et de Philippe le Long. C'est à Philippe le Long que l'ouvrage entier fut présenté [1]. Le fragment nous offre une histoire analogue à celle de Geoffroy de Beaulieu et de Guillaume de Chartres. C'est l'histoire des vertus, plus que du règne de saint Louis. Elle contient le texte des Enseignements du roi à son fils, sous la forme qui paraît la plus rapprochée de celle de l'Enquête.

La chronique de Guillaume de Nangis, et les Grandes Chroniques de France, nous ont ramené à l'histoire générale. Dans cette classe de récits, il faut mettre au premier rang le *Miroir historial* de Vincent de Beauvais, dominicain fort estimé de saint Louis, et dont ce prince encouragea les travaux. Sa chronique finit avec la captivité du saint roi, en 1250. Il faut y ranger aussi les diverses chroniques dont les extraits sont publiés aux tomes XX, XXI, XXII et XXIII des *Historiens de France* : Guillaume de Puy-Laurens, un des historiens de la guerre des Albigeois, dont la chronique se continue jusqu'à la réunion du comté de Toulouse au domaine royal (1272); Girard de Frachet, qui fournit très-peu à l'histoire de saint Louis; la chronique faussement attribuée à Baudoin d'Avesnes, fils de la comtesse de Flandres, Marguerite; Gi-

---

1. L. Delisle, *Notice sur un recueil historique présenté à Philippe le Long par Gilles de Pontoise, abbé de Saint-Denis*, dans les *Notices et extraits des manuscrits*, t, XXI, 2e partie, p. 249 et suiv.

rard d'Auvergne, chanoine de Clermont, qui a résumé d'une façon bien sèche pour le temps de saint Louis et de Philippe le Hardi, un ouvrage plus étendu appelé *Histoire figurale*, aujourd'hui perdue ; Albéric de Trois-Fontaines, ou plutôt le moine de Neumoutier (à Huy, province de Liége), dont la chronique, pour toute la dernière partie qui s'étend jusqu'en 1241, est placée faussement sous le premier nom ; Bernard Guy ou Guidonis, évêque de Lodève en 1324, auteur de divers morceaux d'histoire ; la *Grande chronique de Limoges* et ses divers suppléments rédigés dans l'abbaye de Saint-Martin de cette ville ; la *Chronique rimée* de *Philippe* Mousket, bourgeois de Tournai, pris à tort pour Philippe de Gand, surnommé *Mus*, qui fut chanoine, puis évêque de Tournai ; la *Chronique rimée*, dite de *Saint-Magloire*, qui a le mérite d'être brève mais l'inconvénient de fournir bien peu de chose à notre histoire ; la *branche des royaux lignages* de Guillaume Guyart, l'une des plus verbeuses et des plus obscures des chroniques rimées ; la *Chronique* dite *de Reims*, plus destinée à l'amusement qu'à l'instruction, et qui pourtant renferme quelques traits curieux ; les *Anciennes chroniques de Flandre*, dont la compilation ne paraît pas antérieure au quinzième siècle, mais qui nous donne sur la Flandre des documents empruntés à des auteurs contemporains ; Jean de Colonne, dominicain, auteur d'une *Mer des Histoires* qui se termine malheureusement après le récit du mouvement des Pastoureaux (1251), et divers autres chroniques anonymes comprises dans cette période du *Recueil des Historiens de France*. Des notices, placées en tête, résument pour elles, comme pour les auteurs nommés, ce que l'on en peut savoir. Il me suffira d'y renvoyer quand j'aurai quelque témoignage à leur prendre.

Parmi les historiens étrangers, il en est un qui a le plus grand intérêt pour nous parce que l'histoire qu'il se propose plus particulièrement de raconter est perpétuellement mêlée à la nôtre : je veux parler de Matthieu Paris, Anglais de naissance, appelé Paris, soit qu'il ait tenu ce nom de sa famille, soit qu'il l'ait pris ou reçu comme ayant étudié à Paris. Entré au monastère de Saint-Alban vers 1217, il fut chargé en 1236 de continuer la chronique commencée par Roger de Wendover sous le titre de *Flores historiarum*. En la continuant, il l'a reprise depuis le commencement en son nom, suivant l'usage du temps, la modifiant d'ailleurs selon son esprit, surtout depuis la Conquête. Il la voulait terminer en 1250. C'est à ce point qu'il la laissée d'abord; mais il la reprit ensuite pour la continuer jusqu'en 1259, presque jusqu'à sa mort. C'est l'histoire publiée, en 1571, par l'évêque Parker, sous le titre de *Chronica majora*, réimprimée par William Wats (Londres, 1640) et qui a été traduite en français par Huillard-Bréholles. Dans l'intervalle, il avait fait faire sous ses yeux un abrégé de sa chronique dont le manuscrit, transporté plus tard de Saint-Alban à Westminster, fut mis, par un oubli de son origine et un souvenir partiel du nom de l'auteur, sous le nom d'un prétendu Matthieu de Westminster[1]; il commença lui-même, en 1250, une autre histoire, l'*Historia Anglorum*, qu'il continua jusqu'en 1253 : histoire improprement appelée *Chronica minora*, et qui, avec un développement plus réduit, offre cependant des détails plus circonstanciés sur quelques faits et quelques personnages; enfin, il composa une *Abbreviatio chronicorum* de 1100 à 1255, abrégé qui vient de paraître avec l'*Historia Anglorum*, publiée par Madden[2]. Nous empruntons ces détails à l'édition du savant éditeur. Nous ne saurions souscrire de la même sorte à ce qu'il dit de la sincérité de l'historien : à moins de reconnaître qu'elle peut s'allier avec la passion qui fausse les jugements de l'histoire; à moins d'admettre que la faveur que lui témoigna Henri III dans la dernière partie de sa vie, et le

1. Il y a à rectifier dans ce sens un renvoi que j'y ai fait ci-après t. I, p. 202, et t. II, p. 179.

2. Dans la collection des *Rerum Britannicarum medii ævi scriptores*, publiée sous la direction du maître des *Rolls*, 3 vol. in-8, 1866-1869.

désir d'offrir au roi son livre justifient le changement de ton que l'on remarque à l'égard du prince entre le premier et le second ouvrage du moine chroniqueur.

La même collection, dont fait partie cette édition de l'*Historia Anglorum* de Matthieu Paris, contient aussi un recueil de lettres du temps qui jettent beaucoup de lumière sur les événements de l'histoire d'Angleterre où le règne de saint Louis est intéressé, et notamment sur les affaires de Gascogne : *Royal and other historical letters illustrative of the reign of Henry III* (2 vol. in-8°, 1866). J'en ai tiré particulièrement une lettre de Henri III à Frédéric II, où il lui raconte à sa manière sa triste campagne de 1242, et je l'ai donnée en appendice à la fin du premier volume de cette histoire (p. 481).

La grande collection de Pertz (*Monumenta Germaniæ historica*) renferme un assez grand nombre de chroniques où l'on trouve à contrôler ou à compléter nos propres historiens, notamment des chroniques italiennes qui nous donnent les relations de la France et de l'Italie, et celles de la papauté et de l'Empire. Sur ce dernier point, nous aurons perpétuellement à citer la grande publication de Huillard-Bréholles, *Histoire diplomatique du règne de Frédéric II*, six tomes en deux parties, in-4° (1852-1861). Nous trouverons aussi plusieurs documents dans les collections propres à l'Italie : Muratori, *Rerum Italicarum scriptores*; la collection de Turin : *Monumenta historiæ patriæ* (1839-1848); celle de Florence : *Archivio storico italiano*, etc.

Mais il y a une chronique italienne qu'il faut citer en particulier, à cause du caractère de témoin oculaire qu'elle offre en plusieurs circonstances : c'est la *Chronique de frère Salimbene de Parme*, de l'ordre des frères mineurs, publiée dans les *Monumenta ad provincias Parmensem et Placentinam pertinentia* (Parme, 1857, grand in-4°). Salimbene, né à Parme en 1221, était entré à quinze ans dans l'ordre des frères mineurs. Sa vie, qui se prolongea jusqu'à la fin du treizième siècle, se passa surtout en missions et en voyages; et sur la route il recueillit mille renseignements qu'il consigna à diverses époques dans sa chronique; car on peut voir, à la façon dont il parle de saint Louis, qu'il la rédigea avant et après la mort, avant et après la canonisation du roi. Il l'a vu lui-même à Sens quand il partait pour la croisade de 1248. Il en a gardé une impression si vive, il l'a reproduite d'une façon si originale, que je crois utile de traduire aussi à peu près intégralement ce passage en appendice à ce premier volume (page 484).

Les chroniques imprimées trouvent un précieux complément dans les chartes déposées aux Archives. Cette source abondante d'informations se trouve aujourd'hui déjà mise plus facilement à la portée de tous par la publication des *Layettes du trésor des Chartes*, commencée par Teulet et continuée par d'habiles archivistes, sous la surveillance éclairée du Directeur des Archives nationales; publication importante dont le troisième volume atteindra les dix dernières années de saint Louis.

Bien longtemps avant cette publication, les principales de ces pièces, et beaucoup d'autres, avaient été signalées et mises en œuvre par Le Nain de Tillemont dans son *Histoire de saint Louis*, travail admirable non-seulement pour le temps où il a été fait, mais dans tous les temps. C'est un grand charme pour un ami de l'histoire, que de trouver dans ce beau livre tous les faits recueillis avec une patience infatigable, et classés à leur date précise par une méthode qui tire de sa simplicité même sa clarté. Cette plénitude d'informations, où se complait l'érudit, n'a pas, il faut le reconnaître, le même attrait pour le public. Les grandes lignes de l'histoire le frappent moins dans ce détail infini où elles se confondent; mais ceux qui cherchent à les en dégager n'en sont pas moins redevables à Tillemont, et le savant disciple et ami de Nicole aura toujours comme un droit d'auteur sur leurs travaux. C'est parce qu'on a un pareil guide près de soi que l'on marche avec plus de sécurité dans la composition de cette histoire, et alors même qu'on n'accepte pas ses jugements on est toujours tributaire de son érudition.

J'aurais à faire toute la bibliographie d'une époque si je voulais indiquer ici les ouvrages que doit consulter l'homme curieux de connaître saint Louis et son temps. Entre les histoires modernes de saint Louis, il en est une que je citerai particulièrement : c'est celle de M. Félix Faure, étude consciencieusement faite, à laquelle je renverrai plus d'une fois le lecteur.

SAINT LOUIS

ET SON TEMPS.

CHAPITRE PREMIER.

RÉGENCE DE BLANCHE DE CASTILLE.

Première éducation de saint Louis. — Sacre. — Révoltes des barons. — Traité de Vendôme (1227). — Traité de Paris ou de Meaux (1229).

Saint Louis naquit à Poissy le 25 avril 1214[1], jour de la Saint-Marc. En ce jour c'était un usage en France de faire la procession avec des croix voilées de noir, ce qu'on appelait les croix noires; et Join-

---

1. Sur *la date et le lieu de la naissance de saint Louis*, voy. le savant Mémoire de M. N. de Wailly, qui met fin à toute discussion. (*Mém. de l'Acad. des Inscriptions et Belles-lettres*, nouvelle série, t. XXVI, 1re partie, p. 173).

ville, sous l'impression des deux dernières croisades, y voit comme un présage du grand nombre de morts que la France eut alors à pleurer : « car maints grands deuils en furent en ce monde et maintes grandes joies en sont au paradis pour ceux qui dans ces deux pèlerinages moururent vrais croisés[1]. » Ce n'est pourtant point parmi les mauvais jours de la France qu'il faut ranger le jour de la naissance de saint Louis, et Joinville y contredirait moins que personne.

La vie de Louis fut dès l'enfance la vie d'un saint ; et si le mode de son éducation n'est plus guère en usage pour les princes aujourd'hui, ce n'en est pas moins dans sa fidélité aux leçons de son premier âge qu'il faut chercher le fondement de ses vertus privées et la règle de toute sa conduite. Il justifia la parole de Salomon, que lui applique si justement un de ses historiens : « L'homme, même en vieillissant, ne s'écartera pas des voies de sa jeunesse. *Adolescens juxta viam suam, etiam cum senuerit, non recedet ab ea* (Prov. XXII, 6). » « Dieu, dit Joinville[2], le garda par les bons enseignements de sa mère, qui lui enseigna à croire en Dieu et à l'ai-

---

1. Joinville, ch. XV de l'excellente édition de M. N. de Wailly. Nous reproduirons sa traduction en cherchant quelquefois à la rendre plus littérale encore.

2. Joinville, ch. XVI ; Anon. de Saint-Denys (Gilles de Pontoise), *Gesta S. Ludov.* dans les *Historiens de France* (Recueil de Dom Bouquet, continué par l'Académie des Inscriptions et Belles-lettres), t. XX, p. 46.

mer, et attira autour de lui toutes gens de religion. Et elle lui faisoit, si enfant qu'il fût, toutes ses heures et les sermons faire et ouïr aux fêtes. »

Par ces pieuses pratiques elle voulait affermir en lui ces sentiments de foi et de piété qui le devaient garder de tout mal. Elle croyait, en effet, que rien ne manquerait à son bonheur et au bien de ses peuples s'il restait dans la grâce en se préservant de tout péché ; et elle allait jusqu'à dire qu'elle aimerait mieux le voir mourir que faire un seul péché mortel[1]. Saint Louis ne trompa point les pieuses aspirations de sa mère et le religieux qui pendant vingt ans l'ouït en confession, lui a rendu, devant l'histoire, ce témoignage que jamais il n'a commis une faute où fût engagé le salut de son âme[2].

Sa mère, si appliquée à faire de lui un bon chrétien, n'était pas moins capable de lui enseigner ses devoirs de roi ; et, sa déférence envers l'Église n'allait pas jusqu'à lui faire sacrifier en certaines occasions des droits dont la défense peut être aussi un devoir.

Cette énergie dont elle avait donné la preuve, dès le règne de Philippe Auguste, dans la lutte de son mari contre Jean pour la couronne d'Angleterre, lui

---

1. Joinville, *ibid.* Geoffroi de Beaulieu, *Histor. de France*, t. XX, p. 4. Conf. de Marguerite, *ibid.*, p. 64 *a*; Anon. de Saint-Denys, p. 46; *Fragments tirés d'un lectionnaire de la fin du treizième siècle*, t. XXIII, p. 161. et Jean du Vignay, trad. de Primat, *ibid.*, p. 64. (Je cite ce t. XXIII, qui n'a point paru encore, sur les bonnes feuilles que j'en ai entre les mains).

2. Geoffroi de Beaulieu, *l. l.*, p. 5. Cf. An. de Saint-Denys, p. 46.

devint surtout nécessaire lorsque la mort de Louis VIII la laissa seule avec un fils âgé de douze ans, en présence des barons, et que femme, étrangère, elle eut à maintenir contre eux les prérogatives de la royauté au point où les avait élevées Philippe Auguste. Sa conduite alors et durant toute la minorité de saint Louis ne servit pas seulement à affermir le pouvoir du jeune roi ; elle lui apprit comment, devenu majeur, il en devait user lui-même pour se faire respecter, au plus grand avantage de tout le royaume.

La question qui se posait à la mort de Louis VIII, était nouvelle. Pendant les cinq premières générations, les successeurs de Hugues Capet ne s'étaient crus assurés de la transmission du pouvoir dans leur race qu'en faisant couronner leur fils aîné de leur vivant. Philippe Auguste, le premier, s'était affranchi de cette précaution à l'égard de son fils ; mais jusque-là des fils parvenus eux-mêmes à l'âge d'homme avaient succédé à leur père. Louis VIII laissait le trône à un enfant de douze ans. Les droits du jeune prince ne devaient pourtant pas être contestés[1] ; à défaut du principe d'hérédité qui avait prévalu, la rivalité des ba-

---

1. Dès la mort de Louis VIII, à Montpensier même, l'archevêque de Sens, les évêques de Beauvais, de Noyon et de Chartres, Philippe Hurepel, frère du dernier roi, et vingt autres barons s'engagèrent à ne reconnaître d'autre roi que son fils aîné (novembre 1226). La charte qui, à l'origine, portait vingt-cinq sceaux est encore aux Archives nationales (carton J, 363, n° 1) ; elle a été donnée textuellement par M. Teulet, *Layettes du trésor des Chartes*, t. II, n° 1811.

rons aurait suffi pour écarter de lui tout compétiteur. Mais pendant son enfance en quelles mains devait être remis le pouvoir? Les mêmes raisons qui excluaient les femmes du trône devaient les écarter de la régence : car c'est précisément du commandement, c'est de porter l'épée que cette vieille coutume les jugeait incapables. Nul cependant n'était, par la virilité du caractère autant que par l'énergie du dévouement, plus capable de tenir le sceptre au nom du jeune roi ; et Louis VIII l'avait senti quand, laissant de côté son frère Philippe Hurepel, qu'il savait hors d'état d'y suffire, et se défiant de l'ambition des barons, il avait exprimé le vœu que la tutelle de son fils restât à sa veuve. C'est au moins ce dont témoignaient l'archevêque de Sens et les évêques de Chartres et de Beauvais[1]. Blanche résolut de prévenir toute contestation à ce sujet. Soutenue par l'Église et notamment par le légat du pape, Romain, cardinal de Saint-Ange, elle hâta la cérémonie du sacre de son fils. Louis, une fois sacré, tout se ferait en son nom. C'est à lui que l'on obéirait ; et la reine, placée près de lui, ne ferait que remplir, en le guidant, les devoirs que lui imposait la nature.

Louis VIII était mort le 8 novembre ; les évêques et les seigneurs furent invités à se rendre, dès le 29 du même mois, à Reims où le sacre devait s'accomplir[2].

---

1. Novembre 1226, *ibid.*, n° 1828.
2. La lettre-circulaire qui, s'appuyant des vœux du dernier roi, convoquait au sacre de son fils aîné dans le délai le plus bref, était

Cette convocation à bref délai jeta le trouble dans les résolutions des barons. Philippe Auguste avait donné à l'autorité royale un ascendant qu'elle n'avait pas perdu sous Louis VIII. Les barons n'y étaient pourtant pas encore entièrement résignés ; et la succession d'un enfant leur offrait une occasion pareille à celle dont usaient largement alors les barons d'Angleterre. En le reconnaissant pour roi, ils voulaient faire leurs conditions, mais pour cela rien de plus assuré que de les poser avant le sacre. Or, ce n'est pas en quinze ou vingt jours qu'ils pouvaient, à cette époque, se mettre en rapport et se concerter.

Ils agirent donc sans entente préalable. Le plus grand nombre demandaient qu'avant le sacre on mît, selon un vieil usage, les prisonniers en liberté, et notamment Ferrand, comte de Flandre et Renaud comte de Boulogne, retenus en prison depuis la bataille de Bouvines. Libérés sur la requête des barons, ces deux puissants seigneurs, dont la politique de Philippe Auguste et de Louis VIII avait pris tant d'ombrage, devaient être d'un grand secours à leur parti. D'autres réclamaient des terres que ces deux rois

---

au nom et portait les sceaux de douze prélats et barons, qui sont : Simon, archevêque de Bourges ; Gauthier, archevêque de Sens ; Milon, évêque de Beauvais ; Gérard, de Noyon ; Gauthier, de Chartres ; Philippe, comte de Boulogne ; Gauthier (d'Avesnes), comte de Blois (par sa femme) ; Enguerran, sire de Coucy ; Amaury, comte de Montfort ; Archambaud de Bourbon ; Jean de Nesle (fils de Raoul, comte de Nesle et de Soissons), et Étienne de Sancerre. Teulet, *ibid.*, n° 1823.

avaient enlevées contre tout droit, disaient-ils : nul ne pouvant être dépouillé de ses possessions sans le jugement des douze pairs, ni attaqué sans guerre déclarée un an auparavant. Ils ne voulaient pas venir au sacre que ces points ne fussent réglés[1]. Quelques-uns, sans faire encore leurs conditions, croyaient bon de se tenir sur la réserve et, prétextant le deuil où les plongeait la mort du dernier roi, ils s'excusaient de se rendre aux fêtes de l'avénement de son successeur[2].

Le sacre n'en eut pas moins lieu au jour dit. Blanche fit si bien qu'elle y réunit encore une imposante assistance, et, dans le nombre, elle sut y attirer plusieurs de ceux sur qui les dissidents comptaient le plus. Elle n'y fit point paraître le comte de Flandre qu'elle avait sous la main : c'eût été céder à des injonctions; mais la comtesse de Flandre y fut, ayant la promesse que son mari lui serait rendu après le sacre. On n'y vit point non plus le comte de Boulogne, compagnon de captivité de Ferrand ; mais son gendre Philippe Hurepel, devenu comte de Boulogne à sa place, y était; et la présence de ce prince avait une grande importance. En le faisant venir au sacre, Blanche ôtait aux mécontents le chef sur lequel ils devaient jeter les yeux si, après le couronnement, ils

1. Matth. Paris (année 1226), t. III, p. 324 de la traduction de M. Huillard-Bréholles. Nous y renverrons préférablement au texte, comme étant plus facilement à la disposition du lecteur.
2. Vincent de Beauvais, *Specul. histor.*, l. XXX, c. cxxix, dans les *Hist. de Fr.*, t. XXI, p. 72.

voulaient mettre en question la régence. Enfin, comme les comtes Ferrand et Renaud, le comte de Champagne aussi, quoique libre, était absent. Il se tenait à l'écart, irrité des menaces que lui avait faites Louis VIII, lorsqu'il l'abandonna devant Avignon, à l'expiration des quarante jours de son service féodal; et il avait un grief de plus contre la cour où on l'accusait de l'avoir empoisonné : accusation réfutée d'ailleurs par le temps écoulé depuis son départ jusqu'à la mort du prince ; mais la comtesse, sa mère, était là, et elle disputa même à la comtesse de Flandre le droit de porter l'épée, comme l'eussent pu faire les deux seigneurs : dispute que Blanche trancha en remettant l'épée à son beau-frère Philippe comte de Boulogne. Au nombre des présents se trouvaient encore le duc de Bourgogne, les comtes de Dreux, de Blois, de Bar et les trois frères de Coucy ; parmi les absents, il faut signaler le comte de la Marche, beau-père du roi d'Angleterre, le comte de Saint-Pol et Pierre Mauclerc qui gardait les pouvoirs et le titre de comte de Bretagne, bien qu'il ne fût que *bail* ou régent de ce comté, au nom de son fils âgé de neuf ans[1].

Le siége de Reims étant vacant, ce fut l'évêque de Soissons, le premier évêque de la province, qui officia. Après la cérémonie, le roi se fit prêter serment de fidélité par le clergé et par les seigneurs présents; et, selon un auteur, Blanche elle-même reçut leurs

---

1. Tillemont, t. II, p. 35.

hommages, comme étant chargée de l'administration du royaume. Point de fêtes, d'ailleurs, ni à Reims ni à Paris où le jeune prince fut ramené le lendemain. La coutume dut le céder à la vérité de la situation. On ne pouvait se réjouir de l'avénement du nouveau roi, quand le deuil était si grand de la mort de son père.

Un premier point était acquis par le sacre du roi. Mais la position était grave encore, car on en voulait moins à la couronne de saint Louis qu'à son pouvoir, retenu par sa mère; et les adhésions que Blanche avait obtenues étaient peu de chose auprès de celles qui lui manquaient encore. Elle avait obtenu, nous l'avons dit, l'adhésion du nouveau comte de Boulogne, oncle du roi, adhésion capitale sans doute, mais qui n'était pas bien assurée, quoiqu'elle lui cédât pour l'obtenir, le château de Mortain, Lillebonne et l'hommage du comté de Saint-Pol (1er décembre 1226)[1]. Elle pouvait compter davantage sur Ferrand, comte de Flandre, qu'elle mit en liberté, en se faisant d'ailleurs donner plusieurs garanties de sa fidélité à la cause royale[2]; mais elle avait

1. Voy. la charte par laquelle Philippe lui-même le notifie (décembre 1226). Teulet, *ibid.*, n° 1909, et Tillemont, t. I, p. 437.

2. Le comte et la comtesse de Flandre, en garantie de leur fidélité au roi, lui cédaient pour dix ans le château de Douai ; ils s'engageaient à n'élever aucune forteresse sur l'Escaut sans la volonté du roi (décembre 1226). Les seigneurs et les communes de Flandre promettaient de se détacher de leur cause s'ils venaient à manquer à leurs conventions. Voy. la charte dans Teulet, *l. l.*, n° 1895, et les sûretés données par Lille, Ypres, Dam, Bruges,

tout à craindre de plusieurs seigneurs dont nous signalions tout à l'heure l'absence au sacre et qui figuraient parmi les plus puissants de France[1] : le comte de Champagne, rejeté parmi les mécontents par la défiance même que l'on avait de lui autour du roi; le comte de la Marche, rattaché par sa femme aux intérêts du roi d'Angleterre dont elle était la mère ; le comte de Bretagne, Pierre, qui était surnommé Mauclerc, non pas seulement comme mauvais au clergé, mais comme mauvais compagnon pour quiconque avait affaire à lui[2]. Ajoutez qu'il n'y avait ni paix ni trêve avec l'Angleterre et qu'Henri III pouvait profiter des embarras d'une minorité en France pour tâcher d'y reprendre des provinces dont l'abandon n'avait jamais été consenti de sa maison, depuis que Philippe Auguste les avait confisquées. Joignez enfin à ces arrière-pensées du roi d'Angleterre les dispositions du comte de Toulouse, qui, dépouillé en partie par la guerre des Albigeois et tout récemment attaqué par Louis VIII, trouvait dans sa mort imprévue une si belle occasion de relever la tête.

Une ligue se forma donc, et pour y intéresser plus

Audenarde, Gand, Courtrai, Alost, Rupelmonde, etc., *ibid.*, n° 1832 et suiv.

1. Quant à Renaud, comte de Boulogne, Blanche se refusa à le mettre en liberté. Selon une tradition recueillie comme telle par Albéric des Trois-Fontaines, il se donna la mort vers Pâques de l'année suivante. (*Historiens de France*, t. XXI, p. 59.)

2. Sur la confédération des comtes de Bretagne, de la Marche et de Champagne, voy. Tillemont, t. I, p. 444. Cf. D'arbois de

généralement les barons, on mettait en avant la violation de leurs priviléges et la nouveauté du gouvernement d'une femme. Mauclerc donna le signal de la révolte. La régente ayant refusé de rendre des terres réclamées par ce seigneur, il fortifia Saint-Jacques de Beuvron en Normandie, et Bellesme dans le Perche, deux places que Louis VIII lui avait récemment données en garde. Le comte de Champagne, le comte de la Marche étaient prêts à l'appuyer, et Richard, frère de Henri III, qui était à Bordeaux, pouvait entrer dans la lice après eux avec des troupes et de l'argent qu'il avait reçus d'Angleterre.

Blanche de Castille, par sa rapidité, déconcerta pourtant leurs desseins. Rassurée du côté du nord par l'appui du comte de Flandre, et le concours personnel du comte de Boulogne, elle marcha vers la Loire, où les conjurés voulaient se réunir. Sommés de venir au parlement ou à la bataille, ils perdirent confiance. Le comte de Champagne s'était laissé ébranler le premier. On peut même croire que c'est dans la pensée de ramener les autres à la soumission envers le roi qu'il les vint rejoindre à Thouars, avec un sauf-conduit de la régente. Au moins est-ce du consentement des comtes de la Marche et de Bretagne qu'il négocia personnellement une trêve jusqu'au 25 avril avec saint Louis : trêve qui laissait à ces deux comtes eux-mêmes le temps de se reconnaître, car elle ne

---

Jubainville, *Hist. des comtes de Champagne*, t. V, p. 235, Catal. des actes, n°s 1739 et 1740 (janvier 1227). Guill. de Nangis, p. 313.

devait courir qu'après que l'armée royale se serait retirée au delà de Chartres ou d'Orléans [1].

Le roi venait d'atteindre Vendôme, et la trêve n'était pas expirée, quand les deux seigneurs, se rendant à une troisième citation, vinrent lui faire leur hommage (16 mars)[2]. Richard, laissé seul, dut signer de son côté, sous la réserve du consentement de son frère, une prorogation de la trêve entre la France et l'Angleterre (22 mars)[3].

Mais cette réconciliation avait été trop brusquement opérée pour qu'on la pût croire sincère et durable.

Les barons rougissaient d'avoir si facilement cédé la victoire à une femme. Ils se disaient, ils répan-

---

1. D. de Jubainville, t. V, p. 235, n° 1741 (acte du 2 mars 1227).
2. Guill. de Nangis, *Histor. de France*, t. XX, p. 315. Sur le traité de Vendôme et les conditions faites au comte de Bretagne et au comte de la Marche, Tillemont, t. I, p. 456-460. La régente Blanche de Castille cherchait à se rattacher les deux seigneurs les plus dangereux pour l'autorité du roi par des mariages : 1° le comte de Bretagne, par le mariage d'Yolande, sa fille, avec Jean, frère du roi, institué comte d'Anjou et du Maine par le testament de Louis VIII : elle devait lui donner Angers, Baugé et Beaufort en attendant que le prince eût atteint vingt-et-un ans. C'est Jean lui-même qui l'annonce dans une lettre du mois de mars 1227 (Teulet, *l. l.*, n° 1922); 2° le comte de la Marche, par le double mariage d'Élisabeth de la Marche, sa fille, avec Alfonse frère de Louis IX; et d'Isabelle, sœur du même roi, avec l'héritier du même comte. Ces mariages ne s'accomplirent pas. Jean mourut et Alfonse ne tarda pas à être destiné à un mariage plus considérable par le traité de Paris ou de Meaux (1229).
3. Elle est annoncée par une lettre de Richard du mois d'avril 1227. Teulé, *l. l.*, n° 1926. Henri, après avoir refusé de la ratifier, fut trop heureux de le faire en juillet 1227.

daient autour d'eux que ce n'était pas à elle, à une
étrangère, de gouverner :

> Les barons desdaigne
> Por la gent d'Espaigne

dit un poëte de leur parti[1]; et un peu après Pâques
1228, ils résolurent de trancher la question en lui
enlevant le roi. Saint Louis revenait d'Orléans vers
Paris. Ils s'assemblèrent à Corbeil pour le prendre
au passage. Le jeune roi et sa mère, arrivés à Montlhéry, virent bien que leur petite troupe n'était pas en
mesure de leur tenir tête. Blanche fit savoir le péril
du roi aux Parisiens, et, à son appel, les bourgeois
de la ville, les seigneurs même des environs accoururent au-devant de lui et lui firent une escorte
contre laquelle les conjurés de Corbeil se trouvèrent
impuissants[2]. « Il me conta, dit Joinville, que depuis
Montlhéry le chemin étoit tout plein de gens en armes et sans armes jusques à Paris, et que tous
crioient à Notre Seigneur qu'il lui donnât bonne et
longue vie, et le défendît et gardât contre ses enne-

---

1. Hue de la Ferté, dans son 3ᵉ servantois. Paulin Paris, *Romancero français*, p. 190. On lui reprochait d'envoyer de l'argent en Espagne, autre moyen de la rendre impopulaire. Le même, 1ᵉʳ servantois, *ibid.*, p. 183 ; et D'Arbois de Jubainville, *Hist. des comtes de Champagne*, t. IV, p. 284.

2. Selon une version de la Chronique de Saint-Denys, qui diffère de Guill. de Nangis, le roi revenait seul ; sa mère était à Paris et c'est elle qui, de Paris, provoqua le mouvement auquel le roi dut son salut, t. XXI, p. 104.

mis. Et Dieu le fit ainsi que vous l'entendrez bientôt (ch. xvi). »

Ce n'était pas encore une rupture ouverte, mais un signe des dispositions des barons. Blanche, avertie, dut songer à se mettre en garde contre les projets que ceux-ci, en quittant Corbeil, n'avaient pas manqué de concerter. Le roi avait pour lui les communes qui trouvaient dans l'autorité royale une protection contre la féodalité : le mouvement si spontané de Paris en était la preuve. Il avait aussi pour lui l'Église, amie de l'ordre que les entreprises des barons mettaient en péril ; et Blanche, dans les premiers embarras de sa régence, avait trouvé un appui énergique dans le légat, Romain de Saint-Ange. Il avait mis à sa disposition les ressources de l'Église, même plus que le clergé ne l'eût voulu, en lui continuant la dîme de la croisade des Albigeois[1], alors que Blanche avait tout autre chose à faire que de porter les armes de ce côté. Cette mesure avait provoqué des plaintes sur lesquelles le légat avait voulu aller s'expliquer lui-même à Rome. Blanche, sentant combien sa présence lui était nécessaire, obtint du saint-siége

1. Rinaldi (Raynaldus), *Annales ecclésiastiques*, an 1227, art. 57; cf. 60, et Tillemont, t. I, p. 471-473. Une lettre du cardinal Romain de Saint-Ange, faisait connaître à l'archevêque de Tours que le concile de Bourges avait accordé au roi les décimes des biens du clergé pour cinq ans (5 juin 1227); *Layettes du trésor des Chartes*, t. II, n° 1930. Le 5 décembre de la même année, Grégoire IX donnait à l'archevêque de Sens le pouvoir d'examiner, commuer ou annuler les vœux que la reine Blanche aurait pu faire témérairement, *ibid.*, n° 1953.

qu'il lui fût renvoyé. Ce voyage, du reste, ne fut pas sans fruit pour la cause royale. Le légat revenait (1228) avec des pouvoirs pour terminer l'affaire des Albigeois et pour travailler au renouvellement de la trêve avec l'Angleterre[1]. Désarmer, momentanément du moins, l'Angleterre, amener le comte de Toulouse à se réconcilier définitivement avec le roi, comme il en donnait l'espérance dans la trêve signée en novembre 1228, c'était donner à la reine, au nord et au midi, la sécurité dont elle avait besoin au moment où les barons allaient tenter leur principal effort.

Les barons avaient compris que pour ruiner l'autorité de Blanche, il fallait avoir quelqu'un à mettre à sa place, et le seul homme qu'ils pussent produire avec une apparence d'autorité, c'était l'oncle du roi, le comte de Boulogne : prince faible qui avait adopté, tout d'abord, la situation faite à Blanche par le vœu de Louis VIII, et abandonné ses prétentions pour quelques châteaux. On

---

1. Henri III, dans les pouvoirs qu'il donnait à ses envoyés, témoignait qu'il cédait aux instances du pape : *Sicut a Domino papa Gregorio nono nobis est injunctum* (6 mai 1228). *Layettes du trésor des Chartes*, t. II, n° 1967. La trêve fut renouvelée le 18 juin 1228. Voy. l'acte, *ibid.*, n° 1970. Une lettre d'Henri III à saint Louis se rapporte au mois de septembre qui suivit cette trêve. Saint Louis s'était plaint qu'elle avait été violée et réclamait des dommages pour ceux qui en avaient souffert. Henri III répond qu'il en a donné l'ordre, que le maître du Temple en Angleterre doit faire parvenir l'argent à Paris, et il prie à son tour le Roi de faire donner satisfaction aux sujets anglais qui ont eu à se plaindre (21 septembre 1228). *Royal and other historical letters illustrative of the reign of Henri III*, t. I, p. 336 (Londres, 1862).

réveilla son ambition; on lui remontra ses droits; on le pressa de reprendre le rang dont il était dépossédé par une étrangère; et en même temps qu'on répandait contre Blanche d'atroces calomnies qui, en la flétrissant comme femme et comme veuve, la montraient indigne de gouverner son fils[1], on proclamait les titres du frère de Louis VIII à la régence. On dit même (mais cela est moins croyable) qu'en le mettant en avant, les barons avaient un autre dessein; qu'ils ne voulaient pas seulement un autre régent, mais un autre roi pris parmi eux comme jadis Hugues Capet, et moins porté à oublier son origine[2]. On nomme le sire de Coucy.

La reine, dans ce péril, avait pour elle le comte de Flandre qui ne l'avait jamais abandonnée, et le comte de Champagne qui lui était revenu. Le comte de Champagne, objet de toutes les défiances de la reine à la mort de Louis VIII, était devenu odieux aux barons comme s'étant le premier rallié à son parti. On l'accusait d'avoir, par cet abandon, dissous la ligue et forcé les seigneurs à une première reconnaissance de l'état de choses qu'ils attaquaient. On rapportait son attachement au roi à un sentiment de tout autre nature à l'égard de la reine, et, après tout, on pourrait croire à ce sentiment sans admettre pour cela qu'il ait été partagé. Le jeune comte de

---

1. Chron. de Reims, dans les *Hist. de France*, t. XXII, p. 304, 305.
2. Chron. de Reims, *ibid.*, p. 308.

Champagne était poëte, et l'on a signalé une de ses pièces où il semble trahir cet amour qu'il n'ose avouer :

> Celle que j'aim[e] est de tel seigneurie,
> Que sa beauté me fait outrecuidier.
> Quand je la vois je ne sais que je die
> Si (tant) suis surpris que je ne l'os[e] prier [1].

Il n'en fallait pas tant pour que la calomnie se donnât libre carrière, car la calomnie servait la politique. On s'appliqua à tourner contre Blanche ce rapprochement de la Champagne où elle fondait ses espérances, en y montrant une cause criminelle. La reine et le comte sont dès lors unis dans la haine et dans les accusations des barons, et un poëte, Hue de la Ferté, n'était que leur organe quand il s'écriait :

> Bien est France abastardie,
> Signor baron, entendés,
> Quand femme l'a en baillie (tutelle)
> Et tele come savés.
> Il et elle lez à lez,
> Le (la) tiengnent de compaignie
> Cil n'en est fors rois clamés
> Qui piecha est coronés [2].

Les barons ne voulant pas se déclarer tout d'abord

---

1. Tarbé, *Chansons de Thibaut IV*, p. 70-71.
2. C'est-à-dire : *Celui-là n'a que le nom de roi qui depuis longtemps porte la couronne.* Paulin Paris, *Romancero français*, p. 188. D'Arbois de Jubainville, t. IV, p. 283. Voy. encore la Chronique rimée de saint Magloire (*Hist. de Fr.*, t. XXII, p. 83) :

> Maintes paroles en dist an (on)
> Comme d'Iseut et de Tristran).

contre le roi, se tournèrent contre Thibaut. Il avait de nombreux ennemis parmi ses pairs : il en avait parmi ses propres vassaux, qui l'accusaient de préférer la bourgeoisie à la noblesse. On entra sur ses terres[1]; mais ce ne fut qu'un prélude. Les barons, qui ne voulaient pas s'en tenir là, avaient besoin de réunir tous leurs moyens, et rien de décisif ne pouvait sérieusement s'engager si l'on n'avait pour soi le roi d'Angleterre.

Pierre Mauclerc le décida en lui faisant espérer le recouvrement de la Normandie, et dès qu'il en eut reçu un premier secours, il se mit, sans autre déclaration, à porter le ravage sur les terres de France[2].

Blanche, par sa résolution, sut encore déconcerter la ligue. Comme si les intentions du comte de Bretagne n'étaient pas assez claires, elle l'assigna devant le roi pour le jour de Noël à Melun. Il y envoya un des siens pour s'excuser sur la brièveté du terme, mais en même temps pour lui remettre par écrit ses doléances : c'était le défi caché sous les dehors de la soumission; et il ne négligeait rien pour le soutenir avec éclat. Il redoublait ses instances auprès de Henri III, le pressant de venir en personne; et l'archevêque de Bordeaux allait en députation en Angleterre au nom des seigneurs de Gascogne, de Poitou,

---

1. G. de Nangis, *Gesta sancti Ludovici*, dans les *Hist. de Fr.*, t. XX, p. 317. Albéric des Trois-Fontaines, *ibid.*, t. XXI, p. 606 c.

2. Guill. de Nangis, *Gesta*, p. 317.; *Chron.*, p. 545.; Chron. de Saint-Denis, *Hist. de Fr.*, t. XXI, p. 105.

de Guienne, pour lui dire qu'on n'attendait que sa présence.

La reine ne différa pas davantage. Elle avait invité les communes à prêter serment de fidélité au roi[1] : c'était grouper le peuple autour du trône, et, par cette manifestation, tenir déjà les seigneurs en échec. Ayant appris que le comte de Bretagne, rejoint par Richard, à défaut d'Henri, avait recommencé ses ravages, elle mena le roi contre lui. Elle avait sommé les seigneurs qui attaquaient le comte de Champagne de suspendre cette guerre privée pour faire leur service auprès du roi. Ils n'osèrent refuser ; ils auraient forfait (perdu) leur terre en ne se rendant pas à son appel ; seulement ils vinrent dans le moindre équipage, chacun amenant avec soi deux chevaliers. Mais le comte de Champagne, rendu libre, en amenait trois cents : en dégageant le comte, c'est un appui considérable que Blanche venait de s'assurer, et plusieurs autres barons avaient d'eux-mêmes rejoint avec empressement la bannière du roi.

Blanche dirigea ses premiers coups contre le château de Bellesme, position avancée que Pierre Mau-

---

1. On a en octobre 1228 un grand nombre de serments prêtés ainsi par les villes du Nord : Amiens, Bruyères, Cerny-en-Laonnais, Chauny, Compiègne, Corbie, Crépi, Doullens, Hesdin, Laon, Montdidier, Noyon, Roye, Saint-Quentin, Senlis, Soissons, Wailly, Verneuil, Arras, Athies, Bray-sur-Somme, Cappy, Ham, Lens, Montreuil-sur-Mer, Pontpoint, Saint-Riquier, Tournai, etc. *Layettes du trésor des Chartes*, t. II (supplément) nos 1979.7-1979.35. Il reçut aussi divers hommages des seigneurs, *ibid.*, n° 1959 et suiv.

clerc, grâce à la libéralité de Louis VIII, occupait aux portes de la Normandie, et qu'il avait fortifiée avec un soin extrême.

On était au mois de mars (1229), la saison était rude encore, et le froid très-intense. Le jeune roi, sous l'œil de sa mère, brava toutes les rigueurs du temps, et la garnison, vivement pressée, n'étant pas secourue, capitula au bout de quelques jours[1].

Cet événement produisit un grand effet. Richard, qui était venu en France croyant trouver tous les seigneurs en armes, s'en exprima avec amertume auprès du comte de Bretagne, et ce n'était pas sans raison. De tous ces barons, Mauclerc seul avait paru prêt; ceux qui attaquaient le comte de Champagne s'étaient rendus à la première sommation du roi, et Pierre lui-même laissait prendre la seule place d'où il pût sérieusement menacer la Normandie. Est-ce en cette sorte qu'il y devait mener les Anglais? Richard s'en retourna en Angleterre[2].

L'Angleterre se retirait donc de la lutte, et au midi, le comte de Toulouse, ne comptant plus sur l'Angleterre après les déceptions qu'il lui avait causées[3], faisait sa paix avec la France, terminant par les conces-

---

1. Guill. de Nangis, *Gesta*, p. 317, et *Chron.* an 1228, p. 545; Chron. de Saint-Denys, *Histor. de France*, t. XXI, p. 105.

2. Guill. de Nangis, Chron. de Saint-Denys et Matthieu Paris, t. III, p. 332.

3. Voy. une lettre de Raymond VII à Henri III, à la date du 12 novembre 1228. *Histor. Letters*, t. I, p. 338.

sions les plus larges, le différend né de la guerre des Albigeois.

Il vint à Meaux, où s'étaient réunis les prélats qui le devaient réconcilier à l'Église, et ce fut là que, sous la médiation et par les conseils du comte de Champagne, il se déclara prêt à faire la volonté du roi et du légat. Aux termes du traité qui fut conclu à Paris le 12 avril 1229, il gardait son comté, et sa fille devait épouser un frère du roi de France : mariage inscrit en première ligne parmi les avantages faits au comte de Toulouse[1], mais dont la maison de France devait recueillir tout le profit ; car la fille du comte était et devait rester son unique héritière : le traité déshéritait par avance tout autre fils ou fille qu'il pourrait avoir; et si le fils du roi, si la fille du comte mouraient sans enfant, Toulouse et toute la circonscription du diocèse n'en devaient pas moins faire retour au roi ou à ses héritiers. Le comte n'était plus que l'usufruitier des seigneuries qui lui étaient laissées et il s'obligeait à n'en rien aliéner : tant il est vrai que la propriété en était désormais assurée à la maison du roi. Ajoutez les indemnités

1. Dominus autem noster, attendens humilitatem nostram et sperans, quod in devotione Ecclesiæ et fidelitate ejus fideliter perseveremus, volens nobis facere gratiam, filiam nostram, quam sibi trademus, tradit in uxorem uni de fratribus suis, per dispensationem Ecclesiæ, et dimittet nobis totum episcopatum Tholosanum, excepta terra marescalli [G. de Levis] quam ipse marescallus tenebit a domino rege. (*Layettes du trésor des Chartes*, t. II, n° 1992, p. 149.)

dont on le chargeait et les garanties qu'on exigeait de lui : murs de Toulouse et de trente villes qui sont énumérées, à raser ; château de Toulouse à remettre pendant dix ans aux mains du roi ; serment de ses sujets de se révolter contre lui s'il manquait à sa parole; obligation de poursuivre les hérétiques[1], ou les seigneurs qui ne se réconcilieraient pas comme lui, et promesse d'aller, dans les deux ans après son absolution, combattre pendant cinq années en Palestine[2].

1. Il promettait de payer, à qui en prendrait un, dans le courant des deux années suivantes, deux marcs, et après les deux ans, un marc. (*Layettes du trésor des Chartes*, t. II, n° 1992, p. 148 *a*.)

2. *Hist. générale du Languedoc*, t. III, p. 370, et le texte du traité dans les *Preuves*, p. 329 et suiv. M. Teulet l'a reproduit d'après l'original dans les *Layettes du trésor des Chartes*, t. II, n° 1992. Le traité signé à Paris avait été arrêté aux conférences de Meaux, d'où le nom de *Traité de Meaux*, qui lui est souvent donné dans l'histoire. Le comte de Toulouse, gardait avec Toulouse les diocèses d'Agen, de Cahors et de Rodez; du diocèse d'Albi tout ce qui était en deçà du Tarn (rive droite); la cité d'Albi et la partie du diocèse au delà du Tarn (rive gauche) demeurant au roi. Quant à ses possessions de la région du Rhône, il cédait au roi tous ses droits sur ce qu'il pouvait avoir en deçà du fleuve, et au pape ce qu'il avait au delà dans l'Empire.

« Ce traité, dit M. Boutaric, fut un des grands faits de l'histoire de France : non-seulement il mit fin à une longue guerre, mais il fut une réaction contre la croisade dont il s'efforça d'effacer les traces. Simon de Montfort avait concédé une partie des domaines conquis à des croisés, à condition de suivre les coutumes de France, conformément à la célèbre ordonnance rendue à Pamiers en 1211, qui avait été pour ainsi dire le code de la conquête. Le traité de 1229 annula toutes les concessions de ce genre qui avaient pu être faites dans les pays laissés à Raymond VII, et saint Louis tint la main à ce que cette clause fût rigoureusement exécu-

Raymond accepta tout.

Amené devant l'autel, en chemise et nu-pieds, il fut réconcilié à l'Eglise le jour du Vendredi saint (13 avril); il reçut la croix des mains du légat, fit hommage au roi de son comté; puis il alla se constituer prisonnier au Louvre, tandis que le roi et le légat députaient en Languedoc pour procéder à l'exécution du traité. La fille du comte, âgée de neuf ans, fut amenée à Carcassonne et remise aux commissaires du roi comme fiancée de son frère; et un peu après, le comte ayant eu permission de retourner à Toulouse, le légat y vint aussi pour y tenir un concile. Ce concile donnait contre les fluctuations de Raimond deux autres garanties : il établissait l'inquisition à Toulouse, et y créait une université [r].

tée. » (*Saint Louis et Alfonse de Poitiers*, p. 39, et les actes cités.) — Dès le mois de juin on avait préparé l'exécution immédiate du traité, dans ce qui devait en être la clause principale, en obtenant de Grégoire IX une bulle qui accordait toute dispense pour le mariage d'Alfonse, frère du roi, avec la fille du comte de Toulouse, 25 juin 1228. (Teulet, t. II, n° 1969.) Plusieurs autres actes se rattachent à cet acte capital. Dans le même mois d'avril 1229 Raymond donna des ordres pour la destruction des murs de Toulouse (*Trésor des Chartes*, reg. XXX, f° 37 recto). Amaury de Montfort, reconnut qu'il avait cédé au roi tout ce qui lui appartenait par la conquête dans le comté de Toulouse (*Layettes du Trésor des Chartes*, t. II, n° 2000). Dès le 21 novembre 1228, Olivier et Bernard de Termes avaient cédé au roi le château de Termes (*ibid.*, 1980). Le 25 avril 1229, le comte de Toulouse engagea le comté de Foix à se soumettre comme lui au roi; soumission qui eut lieu le 16 juin (*ibid.*, n°s 1998 et 2003).

1. G. de Puylaurens, t. XIX, p. 219-224; Albéric des Trois-Fontaines, t. XXI, p. 599 c. Voici un trait qui jette une lueur lu-

II

Nouveaux troubles : le comte de Champagne secouru. — Le comte de Bretagne soumis. — Trêve avec l'Angleterre. — Mariage de saint Louis.

L'échec de Bellesme, la retraite des Anglais, la soumission du comte de Toulouse n'intimidèrent pas

gubre sur les origines de l'Inquisition à Toulouse. L'année après la canonisation de saint Dominique, à sa première fête (1234), l'évêque de Toulouse venait de célébrer la messe; comme il se mettait à table, on lui apprend qu'une grande dame de la ville se meurt entre les mains des hérétiques près de la maison des frères Prêcheurs. Il accourt, vérifie le fait, la condamne et la livre au bras séculier : *Officiales curiæ mox eam ad ignem deferri in lecto in quo ægrotabat fecerunt, et hilariter combusserunt* (Bern. Guidonis, *Fragmenta libelli de Ordine prædicatorum*, dans les *Historiens de France*, t. XXI, p. 736.

Le comte de Toulouse, fidèle aux conditions du traité, écrivit au comte de Foix pour l'engager à se soumettre au roi et à l'Église (25 avril 1229, Teulet, *l. l.*, n° 1998). Le comte de Foix se rendit à ce conseil. Il fit acte de soumission devant les délégués du légat et du roi, Pierre de Colmieu et Matthieu de Maillé, s'engageant, comme Raimond, à toute restitution ou réparation à faire à l'Église, donnant en gage les châteaux de Lordat et de Mont-Granier, et en garantie la foi même de ses sujets et leur serment. Le traité de réconciliation est du 16 juin (*ibid*, n° 2003). Le même jour il reçut l'approbation des prélats et barons devant lesquels il avait été conclu (*ibid.*, n° 2004). Le roi, pour se l'attacher par un lien plus étroit, lui donna mille livres de revenu, pour lesquelles le comte lui fit hommage (Melun, septembre 1229, *ibid.*, n° 2019). En février de l'année suivante, le comte de Clermont (en Auvergne) et son fils Robert firent aussi leur paix avec le roi qui leur rendit plusieurs domaines (*ibid.*, n° 2038).

Mauclerc. La prise de Bellesme ne l'atteignait pas au cœur de sa puissance ; Toulouse était bien loin, et les Anglais trop engagés dans le royaume, pour n'y pas revenir dès qu'on leur en offrirait une meilleure occasion. Pierre donc, au lieu de se rendre auprès du roi comme il l'avait promis, reprit les armes. Attaqué par le roi sur la Loire, il chercha à l'arrêter encore par des députations. Mais en même temps il négociait avec le roi d'Angleterre, et, lui-même se rendait à Portsmouth pour l'amener en France. La fortune le desservit encore en cette rencontre. Cette fois, en effet, le roi d'Angleterre était tout disposé à passer le détroit; il était venu à Portsmouth pour s'embarquer, mais les vaisseaux qu'il y croyait trouver faisaient défaut : négligence que le roi rapporta à la trahison de son chancelier Hubert du Bourg, et qui faillit dès lors causer sa disgrâce. Le roi voulait donner des ordres pour rassembler la flotte qu'il n'avait pas. Mais à quoi pouvait-il aboutir dans cette précipitation? Mauclerc se trouva réduit à le prier lui-même de remettre son armement à l'année suivante. Mieux valait ajourner l'entreprise et qu'elle fût décisive. Afin d'y intéresser plus fortement Henri III, il lui fit hommage pour la Bretagne[1].

En faisant cet hommage Pierre Mauclerc oubliait deux choses : c'est que le comté n'était pas à lui, mais à son fils; et que personne en Bretagne ne se

---

1. Matth. Paris, an 1229, t. III, p. 437; Tillemont, t. II, p. 33; D. Morice, *Hist. de Bretagne*, t. I, p. 160; cf. **Preuves**, t. I, p. 898.

souciait de devenir Anglais. On n'était pas beaucoup mieux disposé à le soutenir dans sa guerre contre saint Louis. Les États de Bretagne, convoqués dans ce dessein à Redon, répondirent à sa demande de secours en réclamant l'abolition de diverses ordonnances.

Cet ajournement des Anglais et cette opposition de la Bretagne auraient pu le mettre dès ce moment dans un grand embarras, si une diversion puissante n'était venue à son aide.

Le comte de Champagne était plus que jamais odieux aux barons. Attaqué par eux, il n'avait été sauvé tout récemment que par l'intervention du roi qui réclamait de tous, sous peine de forfaiture leur concours pour sa guerre à lui contre le comte de Bretagne. Ils avaient obéi, on a vu de quelle façon vraiment dérisoire; mais ils ne pardonnaient pas à Thibaut d'y être venu, lui, en telle force, que Bellesme avait succombé. Ils résolurent donc de se venger. Ils reprenaient contre lui l'accusation d'avoir empoisonné Louis VIII. Ils accusaient la reine d'une sorte de complaisance à l'égard du coupable, sinon du crime, pour n'avoir pas voulu qu'on recourût au duel judiciaire afin de le prouver[1]. Ils parlaient des droits d'Alix, reine de Chypre, fille aînée de l'ancien comte de Champagne Henri II[2].

---

1. Voy. d'Arbois de Jubainville, t. IV, p. 225.
2. Le duc de Lorraine prit, à l'égard du comte de Champagne, une autre attitude : par un acte du 11 juin 1229, il s'engageait à le défendre contre les filles de Henri II. Teulet, l. l., n° 2002.

Thibaut III, père de Thibaut IV, n'était devenu comte de Champagne que par l'abandon que lui en avait fait Henri II, son frère aîné, partant pour la Terre Sainte. Henri II n'en était pas revenu; il y avait épousé Isabelle, fille d'Amaury, et par elle était devenu roi de Jérusalem. Mais d'un premier mariage il avait eu deux filles : Alix qui fut mariée au jeune roi de Chypre, et Philippa qui épousa Érard de Brienne ; or, elles pouvaient faire revivre les droits de leur père sur son ancien comté. La plus jeune avait la première suscité le débat : Érard de Brienne ne l'avait pas épousée pour autre chose (1215). Revenue en France (1216), elle disputa le comté au jeune Thibaut, encore mineur, contestation qui se termina par une transaction (2 novembre 1221)[1]. C'étaient maintenant les droits de sa sœur aînée que l'on prétendait relever[2]. Pierre Mauclerc se serait bien chargé de les faire valoir personnellement en épousant la princesse devenue veuve ; mais ce projet de mariage, tant à redouter et de Thibaut et du roi lui-même, fut déconcerté par Grégoire IX qui l'interdit pour cause de parenté (4 juillet 1229)[3]. La cause d'Alix n'était d'ailleurs qu'un prétexte pour les seigneurs. Mais

---

1. Érard de Brienne et sa femme Philippa renouvelèrent leur renonciation à tous leurs droits sur la Champagne par des actes nouveaux de juillet 1227 (Teulet, *l. l.*, nos 1934 et 1935).

2. Extrait de la Chron. attribuée à Baudoin d'Avesnes, dans *Historiens de France*, t. XXI, p. 160, etc.

3. Voir la lettre de Grégoire IX à l'évêque du Mans, du 21 juillet 1229. Teulet, *l. l.*, no 2014.

Blanche, au risque de donner plus de force encore aux calomnies dont elle était l'objet[1], ne pouvait pas laisser succomber le comte de Champagne, car c'est pour la cause du roi qu'il s'était compromis. Elle mena saint Louis à Troyes, et c'est de là qu'usant tout à la fois et du prestige que la présence du roi n'avait pas perdu, et d'un habile système de concession, elle décida les barons à se retirer.

Pour la plupart ce n'était qu'une trêve; et après le départ du roi le comte de Champagne dut déployer une grande activité à se gagner quelques-uns des seigneurs du voisinage, à s'assurer de ses propres vassaux[2]. Là ses ennemis étaient bien résolus à recommencer l'année suivante. Une circonstance ajourna encore leur dessein.

Le plan du comte de Bretagne s'exécutait. Henri III, selon qu'il en était convenu, avait réuni une armée. Il avait pris terre à Saint-Malo où Pierre Mauclerc l'avait reçu avec de grands honneurs : quelques seigneurs de Bretagne y vinrent aussi lui faire hommage; et de Saint-Malo il se rendit à Nantes où il comptait voir se rassembler les grandes forces qu'on lui avait promises[3]. Cette menace donnait à saint Louis le droit de convoquer tous ses barons. Les

---

1. Voy. le 1er servantois de Hue de la Ferté, Paulin Paris, *Romancero français*, p. 182, 183, et d'Arbois de Jubainville, t. IV, p. 243.
2. Voy. d'Arbois de Jubainville, t. IV, p. 230-235, et les actes qu'il cito.
3. Matth., Paris, an 1230, t. III, p. 442.

ennemis du comte de Champagne durent se rendre comme les autres à cet appel, et on les trouve avec Thibaut dans l'armée que le roi conduisit sur la Loire. Saint Louis vint à la Flèche, à Angers, à Ancenis : là, sur le sol même de la Bretagne, il déclarait dans une assemblée de barons bretons, Pierre Mauclerc déchu de ses droits, et recevait d'eux le serment de ne faire ni paix ni trêve avec les Anglais, ni avec leur comte sans qu'il y consentît (juin 1230)[1].

Ce n'est pas ce qu'Henri III, arrivant en Bretagne, avait attendu. Il était toujours à Nantes, et à défaut de seigneurs bretons il voyait quelques renégats normands venir lui faire hommage et le presser de marcher sur la Normandie, cette province dont il ne cessait pas, quand il était en Angleterre, de rêver la conquête. Mais il jugea qu'il n'en était pas saison, et

---

1. D. Morice, *Hist. de Bretagne*, t. I, p. 162 ; et la sentence rendue par les prélats et les barons dans les *Preuves*, t. I, p. 868. Les prélats et barons qui prirent part à la sentence et la scellèrent de leurs sceaux étaient l'archevêque de Sens, les évêques de Chartres et de Paris, les comtes de Flandre, de Champagne, de Forez et de Nevers, de Blois, de Chartres, de Montfort, etc. La Charte qui est aux archives (J 241) portait à l'origine trente sceaux. Voy. *Layettes du trésor des Chartes*, t. II, n° 2056. — On n'y voit pas le comte de la Marche : mais le 30 mai il avait renouvelé avec le roi le traité de Vendôme, conclu pour dix ans, bien que trois ans seulement fussent écoulés (*ibid.*, n° 2052). En juin, un mariage était convenu entre Élisabeth ou Isabelle, sœur de saint Louis, et le fils aîné du comte (*ibid.*, n° 2065). Le roi reçut dans le même temps plusieurs hommages de quelque importance : d'André de Vitry, de Raimond et de Guy de Thouars (*ibid.*, n°s 2059, 2060, 2062).

loin de hasarder cette offensive il s'en alla par le Poitou dans sa terre de Gascogne, comme pour s'assurer qu'on ne la lui prendrait pas. Après quoi il revint à Nantes où il resta dans l'inaction, attendant vainement les forces qu'on lui avait fait espérer[1].

Saint Louis lui-même n'avait pas pu aller plus loin Les alliés secrets du comte de Bretagne ne l'avaient suivi que malgré eux, et pour ne pas perdre leur fief; mais les quarante jours du service féodal expirés, ils lui avaient demandé congé; et le roi, ne pouvant le leur refuser, avait dû aussi faire retraite[2]. Les barons, rendus à eux-mêmes, reprirent donc leur projet contre celui dont ils étaient les compagnons naguère[3]; et deux armées menacèrent à la fois la Champagne : l'une au nord, comprenant les comtes de Boulogne, de Guines et de Saint-Pol; l'autre au sud, formée par le duc de Bourgogne et les seigneurs de cette région. Avant d'entrer dans le pays, le comte de Boulogne, oncle du roi, envoyait, selon le thème reçu dans la ligue, deux de ses chevaliers défier Thibaut, comme empoisonneur de son frère. Les droits de la reine de Chypre étaient l'autre prétexte mis en avant. Le duc de Bourgogne ravagea tout le

---

1. Matth. Paris, an 1230, t. III, p. 448-451.
2. Matth. Paris, *ibid.*
3. Un poëte anonyme se fit l'organe de leur ressentiment. Voy. *Hist. litt. de la France*, t. XXIII, p. 772, art. de M. Paulin Paris, et d'Arbois de Jubainville, t. IV, p. 238.

pays jusqu'à Troyes, l'armée du Nord forçant la Marne prit Épernai, Vertus. Le comte de Champagne avait rallié ses troupes autour de Provins qu'il avait particulièrement fortifié. Battu, il ne songea plus à lutter par lui-même et abandonnant son pays à la discrétion des ennemis, il courut à Paris implorer le secours du roi [1].

La résistance de Troyes qui, pour mieux se défendre, appela dans ses murs, le sénéchal Simon, sire de Joinville, père de l'historien, donna au roi le temps d'arriver. Dès que l'armée royale, qui comptait dans ses rangs le duc de Lorraine, fut à quatre lieues de Troyes, Blanche envoya sommer les barons d'apporter, s'ils avaient à se plaindre du comte, leur requête aux pieds du roi. Ils lui répondirent avec mépris qu'ils ne plaideraient point devant elle, ajoutant par une grossière insulte que les femmes n'avaient que trop l'habitude d'accorder leurs préférences à celui qui avait tué leur mari ! Mais ce mépris pour la reine n'empêchait pas qu'ils ne respectassent la royauté. Ils voulaient tout combattre sauf le roi. Ils le priaient de se retirer de sa personne, offrant de livrer bataille au comte de Champagne, au duc de Lorraine, à tout le reste de l'armée royale, avec trois cents chevaliers de moins qu'ils n'en auraient devant eux. Le roi fit réponse qu'ils ne combattraient

---

1. M. d'Arbois de Jubainville a réuni tous les détails de cette campagne, t. IV, p. 242 et suiv.

pas ses troupes sans qu'il fût là. Alors, voulant le désarmer, ils proposèrent un arrangement au nom de la reine de Chypre, cause apparente de leur intervention dans le pays. Mais le roi répondit fièrement qu'il n'entendrait à nulle paix ni ne souffrirait que le comte de Champagne y prêtât l'oreille, tant qu'ils n'auraient pas vidé le comté de Champagne. Cette ferme déclaration ébranla les alliés. Le comte de Boulogne céda le premier. La reine, dit-on, lui avait fait savoir que les barons se jouaient de lui en le flattant de la régence, qu'il s'agissait, non d'un autre régent, mais d'un autre roi, et qu'en restant près d'eux il ne faisait que servir de masque et même d'instrument à leur projet de déposséder sa propre race. Le comte déclara dans le conseil sa résolution de revenir au roi, et quittant le camp des alliés, il se présenta à saint Louis qui le reçut avec honneur dans sa tente. Les autres n'osèrent pas garder leur position devant Troyes. Ils allèrent se loger à Isle où l'armée royale les suivit, puis à Jully, et, craignant qu'elle ne les y suivît encore, à Chaource et enfin à Laignes qui était au comte de Nevers.

Le roi les ayant mis hors de la Champagne ne demandait plus qu'à les accorder avec Thibaut. Les préliminaires de la paix furent arrêtés le 25 septembre, et diverses conventions l'établirent avant le mois de décembre suivant[1]. Le roi d'Angleterre n'at-

---

1. Voy. d'Arbois, t. IV, p. 252. On comprend que le comte de Champagne, si mal vu des barons, ait plus volontiers cherché son

tendit pas qu'elle fût définitivement conclue. Dès le mois d'octobre, quand il vit les barons de France se rapprocher, il regagna son île, laissant une petite troupe en Bretagne : triste résultat d'une campagne où il n'avait obtenu des Anglais tant d'argent qu'en leur faisant espérer la conquête de la Normandie!

Mauclerc pouvait maintenant voir le péril où il s'était jeté par sa politique remuante. Le roi dont il s'était fait le vassal était parti, et il se voyait de plus en plus délaissé de ses propres vassaux. Doublement dégagés et par l'acte de Pierre et par la déclaration de saint Louis, les barons de Bretagne faisaient hommage au roi de France jusqu'à ce que le fils de Mauclerc, leur vrai comte, eût ses vingt et un ans[1]. Saint Louis n'avait plus qu'à se présenter en

appui dans les campagnes et dans les villes; il y établit vers ce temps-là beaucoup de communes : *Comes Campaniæ communias, burgensium et rusticorum fecit in quibus magis confidebat quam in militibus* (Albéric des Trois-Fontaines (1231), *Histor. de Fr.*, t. XXI, p. 606 c). Il y a aux archives un très-grand nombre d'actes, constatant l'établissement de communes ou l'extension de franchises en plusieurs villes de Champagne, par l'octroi du comte : à Fîmes (6 janvier 1227), à Écueil (août 1229), à Provins (septembre 1230), à Saint-Menge (mai 1231), à Châtillon et à Dormans (août 1231), à Saint-Florentin (1231), etc. Teulet, *l. l.*, n°s 1913, 2017, 2075, 2134, 2153, 2170, 3513.

1. Voy. par exemple l'hommage de Guiomar de Léon et les conditions qu'il y a mises : Le roi tiendra de lui quinze chevaliers à ses dépens tant que la guerre durera et lui donnera mille livres tournois s'il y a guerre, et sept mille sous tournois, s'il y a trêve. S'il y a guerre, le payement des mille livres tournois sur lesquels sept mille sous (la somme prévue en cas de trêve) ont été touchés, s'achèvera à des termes raisonnables. Le roi ne peut faire paix ni

Brétagne pour prendre, à ce titre, possession du pays : rien n'était capable de lui faire obstacle. Mais le pape voulait prévenir toute cause nouvelle de conflit entre la France et l'Angleterre, et saint Louis, par nature, désirait la paix. La médiation du comte de Dreux, frère de Pierre, et malgré cela fidèle, dès l'origine, à la cause du roi, lui fit obtenir une trêve (juillet 1231) qui donna du repos au pays jusqu'en 1234[1].

Dès l'année 1232 on l'avait pu croire fort compromise. Le comte de Champagne, en 1231, avait perdu Agnès de Beaujeu, sa seconde femme. On eut

---

trêve avec le comte de Brétagne, sans le retenir lui et ceux qui, comme lui, ont embrassé sa cause, dans son hommage : « car jamais par la suite, ajoute-t-il, ni moi ni eux ne retournerons à l'hommage ou au service du comte, » *nec de cetero ego vel ipsi ad homagium vel servitium ejusdem comitis revertemur* (mai 1231). (*Layettes du trésor des Chartes*, t. II, n° 2136.)

1. Sur la trêve entre la France et l'Angleterre, dont Mauclerc et le comte de Chester furent les négociateurs, au nom d'Angleterre, voy. Teulet, *l. l.*, n° 2141. La trêve était conclue pour trois ans à partir du 24 juin 1231. Il était dit que pendant cette trêve le comte de la Marche ne pourrait être assigné en justice ou molesté en cour laïque ou ecclésiastique, et, chose assez étrange, c'est le roi de France qui lui assurait cette garantie contre les entreprises du roi d'Angleterre (4 juillet 1231). Vers la fin de cette trêve (12 juillet 1234), le pape écrivit aux deux rois pour les presser de la renouveler. (Voy. Rinaldi, *Ann. ecclés.*, an 1234, art. 29, et pour ce qui est du roi de France, Teulet, *l. l.*, n° 2269.) Quant à Pierre Mauclerc, dans la trêve qui lui fut accordée en même temps qu'elle était conclue avec l'Angleterre en 1231, on lui fixait des limites au delà desquelles, par différents côtés, il ne devait pas s'approcher de la France. Il le reconnaît dans un acte de juillet 1231. (*Ibid.*, n° 2141.)

l'idée de lui faire épouser Yolande, fille du comte de
Bretagne : alliance qui, vu la nature de deux personnages, devait avoir pour résultat d'entraîner Thibaut dans le parti du comte de Bretagne bien plutôt
que de ramener Pierre Mauclerc dans celui du roi.
Blanche, justement effrayée, obtint de Grégoire IX
une bulle qui interdisait ce mariage pour cause de
parenté. Toutes choses étaient convenues. Pierre Mauclerc avait amené sa fille à l'abbaye de Valsecret où
les noces allaient se célébrer. On n'attendait plus
que Thibaut, et il partait pour s'y rendre, quand il fut
rejoint par le messager du roi. Le roi lui faisait dire
que s'il épousait la fille d'un homme dont la couronne avait tant à se plaindre, tout ce qu'il avait en
France serait confisqué[1]. Thibaut s'en revint à Château-Thierry[2].

Ce fut un coup sensible pour Pierre Mauclerc et
pour les membres et les alliés de sa maison, qui

1. Une bulle de Grégoire IX à l'archevêque de Bourges (24 avril
1232) lui mandait de s'opposer à la célébration de ce mariage.
Voy. d'Arbois de Jubainville, n° 2186.; cf. n° 2191.
2. Thibaut ne manqua pas de s'en faire un titre auprès de
Blanche, s'il est vrai qu'il lui ait adressé la chanson où on lit :

> Et si je fai d'aillors amer semblant
> Sachiez que c'est sans cuer et sans talent.
> S'en soyez sage
> *(Sachez-le donc).*
> Et sil vos on devoit peser
> Je le lairoie ansois ester
> *(Je le laisserais en cet état demeurer).*

(*Hist. litt. de France*, t. XXIII, p. 779, et d'Arbois de Jubainville,
t. IV, p. 256.)

comptaient parmi les premiers de France ; et leur colère fut extrême lorsque trois mois après, comme pour mieux consommer cette rupture, Thibaut épousa Marguerite, fille d'Archambaud de Bourbon[1].

Le comte de Bretagne et les barons de son parti ne reprirent pas les armes contre la France, mais ils firent revenir celle dont le nom avait déjà été mis en avant par eux dans leurs précédentes luttes avec le comte de Champagne, la reine de Chypre, Alix ; et sa présence dans le pays pouvait lui rallier tous ceux qui avaient à se plaindre de Thibaut. Heureusement pour Thibaut, il trouvait appui dans le saint-siége qui contestait la légitimité du mariage d'où Alix était issue et qui défendit à la reine de faire valoir, et à tout autre de reconnaître ses prétentions au comté de Champagne, avant que cette question ait été décidée[2]. Dans cette situation la reine de Chypre avait tout intérêt à transiger, et d'autres causes devaient l'y porter encore : en la même année 1234, elle voyait mourir le comte de Boulogne, son principal soutien comme ennemi de Thibaut, elle voyait Thibaut lui-même, réconcilié avec ses principaux

---

1. Sur ce mariage, voy. Teulet, *Layettes du trésor des Chartes*, t. II, n° 2231 (mars 1233).

2. Sur l'intervention d'Honorius III (1219 et 1223), puis de Grégoire IX (1227 et 1233) relativement aux prétentions d'Alix sur la Champagne, et à la question de sa légitimité, voy. d'Arbois de Jubainville, t. IV, p. 258, et les actes auxquels il renvoie ; voy. aussi *Layettes du trésor des Chartes*, t. II, n°s 1940, 2233 et 2235.

[1234] RÉGENCE DE BLANCHE DE CASTILLE.

ennemis, arriver par la mort de son oncle Sanche au trône de Navarre.

La reine de Chypre renonça donc à tout ce qu'elle pouvait prétendre en Champagne (septembre 1234), agréant les offres des représentants de Thibaut[1] : 2000 liv. tournois de rente (40 527 fr. 64 c.) en fonds de terre et 40 000 liv. (810 552 fr. 80 c.) une fois payés[2]; et Thibaut n'ayant pas ces 40 000 livres,

---

1. Voy. *Layettes du trésor des Chartes*, t. II, n° 2314.

2. La livre était une monnaie de compte qui se payait en espèces d'or ou d'argent; et comme le rapport de l'or à l'argent n'était pas le même au temps de saint Louis que de nos jours (l'or valait 12 fois et 2/10 son poids d'argent; il le vaut 15 fois 1/2 aujourd'hui), dans tous les cas où il n'est pas dit en quelle matière le payement est fait, il y aurait incertitude : 1 liv. tournois valant en argent 17 fr. 84 c., en or 22 fr. 67 c. C'est pour cette raison que M. de Wailly a proposé de prendre pour la valeur de la livre un nombre moyen entre ces deux valeurs. Nous suivrons ici son système qu'il a résumé dans un éclaircissement à sa belle édition de Joinville et dont il avait déjà exposé les raisons dans plusieurs mémoires lus à l'Académie des inscriptions et belles-lettres (*Mém. de l'Acad. des inscr.*, t. XXI, 2ᵉ partie, p. 114 et 117), et dans les préfaces des tomes XXI et XXII des *Historiens de France*.

D'après ces principes, la livre tournois et la livre parisis étant entre elles dans le rapport de 4 à 5, on arrive à ces évaluations :

Denier tournois.........	0 fr.	08 c.	443
Sol tournois...........	1	01	382
Livre tournois..........	20	26	382
Denier parisis..........	0	10	554
Sol parisis............	1	26	649
Livre parisis...........	25	32	978

Pour offrir au lecteur des analogies moins exactes, mais plus familières, le sou tournois valait à peu près notre franc et le sou parisis le shilling anglais; la livre tournois était à peu près notre pièce de 20 fr. et la livre parisis la livre sterling ou guinée anglaise. On peut faire couramment la conversion sur ces bases.

saint Louis les donna en sa place pour prix de la mouvance des comtés de Blois, de Chartres, de Sancerre et de la vicomté de Châteaudun, pays qui dès ce jour entrèrent dans le domaine de la couronne (novembre 1234)[1].

Avant la conclusion de cet acte un autre de la plus grande importance pour la vie et pour le règne même de saint Louis venait de s'accomplir.

Saint Louis avait épousé Marguerite, fille aînée du comte de Provence[2].

Ce mariage qui fit le bonheur du roi n'était pas moins heureux pour le royaume. La Provence relevait encore officiellement de l'empire; mais sa position et ses rapports habituels la rapprochaient de la France; et si ce n'était pas encore l'union, c'était un lien de plus entre les deux pays. La maison de Provence y trouvait elle-même honneur et profit à la fois. Il ne lui était pas indifférent de s'allier de la sorte au roi de France, arbitre naturel de ses démêlés avec le comte de Toulouse; et l'honneur seul qu'elle en retirait était un avantage qui n'avait pas échappé à l'habile Romée, conseiller tout-puissant

---

1. *Layettes du trésor des Chartes*, t. II, nos 2310 et 2322. Extrait de la Chronique attribuée à Baudoin d'Avesnes, *Histor. de Fr.*, t. XXI, p. 162; Albéric des Trois-Fontaines, an 1234, *ibid.*, p. 612; et Tillemont, t. II, p. 231. — Alix donna au roi reçu des 40,000 livres. (*Histor. de Fr.*, t. XXIII, p. 676.)

2. Le 2 janvier 1234, Grégoire IX accorda, pour le mariage, dispense en raison du quatrième degré de parenté. (Teulet, l. l., no 2263.)

de Raimond Bérenger. Comme il le pressait de donner à Marguerite une grosse dot, une dot qui paraissait au comte dépasser ses moyens (car il avait quatre filles à marier) : « Comte, laissez-moi faire, lui dit-il, si vous établissez hautement votre aînée, vous marierez plus facilement les autres. »

Le comte donna à Marguerite 10 000 marcs[1]. Il est vrai que 2000 seulement étaient payés en 1238, et que les 8000 autres restaient dus à saint Louis en 1266.

Marguerite fut amenée à Sens avec une suite où l'on comptait six troubadours et le ménétrier du comte de Provence. Le mariage y fut célébré le 27 mai 1234, et le lendemain, jour de l'Ascension, la jeune princesse fut couronnée dans la cathédrale[2]. Puis le roi l'emmena à Paris où son entrée se fit au milieu des acclamations populaires. Des tournois, des réjouissances publiques ajoutèrent à la solennité de ce jour.

1. On taillait 58 sous au marc d'argent : la valeur du marc, calculée sur la valeur moyenne du sou tournois, serait donc de 58 fr. 80 c. 156, et les 10 000 marcs feraient 588 015 fr. 60 c.
2. La dépense du mariage et du couronnement s'éleva à 2526 l. parisis, 13 s., 7 d. (64 000 fr. 22 c.) y compris 236 l. (5877 fr. 83 c.) qui furent données à l'évêque élu de Valence et à sa suite; le prix des robes de soie, et autres qui furent données y est compté pour 314 l. 12 s. (7968 fr. 80 c.). La dépense du pain s'éleva à 98 l. (2482 fr. 30 c.); celle du pain du roi à 20 l. (506 fr. 60 c.), celle du vin à 307 l. (7776 fr. 30 c.); de la cuisine, à 667 l. (16 895 fr. 10 c.), de la cire, à 50 l. (1266 fr. 50 c.); je néglige les fractions et j'omets les autres détails que l'on peut voir dans le compte général (*Historiens de France*, t. XXI, p. 246 et suiv.).

Marguerite apporta la joie dans l'intérieur de saint Louis, joie qui ne fut pas sans trouble et sans traverses : non pas que les deux époux aient jamais été l'un à l'autre une cause d'affliction ; mais la jeune reine avait pris dans le cœur du roi une place que la reine Blanche avait jusque-là occupée sans partage, et l'amour maternel ne se résignait pas volontiers à cette sorte de déchéance. Blanche eût volontiers disputé aux jeunes époux ce que leur devoir ne leur réservait pas absolument. On sait par Joinville à quelles ruses innocentes ils recouraient pour étendre les limites de cette vie intime, et avec quelle peine ils en dérobaient les chastes épanchements à la jalouse surveillance de la reine mère :

« Les duretés que la reine Blanche fit à la reine Marguerite furent telles, dit-il, que la reine Blanche ne vouloit pas souffrir, autant qu'elle le pouvoit, que son fils fût en compagnie de sa femme, si ce n'est le soir quand il alloit coucher avec elle. Les logis là où il plaisoit le mieux de demeurer, pour le roi et la reine, c'étoit à Pontoise, parce que la chambre du roi étoit au-dessus et la chambre de la reine au-dessous. Et ils avoient ainsi accordé leur besogne, qu'ils tenoient leur parlement dans un escalier tournant, qui descendoit d'une chambre dans l'autre ; et ils avoient leur besogne si bien arrangée, que quand les huissiers voyoient venir la reine dans la chambre du roi son fils, ils frappoient la porte de leurs verges, et le roi s'en venoit courant dans sa chambre, pour que sa mère l'y trouvât ; et ainsi faisoient à leur tour les huissiers de la chambre de la reine Marguerite quand la reine Blanche y venoit, pour qu'elle y trouvât la reine Marguerite. Une fois le roi étoit auprès de la reine sa femme, et elle étoit en très-grand péril de mort, parce qu'elle étoit

blessée d'un enfant qu'elle avoit eu. La reine Blanche vint
là, et prit son fils par la main, et lui dit : « Venez vous-en,
« vous ne faites rien ici. » Quand la reine Marguerite vit que
la mère emmenoit le roi, elle s'écria : « Hélas! vous ne me
« laisserez voir mon seigneur ni morte ni vive. » Et alors elle
se pâma, et l'on crut qu'elle étoit morte; et le roi, qui crut
qu'elle se mouroit, revint, et à grand peine on la remit à
point (ch. CXIX). »

III

Fin des guerres de barons. — Affaires intérieures : l'Université.
L'archevêque de Rouen. — L'évêque de Beauvais.

Avant de résigner ses pouvoirs, Blanche eut encore l'honneur de mettre fin pour toujours à ces guerres de barons qui avaient eu pour objet de les lui disputer.

La trêve conclue avec la Bretagne était expirée ; le jeune roi avait repris les armes, et le comte, au dire de Matthieu Paris, lui avait fait subir un échec en s'emparant par surprise de ses bagages[1]. Mauclerc ne s'aveuglait pourtant pas sur ce succès. Il savait qu'avec les dispositions des Bretons, il se soutiendrait difficilement si le roi d'Angleterre ne lui venait en aide ; mais Henri III s'était borné à envoyer en Bretagne 60 chevaliers et 2000 Gallois ; et saint Louis, faisant appel aux barons, aux prélats et aux principales communes de son royaume, avait mis

1. Matthieu Paris, t. III, p. 459. Il place même ce fait à une date antérieure (1231). Cf. Tillemont, t. II, p. 314.

une armée puissante en campagne. Mauclerc n'avait qu'à se soumettre, si le roi d'Angleterre ne venait : il obtint de saint Louis une suspension d'armes jusqu'à la Toussaint. Si le roi d'Angleterre ne venait en personne, il promettait de remettre toute la Bretagne aux mains du roi ; et il lui abandonnait dès ce moment trois places en garantie de sa parole (août 1234)[1].

Il n'y avait pas de temps à perdre. Pierre se rendit immédiatement en Angleterre, afin de plaider lui-même sa cause. Mais n'obtenant rien qui le satisfît, il repassa le détroit, résolu à se mettre à la merci du roi. Matthieu Paris, mettant en scène l'exécution de ce dessein, raconte que Pierre vint la corde au cou se jeter aux pieds du roi qui, par grâce, lui laissa la vie[2]. Aucun de nos historiens ne confirme ce récit. Il est à croire que Pierre, dépouillé de la tutelle de son fils par l'arrêt de 1234, vint acquiescer au jugement qui l'en privait[3] ; et il est certain que le roi

---

1. Tillemont, t. II, p. 215. Dans sa lettre (août 1234) il se borne à annoncer que tous les barons de Bretagne doivent observer la trêve comme lui-même et son fils (Teulet, *Layettes du trésor des Chartes*, t. II, n° 2302). Plusieurs seigneurs se portaient caution de sa parole : Jean, comte de Mâcon, son frère, s'y engageait lui et sa terre ; Hugues, duc de Bourgogne, s'y obligeait pour 3000 marcs ; Hugues, comte de Saint-Pol, pour 2000 marcs ; Jean, fils aîné du comte de Soissons, pour 1000 marcs (même date ; *ibid.*, n°s 2303-2306.)

2. Matthieu Paris, an 1234, t. IV, p. 72.

3. Par un acte daté de Paris, novembre 1234, il déclare qu'il s'en est remis de la manière la plus absolue à la volonté du roi et de sa mère : « Notum facio universis..... quod ego in karissimum

la lui rendit pour qu'il l'exerçât jusqu'à la majorité du jeune comte. Mauclerc devait alors passer en Palestine pour y combattre les infidèles pendant trois ans. Par un autre acte, daté de Paris, il prêtait serment au roi et à sa mère, reconnaissant ainsi la régence de Blanche au moment où elle allait finir. Enfin, comme gage de sa fidélité et pour satisfaction de tant de révoltes, il cédait au roi Bellesme, Saint-Jacques de Beuvron et La Perrière en Perche (novembre 1234)¹.

Pierre s'était réconcilié avec le roi ; restait à régler ses rapports avec ceux de ses barons qui étaient en querelle avec lui : car un grand nombre, on l'a vu, obéissant à l'invitation du roi, avaient cessé de le reconnaître, et plusieurs comme les sires de Léon et de Tréguier, profitant de la circonstance, prétendaient avoir des droits qui les faisaient presque indépendants : droits de haute justice, droits de fortifier comme ils l'entendaient leurs châteaux, sans parler du droit de bris. Guiomar de Léon, montrant un de ses rochers, disait qu'il avait là une pierre plus précieuse que les plus riches pierreries, attendu qu'elle lui valait 50 000 livres, bon an, mal an. Mauclerc

dominum meum Ludovicum, regem Franciæ illustrem, et in illustrem dominam B (Blancham) reginam matrem ejus me compromisi et me supposui voluntati eorum, *haut et bas*, de omnibus illis que pro se voluerint dicere ; et sicut dixerint, ego faciam. » (Teulet, *Layettes du trésor des Chartes*, t. II, n° 2319.)

1. Teulet, *ibid.*, n° 2320 ; D. Morice, *Hist. de Bretagne*, t. I, p. 166 et 167.

s'étant engagé à se soumettre, pour tous ces différends, à l'arbitrage de saint Louis, le roi fit faire partout des informations [1]. Diverses transactions particulières montrent avec quelle sollicitude il s'enquit des droits de chacun, et s'efforça de tout apaiser.

Plusieurs de ces actes se rapportent au gouvernement personnel de saint Louis qui accomplit ses vingt et un ans le 25 avril 1235. Mais jusque-là, bien que son nom figure généralement seul dans les titres, il faut voir la main de sa mère, puisqu'elle avait de droit le gouvernement; et l'on a vu avec quelle habileté elle l'avait exercé, et quels résultats elle avait obtenus : l'autorité royale affermie contre les prétentions des barons; ceux qui la défendaient soutenus eux-mêmes et agrandis, ceux qui l'attaquaient humiliés : témoin d'une part le comte de Champagne et de l'autre le comte de Bretagne; et le roi d'Angleterre, qui espérait tant de ces troubles, ne venait en France que pour mieux constater, par cette intervention stérile, son impuissance à y rien changer. La France non-seulement n'avait rien perdu pendant cette période critique, mais elle avait gagné. Elle avait gagné au traité de Paris (1229) l'héritage du comte de Toulouse pour un des frères du roi, héritage qu'il ne devait recueillir que pour le transmettre bientôt

---

1. Voy. entre autres une enquête sur les plaintes des Bretons, faite à Saint-Brieuc en 1235, et une autre sur les dommages faits à l'évêque de Dol. Teulet, nos 2417 et 2419; voy. aussi Tillemont, t. II, p. 219 et suiv.

après à la couronne; et cette grande succession allait consommer d'une manière paisible cette union du midi et du nord de la France, commencée sous de si sanglants auspices par la guerre des Albigeois. Elle avait, en dernier lieu, tout en maintenant le comte de Champagne dans son pays et l'aidant à prendre possession de la Navarre, obtenu de lui la mouvance de quatre comtés qui arrondissaient le domaine royal au cœur même de la France[1]. Mais là ne s'était point bornée l'action de Blanche; et sa politique à l'intérieur comme au dehors avait montré tout à la fois une énergie et une modération qui préludaient dignement au gouvernement personnel de saint Louis.

Au dehors, la querelle de Grégoire IX et de Frédéric II, sur laquelle nous aurons à revenir, n'altéra pas les bons rapports qu'elle avait avec ces deux puissances. Reprenant des négociations déjà engagées par Louis VIII, elle traitait avec Frédéric quoique excommunié, et obtenait de lui la promesse qu'il ne laisserait aucun prince allemand faire alliance avec le roi d'Angleterre contre la France (1232)[2].

---

1. Blois, Chartres, Sancerre et la vicomté de Châteaudun. — En janvier 1234, Mathilde, comtesse de Boulogne, succédant à son père, après avoir prêté au roi un triple hommage, lui cédait encore les forteresses de Boulogne et de Calais pour dix ans. (Teulet, *l. l.*, n°s 2266 et 2267.)

2. Un premier traité en ce sens avait été conclu entre Frédéric et les envoyés de Louis VIII à Catane en novembre 1224. Il fut renouvelé en août 1227 à Melfi et enfin à Pordenone (Frioul) en

Elle se maintenait dans les meilleurs termes avec Grégoire IX et fit si bien que le pape finit par consentir (1234) à restituer au comte de Toulouse les terres que ce dernier avait possédées au delà du Rhône et cédées au saint-siége par le traité de Paris (marquisat de Provence).

A l'intérieur, tout en respectant les priviléges du clergé, elle n'avait jamais souffert qu'il les outre-passât; quand il s'éleva des conflits, ce n'est pas elle qu'on pourrait accuser d'avoir laissé l'un des pouvoirs céder à l'autre. Un regrettable incident avait marqué les premières années de sa régence. En 1229, quelques écoliers ayant maltraité, un jour de mardi gras, des habitants du faubourg Saint-Marcel, le doyen de Saint-Marcel avait porté plainte à l'évêque et au légat qui s'en remirent à la justice royale; et les archers, envoyés pour arrêter les coupables, s'étaient jetés sur les premiers qu'ils rencontrèrent, frappant, tuant, comme s'il suffisait à la justice que du sang fût versé pour le sang qui avait été répandu. Les régents se plaignirent, et leur plainte n'ayant pas été accueillie, ils résolurent de suspendre leurs cours; puis n'obtenant rien de plus, ils se dispersèrent, maîtres et écoliers. La reine, justement jalouse de maintenir, d'étendre même son droit à faire la police, aurait dû se dire qu'elle ne l'affaiblissait pas en châtiant les agents qui l'avaient si mal servie. Les suites

---

1232. Voy. Huillard-Bréholles, *Hist. diplom. de Frédéric II*, introd., p. ccxciii et ccxcv-ccxcvii; t. III, p. 16; t. IV, p. 354, 355 et 570.

menaçaient d'être désastreuses. L'Université de Paris était dissoute; Reims, Angers, Orléans, Toulouse, l'Angleterre même, l'Espagne et l'Italie en recueillirent les débris[1]. Les peines décrétées contre les absents soit par le roi, soit par les évêques, étaient impuissantes à les ramener. Blanche en revint aux moyens de conciliation et le pape seconda entièrement ses vues. Les maîtres, cédant à cette autorité, reprirent le chemin de Paris. Le roi les reçut avec bonté. Il leur assura les réparations qui leur étaient dues; il garantit la paix et la sécurité du côté des bourgeois; mais on ne les dispensa pas de satisfaire eux-mêmes pour le mal dont les bourgeois avaient eu à souffrir[2].

Deux autres exemples montrèrent jusqu'où pouvaient aller, même sous une pieuse reine, saint Louis étant presque majeur, les conséquences d'une trop étroite union de l'Église et de l'État. Ici pourtant il faut le dire, la façon d'agir de Blanche fait plus penser à Henri II son aïeul qu'à son fils saint Louis.

L'archevêque de Rouen, Maurice, homme d'une vertu austère et d'une inépuisable charité, avait cassé

---

1 Voy. du Boulay, *Hist. de l'Université*, t. III, p. 132 et suiv., et Tillemont, t. I, p. 537.

2. Voy. Guill. de Nangis, *Gesta*, p. 319, et *Chron.*, p. 546; Vincent de Beauvais, l. XXX, c. cxxxvii (*Histor. de France*, t. XXI, p. 72), et Matth. Paris, an 1229, t. III, p. 399; cf. Tillemont, t. II, p. 96, et du Boulay, t. III, p. 140 et suiv. Il reproduit les lettres de Grégoire IX qui témoignent de la vive sollicitude du pape en cette affaire.

une élection d'abbesse et nommé d'office à la place. Il excédait son droit. Les religieuses en appelèrent au roi qui cita le pontife devant lui et, sur son refus de comparaître, saisit son temporel. L'archevêque y répondit en mettant son diocèse en interdit. Il fallut que le pape intervînt pour faire rendre au prélat ses biens et au peuple sa religion confisquée ainsi par représailles (1233)[1].

L'autre affaire relative à l'évêque de Beauvais fut plus grave encore.

L'évêque de Beauvais était en même temps comte de Beauvais; il réunissait le pouvoir temporel au pouvoir spirituel dans sa ville épiscopale, et cela de l'aveu des rois eux-mêmes. Pourtant l'autorité royale n'avait pas renoncé à y pénétrer. En 1231, un différend s'étant élevé au sein de la commune, Blanche en prit occasion d'y nommer un maire au nom du roi; et elle nomma un bourgeois de Senlis. L'étranger, l'élu du roi, n'était guère mieux vu du peuple que de l'évêque. Une émeute éclata dans la ville, le maire fut traîné par les rues avec insulte; on disait même qu'il était tué. Blanche résolut de mener le roi à Beauvais pour rétablir l'ordre troublé et sous ce prétexte relever l'autorité royale méconnue. En vain l'évêque de Beauvais demandait-il qu'on res-

---

1. Tillemont, t. II, p. 150 et suiv. Sur l'archevêque Maurice, voy. aussi l'*Hist. litt. de la France*, t. XVIII, p. 142. Son tombeau se voit encore derrière le chœur de la cathédrale de Rouen à laquelle on travaillait toujours à son époque.

pectât sa justice. Il ne la faisait guère respecter lui-même, puisqu'il laissait les coupables impunis; on le soupçonnait même d'être d'accord avec eux.

Le roi et la reine vinrent donc à Beauvais, malgré l'évêque, s'établirent à l'évêché, et nonobstant les réclamations du prélat qui demandait que la justice fût rendue sinon par lui, du moins en son nom, on assigna les prévenus au tribunal du roi. Les plus coupables furent pendus, leurs maisons détruites, et la foule des autres, jusqu'à quinze cents, jetés en prison ou bannis. Ce n'est pas tout. Au départ, l'évêque fut sommé de payer quatre-vingts livres parisis (2026 fr. 40 c.) pour les frais du roi; et comme il demandait un délai, on saisit ses biens.

Il y avait assurément dans tout cela une raideur où l'on reconnaît plus la main de Blanche que de son fils, quoiqu'elle s'autorisât de son nom et de sa présence. L'évêque porta plainte au concile provincial tenu à Noyon par l'archevêque de Reims. On députa au roi sans rien obtenir, et après enquête et monition l'évêque de Beauvais mit son diocèse en interdit, et l'archevêque de Reims toute sa province : décision qui provoqua des résistances dans le clergé lui-même; et plusieurs chapitres refusèrent de s'y soumettre, alléguant que n'ayant pas été appelés au Concile, ils n'y étaient pas obligés. Ce fut encore le pape qui vint tempérer ces excès et travailler à la réconciliation[1].

---

1. Voy. la lettre de Grégoire IX, 6 avril 1234. Teulet, *l. l.*, n° 2279.

L'évêque de Beauvais leva l'interdit; mais il mourut avant que l'accord fût complet; et le différend fut repris après lui, car il tenait aux choses plus encore qu'aux personnes. C'est saint Louis, dans le plein exercice de sa puissance, qui par son respect pour tous les droits, pour ceux des autres autant que pour les siens, mit un terme à ce dommageable conflit[1].

Tant que Blanche de Castille a tenu les rênes de l'État, nous avons laissé saint Louis sur l'arrière-plan, n'attirant vers lui l'attention que dans les cas où il payait de sa personne, comme il faisait dans ces guerres de barons qui venaient de prendre fin. Maintenant que son âge fait remettre le pouvoir entre ses mains, il convient de faire un peu plus connaissance avec lui-même, et de voir comment s'étaient développées dans son âme, comment se manifestaient dans sa conduite les vertus qui allaient présider à son gouvernement.

---

1. Voy. Tillemont, t. II, p. 166 et suiv., et *Hist. litt. de la France*, t. XVIII, p. 247, à l'article de Henri de Dreux ou de Brenne, archevêque de Reims, dont la lettre au pape est en partie reproduite. Nous y reviendrons pour la suite.

CHAPITRE II.

VERTUS CHRÉTIENNES DE SAINT LOUIS.

I

Piété de saint Louis.

On a vu l'enfance de saint Louis et les sentiments dans lesquels sa mère l'avait élevé. C'était elle qui l'avait nourri de son lait, c'était elle qui avait veillé à sa première éducation, l'entourant d'hommes religieux capables d'affermir, par leurs leçons et par leurs exemples, la foi et l'amour de Dieu en son âme [1]. Quand il fut plus grand, elle plaça auprès de lui un maître qui, non-seulement le dirigeait dans ses études, mais le suivait dans ses promenades et dans ses jeux : étrange maître, s'il est vrai, comme le rapportait, dit-on, saint Louis, qu'il le battait quelquefois pour lui apprendre la discipline. Saint

---

1. Confesseur de Marguerite, dans les *Histor. de Fr.*, t. XX, p. 65 e.

Louis âgé de quatorze ans, saint Louis roi battu par son maître[1]! On ne saurait en vérité qu'admirer le plus de l'humilité du prince ou de la brutalité du pédant. La piété naturelle de saint Louis ne fit que grandir avec l'âge. Sa vie chrétienne ou, pour la ramener au cadre le plus simple, sa journée de chrétien, qui édifia son siècle, peut bien être de nature à choquer la nôtre. Mais, quoi qu'il en soit de cette impression, ce serait manquer à l'histoire que de passer sous silence ou de réduire à quelques vagues indications ce qui a tenu une si grande place dans sa vie. Ne cherchons donc pas à nous faire un saint Louis au goût de notre époque. Rien n'est beau que le vrai. La vérité que le saint roi a recherchée en toute chose est seule digne de retracer l'image qui doit rester de lui.

Au rapport de ses plus intimes historiens, du chapelain qui l'accompagna dans l'une et dans l'autre croisade, du confesseur qu'il eut près de lui pendant vingt ans, du confesseur de sa femme Marguerite, il semblait ne vivre que pour Dieu. Les offices étaient célébrés à la chapelle du roi presque comme dans celle d'un couvent ou comme au chœur d'une cathédrale. Il se faisait chanter les heures canoniques et il y faisait ajouter l'office des morts; il entendait deux messes, quelquefois trois et quatre; et comme les grands murmuraient de le voir passer tant de temps

---

1. Confesseur de Marguerite, *Histor. de France*, t. XX, p. 101 c.

aux messes et aux sermons, il disait que s'il en perdait deux fois plus au jeu ou à la chasse on ne s'en plaindrait pas[1], réflexion qui n'imposait guère silence aux murmures : les barons ne se seraient pas plaints de perdre là leur temps avec lui. Il étudiait l'Écriture sainte et les Pères. Il se faisait allumer, dit le confesseur de Marguerite, une chandelle de trois pieds ou environ : tant qu'elle durait il lisait la Bible[2]. A table même il avait volontiers des personnes pieuses avec lesquelles il pût parler de Dieu. Aussi, ajoute l'historien, mangeait-il rarement avec ses barons. Sa journée terminée, après complies, quand son chapelain allait se reposer, il se mettait en oraison, et si longuement qu'il ennuyait fort, dit le naïf auteur, les gens de son service, obligés de l'attendre à la porte. Parlerai-je de ses génuflexions, que le confesseur de sa femme paraît avoir comptées? Il demeurait si longtemps à genoux que quelquefois son esprit et sa vue se troublaient et que, se relevant tout étourdi, il disait : « Où suis-je[3]? » On le ramenait à sa chambre, et il se couchait alors; mais à minuit il était debout et se faisait chanter matines par ses chapelains[4] (ce n'était pas une sinécure que d'être chapelain du roi en ce temps-là). Il aurait voulu

---

1. Geoffroi de Beaulieu, ch. xxi, *Histor. de Fr.*, t. XX, p. 15.
2. Anonyme de Saint-Denys, *ibid.*, p. 47.
3. Confesseur de Marguerite, *ibid.*, p. 80 c, d; cf. Anonyme de Saint-Denys, p. 50.
4. Geoffroi de Beaulieu, ch. xxi, t. XX, p. 15.

pourtant laisser à ses gens le repos qu'il se refusait à lui-même. Il se levait si doucement que plusieurs fois ils ne l'entendaient pas, ou, réveillés trop tard, ils couraient après lui sans avoir le temps de se chausser. Après matines, il restait encore longtemps en prières, soit dans la chapelle, soit devant son lit; s'il n'était jour, quelquefois il se recouchait, ou bien il remettait à ses gens un petit bout de chandelle en leur recommandant de le réveiller dès que la chandelle serait usée; car il lui fallait assister à primes[1] : c'était le commencement d'une nouvelle journée.

Je disais que la prière remplissait, pour saint Louis, presque tout le jour : c'est le jour et la nuit qu'il faudrait dire. Ici pourtant ne peut-on soupçonner d'exagération les récits de ses historiens? Ils vivaient avec lui, ils sont sincères, mais portés à l'exalter. Or la dévotion était son principal titre à leurs yeux : « Ses actions, ses manières d'être étaient non-seulement d'un roi, mais d'un moine, *non solum regales sed regulares*, s'écrie Guillaume de Chartres[2], » et par ce jeu de mots que le français ne rend pas, il croyait faire son plus bel éloge. Il n'est pas douteux que saint Louis ait fait autre chose que lire et prier : toute sa jeunesse si mêlée, nous l'avons vu, aux

---

1. Geoffroi de Beaulieu, *ibid.*; Confesseur de Marguerite, p. 73. Grégoire IX lui avait accordé que les chapelles royales ne pussent être soumises à l'interdit ecclésiastique, 2 janvier 1234. Teulet, *l. l.*, n° 2264.

2. *Histor. de France*, t. XX, p. 29.

guerres que lui firent les barons, toute sa vie si occupée du bien public en fournissent assez la preuve. Cette tendance involontaire à l'exaltation du saint dans le roi se trouve d'ailleurs établie, sur ce point, par le contrôle des chroniques avec plusieurs documents officiels. Un de ses historiens, le moine anonyme de saint Denys, dit qu'à vingt ans, laissant tous les jeux, il ne s'occupa plus de chiens ni d'oiseaux et renonça aux vêtements précieux pour prendre des habits simples[1]. Or plusieurs comptes de dépenses prouvent qu'en 1239 il se livrait encore au plaisir de la chasse; qu'on achetait pour lui et qu'on entretenait des chevaux et des faucons à son usage[2]; ils montrent qu'en certaines circonstances il se servait encore de drap d'or, d'écarlate et de soie[3]. En cette seule année les étoffes et les fourrures achetées pour vêtements d'apparat coûtèrent quatre cent soixante et une livres dix sous parisis, soit onze mille six cent quatre-vingt-dix francs de notre monnaie, représentant une dépense de près de soixante mille aujourd'hui[4]. Geoffroi de Beaulieu est d'accord avec Joinville pour reporter après la croisade de 1248 la

1. Anonyme de Saint-Denys, t. XX, p. 46.
2. *Histor. de Fr.*, t. XXII, p. 611 *h, j*; p. 594 *d*, 596 *j*, 598 *a, e, k*, 601 *k*, 602 *a*, 606 *g*, 617 *g*, etc., et M. N. de Wailly dans la préface de ce volume, p. xxvi. Il me paraît puéril d'avancer, pour le contredire, que ces faucons étaient à l'usage de ses fauconniers.
3. *Ibid.*, p. 609 *a, f*.
4. *Ibid.*, p. 610 *j*, et M. de Wailly, préface, *ibid.*, p. xxii et xxiv.

réforme que saint Louis apporta dans sa manière de se vêtir[1]. Il y a donc quelques réserves à faire en accueillant le récit de ces historiens; mais le lecteur ainsi bien averti, on ne peut se dispenser de placer sous ses yeux la suite de leurs témoignages.

On n'a vu encore que la journée ordinaire du saint. Il trouvait dans le cours de l'année des occasions plus particulières de satisfaire sa dévotion. Il célébrait les fêtes avec un appareil qu'il était loin de rechercher pour lui-même; il aimait surtout d'entendre dans ces solennités la parole de Dieu, et non-seulement dans les jours solennels, mais toutes les fois qu'il pouvait avoir un religieux pour prêcher devant lui. Si c'était dans un couvent, pour que ses sergents d'armes assistassent plus volontiers au sermon il les faisait manger dans la salle, tout en leur donnant l'indemnité qui leur était allouée pour manger au dehors[2]. Il n'allait pas seulement aux sermons; quand il était dans un couvent et que la cloche sonnait pour appeler les moines aux écoles, il allait avec eux. Il allait particulièrement aux écoles des frères prêcheurs et s'asseyait humblement sur un carreau à terre devant celui qui professait[3].

Il se confessait tous les vendredis, et après la confession il se faisait donner par son confesseur la dis-

---

1. Geoffroi de Beaulieu, *Histor. de Fr.*, t. XX, p. 5, 6, et Joinville, ch. cxxxv.
2. Confesseur de Marguerite, t. XX, p. 73.
3. *Ibid.*, p. 79 et 80.

cipline; sa discipline se composait de cinq petites chaînes de fer qu'il serrait dans une boîte d'ivoire et portait avec lui. Il avait fait faire d'autres boîtes semblables et semblablement garnies qu'il donnait en présent à ses enfants, à ses amis, avec le conseil de s'en servir[1]. Lorsque son confesseur frappait trop mollement, il lui disait de faire plus fort. Cet avis ne fut pas toujours nécessaire. Il eut un confesseur si plein de zèle (*sollicitus sibi*) qu'il le frappait à coups redoublés, en telle sorte que sa peau, qui était extrêmement tendre, en était fort maltraitée. Saint Louis se taisait alors; il n'en dit rien tant que vécut ce confesseur, mais plus tard il en parla en riant à un autre[2].

Ses confesseurs, il le faut dire, n'avaient pas communément ce zèle, et ils le blâmaient d'austérités qui compromettaient sa santé délicate[3]; ils le pressaient d'y suppléer par des aumônes que le roi, du reste, n'épargnait pas, et ils finirent par le faire renoncer au cilice qu'il portait durant l'avent, le carême et aux vigiles de certaines fêtes; il ne laissa pas que de mettre encore quelquefois sur sa chair une ceinture de crin[4]. Il observait tous les jeûnes de

1. Confesseur de Marguerite, t. XX, p. 83 e.
2. Geoffroi de Beaulieu, ch. XVI, t. XX, p. 10.
3. *Ibid.*, ch. XVII.
4. Guill. de Chartres, t. XX, p. 35, et Confesseur de Marguerite, p. 53; *Extraits d'un vieux lectionnaire*, t. XXIII, p. 161, leçon 3, et Jean du Vignay dans une addition à sa traduction de Primat, *ibid.*, p. 64.

l'Église et s'en imposait à lui-même qui n'étaient pas d'obligation. la veille de certaines fêtes et toute l'année le vendredi. Ses abstinences n'étaient pas moins rigoureuses que ses jeûnes; il faisait maigre (outre le vendredi et le samedi) le mercredi, quelquefois même le lundi, mais il y dut renoncer à cause du délabrement de sa santé. Il trouvait encore le moyen de raffiner sur l'abstinence : les vendredis d'avent et de carême il s'abstenait de poisson et de fruits. Il regrettait de ne pouvoir faire ce qu'il avait appris d'un religieux : ce moine, la première fois qu'on lui offrait du fruit nouveau, en prenait pour rendre grâces à Dieu et s'en abstenait le reste de l'année; mais il sut l'imiter en faisant tout le contraire. Quand on lui apportait du fruit nouveau, il s'en abstenait pour en offrir à Dieu les prémices, et par la suite il en mangeait comme les autres[1]. Son confesseur fait encore la remarque, que personne n'a plus noyé son vin dans l'eau, et le confesseur de Marguerite, pour qui rien de tout cela n'est puéril, ajoute qu'il trompait l'habileté de ses cuisiniers en mettant de l'eau dans les sauces pour en ôter la saveur[2]. Il dit aussi que le vendredi il s'abstenait de rire. Dans l'usage ordinaire, il faisait porter aux pauvres les mets les plus délicats de sa table, gardant pour lui les plus communs[3]. Les pauvres avec lui apprenaient

---

1. Geoffroi de Beaulieu, ch. XVIII, p. 11.
2. P. 107.
3. Anonyme de Saint-Denys, t. XX, p. 53.

à être difficiles. Un jour qu'il avait donné à l'un d'eux une écuelle remplie de pâte grasse, ce personnage, en ayant goûté, n'en voulut pas. Saint Louis se la fit rendre et en mangea, non par forme de reproche, mais par humilité, comme si personne n'y eût touché.

Sa dévotion envers le saint Sacrement était extrême. Il communiait, dit le confesseur de Marguerite, au moins six fois par an, aux fêtes de Pâques, Pentecôte, Assomption, Toussaint, Noël, Présentation de N. S. Après s'être purifié par des ablutions, il s'avançait à genoux vers l'autel, et là il disait lentement le *Confiteor* avec soupirs et avec larmes[1]. Il aimait aussi à adorer le Sauveur dans les instruments de sa passion. Le vendredi saint, il allait nu-pieds visiter les églises : afin de garder les apparences, il portait des chaussures dont la semelle était enlevée. Pour l'adoration de la croix, il déposait ses vêtements supérieurs, ne conservant que son garde-corps et sa cotte; les pieds nus, le chef découvert, il s'avançait un petit espace sur ses genoux, s'inclinait et priait, puis s'avançait encore, et à la troisième fois, arrivé à la croix, il se prosternait comme en croix lui-même, et la baisait, versant des larmes[2]. Il souhaitait le don des larmes. Dans les litanies, quand on chantait le verset : « Don-

---

1. Confesseur de Marguerite, t. XX, p. 74.
2. Confesseur de Marguerite, *ibid.*; Anonyme de Saint-Denys, p. 51.

nez-nous une fontaine de larmes, *Ut fontem lacrymarum nobis dones,* » il disait : « Seigneur, je n'ose vous demander une fontaine de larmes, mais quelques gouttes seulement pour rafraîchir mon cœur sec et aride[1] ! ».

II

Simplicité. — Pureté. — Bonté. — Humilité. — Charité.

Tous ces détails, qui auront provoqué peut-être le sourire et la pitié de plus d'un lecteur, sont-ils la marque d'un esprit faible, ou témoignent-ils, au contraire, d'une âme forte qui s'apprend à se maîtriser soi-même en soumettant ses sens au joug le plus dur? On ne juge bien des choses que par leurs effets : « Vous les connaîtrez par leurs fruits, a dit Jésus : *A fructibus eorum cognoscetis eos.* » Or, si laissant à l'écart ces choses tout extérieures, on pénètre dans l'âme de saint Louis, tout y exhale l'odeur des plus exquises vertus. « Il y avait en lui, dit son chapelain, comme une vertu divine : il rendait le calme aux esprits les plus troublés, il édifiait les plus saints[2]. » Parlons d'abord de son admirable simplicité de langage et de cœur. Il ne détestait rien tant que les bouffonneries et les paroles dissolues,

---

1. Geoffroi de Beaulieu, ch. xxi, t. XX, p. 4.
2. Guill. de Chartres, *ibid.*, p. 29.

les médisances et le mensonge. Pour sa part, jamais il n'usa de gros mots envers personne, fût-ce même le dernier de ses serviteurs, à moins qu'une faute grave n'exigeât une réprimande. Point de jurement. Sa seule manière d'affirmation plus solennelle était : « En nom de moi. » Et encore, repris un jour par un religieux, il s'en abstint et se contenta d'affirmer selon le précepte de l'Évangile : « Oui, non ; cela est, cela n'est pas. » Tout cela sans raideur ni sécheresse. Dans les matières difficiles, nul ne jugeait avec plus de perspicacité que lui, et ce qu'il concevait bien il l'exprimait avec autant de mesure que de grâce : « La grâce était répandue sur ses lèvres, dit avec l'Écriture son historien : *Diffusa erat gratia in labiis ejus*, et comme tout vrai sage, il savait, en parlant, se rendre aimable. » L'enjouement n'était point banni de sa conversation. Une pointe de sel relevait la saveur de ses discours, et il était si gracieux de toute sa personne que rien qu'à le voir on ne pouvait s'empêcher de l'aimer [1].

La simplicité de son langage et son aversion pour toute parole équivoque et grossière témoignaient bien de la pureté de son cœur. Il ne détestait pas seulement la licence qui régnait dans les poésies de ce temps-là [2] ; il répugnait aux chansons mondaines et recommandait fort naïvement à l'un de ses écuyers

---

1. G. de Beaulieu, ch. VII, t. XX, p. 5 ; Conf. de Marguerite, p. 109.
2. Guill. de Chartres, *ibid.*, p. 29.

qui les chantait, d'apprendre plutôt l'*Ave maris stella*[1]. Sa pudeur était extrême : « Pour ce qu'il sentait bien qu'honnêteté est agréable aux anges, dit le confesseur de Marguerite, il vécut tout le temps de sa vie en très-honnête manière : car, toute honnêteté fut en lui, si bien que M. Pierre de Laon, qui fut son chevalier et demeura trente-huit ans avec lui, remplissant la charge de chambellan et couchant à ses pieds; qui le déchaussait et l'aidait à se mettre au lit comme font les sergents des nobles seigneurs, par quinze ans ou environ ne put voir sa chair, sauf les pieds et les mains; quelquefois seulement jusqu'au gros de la jambe, quand il lui lavait les pieds, ou la jambe, quand elle était malade, et le bras, quand il se faisait saigner[2]. »

Jamais la moindre familiarité ne jeta d'ombre sur la pureté de sa jeunesse; et le mariage ne fit que mieux ressortir encore sa chasteté[3]. Aussi voulait-il que tout fût honnête dans sa maison, et il en bannissait sans merci quiconque blessait une vertu si chère à son cœur[4].

Sa bonté, d'ailleurs, et sa patience étaient inaltérables. On en abusait quelquefois autour de lui. Un jour, étant sorti de sa chambre pour ouïr ceux qui

---

1. Confesseur de Marguerite, t. XX, p. 65.
2. *Ibid.*, p. 112.
3. Geoffroi de Beaulieu, ch. xi, p. 7; Confesseur de Marguerite, p. 110, 111.
4. *Ibid.*, p. 111.

venaient lui exposer leurs causes, il voulut rentrer : sur seize chambellans et valets il ne s'en trouva pas un pour le servir. Ils revenaient fort confus d'avoir été mis en défaut, et n'osaient plus se présenter devant lui, quand le roi, retournant à ses plaids et les voyant : « Eh bien ! dit-il, venez-vous ? N'en puis-je trouver aucun qui me serve, quand un seul me suffirait ? » Et il n'ajouta pas autre chose. Les plaids finis, il revint en sa chambre; et les chambellans hésitaient encore à se montrer devant lui. Un religieux qui était dans la familiarité du roi et à qui ils s'étaient ouverts de leurs craintes, ayant dit au prince qu'ils n'osaient venir en sa présence s'il ne les faisait appeler, il les fit entrer, et prenant un visage souriant : « Venez, venez, dit-il, vous êtes tristes parce que vous avez mal agi, je vous le pardonne, gardez-vous de faire ainsi désormais!. » Il savait se contenir, même en des cas où l'impatience serait bien excusable. Un jour qu'il souffrait d'une enflure à la jambe et qu'il la voulait examiner de plus près, un vieux serviteur, nommé Jean, qui l'éclairait, laissa tomber une goutte de cire ardente sur le membre malade[2] : « Ah! Jean! » s'écria le roi; et voyant le vieux serviteur tout ébahi : « Jean, lui dit-il, mon aïeul vous donna congé pour moindre chose. » Philippe-Auguste l'avait renvoyé de son hôtel pour

---

1. Confesseur de Marguerite, p. 104.
2. *Ibid.*, p. 106.

avoir mis au feu du bois qui petillait! Inutile de dire que le vieux Jean continua de servir saint Louis. Il n'endurait pas seulement les maladresses de ses serviteurs, il supportait leurs incartades. Un jour que le roi causait avec quelques chevaliers, il lui arriva de finir sa phrase en disant : « Et je m'y tiens. » Ses chambellans entraient alors. L'un d'eux relevant ce mot, sans savoir d'ailleurs de quoi il s'agissait, se mit à dire : « Eh! si vous vous y tenez, toujours n'êtes-vous qu'un homme non plus qu'un autre. » Cette parole fut vivement reprise par un de ses compagnons et un colloque eut lieu à part, où le premier soutint son propos. Le roi l'avait entendu la première comme la seconde fois, il le regarda, laissant son discours, et ne lui dit rien, ni jamais ne l'en réprimanda. Un autre jour que le Parlement siégeait à Paris, une femme, qui avait peut-être perdu sa cause, se tenant au pied des degrés par où descendait saint Louis, s'écria : « Fi! fi! devrais-tu être roi de France? bien mieux vaudrait qu'un autre le fût : car tu n'es que de la troupe des frères mineurs et des frères prêcheurs, des prêtres et des clercs! C'est grand dommage que tu es roi, et c'est grand merveille que tu ne sois bouté hors du royaume. » On la voulait battre et chasser. Le roi s'y opposa; il la fit approcher, et l'ayant écoutée tant qu'elle voulut, il lui répondit en souriant : « Certes, vous dites vrai, je ne suis pas digne d'être roi, et s'il eût plu à Notre-Seigneur, c'eût été mieux qu'un autre fût à ma place, qui sût mieux gouverner le royaume. » Et il lui fit donner de l'argent[1]. »

L'humilité de saint Louis se peint au naturel dans cette scène. Elle se manifestait en mille autres occasions, à l'église d'abord, et non pas seulement dans l'accomplissement de ses devoirs religieux : devant Dieu il ne pouvait pas s'estimer plus que le moindre des hommes; mais aussi dans ses rapports avec les religieux et les prêtres, car servir Dieu était un honneur qu'il plaçait au-dessus de tous les autres. Son confesseur était si bien pour lui le représentant de Dieu quand il siégeait au tribunal de la pénitence, qu'il ne se bornait pas à obéir à sa parole, en tant que confesseur : s'il arrivait à ce dernier de souhaiter que la porte ou la fenêtre fût ouverte, le pieux roi se levait aussitôt pour satisfaire à son désir; et si l'autre s'en fâchait comme d'une marque de déférence qui ne lui était pas due, il lui répondait simplement : « N'êtes-vous pas le père et moi le fils[2]? » Dans les couvents, lorsqu'il assistait à un sermon, il allait s'asseoir sur une botte de paille au pied de la chaire, tandis que les moines, à leur grande confusion, siégeaient haut dans leurs stalles[3]. Les pierres même des monastères étaient pour lui sacrées, et il tenait à honneur de travailler personnellement à leur édifica-

---

1. Confess. de Marguerite, p. 106.
2. Geoffroi de Beaulieu, ch. x, p. 6.
3. Confesseur de Marguerite, p. 102.

tion. Lorsqu'il fit bâtir Royaumont, on le voyait porter avec un moine des matériaux sur une civière, et il en faisait faire autant à ses chevaliers et à ses frères. Comme ses frères en eussent au moins volontiers fait un jeu, parlant et riant dans le travail : « Les moines, leur disait-il, gardent ici le silence; nous les devons imiter; » et lorsqu'à la fin, un peu las, ils se voulaient reposer en route : « Les moines ne se reposent pas; vous ne devez pas vous reposer non plus [1]. » Dans ses rapports avec les hommes du siècle, il ne montrait pas un sentiment moins humble de lui-même. Outre son confesseur, il avait plusieurs amis qu'il avait chargés de lui dire s'ils voyaient ou apprenaient qu'il eût fait quelque chose de mal, et il recevait volontiers leurs avertissements comme admonition charitable. Il en eût fait de même envers quiconque l'eût averti de la sorte, même sans en être prié.

Mais jamais cette vertu que la religion seule a enfantée ne se montre avec plus de relief en saint Louis que dans l'exercice de cette autre vertu, la vertu chrétienne par excellence : je veux dire la charité. Sa charité en effet était sans bornes. Il avait pour maxime qu'il faut aimer les hommes parce qu'ils sont bons, ou pour qu'ils le soient. S'il avait quelque préférence, c'était pour les faibles, pour les délaissés [2]. Et comme, selon la parole du Sauveur et les touchantes leçons

1. Confesseur de Marguerite, p. 87; cf. p. 103.
2. Confesseur de Marguerite, p. 90.

des Pères de l'Église, il voyait Jésus-Christ dans les pauvres, sa sollicitude, sa tendresse, ses abaissements même envers leur personne n'avaient d'égal que sa foi et sa piété. On serait tenté de l'accuser d'avoir oublié ce qu'il devait à son rang et ravalé la dignité royale dans ces œuvres, si l'on n'y voyait au contraire une intention si haute d'user de ce contraste pour humilier l'orgueil, consoler la misère et enseigner à chacun, au milieu des différences de naissance, de position, de fortune, l'égalité de tous, souvent même le renversement de l'ordre du monde devant Dieu. Chaque jour, le roi faisait chercher cent vingt-deux pauvres, et on leur donnait deux pains valant un denier parisis (10 c. 1/2), une mesure de vin, de la viande ou du poisson selon le temps, et un denier parisis; et si dans cette troupe il y avait quelque femme ayant un ou plusieurs enfants, on lui remettait autant de pains qu'elle avait d'enfants pour sa peine, et un pain à chaque enfant. Soixante autres pauvres recevaient leur pain en argent, à savoir quatre deniers chacun, deux fois la semaine. Tous les pauvres, de quelque part qu'ils vinssent, avaient la desserte de la table : l'aumônier avait ordre d'y ajouter autant de pain qu'il était nécessaire pour que personne ne se retirât les mains vides; et ses aumônes croissaient avec la cherté du pain et la misère[1]. Quand il allait en Berry, en Normandie ou en

1. Confesseur de Marguerite, p. 91; Guill. de Chartres, p. 35.

quelque autre lieu où il n'allait pas d'habitude, c'est aux pauvres qu'il songeait encore tout d'abord. Il en faisait réunir jusqu'au nombre de trois cents à la fois pour leur faire l'aumône; et l'on pouvait aussi dire de lui : « Il a passé, bien faisant », *pertransiit bene faciendo.* Quelquefois même s'il voyageait, c'était pour aller voir et nourrir les pauvres. Il disait à son entourage : « Allons visiter les pauvres de tel pays, et les repaissons[1] ».

Les jours de fête, il réunissait deux cents pauvres dans son palais et les servait lui-même à table. Les mercredis, vendredis et samedis de l'Avent et du Carême et les mercredis et vendredis en toute saison il en faisait venir treize dans sa chambre ou dans la pièce voisine, et leur donnait à manger de sa main sans se rebuter de leur malpropreté. Si dans le nombre il y avait quelque aveugle, le roi lui mettait le morceau de pain dans une main, et portait l'autre vers l'écuellée où était sa pitance[2]. Si c'était du poisson, il en tirait les arêtes, trempait le morceau dans la sauce et le lui mettait dans la bouche. Avant le repas, il leur donnait à chacun douze deniers ou plus selon le besoin; quand parmi eux était une femme avec son enfant, il y ajoutait pour l'enfant. Le samedi,

---

1. Confesseur de Marguerite, p. 95 *d*.
2. Cette scène de saint Louis servant les pauvres fait le sujet d'une miniature du commencement du xive siècle, reproduite dans la belle édition de Joinville que M. N. de Wailly a publiée chez MM. Firmin Didot (p. 3).

il prenait trois de ces pauvres les plus misérables, les plus infirmes, et les menant dans sa garde-robe où l'on avait disposé trois baquets pleins d'eau avec du linge, il leur lavait les pieds ; il essuyait et baisait dévotement ces pieds, quelque difformes qu'ils fussent, usés comme ils l'étaient au frottement journalier de la terre; puis à genoux il leur présentait l'eau pour l'ablution des mains, il leur donnait quarante deniers et leur baisait la main[1]. Ce n'est pas tout; chaque jour en tout temps, il faisait venir treize autres pauvres; et de ces treize il en choisissait trois, les plus rebutants[2] qu'il faisait asseoir à une table dressée tout près de lui. Il leur donnait quarante deniers, et se faisant apporter trois écuelles, lui-même prenait le soin de faire leur soupe; il tranchait les viandes et les poissons qu'on mettait devant lui et leur en envoyait. Bien plus, comme pour mieux confondre notre délicatesse, il se faisait rapporter de ces viandes qui leur étaient servies et en mangeait après eux[3]. Un jour entre autres, parmi ces trois pauvres gens, il vit un vieux qui ne mangeait pas bien. Il fit mettre devant lui l'écuelle remplie de

---

1. Geoffroi de Beaulieu, ch. ix, t. XX, p. 6.
2. « ....in tantum quod quandoque de naso vel ore infirmantium descenderet sanies super manum regis, nihil tamen propter hoc dimittens, sed manutergio tergens nares eorum. » Anonyme de Saint-Denys, t. XX, p. 52.
3. Guill. de Chartres, p. 35 : *Extraits d'un vieux lectionnaire*, dans les *Hist. de France*, t. XXIII, p. 161, et Jean du Vignay, *ibid.*, p. 64, 65.

viande qu'on avait apportée, et après que « le vieux bon homme en eut mangé comme il lui plut, il se la fit rapporter pour en goûter après lui : honorant Jésus-Christ dans ce pauvre vieillard et estimant assez bon pour lui-même ce qu'il avait laissé[1]. »

Ce devoir du lavement des pieds que le Sauveur lui-même avait rendu à ses disciples dans la Cène, il aimait à le pratiquer, accomplissant à la lettre la parole divine : « Si donc je vous ai lavé les pieds, moi votre Seigneur et votre Maître, vous devez aussi vous laver les pieds les uns aux autres ; et je vous ai donné l'exemple, afin que vous fassiez comme je vous ai fait[2]. »

Un samedi, à Clairvaux, comme il assistait au lavement des pieds des moines après vêpres, il eût voulu remplir lui-même cet office ; il ne s'en abstint que parce qu'il y avait avec lui plusieurs seigneurs qui n'étaient pas de son intimité, et qu'il eût craint d'affecter trop d'humilité devant eux. Mais le Jeudi Saint, autorisé par l'exemple du Sauveur, il ne craignait pas de le faire devant sa cour. En ce saint jour, il lavait les pieds à treize pauvres et leur donnait quarante deniers[3]. Plus tard, lorsque ses fils étaient près de lui, il leur faisait faire de même. Et ce n'était point, comme nous le voyons encore dans le rituel de cette fête aujourd'hui, une pure cérémonie,

1. Guill. de Chartres, p. 35.
2. S. Jean, XIII, 14, 15.
3. Confesseur de Marguerite, t. XX, p. 83 e.

une douzaine de pauvres parfaitement lavés (je n'y trouve point à redire), des enfants quelquefois, choisis pour recevoir du prêtre une ablution dont ils n'ont plus besoin. Un jour un de ces vieillards, prenant fort au sérieux l'office dont le roi s'acquittait, et voulant profiter de l'occasion, lui fit remarquer que les doigts de ses pieds n'étaient pas propres à l'intérieur, et le pria en toute simplicité de les nettoyer. Ceux qui étaient là s'indignaient contre ce malotru qui demandait au roi un tel service. Mais le pieux roi, faisant droit à sa requête, fit humblement ce qu'il souhaitait, lava les doigts, les essuya et y joignit le baiser de charité[1].

Il se plaisait aussi à donner à ceux qui s'étaient donnés à Dieu : aux frères mineurs, aux frères prêcheurs surtout, deux ordres qu'il aimait plus particulièrement, comme animés encore du pur esprit de leur institution. Il donnait aux religieux qui ne possédaient rien, il donnait aussi à ceux qui possédaient, comme pour leur rappeler le devoir de l'aumône, et qu'un monastère étant un lieu de charité,

---

1. Guill. de Chartres, t. XX, p. 35 : « Quem cum pauper ille non agnosceret esse regem, petiit ab eo ex simplicitate sua ut iterum digitos pedum, ubi plures latebant immunditiæ, lavaret interius et mundaret.... Pius Rex tunc petitionem ejus clementer admittens, benigne exsecutus est humilitatis officium, insertis digitis suis inter digitos pedum ejus, et eos more solito lavans et detergens ac demum subjungens osculum caritatis. » C'est l'auteur qui suppose sans doute que le vieux pauvre ne reconnaissait pas le roi.

rien ne s'y peut amasser que pour être répandu sur les pauvres de Dieu.

C'est donc à sa charité autant qu'à sa foi que l'on doit rapporter tant de fondations ou d'accroissements de monastères et de lieux de refuge : fondation des Hôtels-Dieu de Pontoise, de Vernon, de Compiègne, accroissement de l'Hôtel-Dieu de Paris (nous aurons à revenir sur ces fondations et d'autres encore). Quand l'Hôtel-Dieu de Compiègne fut achevé, ce fut le roi de France et le roi de Navarre, avec les deux fils aînés de saint Louis, qui portèrent, sur un drap de soie, le premier pauvre qui fut mis au lit[1]. Il consacra à ces œuvres plus de deux cent mille livres tournois (trois millions cinq cent soixante-neuf mille sept cent quarante-huit francs, valeur intrinsèque); et quand on lui reprochait de tant dépenser en fondations et en aumônes, il répondait : « Dieu m'a donné tout ce que j'ai; je n'en saurais faire un meilleur emploi[2]. »

---

1. Confesseur de Marguerite, t. XX, p. 98.
2. Confesseur de Marguerite, p. 94. « Chaque jour au matin, dit le pieux auteur, dont je rajeunis un peu le langage, quand il avoit ouï ses messes et qu'il revenoit en sa chambre, il faisoit appeler ses malades des écrouelles et les touchoit : ceux qui avoient été hébergés la nuit d'avant en l'hostel du saint roi en certain lieu qui à ce étoit disposé et avoient reçu leurs vivres en la cour du saint roi. » Il ajoute : « Et comme il vint une fois par la ville de Châteauneuf sur Loire, à l'entrée de la ville, hors du château, une pauvre vieille femme qui étoit à l'huis de sa maisoncelle (petite maison) et avoit du pain en sa main, dit au benoit roi ces paroles : « Bon roi de ce pain qui est de ton aumône est

S'il visitait les pauvres dans leurs tristes réduits, il les allait voir plus volontiers encore dans ces asiles ouverts à leurs souffrances. Ses gens étaient incomodés de l'odeur infecte de ces salles. Pour lui, il ne semblait pas s'en apercevoir. Il servait les malades à genoux, pansait leurs plaies, quelque horribles qu'elles fussent, et leur rendait les soins les plus rebutants. Les pieux historiens de saint Louis, dans leurs récits, se feraient scrupule de ne point oser dire ce que le roi ne répugnait point à faire. Qu'on me pardonne de me borner à y renvoyer le lecteur. Quand il venait à Vernon, avant de se rendre à son palais, il allait à l'Hôtel-Dieu, et souvent il faisait porter aux convalescents les viandes que ses cuisiniers avaient apprêtées pour lui-même. Accompagné de ses fils, qu'il voulait former aux œuvres de charité, il allait au lit des malades, s'informait de leurs souffrances, de ce qui leur serait bon, les servait de sa main, les essuyait s'ils étaient en sueur, les recouvrant s'ils étaient mal couverts. Une sœur de cet hôpital, étant un jour malade, dit qu'elle ne prendrait rien que de la main du roi. Le bon roi, l'ayant su, vint aussitôt et lui mit, comme elle le désirait les morceaux dans la bouche[1]. A Compiègne, ayant

---

« soutenu mon mari qui gît malade. » Et donc le benoit roi prit le pain en sa main et dit : « C'est un pain bien dur ; » et quand le saint roi sut et apprit que le malade y étoit, il entra en ladite maisonnette pour visiter le malade » (*ibid.*, p. 98-99).

1. Confesseur de Marguerite, t. XX, p. 98.

su qu'un malade était mort à l'Hôtel-Dieu, il demanda qu'on l'attendît pour l'ensevelir, et il lui vint rendre ce devoir.

Il faisait plus que d'ensevelir les morts; il s'approchait des lépreux, ces excommuniés de la vie civile au moyen âge, ces morts vivants qui pouvaient communiquer aux vivants la même mort. A l'abbaye de Royaumont, qu'il avait fondée avec tant de magnificence, il y avait un moine qu'on avait dû séparer des autres, comme lépreux. Lorsque le roi y allait, il le voulait servir de ses propres mains. Il s'agenouillait devant lui, rompait les morceaux et les lui mettait dans la bouche, l'exhortant par de pieuses paroles à souffrir son infirmité pour l'amour de Dieu. Un jour de vendredi saint qu'il était à Compiègne, et visitait nu-pieds les églises, distribuant de l'argent aux pauvres sur le chemin, un lépreux se rencontra sur son passage, de l'autre côté de la rue, et il agita vivement sa crécelle pour que le roi prît garde et s'écartât de lui. Mais saint Louis, au contraire, traversant l'eau boueuse et froide du ruisseau, vint au pauvre lépreux, lui donna l'aumône et lui baisa la main. Et ceux qui étaient là se signaient, disant : « Voyez ce qu'a fait le roi! il a baisé la main d'un lépreux! » Les témoins disent même qu'à Royaumont il lava les pieds du lépreux, les essuya avec soin, selon sa coutume, et les baisa dévotement[1].

1. Guill. de Chartres, p. 35; cf. Confesseur de Marguerite, p. 101,

Voilà le chrétien dans saint Louis ; voilà du moins les traits principaux que l'on peut recueillir dans les chroniques pour recomposer sa figure. Mais comment reproduire cette parfaite harmonie où ils se confondaient, et surtout cette incomparable expression que leur communiquait sa belle âme? Ceux qui ont vécu avec saint Louis en ont gardé un sentiment qui donne à leurs tableaux, quelle que soit l'inhabileté de l'auteur, un charme inimitable. Ils y reconnaissent eux-mêmes comme un effet de la vertu divine. « La vertu divine, dit Guillaume de Chartres son chapelain, lui avait conféré cette grâce spéciale : sa vue, sa voix portaient le calme dans les esprits les plus troublés. Les plus religieux ne pouvaient le voir et l'entendre sans revenir édifiés[1]. » Par certains côtés, il n'aurait pas conquis aujourd'hui de la même sorte tous les suffrages. Il nous est difficile d'ailleurs de replacer sa figure dans le milieu où il la faut voir pour le bien juger; il nous est plus difficile encore de nous mettre au point de vue où il faut être pour la bien voir. L'historien moderne en est quelquefois réduit à plaider les circonstances atténuantes pour les saints : car les saints, et saint Louis parmi eux, ont encore cette conformité avec le Sauveur qu'en plus d'un cas ils pourraient dire comme lui : « Bienheureux est celui qui n'aura pas été scandalisé en moi. »

102, et Anonyme de Saint-Denys, p. 54. *Extraits d'un vieux lectionnaire*, t. XXIII, p. 163, et Jean de Vignay, *ibid.*, p. 65, 66.

1. Guillaume de Chartres, t. XX, p. 29 b. J'abrège un peu le texte.

CHAPITRE III.

GOUVERNEMENT PERSONNEL DE SAINT LOUIS. LA QUERELLE DU SACERDOCE ET DE L'EMPIRE. LES CROISADES.

Soumission des comtés de Champagne et de Bretagne. — Mariages féodaux. — Affaires ecclésiastiques (Beauvais et Reims).

Nous avons reproduit les traits de la figure de saint Louis tels que les donnent les témoins les plus intimes de sa vie; nous avons averti que ce qui choque le plus les idées de notre siècle dans ce tableau, est ce qui était le plus admiré du leur; et ainsi il n'est pas impossible qu'ils aient involontairement plus insisté sur ces points que la réalité ne le comporte. Mais au fond c'est bien là saint Louis : sa simplicité, son humilité, sa pureté de cœur, son amour de Dieu et du prochain, son zèle pour la vérité et la justice. On ne le peut mieux connaître que par ces pratiques de sa vie intérieure, et cette connaissance n'est pas moins nécessaire pour bien juger de sa vie publique. On ne comprendrait pas ses résolutions aux époques décisives de son règne, si l'on ne savait aussi bien les sentiments qui l'animaient. On aurait une idée moins exacte de l'énergie de ses convictions, on apprécierait moins la fermeté de sa conduite en certaines occasions où il eut à défendre les droits du pouvoir civil devant le clergé et le saint-siége lui-même, si l'on ne savait jusqu'où allait sa vénération pour les plus humbles ministres de l'Église, et, dans l'ordre spirituel, sa soumission à la moindre de ses lois.

Du gouvernement de Blanche à celui de saint Louis il n'y a pas de transition bien marquée. Saint Louis se plut jusqu'à la fin à suivre les conseils de sa mère. Il lui cédait volontiers le pas dans les assemblées les plus solennelles; le pape, les barons s'adressaient de préférence à elle quand ils voulaient obtenir quelque chose[1]. Saint Louis lui abandonnait une telle part d'action que des rapports, même sur des faits de guerre, sont encore, en 1240, adressés à elle et non au roi[2], et l'on trouve le nom de Blanche joint au sien dans les actes, à une époque où il était certainement majeur.

1. Tillemont, t. II, p. 285. Voyez par exemple les lettres de Grégoire IX à Blanche en faveur de l'empire de Constantinople (30 octobre 1237 et 20 juillet 1238); pour qu'elle accueille favorablement le légat qu'il envoie en France (21 octobre 1239). Teulet, *l. l.*, n°s 2729, 2577 et 2836).

2. Voyez plus loin la lettre sur le siége de Carcassonne (1240). *Bibl. de l'École des Chartes*, 2e série, t. II, p. 363.

Le gouvernement de saint Louis faillit même commencer comme celui de Blanche. Il fut un moment menacé d'une guerre pareille à celles qui avaient troublé le temps de sa jeunesse : et c'est le prince qui, au commencement, avait suscité la première ligue contre la régente, celui dont le concours lui avait été ensuite le plus assuré, c'est le comte de Champagne qui parut vouloir se tourner contre le roi.

Rien ne faisait prévoir un pareil changement. Le comte de Champagne n'avait pas reçu de saint Louis moins de secours qu'il ne lui en avait donné; et tout récemment (1234), c'est avec l'appui de la France qu'il avait recueilli la succession de la Navarre à la mort de son oncle Sanche. Sanche VII, le dernier rejeton de la race d'Aznar, avait eu un instant la pensée de le déshériter au profit d'une autre maison espagnole, et il avait conclu avec le roi d'Aragon, Jacques Ier, un traité d'adoption et de succession mutuelles, où, par une bizarre fiction, les deux rois se déclaraient tour à tour père et fils l'un de l'autre : c'est la mort qui devait décider qui serait le père ou le fils. Cette convention était toute à l'avantage du roi d'Aragon, qui était de beaucoup le plus jeune. Mais à la mort de Sanche, Thibaut l'avait prévenu, et grâce à la protection de saint Louis, qui avait pris en garde la Champagne, il avait pu, sans abandonner aux entreprises de ses ennemis son propre patrimoine, se rendre à Pampelune où il recueillit la couronne dont il était l'héritier. C'est encore à la médiation de saint Louis qu'il avait dû le règlement de son différend avec la reine de Chypre pour la possession de la Champagne elle-même. Tout à coup, on apprend que Thibaut, sans prendre l'aveu de saint Louis comme il s'y était engagé, marie sa fille à Jean, comte de Bretagne, fils de Mauclerc[1]. C'était renouveler sous une autre forme, et avec tous ses périls, l'alliance qui avait failli se conclure lorsque le comte Thibaut lui-même avait été sur le point d'épouser la fille de Mauclerc dans l'abbaye de Valsecret : car le jeune comte de Bretagne était encore sous la tutelle et sous la main de Mauclerc, son père.

Saint Louis ne s'y trompa point. Il somma Thibaut de lui remettre les trois places qu'il avait promis de lui donner en garantie, s'il mariait sa fille sans l'aveu du roi de France ; et il se mit en mesure de prendre ce qu'on lui refuserait. Thibaut, en effet,

---

[1]. Voyez la lettre de Pierre, *duc* de Bretagne, sur les conventions de mariage entre Jean son fils et Blanche, fille de Thibaut, roi de Navarre. Thibaut promettait par le contrat de lui laisser, en tout état de choses, la Navarre : si lui-même avait des enfants mâles par la suite, c'est à la Champagne qu'il réduisait leurs droits de succession. (Château-Thierry, 16 janvier 1236, Teulet, *l. l.*, n° 2432.) L'année précédente, Thibaut s'était ménagé l'alliance du duc de Bourgogne, qui avait promis de l'aider contre tous, exceptant la fidélité due au roi et à la reine (voy. la lettre du duc de Bourgogne du 28 janvier 1235. Teulet, *l. l.*, n° 2330). Mais, chose à remarquer, trois mois plus tard (avril, avant Pâques) le duc de Bourgogne avait mieux aimé s'engager à payer 5000 marcs (294 007 fr. 80) au roi que de se porter caution (*assecurare*), à son commandement, du comte de Champagne (*ibid.*, n° 2365).

ne paraissait pas disposé à céder : il traitait avec le comte de la Marche, qui s'obligeait, ainsi que sa femme, la mère du roi d'Angleterre, à le soutenir contre tous, « en suivant les conseils de Pierre, duc de Bretagne[1], » et lui-même faisait des armements.

Saint Louis ne lui laissa pas le temps de les achever; il appela ses frères, il convoqua ses chevaliers à Vincennes. Thibaut avait pour résister une protection puissante : il venait de prendre la croix (1235); et les croisés, jusqu'au retour de leur expédition, étaient sous la sauvegarde de l'Église. Le pape écrivit à saint Louis pour lui défendre de l'attaquer. Mais Louis ne fut pas retenu par cette intervention; et Thibaut, apprenant la marche du roi, n'entreprit pas de résister. Il s'empressa d'envoyer vers lui des messagers qui lui offraient Bray et Montereau; et comme le roi ne trouvait pas la satisfaction suffisante, il vint lui-même et mit tout le comté de Champagne à sa discrétion. Il savait bien qu'il ne s'en dépouillait pas. Blanche, qui l'avait engagé à cette démarche, était sa caution auprès du roi, et saint Louis n'était pas de nature à décourager les soumissions. Thibaut en fut quitte pour renoncer à tout ce qu'il pouvait prétendre encore sur les seigneuries vendues par lui à saint Louis en 1234; et afin de donner un

---

1. « Noveritis quod si quis homo vivens moveret guerram domino regi Navarre vel suis heredibus, eos juvabimus ad consilium karissimi amici nostri P. (Petri) ducis Britanniæ, comitis Richemontis (13 avril 1236). Teulet, *l. l.*, nº 2443.

gage à la paix, il promettait de demeurer sept ans hors de France, soit en Navarre où était son trône, soit en Orient où l'appelait son vœu (1236)[1].

Un peu après, saint Louis obtenait, pour la tranquillité publique, une autre garantie : Pierre Mauclerc ayant remis à son fils, devenu majeur, le comté de Bretagne (1237), vint à Pontoise confirmer la cession de Bellesme, de Saint-Jacques de Beuvron et de la Perrière au Perche qu'il avait faite au roi, et un peu plus tard le jeune comte ou duc (c'est ce dernier titre qu'il prend) ratifiait en son propre nom cet abandon par un acte où il reconnaissait en même temps la suzeraineté de saint Louis (avril 1238)[2]. Pierre, qui avait pris la croix, devait accompagner bientôt le roi de Navarre outre mer.

Dans l'intervalle, le roi lui-même, comme étant le chef redouté des Francs, avait failli tomber victime du fanatisme oriental.

En 1236, le cheik des Assassins, le Vieux de la Montagne avait eu, dit-on, la pensée de faire périr saint Louis, et il avait envoyé en France deux de ses sectaires pour le poignarder. Mais les Templiers, l'ayant su, lui dirent qu'en vain ferait-il tuer le roi de France, puisqu'il avait trois ou quatre frères pour

---

1. Chron. de Saint-Denys, t. XXI, p. 111; Albéric de Trois-Fontaines, an 1236, *ibid.*, p. 616; Chron. de Reims, t. XXII, p. 310. Cette chronique ajoute à l'histoire une scène de pure invention.

2. Teulet, *l. l.*, n° 2705.

le remplacer ; et le cheik, revenant sur sa résolution, s'était empressé d'envoyer au roi deux émirs pour l'avertir de se tenir en garde. Les émirs, heureusement, arrivèrent en France avant les deux envoyés. Le roi s'entoura d'une garde d'hommes armés de masses d'airain ; mais le plus sûr était de trouver les Assassins et de les désarmer. C'est à quoi réussirent les émirs qui revinrent, pour les trouver, jusqu'à Marseille. Ils les ramenèrent à Paris comme pour mieux assurer le roi que le contre-ordre avait été reçu, et que désormais il n'avait plus à craindre. Le roi les congédia les uns et les autres avec des présents, et les chargea d'en porter de plus riches encore à leur cheik en signe d'amitié[1].

Par les dernières transactions avec les comtes de Champagne et de Bretagne, saint Louis venait de consolider l'œuvre de la régence. Le pouvoir royal était affermi, et il ne s'affaiblit pas entre les mains qui venaient de le recueillir. Il ne faudrait pas croire, en effet, que l'esprit d'abnégation et le désintéressement chrétien de saint Louis lui fît négliger les moyens naturels d'affermir et d'accroître son ascendant ; car c'était l'instrument légitime du bien qu'il voulait faire. Il fortifia l'action de la royauté ; il lui donna un cours plus régulier et une sphère de plus en plus étendue. Louis VIII avait eu le tort de partager les provinces du domaine royal entre tous ses

---

1. G. de Nangis, *Chron.* an 1236, t. XX, p. 547.

fils. Saint Louis n'alla pas contre la volonté de son père. Il remit à ses frères leur part, à mesure qu'ils arrivaient à l'âge d'en être pourvus[1]; mais il les retenait groupés autour de son trône par les liens du devoir que l'affection rendait plus forts, prévenant ainsi les inconvénients actuels du partage. Il travailla même à augmenter leur puissance, mais cette fois sans dommage pour le royaume, en leur procurant des mariages avantageux. Par là, chacun d'eux allait contribuer à étendre les rapports de la maison royale, à lui préparer des droits de succession qui, tôt ou tard, devaient lui ramener, avec les provinces détachées d'elle, les provinces acquises par ces alliances. Blanche avait fait épouser à son fils Alphonse la fille unique du comte de Toulouse[2]. Saint Louis maria son frère Robert à la fille du duc de Brabant (1237)[3], et plus tard Charles à la seconde fille

1. Lettre de Robert, comte d'Artois, sur l'apanage qu'il a reçu du roi son frère et l'hommage qu'il lui en a fait. Compiègne, juin 1237 (Teulet, *l. l.*, n° 2562). Guillaume de Nangis place donc à tort cet événement en 1238.

2. Le pape Grégoire IX accorda, le 27 mai 1236, une nouvelle dispense pour ce mariage, qui fut célébré peu de temps après et au plus tard en 1239. Voyez cette dispense dans Teulet, *l. l.*, n° 2448.

3. Robert avait dû épouser Marie, fille et héritière de Jeanne, comtesse de Flandre et de Hainaut. Les conventions en avaient été faites à Compiègne (juin 1235) et ratifiées par le prévôt du franc de Bruges et d'autres seigneurs flamands (Teulet; *l. l.*, n° 2387 et 2388). Mais la jeune princesse mourut; l'héritage de la Flandre appartenant dès lors à Marguerite, sœur de Jeanne, déjà mariée, on fit épouser au jeune comte Mathilde, l'aînée des filles du comte de Brabant. Voyez Tillemont, t. II, p. 237.

du comte de Provence, qui devint son héritière[1]. Il veillait avec sollicitude à ce que ces espérances ne fussent pas trompées; par exemple, quand le comte de Toulouse voulut se remarier au grand péril de la succession promise à sa fille. Il ne veillait pas moins à ce que les princes ou les princesses qui relevaient de lui, ne fissent pas d'alliances qui eussent pu compromettre la sécurité du royaume.

Nous l'avons vu à propos du comte de Champagne; on le peut voir encore à propos de la comtesse de Flandre, Jeanne, qui, veuve de Ferrand, eut un jour la pensée de s'unir à Simon de Montfort. Saint Louis connaissait trop bien l'esprit remuant de ce seigneur, le plus ambitieux des fils du chef de la croisade contre le Albigeois, pour le voir sans crainte à la tête d'une province comme la Flandre. Il y fit opposition, et Jeanne épousa Thomas de Savoie. Thomas vint avec elle à Compiègne, reçut de saint Louis l'investiture du comté, et renouvela le pacte que Blanche avait fait accepter de Ferrand en lui ouvrant les portes

---

1. Vers le même temps (1240) saint Louis augmentait le douaire de sa mère. A son premier douaire, comprenant Meulan, Pontoise, Étampes, Dourdan avec la forêt, Corbeil et Melun, il ajoutait Crépi-en-Valois avec sa forêt, la Ferté-Milon, Villers-Coterets et Viviers, et de plus 4500 livres parisis de revenu. Ces biens, après sa mort, devaient faire retour au roi ou à ses héritiers, excepté 800 livres parisis de revenu dont elle pourrait disposer en aumônes, y compris les 100 livres de revenu déjà donnés par elle et par le roi à l'abbaye de Maubuisson. Voyez Teulet, *l. l.*, n° 2885.

de sa prison[1]. Quant à Simon de Montfort, il s'en dédommagea en épousant la sœur du roi d'Angleterre (1238). Il avait déjà reçu de Henri III le comté de Leicester, dont son père avait été dépouillé par le roi Jean, et le titre de sénéchal de Gascogne, toutes choses qui le rattachaient de plus en plus à la cour d'Angleterre[2]. Le roi d'Angleterre n'eut pas lieu de s'en applaudir : mais le pays n'y perdit rien, puisque c'est à Simon de Monfort (il n'en faut pas faire honneur à l'amour du fier baron pour les droits populaires) qu'il dut le vrai complément de sa constitution : l'entrée des communes au Parlement[3]. Saint Louis

1. Albéric de Trois-Fontaines et Baudoin d'Avesnes, an 1237, *Histoire de France*, t. XXI, p. 619 c et p. 167 c. Le même jour que Jeanne prêtait au roi serment de fidélité (12 avril 1237) elle avait renoncé à épouser Simon de Montfort (Teulet, *l. l.*, nos 2491 et 2492), et un grand nombre de seigneurs et de villes garantirent, par l'engagement de renoncer à leur fidélité envers elle, les engagements qu'elle venait de prendre envers le roi (*ibid.*, nos 2493-2509, 2519-2556). Voyez en outre l'hommage rendu au roi par Jeanne et par Thomas son époux, décembre 1237 (*ibid.*, n° 2584) et les garanties analogues données par les seigneurs et les villes de Flandre (*ibid.*, nos 2585-2605, 2611-2691). — Mathilde, comtesse de Boulogne, s'était aussi engagée à ne pas marier sa fille et à ne pas se remarier elle-même sans le consentement du roi (février 1235; *ibid.*, nos 2335 et 2354), et le comte de Ponthieu avait garanti le premier engagement jusqu'à concurrence de 2000 marcs (*ibid.*, n° 2336).

2. Son frère aîné, Amaury, lui céda tous les droits qu'il avait sur les terres de sa famille en Angleterre, et notamment sur le comté de Leicester, 11 avril 1239 (Teulet, *Layettes du trésor des Chartes*, n° 2789).

3. Voyez sur Simon de Montfort, Dugdale, *Baronage*, t. I, p. 751 et suiv.

ne négligeait donc rien pour affermir son autorité[1], et il pouvait d'autant mieux prétendre à la faire reconnaître, qu'il maintenait plus religieusement luimême les droits des autres : droits de l'Eglise, des barons, des communes. C'est le principe qui le guidait parmi les conflits dont il était l'arbitre : à chacun son droit; c'est le résultat qu'il obtint pour luimême. Nous en avons vu déjà quelque chose dans ses rapports avec les barons. Des faits qui se rapportent au temps où nous sommes arrivés le montrent de même dans ses rapports avec l'Église.

Saint Louis respectait tous les droits de l'Église : il respectait ses droits au spirituel en fils soumis, il respectait ses droits au temporel, mais non pas sans contrôle; car son devoir était d'en prévenir les abus.

L'Église possédait comme un autre. C'était la garantie de son indépendance au moyen âge, et un peu en tout temps : si on ne possède, on risque fort d'être possédé. Mais il n'admettait pas qu'elle possédât à d'autre titre qu'un autre. L'Église avait des priviléges, comme il y en avait un peu partout aussi en ce temps-là ; mais il y avait des obligations et des limites qu'elle devait accepter ; et saint Louis était trop scrupuleux observateur des devoirs de sa charge pour

---

[1]. Le 23 mars 1238, le roi de Castille et de Léon soumettait à sa ratification la convention qu'il venait de faire avec son beaupère, le comte de Ponthieu, sur l'héritage éventuel de ce comté. En juin 1239, le duc de Bourgogne lui fit hommage pour le fief du Charolais; le comte de Bourgogne pour la ville de Coulommiers. (Teulet, *l. l.*, n°s 2609, 2819 et 2820.)

n'y pas tenir la main. C'est l'exemple que la reine Blanche lui avait donné durant sa minorité, non sans quelque roideur ni excès peut-être, dans ses conflits avec l'archevêque de Rouen, avec l'évêque de Beauvais. C'est la règle qu'il suivit avec autant de fermeté dans des occasions pareilles.

Cette affaire de Beauvais qui ne s'était pas terminée à la mort de l'évêque, ayant été reprise en 1235 par son successeur avec renouvellement d'interdit, trouva saint Louis aussi ferme que sa mère devant les condamnations spirituelles des évêques et les instances mêmes du pape. Ce ne fut qu'en 1238 au plus tôt, et grâce à la modération commandée par le pape aux évêques de la province de Reims, que le différend s'apaisa, selon toute apparence, à la satisfaction de saint Louis.

Un autre incident relatif à Reims montra la prudence et la fermeté de saint Louis en ces matières.

L'archevêque de Reims, seigneur de la ville, était en différend avec les bourgeois, relativement au château de Porte-Mars qu'il avait fait élever. N'obtenant d'eux aucune satisfaction, il les excommunia et pria saint Louis de donner force à la sentence. Saint Louis refusa de le faire avant que le prélat le mît en mesure de juger les motifs de sa décision. L'archevêque n'en fit rien : il était regrettable, en effet, de soumettre une sentence spirituelle au contrôle de la puissance temporelle; mais puisqu'on faisait appel à la puissance temporelle, il fallait bien souffrir qu'elle y regardât : l'une des deux choses entraînait l'autre. L'archevêque aima mieux s'adresser au pape qui confirma l'excommunication (11 octobre 1235). La sentence n'en eut pas plus d'effet sur les bourgeois. Le prélat fut donc forcé d'en revenir à saint Louis, et il le fit juge de l'affaire. Saint Louis, tout bien considéré, prononça en sa faveur. Il condamna les bourgeois à l'amende, et envoya à Reims, pour décider sur les points qui restaient à résoudre, deux ecclésiastiques dont la droiture fut si bien appréciée de part et d'autre qu'on s'en remit à leur arbitrage (7 février 1236).

L'archevêque de Reims avait donc raison au fond. Mais était-il juste de recourir même en pareil cas à l'interdit? et les évêques n'usaient-ils pas trop souvent de ce moyen pour appuyer leurs prétentions? C'était le sentiment général. Les seigneurs leur reprochaient vivement l'emploi trop peu mesuré d'une arme contre laquelle leurs armes étaient impuissantes. En 1235, dans une assemblée tenue à Saint-Denis devant le roi, assemblée où figuraient le duc de Bourgogne, les comtes de Bretagne, de la Marche, de Montfort, de Vendôme, de Ponthieu, de Chartres, de Saint-Pol et beaucoup d'autres comtes ou barons, ils rédigèrent en commun une plainte qu'ils adressèrent au pape. Ils y disaient que les prélats refusaient de reconnaître la cour du roi pour les biens de leurs églises; que l'archevêque de Tours, par exemple, défendait aux abbés et aux prieurs de sa province de répondre pour les mêmes biens devant le roi ou les seigneurs du lieu. Il accusaient les ecclésiastiques en général de s'attribuer de nouveaux droits au préjudice des barons. Ils déclaraient qu'ils voulaient conserver les anciens droits de l'Église, mais priaient en même temps le pape de les maintenir, eux et le roi, dans ceux qui leur avaient toujours été reconnus[1]. En outre, ne se croyant pas obligés à faire dépendre leurs résolutions de la décision du souverain pontife sur ces points, ils arrêtèrent : 1° que leurs vassaux n'auraient pas à répondre en matière civile aux ecclésiastiques, ni aux vassaux de ces derniers devant le tribunal ecclésiastique; 2° que si le juge ecclésiastique les excommuniait pour ce sujet, on le contraindrait, par la saisie de son temporel, à lever l'excommunication; 3° que les ecclésiastiques et leurs vassaux seraient tenus de se soumettre à la justice des laïques dans toutes les causes civiles, touchant leurs fiefs mais non leur personne (septembre 1235)[2].

Il n'est pas dit que cet arrêt ait été rendu au nom du roi, et l'on ne trouve ni le nom ni le sceau de saint Louis au bas de la lettre que nous avons citée. Mais on peut croire qu'il ne l'a pas désavouée, puisqu'elle

---

1. L'original qui est aux Archives (*J.* 350) était primitivement scellé de quarante et un sceaux, autant qu'il y avait de seigneurs mentionnés dans l'acte. Voyez *Layettes du trésor des Chartes*, n° 2404.

2. Voyez Tillemont, t. II, p. 253, 254; cf. Rinaldi, *Ann. ecclés.* an 1236, art. 34 et 36.

fut l'expression des sentiments de l'assemblée tenue en sa présence ; et pour l'arrêt, il n'était que l'application du droit existant[1]. Saint Louis d'ailleurs ne manqua jamais de contraindre par les voies légales, c'est-à-dire par la saisie du temporel, les églises à s'acquitter de leurs obligations civiles envers lui[2]; et il ne voyait pas avec moins de peine l'abus des excommunications. En 1237, il s'en plaignit lui-même au pape, et le pape manda aux évêques d'en user avec plus de ménagement[3].

C'est par cet esprit de modération et de justice que saint Louis voulait établir l'ordre public et faire régner la paix dans son royaume. La paix, c'était le grand objet qu'il se proposait en toute chose. Il était chrétien avant d'être roi, et, à ce titre, il devait détester la guerre. La guerre, par un côté au moins, et souvent par les deux à la fois, est chose antichrétienne. Elle naît de l'ambition, de la convoitise du bien d'autrui, du ressentiment, de la vengeance, et elle procède par le meurtre et la destruction, elle engendre et nourrit la haine[4]. Saint

---

1. Le pape, dans la lettre qu'il écrivit lorsqu'il en eut connaissance, regarde le roi comme associé à l'acte de ses barons : « Sed ecce audivimus et dolemus quod tu, fili charissime, et regni barones, malorum usi consilio.... Ecclesiam in servitutem cupientes redigere, etc. » Rinaldi, *Annal.* an 1236, n° 34.

2. Tillemont, t. II, p. 317.

3. Viterbe, 6 octobre 1237. Teulet, *l. l.*, n° 2570, et Tillemont, t. II, p. 315.

4. Combien nous l'avons vu depuis que ces lignes ont été écrites!

Louis ne voulait ni faire la guerre de lui-même, ni souffrir qu'on la fît lorsqu'il pouvait l'empêcher. Diviser pour régner est une maxime qu'il ne connut pas. Il chercha toujours au contraire à effacer les divisions, à prévenir les conflits, à réconcilier les cœurs, dût-il même y mettre du sien et faire des sacrifices; mais par cet oubli de soi-même, par ce désintéressement, par ce sincère amour du bien, par cette large application de la pensée chrétienne à la politique, il acquit à la France le plus grand et le plus légitime ascendant que jamais elle ait exercé parmi les peuples européens.

II

La querelle du Sacerdoce et de l'Empire. — Inocent III, Othon IV et Frédéric II.

Saint Louis ne voulait pas seulement maintenir la paix dans son royaume; il voulait aussi qu'elle régnât dans la chrétienté; or, à cet égard, il avait beaucoup à faire, car cette époque était un temps singulièrement troublé, et le pouvoir auquel ce rôle de pacificateur semblait naturellement dévolu était jeté dans des luttes d'où il avait grand'peine à se tirer.

On en était à la dernière période de la querelle du Sacerdoce et de l'Empire, querelle si acharnée qu'il semblait que l'une des deux puissances dût y périr, sans que l'on pût dire laquelle des deux succomberait.

Je ne suis pas de ceux qui voudraient faire un crime à la papauté de cette querelle, ou l'accuser d'avoir, par ses prétentions, introduit la guerre où elle avait mission de faire régner la paix. Le trouble était au fond de la société. Il y était engendré, entretenu par la désorganisation qu'y avait laissée l'Empire romain, par le désordre qu'y avait jeté l'invasion, par les violences, les abus de pouvoir, les excès de toutes sortes qu'y avaient exercés les hordes barbares et qu'y perpétuait la féodalité après eux : et il n'en saurait être autrement là où règne le droit du plus fort. Même aux temps modernes et encore aujourd'hui, s'il y avait un pouvoir établi assez haut et assez universellement respecté pour faire observer le droit, régler les différends, protéger la faiblesse contre la violence, et maintenir ainsi les peuples dans la concorde, quel avantage pour l'humanité tout entière ! Cet idéal, qu'on ne saurait plus trouver dans un seul homme et qu'on a jusqu'ici vainement cherché dans un congrès de nations, le moyen âge avait pensé l'avoir. Il aurait pu l'atteindre en mettant sa façon d'agir d'accord avec sa foi : car il voyait sur le saint-siége le successeur de Jésus-Christ, le pasteur des fidèles, celui dont toutes les brebis doivent écouter la voix, et qui ne doit faire entendre que des paroles de vie, de vérité et de justice. Mais cette voix, qui parla souvent pour le plus grand bien de la société civile et politique, maintenant contre les écarts des passions couronnées les droits sacrés de la famille et soutenant les peuples opprimés contre les tyrans, n'avait pu triompher de l'énergie du mal. Alors même que le droit de commander ne lui était pas dénié, on refusait de s'y soumettre, et souvent ce protecteur universel des peuples eut besoin d'être protégé chez lui. Ajoutez que dans cette sphère toute temporelle, il n'était pas à l'abri lui-même des faiblesses de l'humanité, et qu'en pareil cas des abus de pouvoir enlèvent toute autorité à l'arbitre. C'est ce qui était arrivé à la papauté au moyen âge. Pour commander à la société religieuse, elle avait une arme toute-puissante : l'excommunication, l'interdit. Elle en usait même dans les cas où, pour des actes purement civils, on avait admis son arbitrage. De là elle avait été amenée à rechercher une sanction civile ou politique à ses arrêts; or l'exécution peut appeler le recours à la force. Elle avait frappé, elle avait lutté; elle avait éprouvé elle-même les vicissitudes des combats, elle en avait subi les entraînements, notamment dans cette grande querelle qui arrivait à son moment critique au temps de saint Louis.

Le pape Innocent III, qui avait porté au plus haut degré la domination du saint-siége, ce pape que l'on avait vu disposer comme à son gré de l'Empire germanique, réduire l'Angleterre en vasselage et soumettre la France à l'interdit, Innocent III, avait lui-même aidé à l'élévation du prince devant lequel la papauté allait être réduite à fuir de Rome et de l'Italie. Il n'avait pas méconnu le péril dont la maison des Hohenstaufen menaçait le saint-siége et l'Italie elle même, depuis que Henri VI, ayant épousé l'héritière de la Sicile, avait pris possession de l'héritage. Si la couronne impériale restait avec la couronne de Sicile dans cette maison, la papauté, menacée par le Nord et par le Midi, était hors d'état de résister, et c'en était fait de toute indépendance nationale en Italie. Aussi avait-il cherché par tout moyen à rompre cette union des deux pays sous la même main. S'il acceptait les Hohenstaufen d'un côté, il les repoussait de l'autre. Il avait reconnu pour roi de Sicile le jeune Frédéric, fils de Henri VI, confié à sa tutelle, et d'autre part il avait opposé, en Allemagne, Othon de Brunswick à Philippe de Souabe, frère du même empereur. Il avait réussi. Mais Othon IV, couronné empereur, avait oublié ses promesses. A toutes les positions prises ou revendiquées par l'Empire dans l'Italie du Nord, il voulait joindre Naples et la Sicile; il s'était établi en maître dans la Campanie (1211). Innocent III, menacé du péril qu'il voulait éviter, revint aux Hohenstaufen. Il frappa Othon d'excommunication et appela les Allemands à reconnaître les droits que Frédéric tenait de sa naissance, les droits qu'il tenait d'eux-mêmes : car Henri VI avait fait nommer Frédéric roi des Romains presque au berceau. Le pape, il est vrai, n'appuyait pas le prince dans cette lutte pour l'Empire, sans lui avoir fait prendre l'engagement de céder, quand il serait empereur, le royaume de Sicile à son fils. Mais il mourut (1216) au moment où il voyait sa cause triompher en Allemagne, et Frédéric, vainqueur, se regarda comme affranchi de ses obligations.

La papauté se trouvait donc dans cette situation périlleuse : enveloppée de tout côté par la domination d'un prince qui venait bien recevoir du pape la couronne impériale, mais qui aussi prétendait retenir sur Rome un droit plus ou moins explicite de souveraineté comme héritier des Césars. Une seule espérance restait au saint-siége : c'est que Frédéric, ayant pacifié l'Allemagne et ne trouvant plus de résistance en Italie, fît servir cette grande puissance à la défense de la chrétienté en Orient. Or, les circonstances étaient alors fort pressantes. Sur ce point aussi, il n'est pas inutile de reprendre les choses d'un peu plus haut : l'état des chrétiens en Orient, en regard des puissances musulmanes, et les rapports de la papauté avec l'Empire, sont les deux grandes questions que saint Louis allait rencontrer ; pour l'une comme pour l'autre, il importe de savoir nettement où elles en étaient arrivées, quand il les aborda.

III

Les Croisades de 1217 et de 1228. — Honorius III, Grégoire IX et Frédéric II.

Je n'ai pas besoin d'apprendre à quoi les conquêtes de Saladin (Salâh-ed-Dîn[1]), avaient réduit les possessions chrétiennes en Palestine et en Syrie. Les chrétiens avaient gardé Antioche, Tripoli, Tyr; ils avaient repris Saint-Jean-d'Acre et plus tard Joppé ou Jaffa, Ascalon et quelques autres places laissées en ruine par les vainqueurs. Mais Jérusalem et tout le reste du pays étaient demeurés à Saladin. La division de l'empire de Saladin entre ses fils n'avait guère profité aux chrétiens, trop divisés eux-mêmes. Les chrétiens avaient bien repris encore Sidon, Laodicée, Giblet, Béryte ou Baïrouth (1197), c'est-à-dire les principales positions du rivage; mais l'empire de Saladin s'était reconstitué sous son frère Malec-Adel[2] (*le prince Équitable*), qui réunit la Syrie et l'Égypte (1200). Suivant le mode féodal que Saladin avait adopté, Malec-Adel avait établi par avance ses fils dans les royaumes qu'il leur destinait : Malec-Ca-

---

1. « *La prospérité de la Religion.* »
2. Nous suivrons l'orthographe de M. de Slane dans l'édition des *Historiens arabes des Croisades*, publiée par l'Académie des Inscriptions, en supprimant toutefois, selon l'usage qui a généralement prévalu parmi nous, l'article *el* devant les mots où il se trouve : Malec-Adel pour El-Malec-el-Adel.

mel (*le prince Parfait*) en Égypte, Malec-Moaddem (*le prince Illustre*) à Damas, Malec-Achref (*le prince Très-Noble*) à Khélat dans la Grande-Arménie. L'Empire musulman était donc à la veille d'être encore divisé quand l'armée de la croisade provoquée par Innocent III, au concile de Latran, partit enfin (1217), comme pour accomplir le dernier vœu du pontife mort l'année précédente.

Le roi de Hongrie André II, Jean de Brienne, roi de Jérusalem au nom de sa fille Isabelle, et le roi de Chypre, avaient débarqué à Saint-Jean-d'Acre, et, après une campagne infructueuse aux environs, le roi de Hongrie était reparti, les autres s'étaient dirigés vers l'Égypte, afin de frapper au cœur la puissance qui avait pris et qui occupait Jérusalem. Damiette fut assiégée. Malec-Adel, qui était resté en Syrie, dans la pensée que cette tentative des croisés n'était qu'une impuissante diversion, mourut de douleur, dit-on, en apprenant qu'il était trop tard pour sauver la ville (1218) : elle succomba (1219).

La chute de Damiette fit une vive impression sur les musulmans. Pour la ravoir, le nouveau sultan Malec-Camel offrait aux chrétiens de leur rendre Jérusalem. Les croisés n'avaient pas accepté : le légat Pélage voulait qu'on allât au Caire, pensant que rien ne serait sûr tant que cet empire serait debout. Ce refus montrait aux musulmans la nécessité de s'unir pour résister. Malec-Camel demanda et obtint le concours de ses deux frères. Les chrétiens n'avaient pas besoin de moins de renforts pour soutenir leur défi. Ils en attendaient de Frédéric. Frédéric, en effet, venait d'être couronné empereur par Honorius III (22 novembre 1220); il avait renouvelé le vœu qu'il avait fait déjà en 1215, d'aller à la croisade, et reçu la croix des mains de l'évêque d'Ostie, qui fut Grégoire IX. Mais il ne se pressa pas davantage, et le légat, se lassant de l'attendre, fit marcher l'armée sur le Caire.

Le sultan s'apprêtait à le recevoir derrière le canal d'Achmoun. Ce fut pour s'y loger qu'il y bâtit la ville de Mansoura, nom destiné à une funèbre renommée dans une prochaine croisade. L'armée chrétienne, surprise par les débordements du Nil, eut le sort que nous verrons plus tard à la croisade de saint Louis. Quand l'amiral qui amenait la flotte sicilienne arriva à Damiette, il apprit que les chrétiens étaient enveloppés par les musulmans au milieu du Delta; et dès qu'il fut entré dans le Nil, il rencontra les commissaires qui venaient faire livrer Damiette pour la rançon de la vie et de la liberté des croisés.

La perte de Damiette fut imputée à Frédéric. Mais lui seul encore était capable de réparer le mal qu'on l'accusait d'avoir laissé faire. Il se lia par de nouveaux serments aux conférences de Véroli (avril 1222) et surtout à celle de Ferentino (mars 1223); là, il prit jour pour partir et pour épouser Isabelle, fille de

1. Il avait perdu Constance d'Aragon, sa première femme, l'année précédente (1222).

Jean de Brienne et héritière de Jérusalem[1]. Ce second point était comme la garantie du premier : c'était le royaume de sa femme que Frédéric aurait à reconquérir. Le terme en fut marqué au mois de juin 1225. Mais en attendant, l'empereur semblait n'avoir d'autre pensée que d'affermir sa domination, surtout dans les pays qu'il avait spécialement promis de céder à son fils en recevant la couronne impériale. Si le pape lui rappelait son vœu, il répondait qu'il avait à combattre les Sarrasins établis en Sicile ; que c'était aussi une guerre sainte : et après les avoir vaincus, il les transportait, non en Afrique, mais en Italie. Il les fixait à Lucera, et s'y faisait lui-même une demeure, venant vivre avec eux, un peu trop à leur manière, et se ménageant ainsi, aux frontières du territoire romain, une troupe qu'il pouvait lancer au besoin sur les terres de l'Église, sans craindre qu'elle se laissât arrêter par l'excommunication[2].

Le pape avait donc plus que jamais raison de s'alarmer. Les villes libres d'Italie n'étaient pas moins inquiètes elles-mêmes pour leur indépendance. La ligue des villes lombardes se reforma (mars 1226) ; menacée par l'empereur, elle sut arrêter dans les Alpes les troupes que le jeune Henri (fils de Frédéric), nommé roi des Romains, c'est-à-

---

1. Voyez Huillard-Bréholles, *Hist. diplom. de Frédéric II*, introd. p. cccxxv.
2. Huillard-Bréholles, *ibid.*, p. ccclxxxi.

dire héritier de l'Empire comme de la Sicile, amenait d'Allemagne à son père; et malgré ces débuts, la lutte aurait été alors fatale aux villes italiennes, sans l'intervention du pape Honorius, qui réussit à la suspendre avant de mourir (commencement de 1227). Mais le péril n'était qu'ajourné si l'on ne détournait ailleurs l'ambition de Frédéric[1]. Frédéric se laisserait-il détourner? Au terme fixé pour son départ, il avait sollicité et obtenu un nouveau délai de deux ans, promettant d'aller de sa personne en Palestine, sous peine d'excommunication s'il y manquait; et, sans plus attendre, il avait accompli une des deux choses qu'il avait promises. Il avait envoyé l'archevêque de Padoue, avec une flotte de quatorze vaisseaux, à Saint-Jean-d'Acre, et là l'archevêque (le choix du fondé de pouvoir était étrange), épousa par procuration la jeune Isabelle, au nom de l'empereur. Un peu après, la fiancée, ramenée en Italie, débarquait à Brindes, où le mariage fut célébré (9 novembre 1225), et dès ce moment, Frédéric prit le titre de roi de Jérusalem, que Jean de Brienne s'était peut-être flatté de retenir. Dès ce moment aussi, il parut s'intéresser davantage aux affaires de Palestine. Il y envoya un de ses officiers, pour prendre possession du pays en son nom, et lui-même se préparait à son expédition. Il invitait plusieurs princes d'Allemagne à l'accompagner, il levait des troupes, rassemblait des vais-

---

1. Huillard-Bréholles, *bid.*, p. ccccxlv et cccclI.

seaux. Il ne se pressait pas pourtant de partir, et l'ancien évêque d'Ostie, devenu pape sous le nom de Grégoire IX, commençait à suspecter fort ses intentions.

Frédéric, habitué comme roi de Sicile à traiter avec les musulmans, était entré en communication avec le sultan d'Égypte. Malec-Camel, menacé par son frère Malec-Moaddem, sultan de Damas, était disposé à acheter le concours de l'empereur des Francs : Jérusalem et la Palestine, qui appartenaient alors au sultan de Damas, devaient être le prix de ce concours. L'affaire était pendante : Frédéric eût voulu un engagement formel avant de partir. Mais en attendant ses troupes dépérissaient à Brindes, décimées par une maladie pestilentielle. Pressé par le pape, il partit pourtant. Mais au bout de huit jours, atteint lui-même par la maladie, il débarquait à Otrante, alléguant qu'il ne pouvait supporter le voyage. Ce retour si hâtif après un départ si longtemps différé, parut justifier toutes les défiances de Grégoire IX. La maladie était-elle feinte? Non; seulement, on a jugé avec assez de raison que toute réelle qu'elle fût, elle n'était qu'un prétexte, ou que du moins Frédéric la voulut mettre à profit pour attendre l'issue de ses négociations. Mais le pape n'y vit que de la mauvaise foi, et appliquant à l'empereur la peine qu'il avait acceptée par avance, il l'excommunia (17 novembre 1227)[1].

---

1. Huillard-Bréholles, *l. l.*, p. cccxxvi et suiv.

Cette sentence ôtait à Frédéric les pouvoirs dont il avait paru si peu pressé de se servir. Un prince excommunié pouvait-il conduire la guerre sainte? Mais voici qu'au moment où l'empereur n'était que trop autorisé à rester, les circonstances le pressaient de partir.

Le sultan de Damas, qui menaçait l'Égypte, était mort, laissant un fils enfant, Malec-Nacer-Dawoud[1]. Malec-Camel n'avait plus besoin de Frédéric. Loin de rien craindre pour l'Egypte, il menaçait Damas à son tour : uni à son autre frère Malec-Achref, il songeait à enlever ce royaume à son neveu, et, pour commencer, il prenait possession de la Palestine[2].

Frédéric avait intérêt à se trouver sur les lieux pour réclamer le prix des négociations entamées, ou s'en adjuger le profit par la force, à la faveur de cette guerre civile. Il réunit donc une cour plénière à Barletta, où il annonça son prochain départ, et il pria le pape de bénir l'entreprise. Mais le pape ne s'en fiait plus à lui. Il lui intima d'y renoncer : c'est le moment que Frédéric prit pour partir (28 juin 1228)[3].

Voilà quel fut le commencement de cette longue querelle : querelle où le pape semble agir contre toute raison. Il excommunie Frédéric parce qu'il ne

---

[1]. Malec-Nacer, « le prince défenseur. »

[2]. Aboulféda dans les *Historiens arabes des Croisades*, édition de l'Académie des Inscriptions, t. I, p. 103.

[3]. Huillard-Bréholles, *l. l.*, p. cccxxx; cf. Guill. de Nangis, an 1229; Albéric des Trois-Fontaines, t. XXI, p. 597 et 601.

part pas et lui ordonne de rester quand il part. Mais il faut tenir compte de toutes les défiances légitimes que l'empereur, par toute sa conduite antérieure, lui inspirait. Il faut se rappeler la situation fausse et périlleuse du saint-siége et des villes italiennes depuis que Frédéric, contre la foi jurée, avait pris une position si menaçante aux deux extrémités de l'Italie; et Frédéric emmenait une partie de ses Sarrasins de Lucera à la guerre sainte ! La conduite de l'empereur en Palestine accrut encore les appréhensions de la papauté.

Frédéric y avait d'abord été reçu avec joie, mais bientôt les émissaires du pape, en le signalant comme un excommunié, jetèrent le trouble parmi ceux qui l'avaient le mieux accueilli. Dans cette situation, il lui était presque aussi difficile de négocier avec fruit que de combattre avec avantage, et Malec-Camel le savait bien. L'habile sultan l'eût donc volontiers éconduit, répondant à ses ambassadeurs par des ambassadeurs, et se bornant à un échange de compliments et de présents; mais un échec qu'il essuya devant Damas, et la résolution du jeune Dawoud, qui marchait déjà vers la Palestine, lui fit craindre de se trouver entre deux ennemis : il traita donc avec Frédéric (18 février 1229). Par ce traité le sultan rendait aux chrétiens Jérusalem, Bethléem et Nazareth, avec les villages situés entre la ville sainte et les deux ports principaux des Francs, Joppé (Jaffa) et Saint-Jean-d'Acre. On stipulait en outre une trêve de dix ans, pendant laquelle les chrétiens pourraient travailler à relever leurs murailles, excepté celles de Jérusalem où les musulmans gardaient le droit de célébrer leur culte dans la mosquée d'Omar[1].

Ce traité, fort mal accueilli des musulmans, ne le fut guère mieux des chrétiens. Quelques-uns l'approuvèrent, sans doute en raison de la restitution des lieux saints; les autres l'incriminaient comme un pacte avec les infidèles. C'est au milieu de ce conflit d'opinions que Frédéric fit son entrée à Jérusalem (17 mars 1229). Le lendemain il vint dans l'église du Saint-Sépulcre, et comme nul prêtre ne pouvait procéder à sa consécration, il prit lui-même la couronne sur l'autel et se la posa sur la tête, respectant pour tout le reste la puissance qui l'avait excommunié; mais cela ne désarma personne. De Jérusalem il vint à Saint-Jean-d'Acre, où il ne fut pas mieux reçu. Des rixes même allaient éclater à son sujet. Une lutte plus sérieuse était engagée à ses dépens en Italie. C'est ce qui hâta son départ[2].

Les voix qui en Orient incriminaient Frédéric étaient celles qui avaient eu le plus d'écho à Rome. On ne se demandait pas si, en combattant, il aurait pu obtenir davantage et si la restitution de Jérusalem, de Bethléem, de Nazareth, si la trêve de dix ans qu'il faisait accorder aux chrétiens, avec la fa-

---

1. Huillard-Breholles, *l. l.*, p. cccxxxvii; cf. Aboulféda, *l. l.*, p. 104; Albéric de Trois-Fontaines, t. XXI, p. 601.
2. Huillard-Breholles, *ibid.*, p. cccxxxvii-cccxlii.

culté de relever les murs de leurs places principales, n'était pas ce qu'ils pouvaient souhaiter de mieux dans le temps présent. On n'y voyait qu'un pacte entre deux sortes d'infidèles ; et une chose rendait plus odieuse encore leur bonne intelligence : si les chrétiens recouvraient le Saint Sépulcre, les musulmans gardaient la mosquée d'Omar.

Il faut donc rendre à Frédéric cette justice que l'eût-il voulu, dans la situation où on l'avait mis, il ne pouvait faire davantage. Mais il faut comprendre aussi comment le pape, surpris de cette façon d'agir et voyant, plus que jamais, dans Frédéric un ennemi de l'Église, songea dès lors à profiter de cette absence pour lui ôter en Italie une position qu'il n'avait gardée que contre la foi du serment.

Cette lutte ne fut pas longue. Les troupes pontificales étaient entrées dans le royaume de Naples sous la conduite de Jean de Brienne, l'ancien roi de Jérusalem. Quand Frédéric prenait sa place en Palestine, il lui eût volontiers succédé lui-même en Italie et dans l'empire. Frédéric revint en toute hâte (1er mai-10 juin 1229), reprit possession de son royaume, et ne voulant pas pousser les choses plus loin, entra en négociation. Le pape lui pardonna, et moyennant l'amnistie promise aux villes lombardes, lui reconnut toutes ses possessions en Italie (23 juillet 1230)[1]. Le bon accord parut entièrement rétabli

---

1. Huillard-Bréholles, *Introd.*, p. CCCXLIII.

entre les deux puissances. Frédéric soutenait le pape contre une insurrection des Romains ; et le pape aidait Frédéric à maintenir dans le devoir son fils Henri, qui depuis quelques années nourrissait la pensée de se rendre indépendant en Allemagne (1232)[1] ; mais les partis en Italie n'avaient pas désarmé.

IV

Les Tartares. — Constantinople et la Terre Sainte. — Nouvelle excommunication de Frédéric II (1239).

Il était bien important que cette paix s'affermît au sein de la chrétienté ; car, en Orient, le péril était extrême.

Les croisades avaient donné aux chrétiens deux grandes positions en Orient ; la Syrie et la Palestine d'une part, et de l'autre Constantinople (1204). Mais on a vu à quoi leurs possessions en Palestine et en Syrie se trouvaient réduites ; et l'empire de Constantinople était lui-même fort compromis entre les Bulgares, anciens ennemis de l'Empire, et les princes grecs, tout disposés à faire alliance avec eux pour reconquérir leur capitale. Ce n'est pas tout. Au delà de Constantinople et de la Palestine, au fond de

---

1. Voyez la lettre de Henri au pape, 10 avril 1232, et la déclaration des princes de l'Empire du même mois, *Hist. dipl. de Frédéric II*, t. IV, p. 325, 565 et 952. Voyez aussi l'*Introduction* de Huillard-Bréholles, p. ccxxiv et suiv.

l'Orient, apparaissait un peuple qui menaçait de ruiner en même temps et musulmans et chrétiens, les Tartares de Genghis-Khan (1205-1227)[1].

Rien n'échappait à ces hordes redoutables; c'était une trombe qui promenait le ravage sur toute la surface de la terre. La Chine fut d'abord visitée et saccagée (1210-1214); puis, au retour, l'empire des Karismiens, qui s'étendait de l'Indus à l'Iaxarte (1217-1224), puis les régions voisines de la Caspienne et les plaines de la Russie; et la mort de Genghis (1227) ne ralentit pas la marche du torrent dévastateur. Il semblait qu'avec ses fils il ne se fût divisé que pour se répandre davantage.

Leurs traits, leur manière de vivre rappelaient les anciens compagnons d'Attila : tête énorme, corps à peine dégrossi, toujours à cheval et infatigables[2]; mais jamais Attila lui-même n'avait tant effrayé le

---

1. Sur l'état des chrétiens d'Orient, voy. Albéric de Trois-Fontaines, qui reproduit une lettre adressée par un Frère prêcheur nommé Philippe, à Grégoire IX (*Histor. de France*, t. XXI, p. 613).

2. Albéric de Trois-Fontaines, t. XXI, p. 625, 626. — « Ils ont, dit Matthieu Paris, la poitrine dure et robuste; la face maigre et pâle, les épaules roides et droites, le nez tortu et court, le menton proéminent et aigu, la mâchoire supérieure déprimée et enfoncée, les dents longues et rares, les paupières qui s'étendent depuis les cheveux jusqu'au nez, les yeux errants et noirs, le regard oblique et farouche, les extrémités osseuses et nerveuses, les jambes grosses, mais plus courtes que les nôtres, quoiqu'ils nous égalent en stature, parce que ce qui leur manque aux jambes en longueur, ils le regagnent dans le haut du corps. » (T. V, p. 374.)

monde. La terreur était partout en même temps. Les Sarrasins d'Asie envoyaient une ambassade aux rois de France et d'Angleterre pour les prier de se joindre à eux contre l'ennemi commun. Le Vieux de la Montagne, en particulier, qui naguère avait eu la pensée de faire assassiner saint Louis, implorait son secours contre les Tartares, et en ce moment même l'effroi de leur nom avait gagné jusqu'aux extrémités de l'Europe. En 1238 les pêcheurs de Gothie et de Frise n'osaient aller, selon leur habitude, pêcher le hareng sur les côtes de l'Angleterre, de peur d'abandonner leurs familles aux Tartares[1].

Sous la menace de cette invasion, qui d'un jour à l'autre pouvait fondre tout à coup sur l'Europe, il n'en fallait pas moins pourvoir aux besoins des postes les plus avancés, et la croisade avait été, en quelque sorte perpétuelle, comme l'était le péril.

Grégoire IX, dans une assemblée tenue à Spolète en 1232, avait déjà insisté pour qu'on songeât aux besoins de la Terre Sainte. Mais l'Italie était bien troublée : Guelfes et Gibelins restaient en présence, malgré l'accord du pape et de l'empereur; il fallait avant tout apaiser ces querelles, et c'est dans ces circonstances qu'un dominicain fameux, Jean de Vicence, s'en allait par les villes du nord de l'Italie, prêchant sur ce texte : « *Je vous donne ma paix, je vous laisse ma paix.* » Les populations, rassemblées

---

1. Matth. Paris, t. IV, p. 355, et Tillemont, t. II, p. 321-323.

en foule pour l'entendre, juraient la paix¹, et les querelles ne cessaient pas. En 1235 la croisade fut prêchée en France, en Angleterre et en Allemagne. Le roi de Navarre, comte de Champagne, le duc de Bourgogne, puis l'ancien comte de Bretagne, Pierre Mauclerc, et longtemps avant eux le comte de Toulouse, s'étaient obligés au voyage ; aucun d'eux n'était parti encore et l'on se demandait ou aller de préférence : à Jérusalem ou à Constantinople ? Jérusalem avait naturellement le plus d'attrait, mais la trêve conclue par Frédéric durait encore ; et Constantinople était dans la situation la plus critique.

Jean de Brienne, pris pour empereur pendant la jeunesse de Baudoin, son gendre, héritier naturel du trône et qui lui devait succéder, avait sauvé la ville de la double attaque des Grecs de Thessalonique et des Bulgares ; mais sa mort (1237) avait tout remis en question, et l'on pouvait juger de la détresse de cet empire quand on voyait celui qui en devenait le chef, le jeune Baudoin, parcourir l'Europe en quête de secours, donnant ou engageant, pour obtenir de l'argent, ce qu'il estimait le plus précieux trésor et comme la sauvegarde de l'empire, la sainte couronne d'épines. Elle avait été livrée aux Vénitiens comme garantie d'une somme assez considérable². L'empe-

1. Voy. Sismondi, *Hist. des Républ. italiennes*, t. II, p. 482.
2. Voyez l'acte par lequel Anselme de Kaeu (Cayeu), bayle de Constantinople, et les principaux dignitaires de l'Empire engagent la sainte relique au Vénitien Quirino, soit en son nom, soit au nom de la république, en garantie d'une somme de 13 134 *hy-*

reur„ dans son voyage en France, la donna à saint Louis, à la charge de la dégager. La sainte couronne, transportée de Constantinople à Venise, fut rapportée en France, où le roi la reçut avec des honneurs extraordinaires. De Sens où il était, il vint à sa rencontre jusqu'à Villeneuve-l'Archevêque (à cinq lieues de là), avec l'archevêque de Sens, Gautier Cornu, qui en fit la relation, Bernard, évêque du Puy, et ce qu'il avait de barons et de chevaliers autour de lui. Il la rapporta processionnellement dans la ville (11 août 1239), au milieu d'un grand concours de peuple : lui-même et son frère Robert, pieds nus et vêtus d'une simple cotte, portaient sur leurs épaules la châsse où l'insigne relique était renfermée. Le lendemain, le roi prenait le chemin de Paris. Pour

---

perpera. — L'ancienne version française de Guillaume de Tyr, l. XVIII, ch. 22 [*Histor. Occidentaux des Croisades*, t. I, p. 857], évalue la « perpre » à « bien sept sols de parisis. » A raison de 7 sols parisis, les 13134 *hyperpres* feraient 116438 fr. 55 c. — La sainte couronne devait d'abord être gardée dans une église de Constantinople, qui était aux Vénitiens. Si l'argent prêté n'était pas rendu avant le mois de novembre, on la devait transporter à Venise ; et si dès lors le remboursement ne se faisait dans les quatre mois, elle était acquise aux Vénitiens. (Constantinople, 4 septembre 1238. Teulet, *l. l.*, n° 2744.) Elle allait être transportée à Venise, quand arrivèrent les messagers du roi : Jacques et André (de Lonjumeau), frères prêcheurs. C'est sous leur garde qu'elle fit le voyage, et fut déposée à Saint-Marc ; c'est par leurs soins qu'un peu après, les Vénitiens, étant remboursés de leur argent (*dolentibus Venetis, sed pro conditionibus initis non valentibus obviare*, dit le pieux narrateur : *Histor. de France*, t. XXII, p. 30 *g*) elle fut rapportée en France où saint Louis la reçut de leurs mains.

satisfaire au pieux empressement de la population, la sainte couronne fut d'abord exposée sur une estrade que l'on éleva dans la plaine, hors des murs, près de l'église Saint-Antoine. Les prélats, le clergé des églises l'entouraient en grande pompe, ayant pris avec eux pour lui faire honneur les reliques des saints qu'ils possédaient, et la châsse sacrée était offerte à la vénération des fidèles. Après cette exhibition solennelle, le vendredi qui suivit l'Assomption, le roi et son frère la reprirent pour l'introduire dans Paris, contrastant ici encore, par leur humble appareil, avec les splendeurs déployées à l'entour; et ils vinrent ainsi, avec un nombreux cortége de prélats, de clercs, de moines, de chevaliers, nu-pieds comme eux, jusque dans Notre-Dame, où des actions de grâces furent rendues à Dieu et à sa sainte mère. Puis ils emportèrent leur précieux trésor au palais, où ils le déposèrent dans la chapelle Saint-Nicolas qui ne tarda pas à faire place à la Sainte-Chapelle[1].

---

1. Le récit de l'acquisition et de la translation de la sainte couronne a été fait par l'archevêque de Sens, Gautier Cornu, qui fut, après saint Louis, un des premiers à la recevoir. *De Suscept. coronæ spineæ J. C.*, dans les *Hist. de France*, t. XXII, p. 26 et suiv.; cf. G. de Nangis, *Gesta, ibid.*, t. XX, p. 327, et *Chron.* p. 548. Le roi, un peu après, y joignit, selon le même historien, d'autres insignes reliques de la Passion : un morceau de la vraie croix, l'éponge, et le fer de la sainte lance. Voy. encore Geoffroi de Beaulieu, ch. xxiv, *ibid.*, p. 15.; Guill. de Chartres, *ibid.*, p. 29; Anonyme de Saint-Denys, *ibid.*, p. 51; le Confesseur de la reine Marguerite, *ibid.*, p. 75. Sur toute cette question voy. les détails donnés par le R. P. Cros, *Vie intime de saint Louis, roi de France*, p. 95-111.

Le souverain pontife, que sa paix avec Frédéric laissait libre alors d'aviser à la défense de la chrétienté, insistait surtout pour que l'on se rendît à l'appel du jeune empereur[1]. Il comprenait qu'il y aurait avantage à porter sur un seul point tous les efforts ; et celui-là était sans le moindre doute le plus important. Si, pour prix des croisades, Constantinople fût restée aux Latins, peut-être alors son union étroite avec les peuples d'Occident aurait-elle suffi à la défendre de l'invasion des Turcs ; et quelles suites incalculables pour les destinées du monde ! L'histoire des temps modernes, des temps présents, des temps à venir, en serait complétement changée.

Grégoire IX ne pressentait pas ces périls lointains et ces conséquences. Mais le danger présent parlait assez haut : qu'il s'agît de se défendre ou d'attaquer, Constantinople était, en face de l'Asie, la tête de l'Europe. C'est à Constantinople qu'il fallait courir. Le vieux pontife appuyait donc les efforts de Baudoin. Le jeune empereur, d'origine française, avait trouvé en France une vive sympathie. Saint Louis lui donna de l'argent et lui trouva des hommes, des capitaines[2]. Plusieurs des principaux seigneurs croisés se montraient disposés à le suivre. Pierre Mauclerc devait

---

1. Voyez les lettres qu'il écrit en sa faveur à la reine Blanche comme à celle qui pouvait avoir le plus d'empire sur les résolutions de saint Louis (30 octobre 1237 et 20 juillet 1238). *Layettes du trésor des Chartes*, t. II, n⁰ˢ 2577 et 2729.

2. Tillemont, t. II, p. 310.

mettre à son service dix mille hommes et deux mille chevaux. Henri, comte de Bar, Hugues, duc de Bourgogne, les comtes de Soissons et de Mâcon et grand nombre de seigneurs devaient prendre part à cette croisade[1]. Le pape, malgré le peu de confiance du clergé en Mauclerc, s'apprêtait, vu son habileté militaire et le nombre de ses troupes, à le déclarer chef de l'expédition[2]. Il avait donné ordre à son légat de lever enfin l'excommunication qui pesait depuis si longtemps sur le comte de Toulouse[3]. C'était un renfort de plus pour la croisade, car Raimond promettait de partir avec la plus prochaine expédition pour demeurer pendant trois années en Orient. Saint Louis, qui s'était fait le négociateur de cette réconciliation, demeurait garant de la promesse[4]. Enfin, pour assurer plus de facilité au départ des barons de France et d'Angleterre, le pape faisait prolonger pour cinq ans la trêve entre les deux pays[5]. En même temps, il recourait aux richesses de l'Eglise. Il écrivait à saint Louis,

1. *Ibid.*, p. 309.
2. Matth. Paris, an 1237, t. IV, p. 206.
3. 20 août 1238, Teulet, *l. l.*, n° 2738. Il avait écrit le 10 août à saint Louis qu'il le faisait sur sa prière (*ibid.*, n° 2736). Le comte de Toulouse, dans ces dernières années, avait donné plus d'un sujet de plainte au Saint-Siége par sa complaisance envers les hérétiques et son peu d'empressement à remplir ses anciennes obligations.
4. Voyez les lettres de Grégoire IX à l'archevêque de Vienne, 28 avril 1236; au comte de Toulouse, 18 mai 1237; à l'archevêque de Vienne, 28 juillet (Teulet, *l. l.*, n°s 2445, 2514, 2565), et Tillemont, t. II, p. 318.
5. *Ibid.*, p. 334.

afin qu'il obtînt des prélats de son royaume la levée d'un 30ᵉ des biens ecclésiastiques, pendant trois ans, pour les besoins de Constantinople et de la Terre Sainte[1].

La Terre Sainte était nommée, car c'est en vue de sa défense que l'on avait occupé, que l'on gardait Constantinople, et on ne pouvait l'omettre quand il était question de croisade. Mais c'était à Constantinople que le pontife songeait surtout; et c'était à sa défense qu'il faisait servir l'argent même qu'il avait recueilli pour la croisade, sans que cette ville fût désignée. Il était cependant difficile de détourner entièrement vers Constantinople le courant qui se portait plus naturellement vers la Palestine. Ceux qui avaient fait vœu de visiter les lieux saints ne pouvaient pas s'en croire dégagés par cette campagne, ou ne voulaient pas de la commutation que le pape en offrait. Plusieurs des plus considérables tenaient à suivre les errements de leurs prédécesseurs (le roi de Navarre, par exemple, était de ce sentiment), et ils se plaignaient vivement au pape d'une manière d'agir qui devait diminuer la force de leur expédition. Les chrétiens de Palestine étaient bien plus excusables de ne pas goûter une politique qui, dût-elle sauver Constantinople, était un abandon à leur égard. Ils sollicitaient des secours et ils montraient le moment favorable; les querelles intérieures des musulmans étaient, disaient-ils, le gage d'un entier succès pour l'expédition.

1. Tillemont, t. II, p. 336.

Il fallut donc diviser les secours. Baudoin partit, emmenant à Constantinople une armée que l'on porte à soixante mille hommes, mais qu'il avait surtout formée par recrutement. Le roi de Navarre et plusieurs de ceux qui avaient paru d'abord disposés à suivre Baudoin, comme Pierre Mauclerc et le duc de Bourgogne, se résolurent à passer en Palestine. Pierre Mauclerc engagea pour cela son château de Chantoceaux à saint Louis, à la condition qu'il le lui rendrait un an après son retour. Jean, son frère, vendit au roi le comté de Mâcon qui resta à la couronne[1]. Saint Louis, du reste, n'entendait pas seulement gagner ainsi à la croisade. N'y allant pas, il s'y fit représenter, et voulut que son connétable Amaury de Montfort y parût en son nom; il lui donna de l'argent et lui fit prendre ses armes. L'empereur promettait davantage : il faisait espérer qu'il s'y rendrait lui-même, et comme on lui offrait le commandement, il ne refusa pas, et disait hautement que s'il n'y allait lui-même, il y enverrait son fils. Mais des difficultés s'élevaient encore sur le moment du départ. Grégoire IX tâchait de l'ajourner, préoccupé des besoins de Constantinople qu'il jugeait plus pressants, et Frédéric lui-même demandait qu'on attendît l'expiration de la trêve qu'il avait conclue avec les Sar-

---

1. Jean, comte de Mâcon, et la comtesse Alix le vendirent à saint Louis moyennant 10 000 livres tournois (202 638 fr. 20 c.) et 1000 livres (20 263 fr. 80 c.) de revenu sur des terres de Normandie (février 1239). Teulet, *l. l.*, n° 2776.

rasins : elle finissait à la Saint-Jean ; il s'engageait à ne requérir aucun autre délai et à donner toute assistance pour le voyage. Les croisés acceptèrent ce terme, et le pape aussi l'agréa. La Saint-Jean fut donc annoncée partout comme le jour où l'on devait être réuni. Le roi de Navarre, le duc de Bourgogne et les autres firent serment qu'ils seraient prêts, et Richard d'Angleterre promit de son côté de les rejoindre avec six cents cavaliers[1]. — Mais avant le terme marqué, le pape avait rompu irrévocablement avec l'empereur.

C'est encore l'Italie qui en était la cause. Les Guelfes qui avaient formé, en 1226, la ligue lombarde contre l'empereur, avaient trouvé un allié dans le jeune Henri qui, en Allemagne, voulait se faire indépendant de son père (17 décembre 1234). Mais le fils rebelle, abandonné de ses partisans, était tombé aux mains de Frédéric, et l'empereur victorieux sans combat, en Allemagne, était revenu en Italie. Il avait gagné sur les Milanais la bataille décisive de Corte-Nuova, et il déclarait qu'il ne traiterait avec eux qu'au prix de la dissolution de la ligue et de la révocation du traité de Constance, c'est-à-dire au prix des libertés italiennes que le saint-siége avait fait reconnaître par Frédéric Barberousse. Grégoire IX, qui avait fait tous ses efforts pour prévenir la lutte, s'y trouva par là entraîné. Provoqué par

---

1. Tillemont, t. II, p. 358.

l'empereur, qui, ne ménageant plus rien, avait donné, contrairement aux droits ou aux prétentions du saint-siége, le royaume de Sardaigne à son fils naturel Enzio, il lança contre lui une nouvelle excommunication (20 mars 1239)[1].

Ainsi les deux puissances qui devaient s'unir pour faire la croisade, se tournaient l'une contre l'autre, et loin de soutenir ceux qu'elles avaient lancés dans cette entreprise, elles ne songeaient plus qu'à les en détourner au profit d'autres intérêts. Arrivés à Lyon, les croisés y trouvèrent un légat qui leur enjoignit de suspendre leur marche, et de retourner chacun chez soi. Ils y reçurent d'autre part des lettres de l'empereur qui, s'excusant de ne les pouvoir accompagner, les invitait à ajourner leur voyage ; il promettait encore de se mettre à leur tête, ou de leur envoyer son fils Conrad, roi de Jérusalem, quand il aurait pacifié l'Italie et désarmé la colère du pape.

Ce double message jeta le trouble dans le conseil des croisés, et l'ébranlement se communiqua à leur armée tout entière. Plusieurs s'en allèrent, ne demandant pas mieux que de retourner chez soi; mais la plupart persévérèrent, nonobstant injonction ou avis, dans la résolution qu'ils avaient prise. Quelques-uns passèrent par l'Italie, et Frédéric ne les arrêta point. Les autres, et parmi eux le roi de Navarre, chef de l'expédition, le duc de Bourgogne,

---

1. Huillard-Breholles, *l. l.*, p. ccccLV.

l'ancien comte de Bretagne Pierre Mauclerc, et le comte de Montfort, allèrent s'embarquer à Marseille.

L'entreprise échoua. Les chrétiens de Palestine n'avaient pourtant pas trompé leurs frères d'Europe. Les circonstances étaient favorables. Un rapide exposé de la situation du pays permettra d'en juger.

On se rappelle l'état des puissances musulmanes voisines de la Palestine au moment où Frédéric en était parti. Les deux frères Malec-Camel et Malec-Achref, ligués contre leur neveu Dawoud, avaient, à la suite du traité conclu avec Frédéric, réussi à le chasser de Damas. Dawoud dut se réduire à Carac; Damas appartint à Malec-Achref, et à sa mort passa à un autre frère, Malec-Saleh-Ismaïl. Mais Malec-Camel en chassa Ismaïl, qui dut se contenter de Baalbec, et ainsi l'Égypte et Damas se retrouvèrent encore unies sous la même loi (1237-1238). Ce ne fut pas pour longtemps. Malec-Camel mourut (mars 1238); un de ses fils, Malec-Adel-Abou-Becr était déjà son lieutenant au Caire : il fut reconnu pour sultan en Égypte; un autre Malec-Saleh-Nedjm-ed-Din[1] (Ayoub) occupait Haran, Édesse et quelques villes de la Mésopotamie : c'était peu de chose auprès de la part de son frère; mais il s'empara de Damas, et dès lors il était en mesure de lutter. Il ne fallait qu'une occasion et elle ne se fit pas attendre. Appelé par des émirs mécontents de Malec-Adel, il marchait sur l'Égypte

---

1. « L'astre de la religion. »

quand une diversion d'Ismaïl qui rentra dans Damas, et une aggression subite de Dawoud, qui le fit prisonnier, suspendit brusquement le cours de sa fortune (fin de 1239, commencement de 1240)[1].

La guerre venait de commencer entre les deux frères Adel-Abou-Becr et Saleh-Ayoub quand les croisés débarquèrent en Palestine, et il leur eût été facile d'en profiter. Malheureusement eux-mêmes, cette fois encore, n'étaient guère plus unis. Chacun voulait faire la guerre à sa mode. Pierre Mauclerc ayant tenté avec bonheur un coup hardi du côté de Damas, les comtes de Bar et de Montfort en voulurent faire au-

1. Aboulféda, dans les *Hist. arabes des Croisades*, t. I, p. 113 et suiv. Reinaud dit, d'après Aboulféda et Makrisi, que Malec-Adel-Abou-Becr était l'aîné (*Bibl. des Croisades*, t. IV, p. 439). Tillemont dit au contraire, d'après la *Chron. orientale*, p. 104, que Malec-Camel avait donné ce qu'il avait en Orient à Saleh, qui était l'aîné, et que c'est à la faveur de son absence qu'Adel s'empara de l'Égypte (t. III, p. 17). — Aboulféda raconte un trait curieux de la campagne de Saleh-Ayoub contre l'Égypte. Le prince, se défiant de son oncle Ismaïl, lui avait envoyé à Baalbec un affidé pour sonder ses dispositions : cet affidé apportait avec lui des pigeons de Naplouse pour servir de messagers à sa dépêche. Un des émirs d'Ismaïl y substitua des pigeons de Baalbec, en sorte que lorsque l'envoyé de Saleh-Ayoub en prit un et le fit partir avec un billet qui lui faisait connaître les intentions hostiles d'Ismaïl, le pigeon lâché revint à son pigeonnier à Baalbek même et livra à Ismaïl le message destiné à Saleh-Ayoub. Ce n'est pas tout : l'émir d'Ismaïl, prenant un des pigeons de Naplouse dont il s'était emparé, expédia cette fois à Saleh-Ayoub une dépêche où, sous le nom de son affidé, il lui mandait tout le contraire, lui disant qu'Ismaïl allait marcher à son secours. Saleh-Ayoub, plein de confiance, alla donc en avant, et c'est ainsi qu'il perdit Damas et bientôt après la liberté. Nous verrons plus loin comment il la recouvra.

tant, à l'insu des autres, sur un autre point. Ils furent surpris et battus, près de Gaza, par les troupes du sultan de Babylone, c'est-à-dire du Caire¹ : le premier, blessé à mort; le second, le représentant de saint Louis, fait prisonnier². C'est contre le vœu des chrétiens de Palestine que cette campagne avait été engagée. Ils en devaient subir les conséquences. A la nouvelle de leur défaite, le prince de Carac, Dawoud, qui venait de faire Saleh-Ayoub prisonnier, se jeta sur Jérusalem, en massacra les habitants et rasa les murs, qui venaient d'être en partie relevés. « Il ruina la citadelle, dit Aboulféda, ainsi que la tour de David, édifice qu'on avait toujours épargné, dans les temps précédents, chaque fois qu'on livrait la ville à la destruction³. »

1. Selon Tillemont (t. III, p. 278), le Caire se trouvait réellement à un tiers de mille de cette Babylone, non loin de l'ancienne Memphis.
2. Guill. de Nangis *Gesta S. Ludov.*, t. XX, p. 329. Dans sa *Chronique* (*ibid.*, p. 548) il met à tort sous la date de 1237 cette bataille, qui eut lieu en novembre 1239, selon les historiens arabes résumés par Reinaud, *Bibl. des Croisades*, t. IV, p. 439. L'un d'eux nous donne une date plus précise. Le dimanche, 14 de rébi 1ᵉʳ 637 de l'Hégire, dit Makrîzi (25 octobre 1239 de J. C.), eut lieu entre les Francs et l'armée égyptienne stationnée dans le Sâhil (littoral, c'est-à-dire, la Phénicie), un combat dans lequel les Francs furent mis en déroute. On leur prit quatre-vingts cavaliers et deux cent cinquante fantassins, qui furent conduits au Caire, et on leur tua mille huit cents hommes. Il ne périt que dix hommes du côté des musulmans. Makrîzi *Histoire des Ayoubides et des Mamlouks*, ms. arabe, 672 de l'ancien fonds, t. I, f° 91, v° 92, 2°). Je dois cette citation à mon savant confrère M. Defrémery.
3. *Hist. arabes des Croisades*, t. I, p. 117.

Mais les chrétiens de Palestine eux-mêmes, qui devaient si bien sentir la nécessité de l'union, ne la pratiquaient pas davantage. Les Hospitaliers, on l'a vu, étaient jaloux des Templiers, et dans cette rivalité, les uns prenaient volontiers le contre-pied de ce que faisaient les autres.

Saleh-Ayoub, pris, comme on l'a vu, par son cousin Dawoud, prince de Carac, l'avait séduit par ses promesses, par ses serments; et, remis en liberté, il s'était remis avec lui en campagne contre son frère Adel-Abou-Becr. Ce dernier avait naturellement pour allié son oncle Ismaïl, qui avait enlevé Damas à Saleh-Ayoub. Mais, trahi par une troupe de mamlouks, anciens soldats de Malec-Achref, il fut livré à Saleh-Ayoub (31 mai 1240), qui se rendit au Caire, où dès lors il se rallia tout le monde[1]. Saleh-Ayoub avait donc gagné l'Égypte, mais il avait perdu Damas, qui restait au pouvoir d'Ismaïl; et ainsi la rivalité subsistait entre les deux États musulmans. Les Templiers et les Hospitaliers ne surent mieux faire que de se diviser entre leurs deux ennemis. Les Templiers tenaient pour Damas, les Hospitaliers pour l'Égypte. Les princes chrétiens, sous l'influence des Templiers, accueillirent les propositions du prince de Damas, qui leur offrait la restitution de Jérusalem pour prix de leur concours contre les Égyptiens; mais cette alliance des princes était mal vue des

1. Aboulféda, p. 118.

peuples musulmans. Les chrétiens, abandonnés dans la bataille par les troupes syriennes, furent vaincus près d'Ascalon (1240); Ismaïl regagna presque seul Damas¹. Quant aux chrétiens, ils se trouvaient par là ramenés dans la direction des Hospitaliers. Richard de Cornouailles, qui arrivait vers ce temps-là (octobre 1240), venait trop tard pour profiter de l'impression que son nom, rappelant celui de Richard Cœur de Lion, son oncle, faisait encore sur les infidèles. Il ne put que prêter plus de force aux négociations avec le vainqueur. Les chrétiens obtinrent d'ailleurs de l'Égypte, après leur défaite, plus peut-être que ne leur avait offert le prince de Damas. C'était le renouvellement de la trêve de 1229, avec toutes les places qui avaient été restituées alors à Frédéric²; en

1. Voyez pour ces événements, Reinaud, *Bibl. des Croisades*, t. IV, p. 141. Aboulféda se borne à parler des alliances d'Ismaïl, prince de Damas, avec les chrétiens, à qui il aurait livré les forteresses de Safed et d'Es-Chakif (*l. l.*, p. 120); il ne dit rien de la bataille d'Ascalon. Makrîzi au contraire, raconte encore que l'année suivante (1240), le prince de Damas Ismaïl s'allia aux Francs contre son neveu Saleh Nedjm Eddin Ayoub, sultan d'Égypte, achetant leurs secours par la promesse de leur rendre toutes les conquêtes de Saladin. Il était campé au nord de Gaza, lorsque le sultan d'Égypte, ayant appris qu'il venait l'attaquer avec l'aide des Francs, envoya des troupes à sa rencontre. Quand les deux armées furent en présence, les Syriens coururent se joindre aux Égyptiens, et tous ensemble attaquant les Francs, les mirent en une complète déroute. Ce fut avec les nombreux captifs pris en cette journée, que le sultan d'Égypte, selon le même auteur, construisit le château fort de Raoudha et les collèges dits Assalihiya au Caire. (Note de M. Defrémery).

2. Voyez Huillard-Bréholles, *Introd.*, p. CCCL.

outre, le sultan mettait en liberté les prisonniers qui étaient tombés entre ses mains (1241)[1].

Ce fut tout le résultat de la croisade, et cela étant, mieux eût valu n'y point aller : car un grand nombre n'en revinrent pas. Le comte Amaury de Montfort lui-même, quittant la Palestine après sa mise en liberté, mourut avant de regagner le rivage de la France (1241)[2].

V

Dernière lutte de Grégoire IX et de Frédéric II. — Intervention de saint Louis.

Frédéric n'avait rien fait pour aider au succès de la croisade. On l'accuse même d'avoir travaillé à la faire échouer[3] ; mais cette accusation paraît sans fondement, et l'inaction qu'on lui pourrait reprocher a son excuse. Comment eût-il songé à la croisade d'outre-mer, quand le pape prêchait ouvertement une croisade contre lui ? Ce n'est pas seulement en Italie

---

1. Voyez la lettre de Richard sur son expédition dans Matth. Paris, an 1241, t. V, p. 185. Il quitta la Terre Sainte le 3 mai 1241. Makrîzi, à la suite du combat qu'il a raconté, parle de cette paix. Il dit que le sultan d'Égypte relâcha les prisonniers qui se trouvaient au Caire, comtes, chevaliers, fantassins. On verra pourtant qu'à l'époque de l'expédition de saint Louis, il restait en Égypte des prisonniers de cette croisade.
2. Albéric des Trois-Fontaines, t. XXI, p. 629.
3. Vincent de Beauvais, ch. cxxxviii ; voy. Tillemont, t. II, p. 361-365.

que la lutte semblait devoir s'engager. Le pape demandait aux différents pays de la chrétienté des hommes et de l'argent contre l'excommunié. Il envoyait un légat et écrivait en ce sens à saint Louis, exaltant à cette fin la piété du roi de France (21 octobre 1239). Il écrivait le même jour à la reine Blanche pour qu'elle aidât auprès de son fils au succès de la mission de son légat[1]. Le légat chargé d'agir en vertu de ce message ne passa point en France aussi facilement que la lettre. Il n'y arriva qu'en 1240, en se cachant de l'empereur qui l'eût voulu arrêter.

Quelle devait être la conduite de la France, quelles allaient être les résolutions de saint Louis dans une circonstance d'une telle gravité?

La France ne pouvait pas rester indifférente au débat. Elle avait des rapports trop étroits avec le saint-siége, et une autre raison pouvait la tourner contre l'empire. L'empereur se prétendait toujours le souverain de tous les pays situés à l'est de la Meuse, de la Saône et du Rhône[2]. En prenant le parti de Gré-

1. Teulet, *l. l.*, nos 2835 et 2836.
2. Pour les traces subsistantes de la domination impériale sur ces contrées, et les actes par lesquels Frédéric II s'appliquait à la constater et à la rendre effective, voy. Huillard-Bréholles, *Hist. diplomat. de Frédéric II*, introd., ch. III, p. CCLI et suiv., et diverses pièces conservées aux Archives et reproduites ou analysées dans le précieux recueil des *Layettes du trésor des Chartes*, commencé par M. Teulet : no 1700 (31 mars 1225), lettre de Frédéric II au comte de Toulouse pour qu'il se fasse restituer les terres de l'Empire qu'il a aliénées sans autorisation ; — no 1789 (juin 1226),

goire IX, saint Louis faisait triompher la papauté et il pouvait chasser de nos frontières cette ombre de suzeraineté impériale qui, si vague qu'elle fût, suffisait pour retrancher de sa domination une partie considérable de la France. Mais saint Louis ne se dirigeait pas d'après les seuls motifs d'intérêt. La perspective la plus assurée d'une conquête n'était pas capable de le pousser à entreprendre sur le droit d'autrui ; et s'il avait une vénération filiale pour le pape, elle n'allait pas jusqu'à lui faire appuyer des prétentions que sa conscience n'aurait pas avouées.

Si, d'ailleurs, il y avait conflit possible dans l'avenir entre la France et l'Empire, il n'y avait eu jusque-là entre la race de saint Louis et celle de Frédéric II que des rapports de bonne amitié[1].

Philippe Auguste n'avait pas attendu qu'Innocent III revînt à la maison de Hohenstaufen pour la

---

lettre des prélats et des barons de France à Frédéric, où ils lui exposent comment le roi Louis VIII, marchant contre les Albigeois, a été amené à attaquer Avignon ; — n° 2280² (30 avril 1234), le comte et la comtesse de Provence s'obligent à obtenir l'autorisation de Frédéric pour la mise en gage du château de Tarascon ; — n° 2309 (septembre 1234), Frédéric restitue au comte de Toulouse le pays Venaissin et la dignité de marquis de Provence (cf. n° 2413, décembre 1235) ; — n° 2414 (décembre 1235), il lui confère le domaine supérieur de Carpentras et de quelques autres châteaux ; — n° 2842 (décembre 1239), le comté de Forcalquier ; — n° 2874 (11 avril 1240), le comte de Toulouse, sur les instances du vicaire de l'Empire, lui restitue la *potestaria* d'Avignon ; — n° 3194 (novembre 1244), déclaration de Frédéric contre la ville d'Avignon qui s'est révoltée.

1. Voyez Huillard-Bréholles, p. CCLXXXVII et suiv.

soutenir contre ses adversaires en Allemagne. Il avait appuyé Philippe de Souabe avant d'appuyer Frédéric II contre Othon. Il avait pris en main la cause de Frédéric et travaillé à le faire reconnaître en Allemagne (1212) avant de vaincre son adversaire dans les plaines de Bouvines (1214) ; et après le triomphe de Frédéric, les deux couronnes avaient continué de rester en bonne intelligence. Louis VIII, nous l'avons vu, attaquant les Anglais en France, avait obtenu de Frédéric II qu'il empêchât les princes d'Allemagne de leur venir en aide ; et Blanche de Castille avait, à deux reprises, renouvelé ces stipulations avec l'empereur (1227 et 1232). Depuis la majorité de saint Louis, ces bonnes relations avaient pourtant été compromises. Frédéric ayant perdu Isabelle de Brienne, avait épousé une autre Isabelle, sœur de Henri III, et ce mariage, malgré ses protestations, pouvait le rapprocher de l'Angleterre aux dépens de la France. C'est pour se gagner l'Allemagne à un moment où le jeune Henri, son fils, aspirait à s'y rendre indépendant, qu'il avait contracté cette alliance d'où le commerce allemand croyait tirer tout avantage[1]. Aussi lorsque deux ans après (1237) Frédéric invita saint Louis à se rencontrer avec le roi d'Angleterre et lui à Vaucouleurs (lieu ordinaire des conférences entre la France et l'Empire), afin de se concerter, disait-il, sur les intérêts de la chrétienté, saint Louis manifesta l'intention d'y aller avec

---

1. Huillard-Bréholles, p. ccxcix.

deux mille chevaliers ; et l'empereur, devant cette marque de défiance, allégua une maladie pour ne pas s'y rendre[1]. Pourtant l'année suivante (1238), quand l'empereur, au fort de sa lutte contre les villes lombardes, recruta des seigneurs au dehors, saint Louis ne refusa point les autorisations à ceux qui les lui demandaient[2].

L'excommunication lancée par le pape contre Frédéric, en 1239, plaçait le roi de France dans une situation délicate. Mais sa conscience et sa droite raison lui marquèrent la ligne dont il ne se départit point. Il laissa les évêques publier, selon l'ordre du pape, l'excommunication dans leurs églises, les dimanches et fêtes, au son des cloches et à la lueur des cierges. Il laissa le pape lever de l'argent sur les ecclésiastiques ; mais lui-même refusa de s'engager et déclina même, au nom de son frère, la dignité impériale que lui offrait le pape[3]. Il accueillit, aussi bien que les lettres du pape, les déclarations de Frédéric, et il envoya en Italie deux messagers, l'évêque de Langres et un membre de son conseil, pour adoucir l'esprit de Grégoire IX et trouver quelque voie d'accommodement entre lui et l'empereur[4].

1. Guill. de Nangis, *Gesta*, t. XX, p. 325, et *Chron.*, an 1238 ; *ibid.*, p. 548.
2. Tillemont, t. II, p. 324.
3. On peut croire à ce refus sans admettre pour cela la réponse insolente que Matthieu Paris fait au pape au nom de saint Louis (t. IV, p. 548-550).
4. Albéric des Trois-Fontaines, an 1239, t. XXI, p. 623, et Tillemont, t. II, p. 349, 350.

Saint Louis faillit pourtant intervenir plus directement dans la querelle.

La force matérielle était évidemment pour Frédéric. L'Italie, occupée en partie par lui-même et divisée pour le reste entre les Guelfes, ses ennemis, et les Gibelins, ses partisans, ne pouvait pas longtemps lui résister, et, dans cette situation, l'indépendance du pape était fort compromise. L'empereur ne se contentait plus de la péninsule : il voulait Rome, et dans ses lettres il ne prenait plus la peine de dissimuler ses projets. Après avoir repris Citta di Castella, Orta et d'autres lieux, arrivé à Viterbe, il écrit à ses fidèles avec quel empressement, quelle ardeur il est reçu partout, et il ajoute : « Il ne reste plus que d'entrer heureusement dans la Ville pour rétablir les fastes antiques de l'Empire, recueillir les palmes triomphales dues à nos aigles victorieuses et réduire nos calomniateurs à un repentir tardif, quand ils pourront voir de près et craindre celui qu'ils ont provoqué sans vergogne » (février 1240)[1]. Il en dit plus dans une lettre à son fils et à ses conseillers. A la suite de quelque nouvelle démarche conciliante du pape, l'empereur se prenant sans plus d'ambages pour le représentant de Dieu sur la terre :

« Quoique, dit-il, les pontifes et les pharisiens aient en vain réuni leur conseil contre le Seigneur Christ, quoique le chef de la sédition excitée se soit élevé contre le prince

---

1. *Hist. diplomat.*, t. V, p. 763; cf. sa lettre à l'évêque de Messine, même mois (*ibid.*, p. 707).

de Rome plein d'orgueil et de blasphèmes, cependant avec l'aide du Dieu des armées qui résiste aux superbes et réprime la malice sortie de son sanctuaire, l'orgueil du prince des prêtres a été humilié, et, déposant sa fierté, se courbe, comme il est juste, pour se soumettre et obéir à notre dignité et à la dignité de l'Empire dans la forme de composition qui sera agréée[1]. Mais sachez qu'après mûre délibération il a été arrêté dans notre esprit que notre rival devra s'incliner sous nos étendards et sous nos aigles victorieuses en rendant tout honneur à notre dignité.... Car nous avons rassemblé de grandes forces dans notre royaume et nous allons d'une main forte et d'un bras tendu dompter l'orgueil ennemi..., afin qu'il se repente amèrement de ses offenses et qu'il n'ose plus lever la tête contre l'Empire sacré et contre notre personne (juin 1240)[2]. »

Le pape n'était donc pas aveuglé par la passion quand il accusait Frédéric de vouloir asservir l'Église du Christ, de couvrir ses attaques du masque de la religion, s'entourant « de prophètes apostats » (il nomme entre autres Élie, l'ancien chef de l'ordre des frères mineurs); quand il le montrait « se transformant en ange de lumière et méprisant les clefs du Christ et le privilége de Pierre pour se mêler irrévérencieusement aux choses divines. » Quoi qu'il en soit du projet qu'il lui prête de prendre pour lui les pouvoirs du sacerdoce, ce n'est pas sans raison qu'il lui impute de vouloir séduire les Romains, « ces fils tout particuliers de l'Église, » et renverser le siége de saint Pierre (fin de février 1240)[3].

---

1. « Ut ad honorem nostrum et imperii grata et licita forma compositionis pareat et occurrat. »
2. *Hist. diplomat.*, t. V, p. 1003.
3. *Ibid.*, t. V, p. 777.

Frédéric excommunié avait fait appel à un concile. Le pape résolut d'accepter la lutte sur ce terrain. Ayant pris l'avis des cardinaux, il se déclara prêt à réunir une de ces grandes assemblées de l'Église, où les princes seraient invités à envoyer des représentants pour négocier et conclure la paix. Mais l'appel au concile ne fut souvent qu'une arme de guerre ou une fin de non-recevoir. Tel qui l'invoque le repousse quand il est accordé. C'est ce que fit l'empereur. Il déclara qu'il récusait le concile tant que le pape serait son ennemi; et pour ne point paraître opposé à tout accord, il dit qu'il accepterait une trêve, mais il en excluait les Lombards.

C'était mettre le pape en demeure de les lui abandonner. Le pape convoqua le concile (9 août 1240)[1], et toute l'activité de Frédéric tend dès lors à prévenir l'accomplissement d'un acte dont il a senti toute la portée. Ce n'est plus seulement le pape, c'est la chrétienté qui va s'élever contre lui. Il faut qu'il la détourne de se rendre à cet appel[2] et, si elle s'y rend,

---

1. Encyclique du pape sur le concile à célébrer à Rome à la fête de Pâques (9 août 1240). *Hist. diplomat. de Frédéric II*, t. V, p. 1020.

2. Lettre à l'évêque d'Ostie (fin août 1240), *Hist. diplomat.*, t. V, p. 1027. Au mois de novembre il chassa du royaume de Naples tous les frères prêcheurs et mineurs, sachant trop bien quels auxiliaires le pape trouverait en eux. Par contre, il se trouva vers le même temps (fin de 1240) un clerc de France ou d'Angleterre qui fit une lettre pour détourner les prélats de se rendre à Rome, leur représentant les périls de terre et de mer et les embûches d'un prince très-puissant et cruel; il les engage, comme le pape

qu'il l'arrête. Il écrit à saint Louis et au roi d'Angleterre qu'il ne souffrirait pas que le concile se réunît¹, et en même temps il travaillait à faire qu'on n'eût ni le moyen de s'y rendre, ni le temps d'y songer. Il excitait le comte de Toulouse contre le comte de Provence, ce qui amenait saint Louis à venir en aide à ce dernier²; et un autre adversaire se donnait un rôle dans ces nouveaux troubles du Midi. Trencavel, fils de Roger, comte de Béziers et de Carcassonne au temps de la guerre des Albigeois, rentré, en 1224, en possession de Béziers, se jetait sur les terres de l'ancien héritage de son père qui étaient dévolues au roi, et osait même assiéger Carcassonne³.

Grégoire IX, âgé alors de quatre-vingt-dix-huit ans, montra une énergie qui n'a jamais fait défaut à la papauté en pareille circonstance. Quoique vivement pressé dans Rome et menacé d'un jour à l'autre d'en être chassé, il y a convoqué le concile; et son

---

défend sa cause et non celle de l'Église universelle, à se soustraire sur ce point à son obéissance. On a soupçonné, non sans quelque raison, que la main ou du moins l'inspiration de Frédéric lui-même n'était pas étrangère à cette lettre (*Hist. diplomat.*, t. V, p. 1077).

1. Lettre au roi de France (fin 1240), *ibid.*, p. 1075.
2. Matth. Paris, an 1240, t. V, p. 28. Le comte de Toulouse avait pris un instant le commandement d'Avignon au nom de l'empereur (*Hist. diplomat.*, t. V, p. 1022).
3. Voyez sur ce siège de Carcassonne un rapport adressé à la reine Blanche (et non au roi saint Louis : nous avons noté cette curieuse particularité) par Guillaume des Ormes, sénéchal de Carcassonne, rapport publié par M. Douet d'Arc dans la *Bibl. de l'École des Chartes*, 2ᵉ série, t. II, p. 363 (1845-1846).

appel a retenti dans toutes les parties de la chrétienté[1]. En France le légat tint un synode particulier à Meaux où il renouvela l'excommunication contre Frédéric, et pressa les évêques de le suivre au concile.

Il n'était pas facile d'obéir à son ordre ou du moins de l'accomplir jusqu'au bout. Frédéric gardait les passages de l'Italie[2], et il avait confié à son fils na-

---

1. Signalons quelques-unes des lettres de Grégoire IX dans les préliminaires de cette lutte : 1º au légat de Romagne et à Nicolas, moine de Cîteaux (13 octobre 1240), pour qu'ils traitent en secret avec Gênes afin d'obtenir les navires et les galères qui doivent transporter les prélats au concile (*Hist. diplomat.*, t. V, p. 1052; cf. p. 1061, la réponse du légat); 2º aux Bénéventins (15 octobre) pour les exhorter à se défendre (*ibid.*, p. 1056); 3º au même légat (15 mars 1241) pour lui dire que seize galées et autant de *tarides* ne suffiront pas au passage des prélats qui veulent venir à Rome (*ibid.*, p. 1106). Le 11 février, le duc de Bavière lui écrivait pour rétracter les lettres que lui-même et le roi de Bohême lui avaient adressées en faveur de la paix avec Frédéric (*ibid.*, p. 1094).

2. Par une lettre du commencement de février 1241, il enjoint à tous ses fidèles de fermer le chemin à ceux qui vont au concile, de les arrêter par terre et par mer, leur abandonnant les biens dont ils pourraient les dépouiller (*Hist. diplomat.*, t. V, p. 1089); par une autre du même temps, il ordonne aux *magistri portulani* d'armer des vaisseaux contre les Génois et les pirates (*ibid.*, p. 1090). Du siége de Faenza il écrivait aux maîtres des frères prêcheurs de Paris (27 février) pour leur exposer les injures qu'il avait reçues du pape et les avertir de ne pas permettre aux frères de leur ordre de courir le monde avec des lettres et des légations contre lui et l'Empire, attendu qu'il ne convient pas à leur sacré ministère de se mêler aux disputes personnelles (*ibid.*, p. 1098). Un peu après (25 mars) il écrivait à deux personnages, qu'il appelle « capitaines de ses fidèles de Gênes, » que Faenza est à la veille de se rendre (elle se rendit le 13 avril); que, rassuré de ce côté, il a envoyé son fils Henri en Lombardie pour former une

turel Enzio, une flotte qui devait arrêter comme de bonne prise tout vaisseau porteur de prélats. Nombre d'évêques et d'abbés anglais et français vinrent jusqu'à Marseille; mais ils n'y trouvèrent ni les moyens de transport ni l'escorte qu'on leur avait promis[1]. Frédéric ne leur refusait pas tout passage. Il les pressait même de venir vers lui, promettant de leur donner toutes les explications qu'ils voudraient : c'est lui qui eût tenu le concile! Les évêques ne l'entendaient pas ainsi. Mais que faire? Plusieurs s'en retournèrent chez eux ; d'autres se hasardèrent à se rendre par mer de Nice à Gênes, ville entièrement dévouée au pape. Les Génois avaient mis leur flotte au service d'une cause qui était la leur et celle de toutes les villes libres de Lombardie. C'est là que se fit la réunion; et sous la protection de cette république les légats de France et d'Angleterre, avec tous les évêques venus de ces deux royaumes, mirent à la voile. Mais la flotte impériale battit la flotte génoise (3 mai 1241). Quelques évêques périrent dans le combat; un petit nombre réussirent à fuir, presque tous furent faits prisonniers[2].

Cet événement qui suivait de quelques jours la prise de Faenza, dont Frédéric faisait le siége depuis

---

armée et qu'il a déjà donné des instructions à deux de ses vicaires pour réprimer les rebelles génois (*ibid.*, p. 1108).

1. Guill. de Nangis, *Gesta S. Lud.*, dans les *Historiens de France*, t. XX, p. 331.
2. Guill. de Nangis, *l. l.*, et les diverses Chroniques.

près d'un an, semblait résoudre la querelle à son avantage. Il se voyait déjà maître de Rome. La lettre où il mande cette victoire à ses comtes annonce qu'il y marche, dans un langage où l'enivrement du triomphe ne lui fait ménager aucune marque de mépris aux vaincus (fin mai 1240)[1]. Il écrit au sénat de Rome qu'il arrive pour faire la paix avec le pape, s'il est possible; et il exhorte les habitants à se lever avec lui, leur montrant les Tartares à combattre. Dieu était avec lui[2]; car il voyait ou du moins il voulait montrer au monde dans sa victoire comme un jugement de Dieu : « On saura, disait-il, dans sa lettre au roi d'Angleterre, que Dieu est avec nous siégeant sur son trône et jugeant selon l'équité : Dieu qui a voulu que le monde fût gouverné non par le

---

1. « Consilium eundi Bononiam revocantes, propensioni consilio versus Romam victricia castra nostra convertimus, ubi sub vexillis potentiæ nostræ nos acclamat fortuna felicior, per quam reliquiæ, si quæ sunt, nostrorum rebellionum consternantur et capitis humiliata superbia collapsa in suo corpore seditionis membra tabescant. Adjecit etiam manus Domini votis nostris augmenta successum et continuavit de cœlo victoriam nostrorum titulis triumphorum. » (*Hist. diplomat.*, t. V, p. 1128.)

2. *Ibid.*, p. 1159. Il ne se faisait pas faute de le dire; mais il trouva pour le répéter après lui un auxiliaire, cette fois encore, dans le clergé. Un frère prêcheur écrivit, vers la fin de juin, à l'évêque de Brixen : « Post gloriosum triumphum Faventiæ quem sibi laudabilis constantia Cæsaris acquisivit, subito inopinabilis victoria in mari habita successit; ut Deus terræ et maris comprobetur felici Cæsari adesse. » Il ajoutait qu'un cardinal lui avait écrit de la part du pape de venir à Rome avec l'empereur parce qu'il pourrait être utile à la paix. Excellent choix pour Grégoire IX ! (*Hist. diplomat.*, t. V, p. 1146.)

sacerdoce seulement mais par l'Empire et par le sacerdoce (18 mai 1241)¹. » Et pourtant la chose dont il avait si grande joie est ce qui devait tourner les esprits contre lui et dans un autre concile décider de sa perte.

Saint Louis ne pouvait pas rester insensible à la captivité de ses évêques : car Frédéric, après les avoir pris, les gardait ; il les avait distribués entre les divers châteaux où il avait garnison et les traitait même d'une manière assez dure. Saint Louis écrivit donc à l'empereur, réclamant leur mise en liberté. Mais Frédéric répondit qu'il n'avait fait qu'user du droit de la guerre ; que les évêques venaient pour le condamner ; qu'ils étaient donc ses ennemis, et il donnait libre cours à ses invectives contre le pape. Le roi n'accepta point de pareilles explications. Il lui écrivit une seconde fois et sur un ton qui ne comportait plus d'autre débat que par les armes². Frédéric, ne voulant point rompre avec saint Louis, mit en liberté les prélats ; et d'ailleurs il n'avait plus intérêt à les garder. Le concile projeté n'était plus à craindre. Le vieux Grégoire IX n'avait survécu au désastre qui avait détruit ses plans que pour témoigner une dernière fois de l'énergie de ses résolutions, quand Frédéric vainqueur menaça Rome sans effrayer davantage la ville vraiment digne du pontife.

1. *Hist. diplomat.*, t. V, p. 1125.
2. Voy. *Hist. diplomat.*, t. VI, p. 18 ; cf. Guill. de Nangis, *Gesta*, p. 333, et *Chron.*, an. 1240, p. 549.

Il mourut presque centenaire, le 21 août 1241[2]. Le nouveau pape que les cardinaux réduits à huit avaient, après une première tentative d'élection, réussi à nommer, l'évêque de Sabine, Célestin IV, mourut lui-même au bout de seize à dix-huit jours; et l'empereur sut si bien multiplier les obstacles, accroître la division, que pendant dix-huit mois le saint-siége resta vacant. Il triomphait donc plus qu'il ne l'aurait pu espérer de l'ennemi qui avait cru l'abattre; et les deux puissances qui, au nom de la chrétienté, auraient pu s'unir pour lui demander compte de ce triomphe, la France et l'Angleterre se trouvaient engagées dans une guerre qui les occupait entièrement.

1. Rich. de San-Germano dans Muratori, t. VII, p. 1048, et Huillard-Bréholles, *Hist. diplomat. de Frédéric. II*, t. V, p. 1165. Parmi les dernières lettres du vieux et vigoureux pontife, citons encore celle qu'il écrit aux évêques captifs pour les consoler et s'excuser en quelque sorte de leur malheur, en se plaignant du légat de Romagne, qui ne leur avait pas rassemblé assez de galères (14 juin 1241, *Hist. diplomat.*, t. V, p. 1136), et sa lettre au duc de Carinthie (19 juin), où vaincu il parle encore en maître, en père, disant que si Frédéric se montre disposé aux choses qui sont à l'honneur de Dieu, il lui ouvrira volontiers le sein de l'Église (*ibid.*, p. 1138).

CHAPITRE IV.

LIGUE DE PLUSIEURS SEIGNEURS ET DU ROI D'ANGLETERRE CONTRE SAINT LOUIS.

I

Complot du comte et de la comtesse de la Marche.

On a vu avec quel scrupule saint Louis exécutait à l'égard de chacun de ses frères le testament de Louis VIII. Il avait investi son frère Robert du comté d'Artois, à l'époque de sa majorité. En 1241, son frère Alfonse ayant atteint ses vingt et un ans, il le fit chevalier et le mit en possession des comtés de Poitou et d'Auvergne. Il avait, à cette occasion, tenu cour plénière à Saumur (24 juin). Le roi de Navarre, le comte de Toulouse, beau-père d'Alfonse, le comte de la Marche et beaucoup d'autres seigneurs et prélats s'étaient rendus à son appel. Il les reçut dans un festin d'apparat que Joinville, présent pour la première fois à la cour du roi, décrit avec complaisance. Le festin se donnait dans les halles de Saumur bâties à la manière des cloîtres de l'ordre de Cîteaux. Le roi siégeait vêtu d'une cotte de satin bleu avec un surcot et un manteau de satin vermeil fourré d'hermine, ayant sur la tête un chapeau de coton qui lui seyait mal, dit l'historien, parce qu'il était alors jeune homme. A sa table, auprès de lui était le comte de Poitiers, le héros de la fête; près du comte de Poitiers, le comte de Dreux, qui venait aussi d'être fait chevalier; puis le comte de la Marche, puis le « bon comte Pierre de Bretagne, » comme l'appelle Joinville. Le comte d'Artois servait le roi, et le comte de Soissons tranchait du couteau. Autour faisaient la garde Imbert de Beaujeu qui devint connétable de France, Enguerran de Coucy, Archambaud de Bourbon, et derrière eux trente de leurs chevaliers en cotte de drap de soie, et un grand nombre de sergents, vêtus aux armes du comte de Poitiers. Devant la table du roi mangeait le roi de Navarre, en cotte et en manteau de satin; et Joinville, son sénéchal, tranchait devant lui. A la paroi du cloître où mangeait le roi, il y avait encore une table qui réunissait vingt archevêques ou évêques, et de l'autre côté, la table de la reine Blanche, qui avait pour la servir le comte de Boulogne, son neveu, depuis roi de Portugal, le comte de Saint-Pol et un jeune Allemand de dix-huit ans, fils de sainte Élisabeth de Hongrie. On disait, rapporte Joinville, que la reine Blanche le baisait au front par dévotion, parce qu'elle croyait que sa mère l'y avait mainte fois baisé[1]. Au bout du cloître, de l'autre côté, étaient les cuisines, les bouteilleries, les paneteries et les dépenses, où se préparait le service de la table. Dans les autres ailes et dans le préau du milieu mangeaient les chevaliers en si grand nombre que Joinville ne sut les compter; et l'on convenait que l'on n'avait jamais vu tant de surcots et d'autres vêtements de drap d'or à une fête. On estimait qu'il y eut là trois mille chevaliers[2].

Après cette fête, le roi mena le jeune comte à Poitiers pour y reprendre ses fiefs, c'est-à dire pour y recevoir l'hommage de ses vassaux[3].

Au nombre de ces vassaux était Hugues de Lusignan, comte de la Marche. Il vint à Poitiers comme il était venu à Saumur; mais ce ne fut pas sans un dépit extrême que ce seigneur, et surtout sa femme, veuve de Jean, mère de Henri III, se voyaient réduits à reconnaître le frère de saint Louis comme maître d'un comté, ancien patrimoine de la reine Eléonore et de ses fils les rois d'Angleterre.

Si l'on en croyait Guillaume de Nangis, il refusa l'hommage, tout prêt à accepter une bataille que le

---

1. Joinville, ch. XXI.
2. Id., ibid.
3. Le roi lui donna à lui-même six mille l. parisis de revenu annuel dont le jeune comte lui fit hommage. Si, par son mariage ou par une autre union (sa femme venant à mourir), il acquérait pareille somme, le don faisait retour au roi ou à ses héritiers; s'il acquérait moins, il rendait de même l'équivalent. (Poitiers, juillet 1241. Teulet, l. l. n° 2926.)

roi n'était pas en mesure de lui offrir[1] : car Louis était venu sans défiance en Poitou. « Quand le roi vint à Poitiers, dit aussi Joinville, il eût bien voulu être arrière à Paris : car il trouva que le comte de la Marche, qui avoit mangé à sa table le jour de la Saint-Jean (à Saumur), avoit rassemblé autant de gens d'armes à Lusignan, près Poitiers, qu'il en pouvoit avoir. » Il ajoute que le roi fut près de quinze jours à Poitiers, n'osant partir qu'il ne se fût entendu avec le comte de la Marche : « Je ne sais comment, dit-il. Plusieurs fois je vis venir le comte de la Marche parler au roi à Poitiers de Lusignan, et toujours il amenoit avec lui la reine d'Angleterre, sa femme, qui étoit mère au roi d'Angleterre. Et bien des gens disoient que le roi et le comte de Poitiers avoient fait mauvaise paix avec le comte de la Marche[2] »

Quoi qu'en dise Guillaume de Nangis, le comte de la Marche fit hommage au comte de Poitiers : l'acte peut se voir aux Archives, scellé de son sceau[3]; et la paix ne fut pas si mauvaise que Joinville l'avait entendu dire : car dans les conventions faites à cette occasion, Hugues de Lusignan restituait à Alfonse Saint-Jean-d'Angely et l'Aunis qui avait été confisqué sur le vicomte de Thouars et donné par la reine Blanche au comte de la Marche, par le traité de Ven-

---

1. Guill. de Nangis, *Gesta*, p. 335, et *Chron.* an 1241, p. 549.
2. Joinville, ch. XXII.
3. Carton J. 190 et *Layettes du trésor des Chartes*, t. II, n° 2928.

dôme, donation anticipée sur la dot qu'Élisabeth ou Isabelle, sœur de saint Louis, devait apporter au fils du comte en l'épousant. Le mariage ne s'était pas fait, et le roi reprenait, pour le rendre à son frère, un fief qui, d'après le testament de Louis VIII, avait dû entrer dans son apanage[1]; mais cela même ne fit que précipiter la rupture.

La comtesse de la Marche ou la reine Isabelle, comme on la nommait toujours, ne se consolait pas de ce qu'elle appelait l'humiliation de son mari. Eût-il tout obtenu, ce n'était rien tant qu'il était vassal d'un vassal du roi de France. Elle manifesta son dépit dans une scène qu'une lettre écrite à la reine Blanche, et retrouvée tout récemment en original[2],

---

1. Voy. *Layettes, ibid.*, et Boutaric, *Saint Louis et Alfonse de Poitiers*, p. 47-49.
2. C'est M. Léopold Delisle qui a trouvé cette curieuse lettre à la Bibliothèque nationale (suppl. latin, n° 873, pièce I) et qui l'a publiée dans la *Bibliothèque de l'École des Chartes*, 4e série, t. II, p. 513. « Cette lettre, dit-il, a été écrite, en caractères très-déliés, sur le recto d'une feuille de parchemin longue de quarante centimètres, large de dix-sept. On se rend aisément compte de la manière dont elle a été fermée. Le parchemin a été replié un grand nombre de fois sur lui-même, pour être réduit à un carré d'environ cinq centimètres de côté. C'était un format bien exigu ; mais quand on aura lu la lettre on ne s'étonnera pas que l'auteur ait pris des mesures qui permettaient de la dérober à des regards indiscrets. Après avoir été pliée, la lettre a reçu une adresse : *Domine regine Francorum;* puis on a pratiqué une incision pour faire passer à travers tous les plis, soit une bandelette de parchemin, soit un écheveau de soie, dont les extrémités ont été arrêtées sous un sceau en cire verte. C'était la manière de cacheter les lettres au treizième et au quatorzième siècle. » Dans un com-

nous a racontée ; on y trouve dépeints, sous les traits les plus vifs, les deux personnages qui vont être, l'un, la cause réelle, l'autre, l'instrument des troubles dont nous avons à parler ici.

Le roi et ses frères avaient couché au château de Lusignan. La dame de la Marche y vint après eux, furieuse ; et, comme pour y effacer la trace de leur séjour, elle en fit enlever les draps et les coffres, les matelas, les siéges, les vases et tous les objets d'usage ou d'ornements grands et petits, sans plus ménager une image de la Sainte Vierge, les draps de l'autel et les ornements de la chapelle qu'elle fit emporter avec elle à Angoulême :

« A cette vue, continue l'auteur, le comte, fort affligé, lui demanda d'un ton humble et soumis pourquoi elle dépouillait si indignement le château ; qu'elle pouvait acheter autant et d'aussi beaux meubles à Angoulême, et qu'il les payerait volontiers. — « Fuyez, lui dit-elle, et ne restez « plus en ma présence, vous qui avez fait honneur à ceux « qui vous déshéritent je ne vous verrai plus désormais. » Il la suivit pourtant au bout de deux jours à Angoulême, et entra dans la ville ; mais il ne put avoir accès dans le château où elle était : pendant trois jours entiers il dut manger et coucher dans la maison du Temple, aux portes du château. Alors enfin, par la médiation d'une personne, il

mentaire où il montre une érudition consommée, il donne son nom à chaque personnage, à chaque fait sa justification, et par ce parfait accord des divers traits de la lettre avec l'histoire, non-seulement il en prouve l'authenticité, mais il en fixe la date : entre la cour plénière de Poitiers au mois de juillet 1241 et le mois de décembre suivant, époque où la conspiration dénoncée éclata.

obtint de lui parler. Quand il arriva, tout d'abord elle fondit en larmes, afin que ses pleurs, et bientôt ses paroles servissent à l'émouvoir, puis elle dit : « O le plus mauvais des « hommes, n'avez-vous pas vu à Poitiers, où j'ai dû attendre « trois jours pour donner satisfaction à votre roi et à votre « reine, n'avez-vous pas vu qu'au moment où je parus devant « eux dans la chambre, le roi siégeait d'un côté du lit et la reine « de l'autre, avec la comtesse de Chartres et sa sœur l'abbesse « (de Fontevrault) et qu'ils ne m'ont pas même invitée à m'as-« seoir avec eux, le faisant à dessein pour m'avilir devant tout « le monde? Car c'était m'avilir que de me laisser là comme « une folle à gage debout parmi tout ce peuple devant eux; « et ni à mon entrée, ni à ma sortie, ils ne se sont levés si « peu que ce fût, me méprisant comme vous-même, ainsi que « vous l'avez pu voir. Mais la douleur et la honte étouffent « ma voix. Cette douleur, cette colère, plus encore que la « perte de cette terre dont ils nous ont si méchamment dé-« pouillés, me tuera, si, Dieu aidant, ils n'ont à s'en repentir « et à s'en affliger, et ne perdent du leur. Ou je perdrai « tout ce qui me reste, ou j'en mourrai de chagrin. » A ces paroles et devant ces larmes, le comte, bon comme vous le savez, fut très-ému et dit : « Madame, ordonnez tout ce que « je pourrai je le ferai, sachez-le bien. — Eh bien oui, dit-« elle, sinon jamais plus vous ne coucherez avec moi, et je ne « vous verrai. » Et lui il jurait avec plus de force qu'il ferait sa volonté [1].

Il commença dès lors à préparer sa révolte ; et l'auteur de la lettre, bourgeois de la Rochelle, fort attaché à la cause royale, comme tous ses compatriotes, depuis que sa ville, enlevée aux Anglais par Louis VIII, avait reçu tant de priviléges de la couronne, l'auteur, dis-je, signale à la reine des manœuvres qui la de-

1. P. 525, 526.

vaient éclairer sur ce péril et sur les moyens de le conjurer :

« Il eut une conférence à Parthenay avec le comte d'Eu (Raoul d'Exoudun), Geoffroi de Lusignan et tous les barons du Poitou. Quelques-uns dirent que l'exhérédation du comte de la Marche accomplie par la reine indiquait assez son intention d'enlever au comte d'Eu, à Geoffroi de Lusignan et successivement à tous les autres les châteaux qu'ils tenaient du roi d'Angleterre, surtout, dit l'un deux, comme les Français nous ont toujours eus en haine, nous Poitevins, ils voudront nous ravir tous nos biens, pour les ranger par droit de conquête dans leur domaine, et nous traiteront plus mal que les Normands et les Albigeois : car aujourd'hui, le moindre valet du roi fait à lui seul son bon plaisir en Champagne, en Bourgogne et dans toute sa terre, parce qu'aucun des barons, comme des esclaves, n'ose rien faire sans son ordre. J'aimerais mieux, ajouta-t-il, être mort, et vous tous comme moi, que d'être ainsi. Les bourgeois aussi redoutent leur domination à cause de l'orgueil de leurs valets, étant loin de la cour et n'y pouvant aller, ce qui entraîne leur ruine. Préparons-nous donc à résister courageusement, de peur que nous ne périssions tous ensemble.

Car il s'agit du tien quand le mur voisin brûle.

« Et alors, continue l'observateur officieux, ils se sont conjurés et confédérés à mauvaise intention ; de quelle manière je ne le sais encore ; mais je le saurai. De là ils vinrent tous à Angoulême pour parler avec la reine, qui, contre son ordinaire, les a reçus fort honorablement, même ceux qu'elle n'aimait pas ; et ils ont renouvelé leur pacte devant elle. »

Le soulèvement ne devait pas se borner au Poitou : il lui fallait trouver des adhérents dans les provinces qui s'étaient le moins résignées jusque-là à la domination royale, et au dehors ; et l'auteur de la lettre signale encore les conférences qui préparèrent cette extension de la ligue :

« Après cela, dit-il, ils vinrent à Pons où se trouva le sénéchal de Gascogne qui, tout nouvellement, était revenu d'Angleterre avec un clerc, fils de Renaud de Pons, lequel clerc y avait été envoyé, comme vous l'avez appris, madame, à Vincennes. Là se rencontrèrent tous les barons, châtelains et seigneurs de la Gascogne et de l'Agénois, les maires de Bordeaux, Bayonne, Saint-Émilion et la Réole et tous les échevins, et le comte de Bigorre et tous les châtelains de l'évêché de Saintes, excepté G. de Rancon, qui est en cette terre, et grand fut le nombre de ceux qui s'y rassemblèrent. Et tous, unanimement, dirent que s'ils étaient soumis aux Français, ils seraient ruinés. A présent, la terre est à eux et ils y font ce qu'ils veulent : car pour le roi d'Angleterre, même à Bordeaux et à Bayonne, on ne fait pas la valeur d'un œuf; et ce roi leur donne à eux et aux barons assez; quant aux Français, ils leur prendront leur bien. Voilà ce que disaient des gens qui avaient leurs instructions. A la fin ils se sont alliés et conjurés. J'y ai envoyé mon messager, il était présent dans la ville; et je vous l'aurais envoyé beaucoup plus tôt, mais j'attendais la fin de la conférence. »

La suite allait montrer la vérité de ces informations; et le mouvement ne devait pas se borner là. Tout le Midi semblait prêt à protester contre le récent établissement de la France. Le comte de la Marche avait vu répondre à son appel le vicomte de Narbonne, les comtes de Comminges, d'Armagnac, les sires de Lautrec et de Lisle-Jourdain et plusieurs seigneurs du diocèse de Béziers, sans compter Trencavel qui, récemment repoussé dans sa tentative de restauration, avait à venger sa défaite, les habitants d'Albi, et même le comte de Toulouse, le beau-père du comte de Poitiers : mais ce titre ne faisait que lui rappeler les humiliations du traité de Paris, son héritage assuré à la maison de France, et toutes les intrigues par lesquelles saint Louis voulait empêcher, lui disait-on, qu'un nouveau mariage ne le fît passer en d'autres mains[1]. On dit aussi que Pierre Mauclerc sentit renaître en lui son vieil esprit de révolte; mais s'il en fut ainsi, il ne tarda point à se détacher de la ligue, et on soupçonne même qu'il la dénonça avant qu'elle fût déclarée. Le roi de Navarre lui-même s'y montra, dit-on, d'abord favorable[2]; mais l'assertion ne paraît pas fondée, et du moins aucun acte ne la justifie. Quant aux princes étrangers, le roi d'Aragon, qui était seigneur de Montpellier et avait des prétentions sur Carcassonne et sur plusieurs des pays voisins récemment acquis à la France, fut le premier qui se prononça. Mais le premier qui soit entré dans le complot fut assurément (notre lettre le prouve) le roi d'Angleterre, fils de la comtesse de la Marche. On prétend aussi que Frédéric,

---

1. On voulut faire du comte de Toulouse comme le pivot de la confédération. Le comte de la Marche s'oblige pour lui-même et pour le roi d'Aragon à le soutenir à sa requête contre tous (15 octobre 1241). Trencavel, vicomte de Béziers, se remet à l'entière volonté du roi d'Aragon et du comte de Toulouse, lui, sa terre et ses hommes, et fait hommage au roi d'Aragon. (17 octobre) (*Layettes du trésor des Chartes*, t. II, n°s 2941 et 2942).

2. *Chron. rimée* de Philippe Mousket, v. 30689 dans les *Histor. de Fr.*, t. XXII, p. 76.

intéressé par ses relations avec la papauté à occuper saint Louis en France, avait écrit aux comtes de la Marche et de Toulouse pour les pousser en avant[1].

Le comte de la Marche préparait tout pour cette prise d'armes, et un *post-scriptum* fort étendu, joint à la lettre citée plus haut, donne une idée de ce qu'il avait fait dès le premier moment. Pour la sûreté des communications du Poitou avec l'Angleterre, il était bon de prendre la Rochelle, ou tout au moins de la réduire à l'impuissance; et l'on pouvait compter pour cela sur la rivalité de Bordeaux et de Bayonne à son égard :

« Il a été convenu entre eux que les habitants de Bordeaux et de Bayonne, qui sont hommes de mer par-dessus tout, et maîtres de la mer, comme ayant des vaisseaux et des galées outre mesure, et sachant tout ce qui est du métier, viendront devant la Rochelle empêchant le blé (qui ne se produit pas à la Rochelle, mais seulement le vin) et les autres marchandises d'entrer dans la ville, et le vin d'en sortir. Ils brûleront les maisons avec les pressoirs, les celliers et les vins autour de la Rochelle (choses d'un prix inestimable), en s'y prenant au moins pendant la nuit. Pour cet ouvrage, les gages des rameurs et de l'équipage de dix galées (ce qui est beaucoup) seront secrètement payés par le comte et la reine (Isabelle). Les Bordelais en feront autant pour dix autres galées : car les Bordelais ont en haine la Rochelle, et c'est pourquoi ils donnent à ceux de Bayonne, qui ont tout pouvoir sur la mer, douze deniers de tout tonneau de vin qui passera par la Gironde à la mer, de toute la Gascogne, de Moissac et de Bergerac, afin qu'ils soient à leur service et les aident contre la Rochelle : mais ils ne pourront y être prêts de sitôt et ils di-

---

1. Tillemont, t. II, p. 432.

ront alors qu'ils le font à cause des vieilles injures que nous, gens de la Rochelle, leur avons faites, à ce qu'ils prétendent. Pour ce droit par tonneau à payer à ceux de Bayonne, les Bordelais ne prendront pas licence du roi d'Angleterre et ils ne renonceront pas pour lui à la guerre. Mais les barons susciteront des prises d'armes de diverses personnes en divers lieux; et le comte (de la Marche) et la plupart diront qu'ils n'en savent rien. En attendant, le comte achète du blé de toute sorte et le serre dans ses châteaux, défendant et empêchant qu'on en porte de sa terre à la Rochelle ou ailleurs : ce que le seigneur roi et le comte (de Poitiers), si vous le trouvez bon, madame, doivent bien lui mander de ne plus faire, puisque les terres voisines doivent participer mutuellement à leurs produits et que l'on doit pouvoir porter des vivres de l'une à l'autre. Le comte (de la Marche) fait merveilleusement fortifier son château de Frontenay qui est sur la route de Niort à la Rochelle, afin que, s'il y a lieu, l'entrée et la sortie de la Rochelle et l'introduction de toutes les choses qu'on y apporte de France et de Flandre en soient autant que possible empêchées; et ainsi par cette seule retenue du blé notre ville serait comme assiégée, et déjà il y est bien cher, et il sera plus cher encore. Mais vous, Dieu aidant, vous y apporterez bon conseil comme vous l'avez toujours fait, dans des cas assez majeurs (*satis majoribus*). »

Puis, joignant à ces informations des avis où l'on peut voir comme il savait son monde, et comme il devait avoir crédit lui-même à la cour :

« Prenez garde, madame, si vous envoyez au comte et à la reine (Isabelle), de les prier : car je les connais bien ; mais qu'ils soient bel et bien requis : les prières en effet lui donneraient de l'orgueil à lui et à la reine ; une requête de droit hardiment suivie d'effet les rendra plus dociles, qu'ils le veuillent ou non, à votre volonté; et je ne crois pas qu'ils le fassent, sinon par peur comme d'habitude, croyant et à tort que vous pourrez vous laisser toucher par votre bon cœur, et qu'ils en tireront quelque profit. Cependant, madame, » ajoute-t-il en vrai conseiller de saint Louis, « la paix est un très-grand bien si vous pouvez de quelque manière les tenir en paix, et il y a grand péché mortel dans la guerre, car votre terre de Poitou est, par la grâce de Dieu, dans un meilleur état maintenant qu'elle ait jamais été aux temps des rois anglais. Sachez-le, en vérité, quoi qu'en disent vos Poitevins qui veulent toujours la guerre, mais la *mort viendra sur eux et leur glaive sera brisé* et leur épée entrera dans leur cœur; car s'ils font la guerre, je sais bien que ce sera un effet de la juste providence de Dieu qu'ils perdront par leur ingratitude ce que, pour le bien de la paix, vous leur avez gratuitement laissé du domaine du comte de Poitiers; et il sera juste qu'ils soient punis par où ils ont péché. Et je crois que la sentence de Dieu tombera sur eux parce qu'ils ne sont pas aimés de leurs gens; et la terre se rendra d'elle-même à votre fils, s'il en est ainsi, bien que les Bordelais et les communes de Gascogne leur aient promis d'envoyer, s'il le fallait, cinq cents chevaliers en troupe, cinq cents sergents et cinq cents arbalétriers à cheval, et mille piétons, savoir : cinq cents sergents et cinq cents arbalétriers ; mais je n'en crains pas la valeur d'un œuf, car je connais le comte et sa terre, ils n'oseront pas bouger ; s'ils le font, comme ils le feront contre tout droit, tous leurs biens seront à vous. »

Venant alors aux mesures à prendre :

« Puisque le comte de la Marche et les autres font munir et garder leurs châteaux, et leurs portes, madame, ordonnez, s'il vous plaît et si vous le jugez bon, aux maires de la Rochelle et des autres villes de bien garder leurs portes et que personne n'y entre s'il n'est connu. Car je sais en très grand secret que quelques uns feront, s'ils le peuvent à prix d'argent, mettre le feu aux villes et ils nous feraient périr dans la Rochelle. Mandez au maire et au prévôt de chasser, s'il vous plaît, de la ville, les vagabonds et les gens tenant mauvais lieux, ce qui est la honte de la Rochelle. De là sortent les incendies des villes et mille maux; dans un de ces mauvais lieux deux hommes ont été tués cette année. Mandez au capitaine de la Rochelle de ne pas laisser les sergents sortir du château, car il y a toujours hors du château des marchands de chevaux, ou de sel, de blé et de vin, très-riches ; d'autres sont sans cesse dans les tavernes ; quant au capitaine il ne sort jamais, ou que très-peu, du château. Il faut veiller à cet article : car les traits que l'on voit venir blessent moins. J'aurais donné au capitaine et au maire cet avis sur la garde de la ville ; mais je ne veux pas qu'ils sachent que je dis rien du comte de la Marche ni que je vous en ai parlé d'aucune manière, parce que quelques-uns, je ne sais qui, ont mandé à la reine de la Marche qu'à Vincennes je l'ai incriminée auprès du roi. »

Que fit la reine, que fit saint Louis (car aux yeux de l'auteur c'est tout un) après cette curieuse communication ? Sans doute ils se mirent sur leurs gardes ; mais il fallait laisser le comte de la Marche donner prise contre lui. On n'eut pas longtemps à l'attendre.

La rupture se fit avec éclat. Aux fêtes de Noël, Alfonse avait invité le comte de la Marche à venir comme les autres vassaux, à Poitiers, où il tenait sa cour. Hugues avait eu d'abord la pensée de s'y rendre : le moment d'agir n'étant pas venu encore. Mais presque à la veille, sa femme lui fit honte de s'incliner encore devant Alfonse. Il vint à Poitiers avec elle, et se présentant devant le comte il le défia publiquement, et lui déclara qu'il cessait de le reconnaître pour seigneur. Puis écartant avec ses hommes d'armes ceux qui lui fermaient le passage, il alla, comme pour consommer irréparablement la rupture, mettre le feu à la maison où il avait logé, et partit au galop, monté sur son cheval de bataille[1].

II

La guerre de Poitou. — Journées de Taillebourg et de Saintes. — Soumission du comte de la Marche.

Alfonse s'empressa d'aller informer le roi de cette insulte. Il lui raconta le défi de Hugues et son départ, et comment, « semblable à un rat dans une besace et à un serpent dans le sein de son bienfaiteur, il avait récompensé ses hôtes[2] ». Saint Louis, bien qu'il y pût voir une déclaration de guerre, essaya encore des voies de paix. Il somma Hugues de revenir au devoir et de faire satisfaction à son seigneur. Mais Hugues s'y refusant, il tint un parlement, déféra sa conduite au jugement de ses pairs, et, sur leur décision, se disposa à se saisir de ses fiefs[3].

Hugues s'y attendait : déjà nous l'avons dit, il avait mis ses places en défense. Il fit appel à ses alliés, pressant tout particulièrement celui qui, par sa

---

1. Matth. Paris, an 1242, t. V, p. 240.
2. Matth. Paris, *ibid.*, p. 241.
3. *Chron. de Saint-Denys*, t. XXI, p. 112.

position et ses forces, était le plus en mesure de le secourir : le roi d'Angleterre. Son frère, Richard, revenait de la croisade, et il avait été reçu dans Londres comme en triomphe. C'était un puissant auxiliaire pour la cause du comte de la Marche, car Richard avait reçu du roi son frère le comté de Poitou. Aussi les Poitevins du parti anglais comptaient-ils sur lui pour hâter et faire aboutir les résolutions du roi. Henri, du reste, n'avait guère besoin d'être stimulé. Il convoqua ses grands à Londres, et sans attendre leur réunion, il prit jour pour passer en France et envoya de l'argent au comte de la Marche : la comtesse lui avait fait savoir, sous le nom de son mari, que s'il en apportait, il trouverait en Poitou et en Gascogne assez d'hommes pour combattre. Les barons d'Angleterre furent très-irrités de ce procédé. Ils disaient que le comte avait fait fi de l'armée anglaise et ne se servait du roi que comme d'un courtier, puisqu'il ne lui demandait que de l'argent. Ils s'engagèrent entre eux, sous peine d'anathème, à n'en point accorder; et quand le roi leur fit connaître sa résolution, ils la blâmèrent avec force. Ils dirent qu'il y avait impudence à leur venir toujours demander de tels subsides; que c'était traiter des sujets fidèles comme les derniers des serfs; que trop souvent il leur avait extorqué de l'argent pour le dissiper en pure perte. Le roi n'essaya point d'abord de lutter contre ce concert. Il remit la délibération au lendemain, et dans l'intervalle, chercha à les gagner chacun en particulier, leur alléguant à faux l'exemple des autres pour arriver à les séduire; et comme il n'avait que peu réussi, il rassembla les principaux seigneurs, leur allégua la promesse de secours qu'il avait faite au comte de la Marche, l'impossibilité de la tenir sans leur aide, et la honte qui rejaillirait sur la chevalerie d'Angleterre si le roi allait revendiquer les droits de sa couronne en France sans que ses barons l'aidassent à les reconquérir. Mais les seigneurs tinrent bon : ils rappelaient dans quel gouffre avaient déjà été englouties tant de sommes d'argent arrachées, sous prétexte de divers droits royaux, aux fiefs ou aux églises. Ils s'étonnaient que le roi se fût engagé, sans leur aveu, à l'expédition qu'il projetait. Ils lui remettaient en mémoire la trêve qui existait pour trois ans encore entre l'Angleterre et la France. Il était là aussi engagé par serment, et il allait y manquer pour se jeter dans le parti de gens sur lesquels il ne pouvait compter. Le roi s'indigna de ces représentations et jura que rien ne l'empêcherait de partir pour la France à l'octave de Pâques. L'assemblée tout entière n'en demeura pas moins ferme dans la résolution qui avait été adoptée, et le procès-verbal qui fut dressé de cette session du Parlement[1] témoigne tout à la fois et des exactions du pouvoir, et du contrôle que les barons entendaient lui imposer, comme aussi du calme inflexible et de l'énergie de la résistance.

---

1. Matth. Paris, t. V, p. 248 et suiv.

Le roi n'en partit pas moins. Son parlement lui refusant tout subside, il sut, par des moyens à lui trop connus, se procurer d'ailleurs de l'argent, et avec l'argent, des hommes. Il partit de Londres le 21 avril 1242, s'embarqua à Portsmouth le jeudi 15 mai. Son frère Richard, sept autres comtes et trois cents chevaliers avaient suivi sa fortune, et il emportait avec lui, pour accroître sa troupe suivant le plan du comte de la Marche, trente tonneaux remplis de sterlings[1]. Le samedi 17 mai il abordait à l'abbaye de Saint-Mathieu, à l'extrémité du Finistère; il arrivait le 20 à Royan.

Saint Louis était déjà en campagne. Instruit des préparatifs du roi d'Angleterre, il avait réuni quatre-vingts vaisseaux à la Rochelle pour garder les rivages du Poitou, et Henri n'essaya pas, en effet, d'y descendre. Il avait convoqué sa noblesse; il avait demandé à ses communes des armes et des vivres. Au mois d'avril, il se trouvait au rendez-vous qu'il avait donné aux seigneurs à Chinon. Il y compta bientôt quatre mille chevaliers, vingt mille écuyers, des gens d'armes et des arbalétriers; et de nouveaux renforts lui arrivaient de tout côté[2].

Il n'avait plus de ménagements à prendre. Les partisans du comte de la Marche dans le Poitou avaient commencé la guerre dès avant Pâques en ra-

---

1. Matth. Paris, an 1242, t. V, p. 258; *Chron. de Saint-Denys*, t. XXI, p. 113.
2. Matth. Paris, an 1242, t. V, p. 262.

vageant les terres du roi. Quand ils le virent si bien accompagné, ils comprirent leur péril, et ne cherchant plus de salut que derrière leurs murailles, ils se mirent à ravager leurs propres champs, pour faire le désert devant l'armée royale, labourant les prairies, détruisant les fruits de la terre, coupant les arbres, comblant les puits, empoisonnant même les fontaines.

Saint Louis ne se laissa pas arrêter par ces dévastations. Il entra dans le pays, s'attaqua aux villes et en prit plusieurs : Montreuil en Gâtine et la tour de Béruge, Fontenay-le-Comte, Moncontour et la forte-place de Vouvant. Ce fut alors, dit-on, que la comtesse de la Marche, désespérant de vaincre saint Louis, tenta de le faire empoisonner avec ses frères[1]. Selon quelques chroniques, des gens pourvus de poison furent surpris dans les cuisines du roi. Mais le fait n'est pas bien établi, et encore moins la complicité d'Isabelle.

Ce qui n'est pas douteux, c'est que le comte de la Marche était perdu, si ses alliés, et surtout le roi d'Angleterre, le seul qui fût à portée, ne tentaient en sa faveur un suprême effort.

Le roi d'Angleterre ne s'était pas encore officiellement déclaré : « il se rendait chez lui, allant en Guyenne. » Il envoya d'abord des messagers au roi et eut l'audace de lui demander pourquoi il violait la

---

1. Guill. de Nangis. *Gesta*, p. 335 c. Cf. Vincent de Beauvais, l. XXX, ch. CXLVIII. *Chron. de Saint-Denys*, t. XXI, p. 113, etc.

trêve. Saint Louis répondit avec une sérénité parfaite que jamais il n'avait eu la pensée de le faire, et que, loin de la rompre, il était tout prêt à la prolonger encore, même au prix de nouvelles concessions : Matthieu Paris parle du Poitou, de la Normandie même, comme de provinces que le roi se déclarait disposé à céder aux Anglais. La meilleure preuve qu'il n'en fut rien, c'est que les provinces restèrent à la France. On ne peut croire que saint Louis les ait voulu sacrifier à la peur de la coalition, ni qu'il ait tant redouté les rois d'Aragon et de Castille, qui n'étaient pas entrés en lice, ou le comte de Toulouse qui ne fit rien ; encore bien moins le comte de la Marche, dont il prenait les châteaux les uns après les autres. Le roi d'Angleterre n'avait voulu que se donner un prétexte par ce message, et au retour de ses envoyés, il chargea quelques Hospitaliers d'aller défier le roi de France[1].

Les progrès de saint Louis n'en furent pas arrêtés. Il assiégeait Frontenay[2], dont le comte de la Marche avait tout récemment accru les défenses, et où il avait mis une forte garnison commandée par son fils. Les assiégés résistèrent avec vigueur. Le comte de

---

1. Fin de juin 1242, selon Tillemont, t. II, p. 444. Le 19 juin il avait envoyé deux ambassadeurs à Frédéric en leur donnant pouvoirs pour faire alliance avec lui contre tous, excepté contre le pape (*Hist. diplom.*, t. VI, p. 52). Frédéric eût préféré tout le contraire.

2. Frontenay ou Fontenay-l'Abattu, arrondissement de Niort (Deux-Sèvres). Voy. Tillemont, t. II, p. 442.

Poitiers fut même blessé au pied d'un coup de pierre. Mais la place fut enlevée, et le fils du comte de la Marche amené avec plus de quarante chevaliers et toute la garnison devant le roi. Plusieurs voulaient qu'on les fît pendre pour l'exemple; mais le roi, prenant leur défense : « Ce jeune homme, dit-il, n'a pas mérité la mort pour avoir ainsi obéi aux ordres de son père, ni ses hommes pour avoir fidèlement servi leur seigneur; » et il les fit mettre en lieu de sûreté [1].

La prise de Frontenay jeta l'alarme partout aux environs. Depuis que le roi était entré en Poitou, nul effort n'avait été fait pour l'arrêter, nul secours envoyé aux villes qu'il attaquait. Toute place assiégée était prise. Les capitaines qui avaient en garde les châteaux du voisinage s'empressèrent d'en venir apporter les clefs aux pieds du roi. Le roi rasa les plus faibles, fortifia davantage les plus forts, y mettant garnison, et, de la sorte, il restait maître de tout le pays qu'il avait parcouru.

Le roi d'Angleterre n'avait su encore commencer les hostilités qu'en ordonnant aux magistrats des Cinq-Ports [2] de courir sus à tout vaisseau français : ordre qui fut exécuté avec empressement; et les pirates anglais n'épargnaient même pas ceux des leurs qu'ils rencontraient en mer. Mais, à cet égard, ils eurent bientôt des auxiliaires : car saint Louis écrivit

---

1. Matth. Paris, an 1242, t. V, p. 280.
2. Douvres, Sandwich, Hythe, Hastings et Romney.

au comte de Bretagne et aux marins des rivages bretons, à ceux de la Rochelle, de Normandie, de Wissant, de Calais, d'user de représailles ; et les marins des Cinq-Ports furent bientôt contraints d'aviser eux-mêmes à leur salut. Quant au roi d'Angleterre, il venait enfin d'entrer en campagne. De Royan il était allé à Pons, où les barons de Saintonge le vinrent recevoir. De là il se rendit à Saintes, qui était, comme tout ce pays, au comte de la Marche, et il poussa jusqu'à Tonnai sur la Charente, où il fit des chevaliers, distribua des terres et des pensions. Mais alors, comme s'il s'était déjà trop avancé, il revint sur ses pas, remontant la rive gauche du fleuve, et s'arrêta devant Taillebourg, qui est sur la rive droite, relié par un pont à l'autre bord [1].

Saint Louis l'apprenant, marcha aussitôt sur Taillebourg. Les Anglais gardaient bien le pont, mais ils avaient négligé d'occuper la ville. Les habitants en profitèrent pour ouvrir leurs portes à saint Louis qui s'y logea avec les principaux de son armée et fit camper les autres à l'entour.

On s'attendait à la bataille pour le lendemain. Le roi de France avait près de lui ses deux frères, les comtes d'Artois et de Poitiers ; son cousin Alfonse de Portugal, comte de Boulogne ; Pierre Mauclerc, qui tant de fois avait été d'un autre côté, et plusieurs autres grands seigneurs. Le roi d'Angleterre voyait

---

1. Matth. Paris, Guill. de Nangis, etc.

auprès de lui le comte Richard, son frère, Simon de Montfort, devenu son beau-frère, le comte de la Marche, les comtes de Salisbury, de Norfolk, de Glocester : mais les forces, de part et d'autre, étaient inégales. Les Anglais avaient seize cents chevaliers, six cents arbalétriers et vingt mille hommes de pied. On en donne un beaucoup plus grand nombre à saint Louis[1].

Ce qui compensait l'infériorité du nombre c'était la difficulté du passage. La Charente, à Taillebourg, est une rivière profonde, non guéable. On ne la pouvait traverser que par ce pont fort étroit, dont les Anglais étaient maîtres, ou sur des bateaux. Selon Joinville, les Français passèrent sur des bateaux ou des ponts volants, « et le combat commença fort et grand, » et le péril fut d'abord extrême : quand saint Louis, le voyant, vint s'y jeter avec les autres, les Anglais pouvaient être encore vingt contre un ; mais son arrivée les mit en déroute. Selon les autres historiens, Henri III n'entreprit pas de défendre le passage. Il rappela même ceux qui gardaient le pont, et se retira à deux traits d'arbalète de la rivière, non qu'il se fît scrupule, comme le dit Vincent de Beauvais, « d'attaquer son roi, » mais plus probablement dans la pensée de l'attirer dans la plaine et de le battre avant qu'il eût assez de monde pour mettre les chances de son côté. Saint Louis, en effet, voyant le pont abandonné y jeta cinq cents hommes avec

---

1. Voy. Tillemont, t. II, p. 446.

des arbalétriers, et il ordonnait à l'armée de suivre, quand Henri III, se défiant de son stratagème et renonçant à le battre, chercha quelque autre moyen de l'arrêter. Richard, son frère, dépouilla ses armes et, prenant le bâton de pèlerin, il vint au-devant des Français et demanda le comte d'Artois (20 juillet 1242). Richard était fort honoré des deux côtés comme revenant de combattre les infidèles, et il avait particulièrement des droits aux égards de la France, pour avoir stipulé, dans le traité avec le sultan d'Égypte, la mise en liberté des prisonniers la plupart français. Le comte d'Artois le mena à saint Louis, et le roi lui accorda une trêve de vingt-quatre heures : c'était dimanche; il se serait fait scrupule de lui refuser en pareil jour le repos qu'il sollicitait, et d'ailleurs, même dans la guerre, il ne souhaitait rien tant que les conclusions les plus pacifiques. « Seigneur comte, seigneur comte, lui dit-il au départ, d'après Matthieu Paris, je vous accorde une trêve pour ce jour-ci et la nuit suivante, afin que vous ayez le temps de délibérer, à part vous, sur ce qu'il vous reste de mieux à faire désormais, car la nuit porte conseil. » On n'attendit pas même jusqu'à la nuit. Richard, plus assuré que jamais de l'inégalité des deux armées, dit à Henri qu'il n'avait d'autre parti à prendre que de gagner Saintes. Les Anglais employèrent le jour à plier bagage, et partirent assez confusément dès que le soir fut venu. « Le roi d'Angleterre, dit Matthieu Paris, qui avait éprouvé déjà la fidélité ou plutôt l'infidélité des Poitevins, opéra honteusement sa retraite, et il accéléra sa marche en jouant des éperons. Toute l'armée le suivit non sans grand dommage pour les chevaux et pour les hommes, car la plupart des troupes n'avaient point mangé et les chevaux étaient à jeun et épuisés. Le roi, qui était emporté par un cheval très-rapide, n'arrêta sa course que lorsqu'il fut arrivé à Saintes[1]. »

Saint Louis, averti de leur départ, employa le reste de la nuit et une partie de la journée suivante à faire passer son armée sur l'autre bord; et le lendemain mardi, il se remit à leur poursuite. Les fourrageurs qui le précédaient coururent jusque sous les murs de Saintes, où les Anglais s'étaient retirés. Le comte de la Marche voulut châtier leur témérité : il sortit avec ses trois fils et quelques soldats anglais et gascons, ayant à cœur de venger sa réputation par quelque exploit qui ne fût partagé avec personne. Mais le bruit du combat se répandit dans la ville, et le roi d'Angleterre en voulut être. L'occasion était belle pour prendre sa revanche : la proportion était plus que renversée. On était trente contre un. Les fourrageurs, tout en soutenant le choc, firent connaître leur péril au comte de Boulongne, et celui-ci à saint Louis. Les deux armées se retrouvèrent bientôt en présence plus tôt que Henri III même ne l'eût voulu. Les Anglais montrèrent une extrême vigueur, Simon de Monfort, Salisbury, Norfolk

---

1. T. V, p. 287.

se signalèrent parmi les plus braves mais il fallut céder au nombre et leur roi leur en avait donné l'exemple. Les Français les poursuivaient avec tant d'ardeur que saint Louis jugea prudent de les arrêter, craignant quelque embuscade. Plusieurs entrèrent dans Saintes après les Anglais et y furent pris (22 juillet 1242).

Les Anglais avaient perdu vingt-deux chevaliers et un assez grand nombre de fantassins faits prisonniers, sans compter ceux qui avaient péri dans la bataille ou dans la déroute. Mais ce qui fut plus grave c'est l'impression même causée par leur échec. La ligue formée contre saint Louis en fut frappée au cœur!

Le roi d'Angleterre, qui avait cru reconquérir la Normandie, voyait le roi de France vainqueur aux portes de la Guyenne. Il s'en prenait au comte de la Marche qui lui avait promis tant de soldats, et il eut à ce propos avec lui une explication très-vive, soit à Saintes, le soir de la bataille, soit même le jour de l'affaire de Taillebourg. Le comte de la Marche était bien plus justement inquiet pour son pays qui se trouvait déjà presque tout entier entre les mains du roi. Lui qui avait été le principal auteur, et on peut le dire, la raison de la ligue, ne songeait plus qu'à s'en tirer en se soumettant à saint Louis aux meilleures conditions, et il y employa son ancien allié, Pierre Mauclerc, qui était maintenant dans le camp du roi de France.

Sa soumission rendait bien plus périlleuse encore la position des Anglais. Henri occupait Saintes, et il semblait qu'il voulût s'y défendre; car après avoir été visiter Pons, il y était revenu. Mais un chevalier français, ancien croisé de Palestine, qui devait à Richard sa liberté, vint l'avertir que saint Louis, réunissant toutes ses forces, se proposait d'envelopper les Anglais et de les contraindre à se rendre tous; que le comte de la Marche traitait avec le roi, et que les seigneurs poitevins allaient suivre son exemple. Presque au même moment, un message de Hugues, fils aîné du comte de la Marche et demi-frère de Henri, fit savoir à ce dernier que s'il ne partait cette nuit même il serait pris; car saint Louis allait investir la place, et les habitants avaient secrètement fait leur paix avec lui.

Le faible prince fut saisi d'une telle peur que, sans se donner le temps de goûter au repas qui lui était préparé, il partit, faisant mettre le feu à la ville. Il courait de toute la vitesse de son cheval, sans se préoccuper autrement des siens, et il ne s'arrêta qu'à Blaye. Les seigneurs, les soldats, laissant à leur tour les mets à demi cuits, s'enfuirent à jeun (c'est un grief que l'historien anglais ne manque pas de faire ressortir) et gagnèrent, les uns de toute la vitesse de leurs chevaux, les autres dans l'embarras de leurs charrois et la confusion de leurs bagages, le lieu où le roi les avait précédés. Bien des objets restèrent en route. Le roi y perdit sa chapelle, c'est-à-dire les ornements sacerdotaux et tout l'appareil des offices que l'on célébrait devant lui, sans compter les reliques. Saint Louis entra à Saintes où il fut reçu avec grand honneur par les habitants et le clergé, et se mit sans retard à la poursuite du roi d'Angleterre. Mais Henri ne l'attendit pas, et laissant une garnison à Blaye, il mit la Gironde entre son adversaire et lui, et s'en vint à Bordeaux[1].

Saint Louis était à peine sorti de Saintes, que le sire de Pons vint lui remettre son château. Le fils aîné du comte de la Marche arriva ensuite et conclut, au nom de son père, le traité qui lui avait été ménagé par Pierre de Bretagne. Le lendemain le comte vint lui-même avec sa femme, cette fière reine d'Angleterre, et ses deux autres fils que le roi d'Angleterre venait de faire chevaliers; et tous les quatre se jetant aux pieds de saint Louis ils implorèrent humblement leur grâce. Saint Louis les fit relever et leur pardonna aux conditions qui avaient été arrêtées. Les villes qu'il avait prises au comte de la Marche devaient appartenir au comte de Poitiers. Hugues reprenait le reste de sa terre et en faisait hommage au roi pour le comté d'Angoulême, les châteaux de Cognac, de Jarnac, de Merpins, d'Aubeterre et de Villebois; au comte de Poitiers, pour Lusignan et le comté de la Marche; mais lui-même renonçait au

---

1. Matth. Paris, Guill. de Nangis et Tillemont, aux endroits cités.

profit du roi aux hommages du comte d'Eu, de Renaud de Pons, de Geoffroi de Rancon et de Geoffroi de Lusignan, et il libérait le roi d'une rente de cinq mille livres tournois qu'il en recevait chaque année; il le tenait quitte de toutes les obligations que le prince avait pu, par divers actes, contracter envers lui, et remettait encore entre ses mains trois châteaux pour servir de garantie au traité. Il jurait, lui, sa femme et ses enfants d'y être fidèles et de faire exactement le service de leurs fiefs (1er août 1242)[1].

Joinville rapporte à cette occasion un trait qui est bien dans les mœurs du temps. Un seigneur qui avait reçu un grand outrage du comte de la Marche avait juré, sur des reliques, que jamais il ne se ferait tondre à la façon des chevaliers, et qu'il porterait ses cheveux en bandeaux comme les femmes, tant qu'il ne s'en verrait vengé soit par lui soit par au-

---

1. Guill. de Nangis, p. 341, et les conditions du traité dans la lettre par laquelle il les notifie (Teulet, *Layettes*, etc., t. II, n° 2980). — Le roi et le comte de Poitiers reçurent, à la suite de cet événement, divers hommages : Alfonse, des fils du comte de la Marche pour les terres qui leur seraient assignées quand ils auraient l'âge voulu (12 août 1242); du comte Hemeri de la Rochechouart pour un de ses châteaux; de Geoffroi de Pons, de Guillaume Larchevêque, seigneur de Parthenay, de la dame de la Roche-sur-Yon, de la dame de Surgères, de Geoffroi de Lusignan; le roi, de Renaud de Pons, de Gerbert de Tamines, etc. (août 1242). Voy. *Layettes du trésor des Chartes*, t. II, n°^{s} 2985, 2982, 2986, 2989, 3051, 3052, 3141, 3084, 2987, 2988. L'acte par lequel Hugues de Lusignan, comte de la Marche, et sa femme Isabelle firent le partage des terres dont leurs enfants devaient jouir après eux est de l'année suivante (mars 1243). *Ibid.*; n° 3049.

trui. Quand il vit le comte de la Marche, sa femme et ses enfants agenouillés devant le roi et lui criant merci, il fit dresser un tréteau pour être mieux vu de tous, ôta ses bandeaux et se fit couper les cheveux en présence du roi, du comte et de toute l'assemblée. Son vœu était rempli[1].

Les seigneurs du parti du comte de la Marche ne pouvaient que suivre son exemple, et il fut imité par plusieurs de ceux qui tenaient leurs châteaux même du roi d'Angleterre. Quelques-uns le firent, dit-on, d'une manière peu honorable. Au témoignage de Matthieu Paris (il est ici plus que suspect), Guillaume surnommé l'Archevêque, seigneur de Parthenay, députa vers Henri en protestant que jusqu'à la mort il serait fidèle aux Anglais, et témoignant une aversion toute particulière pour les Français qui, « lorsqu'ils sentaient leur pouvoir affermi, foulaient aux pieds leurs sujets comme la boue des rues. » Il le priait donc, comme « son naturel et indivisible seigneur, de lui envoyer des hommes et de l'argent pour l'aider à se défendre ». Henri le crut : mais Guillaume, chassant les hommes et retenant l'argent, fit la paix avec le roi de France : trahison si odieuse qu'elle lui valut le mépris des Français. Tout autre fut la conduite de Hertold, capitaine du château de Mirebeau. Abandonné comme les autres, il voulut tenter un dernier effort auprès de Henri lui-même.

---

1. Joinville, ch. XXIII.

Il le vint trouver et lui demanda s'il pouvait le secourir ou s'il lui fallait subir une domination que ses prédécesseurs avaient toujours repoussée. Le roi lui avoua son impuissance et le péril où il était lui-même : « J'ai voulu, dit-il, m'appuyer sur un roseau : il s'est rompu et m'a blessé en se brisant »; et il le laissa libre de pourvoir lui-même à son salut. Hertold alors vint trouver saint Louis. Il ne lui dissimula point qu'il ne quittait son ancien maître que par force. Il lui avoua sa douleur : son attitude, ses cheveux en désordre, ses yeux rougis par les larmes en témoignaient assez; et il lui remit son château. Le roi, loin d'être blessé de ses hésitations et de ses regrets, le loua de sa manière d'agir. Il lui déclara qu'il le prenait lui et tous les siens sous sa protection ; et assuré qu'un homme si fidèle envers son ancien seigneur ne le serait pas moins envers lui-même, il reçut son serment et lui rendit son château[1].

Avant de presser davantage les Anglais, saint Louis voulut leur enlever tout appui sur le continent. Il avait le Poitou, il les menaçait en Guyenne par le nord; il résolut de leur fermer aussi le sud en barrant le chemin au comte de Toulouse et au roi d'Aragon. Le comte de la Marche lui-même et Pierre Mauclerc furent chargés d'aller soutenir les officiers que le roi avait dans ces contrées.

---

1. Matth. Paris, t. V, p. 303.

III

Trêve avec l'Angleterre. — Soumission des seigneurs du Midi. — Paix de Lorris.

On a vu que les seigneurs du midi s'étaient montrés fort disposés à se jeter dans le mouvement dont le comte de la Marche avait donné le signal. Le comte de Toulouse, retardé d'abord par une maladie[1], et cédant enfin aux instances du comte de Foix[2], avait pris les armes; le vicomte de Narbonne l'avait devancé : l'archevêque de Narbonne, fidèle à la cause française, avait dû fuir; Trencavel était revenu. Le comte de Foix opérait de son côté et le pays de Carcassonne avait été en partie enlevé aux officiers du roi. Mais cela était bien loin du principal théâtre des événements, et la nouvelle de la bataille de Saintes, même avant l'annonce de la prochaine attaque du comte de la Marche et du comte de Bretagne

---

1. Étant en péril de mort, il s'était fait absoudre par l'official d'Agen de toutes les excommunications qu'il avait pu encourir (14 mars 1242). *Layettes du trésor des Chartes*, t. II, n° 2962.
2. Voyez la lettre par laquelle Roger, comte de Foix, excitait Raimond à la guerre en lui rappelant les violences qui l'avaient dépouillé de ses domaines et lui montrant l'occasion favorable pour les reconquérir (avril 1242, *ibid.*, n° 2969). Le même Roger, l'année précédente, s'était obligé envers le roi à observer fidèlement toutes les conventions faites par son père (juillet 1241, *ibid.*, n° 2929).

avait jeté le trouble dans les rangs des rebelles. Dès ce moment ils ne songèrent plus qu'à prévenir les suites d'une équipée sans espérance; et le roi d'Aragon, qui ne s'était pas encore mis en campagne, eut grand soin de se tenir en paix. Le roi d'Angleterre demeura donc de ce côté sans appui. Il ne reçut de ces provinces d'autre auxiliaire que la comtesse de Béarn, femme d'une grandeur et d'une grosseur extraordinaire, dit Matthieu Paris, qui vint avec son fils et soixante chevaliers pour se mettre à son service et ne fit que lui manger de l'argent. Henri se voyait donc isolé en France[1]; et il ne recevait d'Angleterre aucun secours. Un convoi qu'on lui avait envoyé fut dissipé par la tempête; et les marins des Cinq-Ports, même avec les renforts qu'ils avaient sollicités des autres parties du rivage, ne pouvaient tenir contre les Français qui restaient maîtres de la mer.

La position devenait fort critique pour Henri. Le

---

1. Par une lettre datée de Bordeaux, 8 janvier 1243, il se plaint à l'empereur Frédéric de ce que le comte de Toulouse, avec lequel il s'est allié par un traité solennel contre tous, excepté l'empereur, a manqué à sa foi et s'est attaché à son adversaire le roi de France. Il lui annonce qu'il reste en Gascogne pour nuire à son ennemi et relever sa fortune et le prie de prendre en considération l'état fâcheux où le comte de la Marche et ses complices l'ont amené, de lui donner un conseil opportun, et de se rappeler les dernières paroles de sa sœur, l'impératrice Isabelle. Il ne néglige pas d'écrire le même jour à Pierre de la Vigne, secrétaire de l'empereur, pour qu'il présente sa lettre à Frédéric, lui expose sa situation et lui suggère des résolutions conformes à l'avantage et à l'honneur de l'un et de l'autre. (*Hist. dipl.*, t. VI, p. 906-907.)

peuple anglais qui avait blâmé son entreprise, devait être plus irrité encore du résultat. Non-seulement il se sentait atteint dans son légitime orgueil; il souffrait aussi dans ses intérêts les plus chers. Son commerce était compromis. La mer lui était presque interdite, et sur terre même saint Louis avait fait arrêter tous leurs marchands trouvés dans le royaume: acte pour lequel Matthieu Paris l'accuse d'avoir porté atteinte à l'ancienne renommée de la France, qui a toujours ouvert un asile aux fugitifs, aux exilés, et assuré toute franchise aux pacifiques, selon le sens du nom que sa conduite, dit-il, lui a valu; mais les dates prouvent qu'en cela le roi ne faisait qu'user de représailles[1]. Saint Louis espérait bien pousser plus loin ses succès. Il voulait aller jusqu'à Bordeaux et ôter ainsi à l'Angleterre la dernière possession qu'elle eût en France. Malheureusement une maladie grave l'arrêta près de Blaye. La dyssenterie s'était mise dans son armée. Les troupes ne vivaient que de ce qu'elles trouvaient dans le pays, et sans exagérer ce que disent les historiens du dégât fait par les habitants sur leurs terres, on peut croire que la présence seule de tant d'hommes, dans un même lieu, avait rendu les approvisionnements difficiles. Le manque de vivres et aussi les chaleurs de la canicule avaient donc répandu une sorte d'épidémie parmi les Français; quatre-vingts bannerets et vingt

---

1. Voy. Tillemont, t. II, p. 460.

mille hommes, dit-on, y succombèrent. Saint Louis lui-même faillit en mourir.

Dans cette situation, on était plus disposé à la trêve demandée par les Anglais. Au dire d'un historien de cette nation, les barons français ne souhaitaient pas eux-mêmes chasser de France le roi d'Angleterre, trouvant avantageux pour l'un ou pour l'autre pays de pouvoir, en cas de violence, chercher auprès de l'un des deux rois un refuge contre l'autre. Il est plus naturel de croire que saint Louis, ami de la paix, même dans la guerre, et répugnant par nature à pousser à bout un ennemi, agréa les propositions qu'on lui fit. On convint d'une trêve pour cinq ans (12 mars 1243), à partir de la Saint-Benoît qui suivait[1], jusqu'à la Saint-Michel (21 mars 1243-29 septembre 1248). Il fallut du temps encore pour la notifier; les hostilités ne furent pas absolument suspendues sur terre, encore moins sur mer où il était bien plus difficile d'arrêter les courses de nos marins. Même après qu'elle fut rendue publique, le comte de Bretagne, feignant de l'ignorer, continuait ses pirateries. Il fallut les injonctions les plus menaçantes de saint Louis pour le contraindre à y mettre fin.

Saint Louis ayant ajouté aux fortifications de Saintes, revint à Chinon, puis à Tours et de là à Paris

---

[1]. Elle est notifiée par une lettre du roi d'Angleterre, en date du 7 avril. *Layettes du trésor des Chartes*, t. II, n° 3075.

(28 septembre) où il acheva de se rétablir ; et toutefois sa constitution frêle et délicate reçut de cette secousse un ébranlement dont elle se ressentit toujours. Quant à Henri, il demeura quelque temps en Guyenne, prenant encore quelques châteaux qu'il dut rendre l'année suivante, lorsqu'on en vint à la ratification de la trêve, car c'est contre la trêve qu'il s'en était emparé. Il achevait ainsi de manger en pure perte l'argent et les vivres qu'il s'était fait envoyer pour son expédition. Ceux qui l'accompagnaient s'en lassèrent les premiers, et, sans prendre congé de lui, ils obtinrent de saint Louis des sauf-conduits pour s'en retourner par la France. Saint Louis les leur accorda à la condition de ne plus revenir, et comme on le blâmait de cette condescendance : « Puissé-je, dit-il, voir tous mes ennemis s'éloigner de moi sans retour. » Richard lui-même se refusa à demeurer plus longtemps dans cette oisiveté. Il s'en retourna, mais par mer ; et assailli par la tempête, il eut grand'peine à gagner les rivages de Cornouailles. Henri restait toujours, pressurant les Anglais pour se laisser piller par les Gascons. L'Angleterre en était excédée. Les barons avaient pris le parti de lui refuser tout ; les moines, sur lesquels il se rejetait, ne lui voulurent plus donner que des prières. Il se décida enfin à revenir. Il ordonna qu'on lui envoyât une flotte pour protéger son passage et qu'on se préparât à le recevoir avec joie. Après de nouveaux retards occasionnés par les Gascons qui perdaient trop à le

laisser partir, il mit à la voile et arriva en Angleterre, où il fut reçu avec des ovations dont il avait, pour plus de sûreté, réglé lui-même tout l'appareil (octobre 1243).

Saint Louis aurait eu plus de raison de triompher. Comme il avait fait reculer l'étranger, il avait achevé de désarmer la rébellion qui l'avait introduit dans le royaume. Il n'avait fait la guerre de sa personne que dans le Poitou; mais la bataille de Saintes avait frappé de stupeur tous ceux qui, dans le Languedoc, s'étaient alliés au comte de Toulouse.

Ils s'arrêtèrent au milieu des succès de détail qu'ils avaient pu avoir sur quelques garnisons isolées, et l'arrivée des troupes du comte de la Marche et du comte de Bretagne les réduisait à songer eux-mêmes à leur sûreté. La division se mit entre eux, et c'était le comte de Toulouse qu'elle devait mettre surtout en danger.

Au commencement de sa révolte deux inquisiteurs et plusieurs prêtres de leur compagnie avaient été massacrés à Avignonet (24 mai 1242), et on l'avait soupçonné d'y avoir eu part[1]. Le réveil de l'hérésie

---

1. *Majus Chron. Lemovicense*, an 1240. *Hist. de Fr.*, t. XXI, p. 765; cf. Guill. de Puy-Laurens, t. XX, p. 769 *f*. Le premier chroniqueur va jusqu'à en accuser Raimond lui-même : « Eodem anno (1242) Raimundus, comes Tholosanus, in vigilia Ascensionis Domini in nocte procuravit quod tres fratres prædicatores, duo fratres minores, unus monachus, quidam archidiaconus Tholosanus, duo clerici et duo laici, qui erant inquisitores hæreticorum, apud Avinhonet in camera dicti Comitis occiderentur. ».

semblait donc se lier à son mouvement, et il apprenait que saint Louis, revenu à Paris, obtenait du clergé un subside pour faire la guerre aux Albigeois [1]. Il était exposé à voir ses États assaillis par une nouvelle croisade; et les seigneurs du Languedoc, compromis eux-mêmes, offraient au roi, pour gage de soumission, de se déclarer contre lui s'il ne se soumettait. Le comte de Foix, qui l'avait le plus poussé à la guerre, s'empressa de prévenir le péril. Il avait, dès le mois d'octobre, traité avec saint Louis, en s'obligeant à le servir contre son ancien allié. Raimond avait à la cour un appui considérable dans la reine Blanche dont il était le cousin par sa mère. Elle se fit sa médiatrice auprès de saint Louis. Comptant sur elle, il se mettait à la discrétion du roi [2]. Le roi accueillit sa prière. On fit une trêve pour laquelle le comte de Toulouse donna au roi toute sûreté (30 novembre 1242) [3] : il s'engageait à venir trouver le roi à Lorris pour lui renouveler son serment; et en attendant il renonçait à tous les hommages qu'il avait reçus, il rendait toutes les places qu'il avait prises pendant la guerre. Il vint en effet à Lorris au commencement de l'année suivante (jan-

---

1. Tillemont, t. II, p. 470.
2. Voy. la lettre de Raimond au roi pour se soumettre à toutes les conditions qu'il voudra et sa lettre à la reine Blanche pour qu'elle lui rende ces conditions plus douces (20 octobre 1242, *ibid.*, nos 2995 et 2996.)
3. *Layettes du trésor des Chartes*, t. II, n° 3000.

vier 1243), se mit, lui en personne, ses terres et ses vassaux à la merci du roi, et renouvela expressément le traité de 1229, promettant d'y obliger par serment, devant ceux que le roi désignerait, tous ses sujets depuis l'âge de dix-neuf ans ; il s'obligait à lui donner en garde trois forteresses outre Penne d'Agen qu'il lui avait livrée déjà, et à détruire, à son premier commandement, tous les forts ou retranchements élevés pendant la guerre[1]. Le roi, toujours plus porté à se gagner un ennemi qu'à l'accabler, accepta sa soumission, reçut son hommage et lui rendit ses terres et ses droits. Il garda seulement pour lui l'hommage de Roger, comte de Foix, pour les terres que ce comte tenait de Raimond, ne voulant pas que Roger devînt l'homme de celui dont il s'était séparé pour rentrer dans le devoir[2] ; mais les termes du traité impliquaient que cet hommage reviendrait après Raimond à son successeur dans le comté de Toulouse,

1. Lorris, janvier 1243, *Layettes du trésor des Chartes*, t. II, n° 3012 ; *Trésor des Chartes*, Registre XXX, f° 82, verso, et aux feuillets suivants les divers actes qui en furent la conséquence.
2. Voy. l'hommage du comte de Foix au roi de France (janvier 1243), *Layettes du trésor des Chartes*, t. II, n° 3018. Le comte de Toulouse se fit du reste remettre par le comte de Foix toutes les terres qu'il tenait de Raimond. VI dans le comté de Toulouse (6 juin 1245), *ibid.*, n° 3355. La réconciliation du comte de Toulouse avec le saint-siége fut complète : nous en reparlerons plus tard. — A la suite de ces événements, Raimond reçut l'hommage du comte d'Astarac (13 novembre 1244), du comte de Comminges (18 novembre), *ibid.*, n°s 3203 et 3205.

et du reste il ne renvoya pas les deux comtes sans les avoir réconciliés¹.

Plusieurs actes complétèrent l'acte principal qui s'était accompli par la réconciliation du comte de Toulouse. Le comte envoya immédiatement l'ordre de remettre à exécution la paix de Paris ou de Meaux, faisant connaître les conditions nouvelles auxquelles il s'était soumis; et avant de quitter Lorris, pour témoigner de sa reconnaissance à la reine Blanche, il s'obligea personnellement envers elle à poursuivre les hérétiques et à les chasser de ses terres². Amaury de Narbonne, venu aussi à Lorris, se replaça lui et sa ville sous la domination du roi de France, et il prit de même l'engagement de détruire, à sa première réquisition, les forteresses construites dans ses fiefs à l'occasion de la guerre³. Les consuls et les citoyens de Toulouse, le comte de Comminges et un très-grand nombre de seigneurs et de villes firent, dans les trois mois suivants, le serment d'observer la paix de Paris et en envoyèrent les actes au roi⁴.

« A partir de cette époque, dit Guillaume de Nan-

---

1. Tillemont, t. II, p. 480 et suiv.
2. 19 janvier 1243, *ibid.*, n° 3019.
3. Lorris, même date, *ibid.*, n° 3014. Voy. en outre le serment de fidélité prêté au roi par les habitants de Narbonne (12 mars 1244), *ibid.*, n° 3162.
4. Ils ont été gardés au trésor des Chartes et sont encore aux Archives. Voy. *Layettes du trésor des Chartes*, t. II, n°ˢ 3029-3114.

gis en parlant de la soumission du comte de Toulouse, les barons de France cessèrent de rien entreprendre contre leur roi, le Christ du Seigneur, voyant manifestement que la main du Seigneur était avec lui¹. » Et tandis que le roi d'Angleterre avait épuisé son royaume pour se faire battre dans sa malencontreuse entreprise, saint Louis avait obtenu ce résultat sans aucune souffrance pour son pays. « Dans cette expédition contre le roi d'Angleterre et contre les barons, dit Joinville, le roi donna de grands dons, ainsi que je l'ai ouï dire à ceux qui en revinrent. Mais ni pour les dons, ni pour les dépenses que l'on fit dans cette expédition ou d'autres en deçà de la mer ou au delà le roi ne requit ni ne prit jamais d'aide dont on se plaignît, ni de ses barons, ni de ses chevaliers, ni de ses bonnes villes. Et ce n'étoit pas merveille, car il faisoit cela par le conseil de la bonne mère qui étoit avec lui, par le conseil de qui il opéroit et par celui des prud'hommes qui lui étoient demeurés du temps de son père et du temps de son aïeul². »

---

1. *Chron.* an 1242, *Hist. de Fr.*, t. XX, p. 550.
2. Joinville, ch. XXIII. — C'est par l'appui de la reine Blanche que Baudoin II, empereur de Constantinople, qui n'avait d'espoir que dans la France, cherchait à faire tourner à son profit la paix rétablie dans le royaume par ces événements. Il écrit à Blanche pour la féliciter de cette paix ; et pour mieux la gagner, il se défend du reproche qu'elle lui a fait d'agir par l'influence de deux Grecs ; loin de s'en fâcher, il l'en remercie comme d'une preuve de sa sollicitude ; il affirme d'ailleurs qu'il suit les conseils des

La paix se trouvait donc rétablie à l'intérieur comme au dehors (le roi d'Aragon, qui avait consenti à la ligue, n'ayant pas pris part à la guerre, n'avait pas eu besoin de traiter en son nom), et cette guerre, en soumettant saint Louis à une nouvelle épreuve, avait affermi son influence : car elle l'avait montré aussi résolu à combattre l'ennemi en armes que disposé à le ménager dans sa soumission ou sa défaite. On apprenait à le craindre, et on ne cessait pas de l'aimer.

nobles et braves gens de France qu'il a près de lui ; s'il y a quelque chose de mieux à faire, il la prie de le lui indiquer ; il se conformera à ses avis ; mais il la conjure d'avoir pitié de lui : « car, dit-il, toute notre confiance et notre espoir résident uniquement dans la faveur de notre seigneur le roi, votre fils, et dans la vôtre. » (Constantinople, 5 août 1243. Teulet, *Layettes du trésor des Chartes*, t. II, n° 3123.)

CHAPITRE V.

PÉRILS DE LA CHRÉTIENTÉ A L'INTÉRIEUR ET AU DEHORS. INNOCENT IV ET FRÉDÉRIC II. CONCILE DE LYON.

I

Les Tartares et les Karismiens. — Prise de Jérusalem. — Saint Louis prend la croix.

Saint Louis avait donné la paix au royaume. Pour la rendre durable, il s'efforçait de la faire régner dans les cœurs. La dernière guerre était presque une guerre civile, et il n'en est pas qui laisse après soi plus de ressentiments. Le comte de la Marche, qui l'avait provoquée, était, depuis sa défaite, l'objet de maintes représailles. Un chevalier l'accusa de crime au tribunal du comte de Poitiers et du roi, ou plutôt du comte de Poitiers d'abord, dont Hugues était le vassal, et, comme il niait, il lui présenta son gant, s'engageant à prouver par les armes, devant la cour du roi, la vérité de l'accusation. Jamais cette sorte de preuve ne s'était produite dans des circonstances plus choquantes : le chevalier était jeune et renommé par sa bravoure; le comte vieux déjà et, fût-il innocent, hors d'état de triompher sans un miracle; et pourtant, sous peine de s'avouer coupable, il dut accepter le défi. Le fils aîné du comte, l'apprenant, se récria contre l'inhumanité de ce duel inégal; il demandait à prendre la place de son père. Mais Alfonse, dont la victoire n'avait pas désarmé la haine, s'y refusa, disant : « Il combattra pour lui-même, afin qu'il soit prouvé qu'il n'est pas moins souillé de crimes que chargé d'ans. » Le jour et le lieu furent désignés; heureusement, dans l'intervalle, les seigneurs s'interposèrent[1], et l'on put croire que saint Louis, qui devait plus tard abolir cette sorte de duel, ne fut pas le dernier à ménager à cette querelle un autre dénouement : car on dit que le comte quitta la cour avec joie, et fut plus que jamais attaché à la souveraineté de la France.

Mais cette paix que saint Louis avait ramenée, et qu'il raffermissait en France, elle était ébranlée partout ailleurs. La chrétienté était déchirée à l'intérieur, menacée au dehors, et ce double mal, dont nous avons signalé dans les années précédentes le funeste concours, allait prendre des proportions plus

---

1. Matth. Paris, an 1243, t. V, p. 342. On sait d'ailleurs combien cet auteur est suspect d'exagération. Il faut se défier de ses récits à effet.

larges. La lutte de l'Empire et de la Papauté se réveillait avec le caractère d'une guerre d'extermination, et la chute de Jérusalem allait présager la fin de la domination des chrétiens en Orient.

Nous avons vu l'impression d'effroi qu'avait produite la première apparition des Tartares. Elle n'avait fait que s'accroître avec le progrès de leurs dévastations. Après avoir parcouru et saccagé la Russie dans toutes les directions, menacé Novogorod au nord, pris Kiew, Kaminiec et Wladimir à l'ouest, ils avaient pénétré en Pologne (1240), brûlé Lublin, Cracovie. Vainqueurs d'Henri, duc de Breslaw, près de Liegnitz, ils avaient ravagé la Silésie, la Moravie, puis, franchissant les Carpathes, ils s'étaient jetés sur la Hongrie. Ils avaient remporté sur les Hongrois une victoire qui leur livra tout le pays au nord du Danube, et l'hiver suivant, passant le fleuve sur la glace, ils avaient forcé la ville de Gran ou Strigonie (mars-avril 1241) et, selon leur coutume, massacré les habitants. L'Allemagne leur était ouverte; en France, on la voyait déjà traversée, et saint Louis, résolu au combat, ne se dissimulait pas quelles en pouvaient être les suites. Comme sa mère se faisait, auprès de lui, l'écho des terreurs qui régnaient dans le pays : « Que les consolations célestes nous soutiennent, ô ma mère! lui dit-il : car si cette nation vient sur nous, ou nous ferons rentrer ces Tartares, comme on les appelle, dans leurs demeures tartaréennes d'où ils sont sortis, ou ils nous feront tous monter au ciel¹. »

1. Matth. Paris, t. V, p. 146. Le jeu de mots pourrait bien être de l'historien. On le trouve du reste aussi dans les lettres de Frédéric II (*Tartari, imo Tartarei*) et partout; mais nul n'était tenté d'en rire. Les récits de témoins oculaires arrivaient des pays ravagés dans ceux qui ne l'étaient pas encore, comme une annonce du sort qui les attendait. Citons entre autres cette lettre du maître du Temple en France à saint Louis pour lui communiquer les nouvelles qu'il a reçues de Pologne et de Bohême :

« A son très haut seigneur le roys par la grâce de Dieu roi de France, Ponces de Aubon, mestres de la chevalerie du Temple en France, salus et appareilliés afaire vostre volonté en toutes choses, en reverence et à bonneur de seigneur.

« Les nouvèles des Tartarins si, comme nous les avons oïes de nos frères de Poulaïnne (Pologne) qui sont venu au chapitre. Nous faisons savoir à votre Hautesce que Tartarin ont la terre qui fu Henri, le duc de Poulainne, destruite et escillée (ravagée); et celui meisme ont, et avec mout des barons et vi de nos frères, et iii chevaliers, et ii sergents, et v cent de nos hommes ont mort (tué), et iii de nos frères que nous bien connissonz eschapèrent. Derechef toute la terre de Hongrie et de Bainne (Bohême) ont dégastée; derechef ils ont fet iii ost (armées), si les ont departies : dont l'une ost est en Hongrie, l'autre en Baienne et l'autre en Osteriche. Et si ont destruit ii des meilleures tours et iii villes que nous avions en Poulainne; et quanque nous avions en Boonie (Bohême?) et en Morainne (Moravie) del tout en tot ils ont destruit. Et cele meismes chose doutons-nous que ne viegnent es parties d'Alemaigne. Et sachiez que li rois de Hongrie et li rois de Booine (Bohême) et les ii fuiz (fils) au duc de Poulainne et le patriarce d'Aquitaine (Aquilée) à mout grant multitude de gens une seule de lor iii olz (armées) n'osèrent assaillir. Et sachiez que tous les baronz d'Alemaigne et le roi meismes et tout le clergié et toutes les gens de religion et moinnes et convers ont prins la crois; Jacobins et frères meneurs (mineurs), dèsques (jusques) en Hongrie sont croisiés à aler contre les Tartarins. Et si comme nos frères noz ont dit, s'il avient chose par la volenté de Dieu que cist soient vaincus, ils ne trouveront qui lor puist contrester jusqu'à

On se préparait donc à les recevoir. Frédéric II, tout en tenant le pape Grégoire IX en échec, faisait appel à la chrétienté tout entière[1], et il envoyait des

vostre terre. Et sachiez qu'ilz n'épargnent nului, mès il tuent tous povres et riches et petis et grans fors que belles fames pour faire lor volonté d'elles; et quant ils ont fait lor volenté d'elles, ils les occient pour ce qu'eles ne puissent riens dire de l'estat de leur ost. Et s'aucuns messagiers i est envoiés, les premerains de l'ost le prennent et li bendent les yeuz et le mainent à lor seignour qui doist estre, si comme il dient, sire de tout le monde. Il n'asient (n'assiégent) ne chastiax ne fortes villes, mès il destruient tout. Il menjuent (mangent) de toutes chars, fors que de char de porc. Il n'ardent (brûlent) nule vile, fors quant il se deffendent contre eux; lors, si font ardoir les biens en aucun haut lieu, qué (afin que) on les puist veoir loing, en signe de victoire. Et s'aucunz d'eulz muert, si l'ardent; et se aucunz d'eulz est pris, jà puis ne mengera, ains se lest morir de fain. Il n'ont nules armeures de fer ne cure n'en ont ne nules n'en retiennent; nemès (seulement) il ont armeures de cuir boilli. Et sachiez que nostre mestre en Bolame (Bohême), en Hongrie, en Poulainne, en Alemaigne et en Morainne n'est pas venu à nostre chapitre; mès il assamble tant de gens com il puet pour aler contre eus; et ce nous a il mandés par nos frères de nostre chapitre qu'il envoia à nous, et nos créonz que ce soit voirs (vrai). Il n'ont cure de nului acompaigner avec eulx. Et sachiez que lor ost est si granz, si com noz avons apris de nos frères qui sont eschapez de lor ost, qu'il tient bien XVIII liues de lonc et XII de lé (large), et il chevauchent tant en une journée comme il a de Paris à Chartres la cité. » (Lettre reproduite par une *Chronique anonyme* dans les *Hist. de France*, t. XXI, p. 81, 82.

1. Il écrit au roi d'Angleterre (3 juillet 1241) pour lui raconter les ravages des Tartares dans la Ruthénie, la Pologne, la Hongrie et la grande défaite des Hongrois; il dépeint ces hordes sous les traits que l'on a déjà vus, il les montre ayant déjà gagné, aux dépens des chrétiens, des armes plus parfaites et marchant vers les frontières de l'Allemagne d'où ils menaceront tout l'Occident. Il rejette sur sa querelle avec le saint-siége, dont il rend le pape entièrement responsable, l'impuissance où il s'est vu jusqu'ici à

instructions et prescrivait certaines mesures en vue de l'invasion dont on ne pouvait pas douter. Son fils Conrad, le roi des Romains, avait tenu une diète à Esslingen, où les seigneurs prirent la croix contre les barbares (19 mai 1241), s'engageant, en vue de cette guerre, à observer entre eux la paix jusqu'à la Saint-Martin et même au delà, s'il en était besoin[1]. Le roi de Bohême s'était posté aux frontières de la Pologne et de la Hongrie[2]; le duc d'Autriche, le premier menacé, gardait l'entrée de son pays : mais le corps de la bataille ne s'empressait guère de se rapprocher de ces avant-gardes. On accusait l'empereur d'être bien plus occupé de sa lutte contre le

les combattre, et il fait appel à la chrétienté tout entière pour repousser le fléau qui les menace tous (*Hist. diplomat.*, t. V, p. 1148). Dans une lettre adressée au roi de Hongrie vers le même temps, il se plaint encore du pape qui l'empêche de marcher contre les Tartares. Ce roi, qui l'attendait sans doute en Hongrie, Frédéric le prie de se diriger vers Rome pour amener Grégoire IX à la paix (*ibid.*, p. 1143). Le 19 janvier de l'année suivante Bela, roi de Hongrie, priait le pape (celui qu'on nommerait, car depuis Célestin IV il n'y en avait plus) de convoquer les croisés pour empêcher les Tartares de franchir le Danube au péril de la chrétienté tout entière (*ibid.*, t. VI, p. 902).

1. Voyez sa lettre, *ibid.*, t. V, p. 1214.
2. Dans une lettre à Conrad, roi des Romains, Frédéric, duc d'Autriche et de Styrie, lui retrace les maux qu'ont soufferts et que peuvent éprouver encore la Hongrie et la Bohême de la part des Tartares; il lui conseille de diviser les troupes de l'Empire, en telle sorte qu'une partie se dirige par l'Autriche, l'autre par la Bohême, pour se réunir ensuite en vue du combat, et il le presse d'envoyer des messagers en France, en Espagne, en Angleterre pour que tous s'unissent contre l'ennemi commun de la chrétienté (13 juin 1241. ***Hist. diplom. de Frédéric II***, t. V, p. 1216).

pape; et, quoi qu'il en soit de cette imputation¹, l'Europe occidentale eût été fort compromise, si les Tartares n'avaient disparu tout à coup, rappelés par quelque révolution aux frontières de la Chine!

Tandis que ces hordes ravageaient et menaçaient l'Europe, d'autres s'étaient repandues dans l'Asie occidentale; ils avaient pris et saccagé Erzeroum, Arzingham, recevant les habitants à capitulation pour les massacrer plus à l'aise. Ils ne distinguaient ni race, ni religion, et l'on avait vu dans ce commun péril les musulmans implorer les secours des chrétiens. Les Turcs d'Iconium s'étaient adressés à Constantinople² : vain appel, car Constantinople n'avait pour soi que sa position, et elle tremblait elle-même derrière ses murailles. Mais des chrétiens combattaient pourtant avec les musulmans. A la prise d'Arzingham se rapporte une anecdote racontée par Guillaume de Nangis.

Les Tartares avaient pris deux chevaliers chrétiens, Guillaume de Brindes et Raimond de Gascogne; ils voulurent se donner le plaisir de les voir combattre à la française et se tuer l'un l'autre. On leur rendit leurs chevaux et leurs armes. Mais nos chevaliers avaient mieux à faire que de remplir, pour l'amuse-

---

1. Voyez Huillard-Breholles, introd., p. ccxxxvii et suiv.
2. Samuel d'Ani, dans sa Chronique, mentionne les ravages des Tartares en Arménie en 1235, la défaite du sultan d'Iconium et la conquête de son pays en 1243. Voyez *Hist. arméniens des Croisades*, t. I, p. 460 et 461.

ment de ces barbares, l'office de gladiateurs. Une fois armés et mis en présence, ils fondirent sur les Tartares et en tuèrent quinze avant de succomber sous le nombre[1]. La présence de Français parmi ces Turcs d'Asie Mineure n'était pas rare depuis l'établisssement des Latins à Constantinople ; ils s'enrôlaient volontiers au service des sultans d'Iconium, et faisaient leur principale force au milieu des troubles qui, souvent, mettaient les États de ces princes en péril. Dans les troupes que le sultan Iathatin réunit près d'Arzingham, pour résister à l'invasion (1243), il y avait, dit-on, deux mille Latins[2]. Mais cette fois, le flot de la cavalerie tartare balaya tout : Iconium ne fut sauvé, comme l'Autriche et l'Europe occidentale, que par cette mobilité de résolution des vainqueurs qui les ramena vers l'autre extrémité de l'Asie.

Les Turcs de Syrie, de Palestine et d'Égypte n'avaient pas moins redouté que ceux d'Asie Mineure l'attaque de ces nomades, et la nouvelle de leur dernière victoire leur avait fait craindre que leur tour ne fût venu. Saleh-Ayoub, l'ancien prince de Damas, devenu sultan d'Égypte, se rapprocha même d'Ismaïl qui lui avait enlevé Damas avant que lui-même ait pu s'établir au Caire : oubliant ses griefs personnels pour opposer une digue plus forte à l'invasion. Mais le

---

1. Guill. de Nangis, t. XX, p. 343.
2. Tillemont, t. III, p. 2-3.

péril paraissant ajourné par la retraite des Tartares, il était revenu à la pensée de regagner ce qu'il avait perdu, et prétendait rétablir l'ancienne union de l'Égypte et de la Syrie. Les princes de Syrie se trouvaient tous intéressés à le combattre. Damas, Émèse ou la Chamelle et Carac s'unirent. Le sultan d'Égypte avait cru s'assurer des chrétiens en renouvelant son traité avec Frédéric II (1242) sur les bases de 1229; mais l'autorité de Frédéric n'était plus reconnue en Terre Sainte ; et les Templiers qui y avaient la prépondérance acceptèrent l'alliance qui leur était offerte par les princes syriens contre l'Égypte. Les chrétiens recouvraient tout le pays en deçà du Jourdain, excepté Naplouse et Gaza; Jérusalem leur revenait plus complétement qu'ils ne l'avaient jamais eue par le traité de Frédéric. Les musulmans n'avaient stipulé aucune exception pour la mosquée d'Omar; et l'historien Gemal-eddin rapporte que, passant par Jérusalem, il vit dans la mosquée un prêtre qui se disposait à dire la messe[1].

Cette restauration fut bien éphémère : le sultan d'Égypte répondit à la ligue par un acte qui allait ravir à jamais aux chrétiens la ville sainte. Il s'unit, non pas aux Tartares, mais aux Karismiens, dont les Tartares avaient, dès leurs premières courses en Asie, détruit l'Empire; qui s'étaient relevés et qui, chassés

---

[1]. Reinaud, *Bibl. des Croisades*, t. IV, p. 443, et Huillard-Bréholles, *Introd. à l'hist. diplom. de Frédéric II*, p. CCCLXIII.

une seconde fois de leur pays, erraient sur les bords de l'Euphrate, portant le ravage à leur tour dans le pays des autres. Les Karismiens, séduits par l'offre de s'établir en Palestine, vinrent au nombre de vingt mille cavaliers, emmenant leurs femmes et leurs enfants et entraînant après eux d'autres populations qui s'attachaient à leur fortune. Ils arrivèrent aux frontières du petit royaume de Jérusalem, sans que l'on se doutât de l'invasion, enlevèrent Saphet et Tibériade, et marchèrent sur la ville sainte. Les chrétiens, trop peu nombreux pour résister, firent appel à leurs alliés de Damas et de la Chamelle, et ce secours même n'arrivant pas, ils prirent le douloureux parti de quitter la ville qu'ils ne pouvaient défendre. Tandis qu'ils fuyaient vers Jaffa, emmenant leurs familles, les Karismiens entraient à Jérusalem. Mais ils ne se résignèrent pas à perdre la proie qui leur échappait : maîtres de la ville, ils arborèrent au haut des tours les étendards mêmes des chrétiens, pour faire croire aux fugitifs que, par quelque miracle, le peu d'habitants restés dans la place avaient pu la sauver de l'invasion. Les chrétiens se laissèrent prendre au piége. Ils revinrent pour la plupart à Jérusalem ; à peine y étaient-ils entrés que les Karismiens, se montrant tout à coup, les enveloppèrent dans leurs propres murailles. Les chrétiens s'y défendirent quelques jours encore, et quand il leur devint impossible de tenir plus longtemps, ils tâchèrent d'échapper à la faveur des ténèbres, en gagnant les montagnes. Reçus en ennemis par les Sarrasins qui les habitaient encore, ils furent poursuivis et rejoints par les Karismiens, qui les taillèrent en pièces. Après cela les Karismiens revinrent à Jérusalem et achevèrent leur œuvre en égorgeant les enfants, les vieillards, les infirmes et les femmes, qui avaient cru trouver un refuge dans l'église du Saint-Sépulcre (1244)[1].

Tous les chrétiens n'étaient pas dans Jérusalem. La perte de la ville sainte, la mort d'un si grand nombre de frères, victimes de la perfidie et de la cruauté de l'ennemi, demandaient vengeance. Templiers et Hospitaliers s'unirent cette fois à la voix du patriarche ; et les princes musulmans, dont plusieurs avaient déjà eu à souffrir du voisinage des Karismiens, avaient intérêt à ne pas laisser s'établir au milieu d'eux ces redoutables alliés de l'Égypte. De part et d'autre on se disposa donc à les attaquer. Le prince d'Émèse, Malec-Mansour[2], qui les avait déjà combattus, prince fort en renom parmi les chrétiens, « un des meilleurs chevaliers qui fût en toute payennerie », comme dit Joinville, vint à Saint-Jean-d'Acre, où il fut reçu avec de grands honneurs ; on étendait des draps d'or et de soie sur son passage. Turcs et chrétiens prirent leur route par Jaffa ; et il y avait là

---

1. Matth. Paris, an 1244, t. V, p. 419 ; Vincent de Beauvais, l. XXIX, ch. LXXXVIII ; Guill. de Nangis, Chron., an 1244, t. XX, p. 550.

2. « Le prince aimé de Dieu. »

un chevalier qui n'avait guère moins de réputation parmi les chrétiens pour sa bravoure et sa générosité : c'était Gautier de Brienne, comte de cette ville, d'où il tenait en échec tout le commerce de l'Égypte. « Il vivoit en grande partie, dit Joinville, de ce qu'il gagnoit sur les Sarrasins, qui menoient grande foison de drap d'or et de soie, lesquels il gagna tous ; et quand il les eut amenés à Jaffa, il départit tout à ses chevaliers sans que rien lui en demeurât[1]. »

Les chrétiens le voulaient emmener avec eux ; il y avait un obstacle : le patriarche l'avait excommunié parce qu'il ne voulait pas lui rendre une tour qu'il avait à Jaffa, et qu'on appelait la tour du patriarche. Le comte tenait à sa tour, mais il brûlait d'être de l'expédition, et il demandait que le patriarche lui donnât l'absolution jusqu'après la campagne ; le patriache refusant, il n'en partit pas moins avec les autres.

Les Égyptiens venaient au secours des Karismiens. Les chrétiens, qui auraient voulu les attaquer isolément, ne surent pas prévenir leur jonction, ni, quand ils furent réunis, se résigner à attendre, comme le demandait le prince d'Émèse. Celui-ci eût voulu qu'on prît une forte position où l'on fût maître de leur refuser le combat et de les contraindre, par le manque de vivres, à se retirer. Ils allèrent donc en avant jusques à tant qu'ils les rencontrèrent près de

---

1. Ch. CII.

Gaza. Ils formaient trois corps de bataille : le premier sous Gautier de Brienne, comte de Jaffa, comprenant les Hospitaliers ; le second sous le prince d'Émèse et le troisième sous le patriarche, qui avait avec lui le reste des gens du pays. L'ennemi avait imité cette disposition. Tous les yeux étaient fixés sur ces redoutables Karismiens : ils s'avançaient portant à leurs lances des bannières couleur de sang, surmontées de chevelures qui en faisaient, dit Joinville, comme des têtes de diable. Pendant qu'on se disposait ainsi au combat, Gautier vint trouver le patriarche et lui demanda encore l'absolution. Il refusa. Mais un vaillant clerc, évêque de Rames, qui avait fait maintes belles prouesses dans la compagnie du comte, et ne voulait pas faire moins ce jour-là, dit à Gautier : « Ne vous troublez pas la conscience parce que le patriarche ne veut pas vous absoudre, car il a tort et vous avez raison; et je vous absous au nom du Père, du Fils et du Saint-Esprit ; allons à eux ! » Et piquant des éperons, comte et évêque fondirent sur les Karismiens. Malheureusement tous n'imitèrent pas leur vaillance. Quelques récits, et ce sont les récits des Arabes, accusent les Turcs auxiliaires d'avoir fui les premiers et par là déterminé la perte de la journée. Joinville, au contraire, incrimine les chrétiens, et il dit que de deux mille Turcs, trois cents à peine purent s'échapper avec le sultan[1].

1. Reinaud, *Bibl. des Croisades*, t. IV, p. 445; Joinville, ch. CII.

Les trois quarts des chrétiens restèrent sur le champ de bataille. Gautier de Brienne, le grand maître de l'Hôpital et celui du Temple tombèrent vivants aux mains de l'ennemi.

Le chemin étant ouvert aux vainqueurs, les Égyptiens assiégèrent Ascalon. Les Karismiens, qui avaient pris Gautier, voulurent s'en servir pour se rendre maîtres de Jaffa. Ils l'amenèrent devant la place et le pendirent par les bras à une fourche, lui disant qu'ils ne le dépendraient pas tant qu'on ne leur eût rendu le château. Mais Gautier cria à ceux du château de ne le pas rendre, quelque mal qu'on lui fît, les menaçant, lui pendu au gibet, de les faire mourir s'ils commettaient une pareille félonie. Les Karismiens durent renoncer à prendre Jaffa, et se gardèrent de faire mourir le comte; ils l'envoyèrent comme un don précieux, avec le maître de l'Hôpital et plusieurs prisonniers, au sultan d'Égypte. Mais en Égypte Gautier trouvait pour ennemis ces marchands qui avaient eu tant à souffrir de ses courses : ils demandèrent sa tête au sultan et l'allèrent tuer dans sa prison[1].

La défaite de Gaza semblait devoir amener la ruine complète des chrétiens et de leurs alliés les musulmans de Syrie. Les chrétiens avaient fait appel aux princes qui étaient le plus à portée de les secourir, au royaume de Chypre, à Antioche, à l'Occident

---

1. Joinville, ch. CIII.

aussi ; mais l'Occident était bien loin, et ceux qui se trouvaient plus près, bien peu en état de faire obstacle aux vainqueurs de Gaza. Les Égyptiens prirent Ascalon, Jérusalem, et traversant sans résistance toute la Palestine, ils vinrent assiéger Damas, qui dut se rendre, malgré l'appel d'Ismaïl au calife de Bagdad.

L'Égypte prévalait donc encore. Quant aux Karismiens, ces redoutables auxiliaires dont elle s'était servie pour battre en brèche l'alliance des chrétiens et des princes de Syrie, ils n'étaient sûrs pour personne. Ils revinrent sur Damas qu'ils attaquèrent ; ils attaquèrent aussi dans sa principauté le prince d'Émèse qu'ils avaient vaincu à Gaza. Celui-ci ne se renferma pas dans les murs de sa ville, il accepta la bataille, et les Karismiens s'avançaient pleins de confiance ; mais au moment où ils l'allaient aborder, une partie de ses gens, cachés dans une plaine couverte, se jetèrent sur leur camp et y tuèrent les enfants et les femmes. Les Karismiens retournant à leurs cris, le prince fondit sur eux et en fit un grand carnage. « De vingt-cinq mille qu'ils étaient, dit Joinville, il ne leur demeura ni homme ni femme. » On les retrouve pourtant encore dans les agitations et les guerres de ces contrées, mais hors d'état d'y faire la loi. Comme ils avaient desservi tous les princes, pillé tous les pays, ils virent tout le monde s'armer contre eux. En 1247 ils disparaissent de la Palestine, exterminés pour la plupart, ou, s'ils en sortent, c'est en si petit nombre qu'on ne les signale plus en aucun lieu [1].

Ce peuple, qui s'évanouit si vite, avait, dans son rapide passage, porté à la chrétienté un coup qui retentit jusqu'aux extrémités de l'Occident. Quand la nouvelle de la prise de Jérusalem parvint en France, saint Louis était malade, et son mal, dont le principe remontait à la maladie qu'il avait contractée dans son expédition de Saintonge, prit bientôt un caractère si grave qu'on désespéra de le sauver. Le deuil était universel. On rassemblait le peuple dans les églises; on faisait des processions, on exposait les plus précieuses reliques des saints, et notamment les corps de saint Denis et de ses compagnons, comme protecteurs des rois de France. Et aucun signe de mieux ne se manifestait dans l'état de l'auguste malade. Un instant même on le crut mort, et l'une des deux femmes qui le gardaient voulait lui tirer le drap sur la face. Mais les larmes de sa mère, les prières de tout son peuple, obtinrent du ciel la prolongation d'une vie en laquelle reposaient tant d'espérances. Il poussa un soupir, remua les bras et les jambes, et reprenant la parole : « Par la grâce de Dieu, dit-il, l'Orient m'a visité d'en haut et m'a rappelé d'entre les morts. » Un peu après, il demanda l'évêque de Paris qui vint avec l'évêque de Meaux :

---

1. Une de leurs bandes s'attacha à l'Égypte après la destruction de leur nation. On les voit combattant les chrétiens à la bataille de Mansoura (voy. Joinville, ch. CIII).

« Seigneur évêque, dit-il, je vous prie de me mettre sur l'épaule la croix du voyage d'outre-mer. » Les deux évêques tâchèrent de l'en détourner par les raisons les plus graves ; sa mère, sa femme, le priaient à genoux d'attendre au moins qu'il fût guéri : mais, il protesta qu'il ne prendrait rien avant d'avoir reçu la croix ; et l'évêque, requis de nouveau, la lui donna, en versant des larmes. Sa mère n'en eut pas moins de peine que si elle l'avait vu expirer ; tous pleuraient : il leur semblait que ce bon roi qu'ils avaient pensé perdre leur fût ravi pour cette fois à jamais. Saint Louis, au contraire, avait la joie peinte sur la figure ; il baisa la croix, la mit sur sa poitrine et dit que dès ce moment il était guéri [1].

II.

Innocent IV et Frédéric II.

En ce temps, où les Francs d'Orient avaient tant besoin de secours, l'Europe était bien peu en mesure de leur en donner.

La lutte de l'empire et de la papauté arrivait, nous l'avons dit, à son moment le plus décisif. Quand nous avons quitté cette histoire il semblait que l'empire eût triomphé. Frédéric II l'avait à la fin emporté

---

1. Confesseur de Marguerite, t. XX, p. 67 ; Guill. de Nangis, p. 345 ; voy. Tillemont, t. III, p. 61.

sur Grégoire IX. Le concile que Grégoire IX avait convoqué avait été dispersé avant même de se réunir; les prélats qui le devaient former, enlevés en mer, jetés en prison; et le vieux pape n'avait guère survécu à cette ruine de ses espérances. Un conclave ne s'était tenu que grâce à Frédéric, qui mit en liberté deux cardinaux sous condition. Or le pape élu n'avait vécu que dix-huit jours; et après lui nulle réunion de cardinaux ne fut plus possible : le saint-siége demeurait vacant. L'empereur restait donc seul ; mais il craignit que cet état de choses, dont il s'accommodait pour lui-même[1], ne soulevât contre lui toute la chrétienté. On voyait trop la main qui suscitait les obstacles. Il laissa donc les cardinaux se réunir. Il acceptait un nouveau pape, à la condition toutefois

1. Il ne laissait pas que de manifester au dehors un grand zèle pour la prompte élection d'un pape. Il gourmandait les cardinaux de leurs retards, leur reprochant de maltraiter leur mère (l'Église romaine), de ne pas la secourir dans ses nécessités, etc. Voyez deux lettres, l'une de mai, l'autre de juillet 1242 (*Hist. diplom.*, t. VI, p. 44 et 59). Saint Louis était plus sincère, quand il écrivait de son côté aux cardinaux (fin d'août 1242) de négliger tout pour élire un pape et de ne pas se laisser effrayer par certain prince qui voudrait cumuler l'empire et le sacerdoce : c'était assez indiquer Frédéric; et il leur promettait l'appui de son royaume au besoin. La lettre se trouve parmi celles de Pierre de la Vigne, chancelier de l'empereur (voy. *ibid.*, p. 68). — Frédéric, tout en montrant ce beau zèle pour le saint-siége, ravageait le territoire de Rome (août 1242; voy. Rich. de San-Germano, *ap.* Muratori, t. VII, p. 1049), et il en donne, par une lettre de l'année suivante (juin 1243), l'explication à saint Louis : ces Romains étaient un peuple à la tête dure (*duræ cervicis*), qui en haine de lui molestaient les cardinaux réputés ses amis(*Hist. diplom.*, t. VI, p. 95).

de le faire, et il choisit à cette fin un ami dont il se croyait sûr, Sinibald de Fiesque, cardinal-prêtre du titre de Saint-Laurent *in Lucinâ*. Son protégé ne lui cacha point que, s'il était élu, il deviendrait son ennemi. Mais Frédéric ne voulut point croire à ses déclarations, et Sinibald fut élu le 24 juin 1243, sous le nom d'Innocent IV[1].

Il devait tenir, et au delà de toute attente, ce qu'il avait promis.

Ses premiers actes sont tout empreints des pensées d'une âme qui sent sa faiblesse, en présence d'une telle charge. Il écrivit au chapitre de Cîteaux pour demander les prières des moines. Il témoigna qu'il voulait user en tout d'indulgence. A la prière de saint Louis, il écrivit à son légat de donner l'absolution au comte de Toulouse, et il révoqua lui-même par une bulle l'excommunication que les inquisiteurs avaient prononcée contre lui comme fauteur d'hérésie[2].

---

[1]. L'empereur fit rendre grâces à Dieu de cette élection dans ses États. Il le notifia aux princes étrangers, au duc de Brabant par exemple (28 juin), et il écrivit à Innocent IV pour le féliciter (26 juillet). (*Hist. diplom.*, t. VI, p. 98, 104).

[2]. Le 2 décembre 1243, Innocent IV mande à l'archevêque de Bari de l'absoudre de toute excommunication en tant qu'il en est besoin, *ad cautelam* ; le 12, il annonce au roi qu'à sa prière il l'a reçu en grâce ; le 7 janvier suivant, il mande à l'évêque de Lyon de publier l'absolution qui lui a été donnée ; le 14 mars, il écrit dans le même sens à l'archevêque de Narbonne. Le 17 mai, il envoie à Raimond lui-même une bulle qui lui notifie sa réconciliation. (*Layettes du trésor des Chartes*, t. II, nos 3144, 3148, 3156, 3163, 3184. Cf. Tillemont, t. II, p. 487 et *Hist. diplom. de Frédéric II*, t. VI, p. 140.)

Il mandait en outre aux inquisiteurs de France de procéder avec moins de rigueur et de recevoir ceux qui abjureraient volontairement l'hérésie, sans leur imposer aucune peine, ni publique, ni secrète[1].

Frédéric espérait bien que le pape ne serait pas plus sévère à son égard. Il lui demanda donc de le relever des sentences portées contre lui. Mais la question n'était pas aussi simple. Il ne s'agissait pas seulement de doctrines; il s'agissait des droits que Frédéric, comme empereur et roi des Romains, prétendait avoir et sur Rome et sur les villes de la Couronne de fer. Or, Innocent IV, et comme pape et comme Génois, n'était pas disposé à accueillir sur ce point les réticences et les réserves de Frédéric. Les négociations pouvaient donc difficilement aboutir. Le pape demandait que Frédéric rendît à l'Église les villes qu'il lui avait prises et fît la paix avec les Lombards. Frédéric voulait bien rendre les villes du patrimoine, mais à la condition de les reprendre à titre de fief; et il évitait de parler des Lombards. Le pape insistait : il offrait de soumettre les questions pendantes à un congrès de princes et de prélats; mais il déclarait que l'accord devrait comprendre tous les amis et adhérents de l'Église. Sur ce point, qui était la liberté de l'Italie, il fut impossible de rien obtenir de Frédéric[2]. Un instant pourtant on crut

---

1. Tillemont, t. II, p. 494.
2. Voyez les articles proposés par le pape (août 1243; *Hist. diplom.*, t. VI, p. 112); sa réponse aux évêques chargés de les por-

qu'il céderait ; un échec devant Viterbe avait paru faire fléchir son orgueil. Des articles furent rédigés sur les bases réclamées par le pape : restitution des terres, libération des captifs, retour des exilés, amnistie. Frédéric acceptait l'arbitrage du pape et des cardinaux pour ses démêlés avec la ville de Rome, et protestait que ce n'était point par mépris de l'Église qu'il ne s'était pas soumis à l'excommunication. Et ces articles furent jurés solennellement le jeudi saint, 31 mars 1244, par les envoyés impériaux [1].

Que manquait-il donc pour que la paix fût faite ? Une chose : qu'on en remplît les conditions. Les articles étaient trop généraux pour qu'en venant au détail on ne trouvât pas, à les exécuter, mille difficultés

---

ter et qui lui ont exposé les griefs de Frédéric (26 août) : il leur enjoint d'insister pour la paix et de revenir à lui s'ils ne peuvent l'obtenir (*ibid.*, p. 113) ; sa lettre au légat Grégoire *de Montelongo* (23 septembre) : il lui mande que ses envoyés sont revenus d'auprès de l'empereur sans avoir rien fait, et il exhorte les fidèles de Lombardie à persévérer dans leur dévouement à l'Église (*ibid.*, p. 123) ; d'autre part, la lettre de Frédéric au sénat et au peuple de Rome (fin décembre) pour leur reprocher leur rébellion et les menacer de sa colère quand il aura triomphé (*ibid.*, p. 145) ; à saint Louis (même époque) pour se plaindre qu'après avoir levé le siège de Viterbe à la demande du pape et des cardinaux, ni Viterbe, ni Rome n'a observé la foi promise (*ibid.*, p. 142), et au roi d'Angleterre à qui il envoie dans le même temps des messagers pour le prier de se faire médiateur entre le saint-siége et lui (*ibid.*, p. 146).

1. C'est à Pierre de la Vigne et à Taddée de Suesse que Frédéric avait remis ses pouvoirs pour traiter (12 et 28 mars 1244 ; *Hist. diplom.*, t. VI, p. 169, 170. Voir les articles de la paix qu'ils ont jurée à Saint-Jean de Latran, *ibid.*, p. 172).

et mille obstacles ; et Frédéric à la fin jeta le masque en déclarant que s'il acceptait l'arbitrage du pape dans l'affaire des Lombards, il se refusait au rétablissement de la paix de Constance : c'était encore la liberté de l'Italie qu'on retranchait de l'accord[1].

Innocent IV vit bien qu'il n'y avait plus d'accommodement à espérer et que la question ne se résoudrait qu'au prix d'une lutte nouvelle. Mais comme l'empereur avait la force, que l'Italie entière était sous sa main, et que dans ces conditions Rome même n'était point pour la papauté un asile assuré, il en sortit comme pour se prêter à de nouvelles conférences, dissimulant des projets que Frédéric, maître du pays, aurait pu prévenir ; le bruit courut même que l'empereur l'avait voulu faire enlever. Quand tout fut prêt, il s'enfuit sous un déguisement à Civita-Vecchia où des vaisseaux génois l'attendaient pour le mener à Gênes (28 juin 1244), et comme Gênes même pouvait être bloquée, il en partit secrètement pour gagner Asti, d'où il passa en Savoie, se dirigeant vers la France[2].

1. Voyez Huillard-Breholles, Introd., p. ccccLXII-ccccLXIV.
2. Nicol. de Curbio, *Vie d'Innocent IV*, § 12-15, *ap.* Baluze, *Miscell.*, t. I, p. 197. Avant de partir de Rome (9 juin 1244) il avait donné des pouvoirs au cardinal Othon, évêque de Porto, pour suivre les négociations de la paix avec l'empereur. Vers la même date, Frédéric écrivait à saint Louis que, renonçant à espérer la paix, il avait prié le pape de lui envoyer un des cardinaux (ce fut peut-être le cardinal Othon), le comte de Toulouse restant auprès du saint-père pour travailler à la même fin (*Hist. diplom.*, t. VI, p. 199 et 197). Voyez deux autres lettres, l'une du pape (8

Au rapport de Matthieu de Westminster, le roi saint Louis, apprenant que le pape voulait venir dans son royaume, assembla ses barons pour savoir quelle conduite tenir en cette occurrence ; et comme ils étaient réunis, arriva une lettre du pontife qui priait le roi de l'accueillir comme Louis VII avait accueilli Alexandre III. Il demandait en outre de s'établir à Reims, dont le siège était alors vacant. Mais les barons craignant qu'un hôte aussi puissant ne devînt maître, rejetèrent la demande du pape, et saint Louis, dans une lettre toute remplie des protestations les plus sincères de respect, lui répondit que les barons n'agréaient pas qu'il vînt en France. Selon Matthieu Paris, Innocent IV ayant appris que saint Louis était à Cîteaux au mois de septembre (avant sa maladie), avait invité l'ordre à le prier de défendre l'Église contre Frédéric, et d'accueillir le pape comme Louis VII avait accueilli dans leur exil Alexandre III, fuyant devant Frédéric, et saint Thomas de Cantorbéry fuyant devant le roi d'Angleterre ; et saint Louis, fléchissant le genou, promit de défendre l'Église contre Frédéric autant que l'honnêteté le permettrait, et d'accueillir le pape autant que le permettraient les barons, dont le roi de France est tenu

juillet), l'autre de Frédéric (fin juillet) sur cette fuite à Gênes (*ibid.*; p. 200 et 204). Frédéric ne veut pas encore paraître désespérer de la paix. Au mois d'août, il écrit à des cardinaux qu'il en laisse les conditions à leur arbitrage, sa dignité et celle de l'empire étant sauves (*ibid.*, p. 222).

de prendre l'avis. Mais l'autorité de Matthieu de Westminster, même doublée de celle de Matthieu Paris, n'est pas très concluante devant le silence de nos chroniqueurs. On sait assez quel est l'esprit des deux historiens anglais à l'égard du saint-siége. C'est un de leurs traits qu'il faut ranger parmi les fables.

Ce qu'on peut tenir pour certain, c'est que le pape ne vint pas en France. Il s'arrêta à Lyon, ville libre située aux frontières de la France et de l'empire. Il voulait, comme l'avait voulu Grégoire IX, soumettre le débat à la décision d'un concile, et il entendait le réunir en un lieu où il ne serait pas si facile à Frédéric de lui faire obstacle ou de le disperser. Lyon lui offrait cet avantage; car si la ville n'était pas de la France, elle en était assez proche pour que le pape s'y crût suffisamment placé sous la protection des Français.

III

Concile de Lyon. — Déposition de Frédéric II.

C'est vers ce temps qu'arrivait en Europe le bruit du désastre des Francs en Palestine. Sous l'impression de cette fatale nouvelle, une même pensée réunit d'abord le pape et l'empereur. Frédéric II écrivit à tous les princes chrétiens pour leur représenter la situation de la Terre Sainte. Roi de Jérusalem et empereur, il avait un double titre pour en embrasser vivement la cause[1]. Innocent IV en fit le premier objet du concile qu'il convoqua pour le 24 juin 1245 à Lyon. Il est vrai qu'il y en avait un autre : l'affaire de Frédéric ; et les deux objets étaient loin de se soutenir mutuellement. Ses lettres de convocation ne s'adressaient pas seulement aux prélats, mais aussi aux rois et aux princes de la terre. Pour Frédéric, il ne l'invitait pas à y assister : il le sommait de comparaître, et même, pour répondre à de nouvelles injures, il le dénonçait à la chrétienté entière comme excommunié, déclaration qu'il fit publier dans les églises durant le carême. Un curé de Paris, dit-on, qui sans doute en eût voulu juger par lui-même, dit à son prône que ne sachant lequel des deux avait raison, il excommuniait le coupable et absolvait l'innocent[2].

L'empereur aurait assurément tout fait pour empêcher le concile de se réunir cette fois comme jadis ; mais cela n'était pas en son pouvoir, et il n'y avait pas moyen de le récuser à l'avance. Il tint une diète à Vérone (juin 1245) où il décida qu'il enverrait des orateurs avec pouvoir de le représenter au concile ; et il avait déjà chargé le patriarche d'Antioche de reprendre la suite des négociations[3]. Mais l'heure en

---

1. Octobre 1244. *Hist. diplom.*, t. VI, p. 236 ; cf. sa lettre à Richard de Cornouailles, son beau-frère (27 février 1245). Il est bien entendu que sans Grégoire IX et Innocent IV nul des malheurs qui affligeaient la Palestine ne serait arrivé ! (*Ibid.*, p. 254.)

2. Matth. Paris, t. V, p. 31. — Notons que ce trait est de Matthieu Paris.

3. Voyez sa lettre au pape, lettre que M. Huillard-Bréholles rapporte au mois de mars de cette année (*Hist. diplom.*, t. VI,

était passée. Pour le pape, il ne s'agissait plus que de conclure.

Le concile se réunit au temps marqué. Innocent IV, sans attendre que tous les prélats fussent arrivés, l'ouvrit le mercredi 28 juin 1245, dans le réfectoire de l'abbaye de Saint-Just. Le pape, résumant l'ensemble des questions qu'il devait soumettre aux délibérations des Pères, dit qu'il avait cinq grands sujets de douleur : 1° les désordres des prélats et de leurs subordonnés ; 2° l'insolence des Sarrasins ; 3° le schisme des Grecs ; 4° les cruautés des Tartares ; 5° la persécution de Frédéric. La réforme des mœurs, surtout au sein de l'Église, est ce que l'Église se proposait toujours avant tout. L'insolence des Sarrasins

---

p. 266). Le mois précédent il avait écrit à saint Louis pour le complimenter du rétablissement de sa santé et aux grands d'Angleterre pour leur représenter la justice de sa cause, les prier à ne pas contribuer de leur argent en faveur du pape son rival et les exhorter à secouer le joug des Romains (*ibid.*, p. 261 et 259). Le pape, par une lettre du 3 avril 1245, fait connaître au patriarche d'Antioche à quelles conditions il accepterait encore la paix avec Frédéric ; mais il fallait que la remise des prisonniers et la restitution de la terre de l'Église eussent lieu avant le concile (*ibid.*, p. 271). Il assigna l'empereur devant le concile par lettre du 18 avril (*ibid.*, p. 270). Aux approches du concile, l'empereur revint de Pouille en grand appareil, emportant son trésor. Il envoya Taddée de Suesse à Lyon, prenant lui-même le chemin de Vérone (*Chron. de rebus in Italia gestis*, p. 195). Tout en chargeant Taddée de ses pouvoirs, il écrivit aux cardinaux, protestant contre le procès injuste que le pape lui faisait et en appelant à Dieu, au futur souverain pontife, au concile général, aux princes d'Allemagne et à tous les rois et princes de la terre (commencement de juin ; *ibid.*, p. 276).

s'était manifestée dans la prise récente de Jérusalem et la profanation des lieux sacrés. Le schisme des Grecs devenait plus inquiétant depuis que Vatace, choisi par eux pour empereur, avait presque réduit l'empire latin aux murs de Constantinople. Les cruautés des Tartares, toute l'Europe orientale les avait éprouvées et l'Occident tremblait de les subir à son tour. Quant à la persécution de Frédéric, le pape en donnait les preuves.

La réforme de l'Église mise à part, les quatre autres points se réduisaient à deux : la croisade et l'empereur. Pour la croisade, les patriarches de Constantinople et d'Antioche faisaient le tableau du triste état des chrétiens en Orient et l'évêque de Béryte (Baïrouth) lut la lettre que les prélats de Palestine adressaient à leurs frères d'Occident sur la défaite des chrétiens, afin d'implorer leur secours. Quant à l'empereur il avait envoyé Taddée de Suesse pour le représenter, et ce dernier, répondant aux griefs du pape, déclara que son maître était disposé à faire tout ce qu'on pouvait souhaiter de lui. Mais le pape savait quel fond on devait faire sur ces promesses précédées de telles excuses[1] : il fallait plus que des paroles, il fallait des actes ; et l'absence de l'em-

---

1. Le pape le regardait déjà comme contumace. Dans sa lettre à l'évêque de Mayence, écrite dès le lendemain de l'ouverture du concile, il parle de Frédéric « jadis empereur » (*Lettres curiales* d'Innocent IV, an III, n° 29, citées par Huillard-Bréholles, *Introduction*, p. CCCLXVI.

pereur ôtait par avance tout crédit au langage de son envoyé.

Il y avait contre l'empereur un grief qui devait être sensible à toute l'Assemblée. C'est la violence dont il avait usé envers les prélats convoqués au concile par Grégoire IX. Ici le fait était patent et il était difficile de répondre à la plainte que plusieurs évêques de l'Espagne en exprimèrent à la deuxième session (séance) le mercredi, 5 juillet. Taddée l'ayant voulu faire eut tout le monde contre lui. Les dispositions du concile s'accusaient donc de plus en plus; et l'envoyé de l'empereur sentait qu'il ne lui restait qu'un parti à prendre : gagner du temps. Il demanda un ajournement : il se proposait d'inviter l'empereur à venir en personne ; et le pape, devant les manifestations des ambassadeurs d'Angleterre et de France qui cherchaient des voies d'accommodement, agréa un délai de douze jours. Ce dernier terme expiré (17 juillet) Frédéric n'était pas venu, et tout le monde savait qu'il était inutile de l'attendre. La troisième session s'ouvrit donc, et le concile y résolut les diverses questions qui avaient été posées au début par le pape et traitées par les Pères dans l'intervalle : notamment ce qui concernait les chrétiens d'Orient. Le pape comprenait dans la même sollicitude Constantinople et la Terre Sainte. De l'aveu du concile il ordonnait pour Constantinople que tous les bénéficiers feraient pendant trois ans l'abandon du tiers de leurs revenus, s'ils résidaient ; et de la moitié, s'ils ne résidaient pas pendant six mois au moins chaque année : lui-même promettait le dixième de ses revenus. Pour la Terre Sainte, il ordonnait la prédication d'une croisade. Tous les ecclésiastiques et religieux non croisés devaient y consacrer pendant trois ans, sous peine d'excommunication, le vingtième de leurs revenus; les cardinaux et le pape deux fois davantage, le dixième; et diverses autres mesures étaient prises pour y encourager : exemption de tailles et de corvées aux croisés, remise des usures de leurs dettes, excommunication des pirates qui oseraient les piller; anathème aux chrétiens qui porteraient du fer, des armes, du bois de construction aux infidèles; qui serviraient dans leurs galères ou prêteraient leur industrie à leurs engins : il était permis même à ceux qui les prendraient de les réduire en servitude. Le pape interdisait, en outre, pendant trois ans, sous peine d'excommunication, les guerres privées ou publiques; et il ordonnait aux croisés de se réunir au temps et au lieu que ses nonces auraient fixés.

Une autre affaire occupa encore le concile. Le pape présenta aux évêques une copie de divers actes par lesquels les princes avaient fait des concessions en faveur de l'Église romaine. Il les invitait à les revêtir de leur sceau pour qu'elle reçût forme authentique et pût tenir lieu des originaux s'ils venaient à se perdre : en tête de ces actes étaient les hommages rendus par les rois d'Angleterre et d'Aragon à Innocent III. Les ambassadeurs s'y opposèrent vivement;

non pas qu'ils niassent l'exactitude de la copie, mais parce qu'ils protestaient contre l'acte lui-même, que leur roi, sans l'aveu de ses barons, n'avait pas eu pouvoir de consentir[1]. Mais l'affaire capitale était celle de Frédéric II. Il n'était pas venu[2]. Il annonçait seulement l'envoi de trois fondés de pouvoir, l'évêque de Frisingen, le grand maître teutonique et Pierre de la Vigne, son chancelier. Mais ces envoyés mêmes n'arrivaient pas, et il était trop évident que le concile n'allait pas les attendre. Devant l'imminence de la condamnation, Taddée recourut à un moyen désespéré. Il en appela au pape futur et à un concile plus général[3]. Mais quel concile plus général attendre, puisque les princes comme les évêques y avaient été appelés, et que ceux-là seuls étaient absents que Frédéric avait empêchés de venir? C'est ce que remontra le pape. Il écarta ensuite les questions que les ambassadeurs d'Angleterre voulaient soulever

---

1. *Hist. diplom. de Frédéric II*, t. VI, p. 316; cf. Rinaldi, *Ann. ecclés.* 1245, art. 55, t. XXI, p. 334.

2. Frédéric, qui, à l'approche du concile, était revenu du sud dans le nord de l'Italie, affectait de vouloir se rendre à l'invitation du pape. On le voit se diriger vers Parme, où il n'est pas reçu, aller à Vérone, puis à Crémone et marcher vers Pavie, faisant des chevaliers et tâchant de se faire des partisans, confirmant par exemple l'érection du marquisat d'Autriche en duché et presque aussitôt après l'érigeant en royaume (*Hist. diplom.* t. VI, p. 300). Si cet acte est authentique, toujours est-il qu'il ne reçut aucune consécration.

3. *Hist. diplom.*, t. VI, p. 318. Le concile de Lyon comptait trois patriarches, dix-huit archevêques, plus de cent vingt évêques, cinq chefs d'ordres, etc. Voy. Tillemont, t. III, p. 72.

pour faire diversion au sujet principal, et après un long discours où il rappelait l'affection, les ménagements qu'il avait eus longtemps pour Frédéric, il reprit l'énumération de ses griefs et prononça la sentence.

Par cette sentence, il le déclarait rejeté de Dieu ; il le dépouillait de ses honneurs, dégageait ses sujets de leur serment de fidélité, leur défendant de lui obéir comme empereur, comme roi de Sicile, ou à tout autre titre. Il déclarait également excommunié quiconque lui viendrait en aide, autorisait les princes de l'Empire à élire un autre empereur, se réservant à lui-même de pourvoir au royaume de Sicile.

La sentence lue, le pape se leva, entonna le *Te Deum*, et le concile se sépara[1].

Ainsi le concile de Lyon avait répondu à la double attente d'Innocent IV. De l'aveu des Pères assemblés, l'excommunication avait frappé Frédéric, et la croisade était prêchée contre les infidèles. Mais de ces deux choses l'une ne pouvait que faire tort à l'autre. Pour que les mesures décrétées en faveur des chrétiens d'Orient portassent leur fruit, il fallait que toutes les forces de l'Europe agissent de concert ; et c'était mal préparer la guerre contre les Turcs que de la déclarer à l'empereur au sein de la chrétienté. Il est vrai que

---

1. Labbe, *Concil.*, t. XI, col. 640-645; Matth. Paris, an 1245, p. 668-674 du texte latin, édit. Londres, 1640; t. VI, p. 86 et suiv. de la traduction; Guill. de Nangis, p. 349-351; cf. Huillard-Bréholles, *Hist. diplom.*, t. VI, p. 319.

cette guerre intestine existait déjà, qu'elle n'était pas le fait du pape, mais de l'empereur; que l'empereur ne voulait poser les armes qu'à des conditions qui ôtaient au saint-siége son indépendance et à l'Italie sa liberté. Dans cette situation, le péril le plus grand était, aux yeux du pape, celui qui menaçait la chrétienté à l'intérieur. Il fallait vaincre l'ennemi qu'elle avait dans son sein pour qu'elle pût recouvrer le plein exercice de sa force et l'employer contre l'étranger. C'est la pensée qu'il avait fait prévaloir à Lyon et qui devait dominer la suite des événements.

CHAPITRE VI.

SUITES DU CONCILE DE LYON.

I

Situation de l'Europe après le concile de Lyon.

Des deux guerres dont le concile de Lyon avait donné le signal, guerre contre l'empereur, guerre contre les infidèles, l'une, par son caractère, devait bien plus que l'autre exciter les passions, et, par la force des choses, attirer à soi l'attention des peuples européens. Comment songer à Jérusalem quand il s'agissait de savoir si l'Empire demeurerait à Frédéric ou Rome au pape? L'Italie et l'Allemagne étaient trop intéressées à la question pour avoir le loisir de s'occuper d'autre chose. Le pape lui-même recourait comme l'empereur à ces négociations avec les infidèles que l'on avait tant reprochées à ce prince. Cela est constaté par une lettre du sultan d'Égypte, Saleh-Ayoub, qui lui répond et qui, rappelant les rapports d'amitié où il se trouve engagé avec l'empereur dès le temps de son père, lui déclare qu'il ne peut traiter avec les chrétiens avant de s'être entendu avec lui[1].

Restaient donc l'Angleterre et la France. Mais saint Louis ayant pris la croix, Henri III en fut d'autant moins disposé à le faire. La trêve entre la France et l'Angleterre allait finir, et le roi d'Angleterre espérait peut-être trouver dans l'éloignement du roi de France quelque occasion d'en profiter. Il se refusa même à laisser l'évêque de Beryte prêcher la croisade dans son royaume, disant que ces prédications venues de Rome ne savaient qu'amuser le peuple et en tirer de l'argent : on sait comme luimême y excellait; et l'évêque lui représentant qu'en France beaucoup de seigneurs prenaient la croix, il répondait qu'en France le roi s'étant croisé, les seigneurs avaient raison de le suivre; que pour lui, il ne se croisait pas, ayant beaucoup trop d'ennemis.

Saint Louis devait donc être seul à supporter le poids de cette expédition. Il n'en fut pas ébranlé. Sur sa demande, le pape lui avait envoyé, à titre de légat, le cardinal de Tusculum, Eudes de Château-

___

1. Rinaldi, *Ann. ecclés.*, an 1246, §§ 52-53; et H.-Bréholles, *Hist. diplom.*, t. VI, p. 425 : il reproduit la lettre d'Innocent IV, d'après le registre du Vatican. — Innocent IV fait allusion luimême à la lettre qu'il a reçue : *prout ipsius soldani litteris nuper accepimus.* (*Ibid.*, p. 427.)

roux[1], pour prêcher la guerre sainte. Le roi tint à cette occasion un parlement à Paris, dans l'octave de la Saint-Denis. Le légat s'y trouvait avec grand nombre de prélats et de seigneurs, et plusieurs des plus considérables prirent alors la croix : les trois frères de saint Louis ; Pierre Mauclerc et le comte de Bretagne son fils ; le comte de la Marche et son fils aîné ; le duc de Bourgogne ; le duc de Brabant ; Marguerite, comtesse de Flandre, et ses deux fils ; les comtes de Saint-Pol, de Bar, de Rethel, de Soissons ; et entre beaucoup d'autres seigneurs, le sire de Joinville, l'incomparable historien de la croisade[2].

Le nombre des croisés alla s'augmentant chaque jour. Le roi aidait lui-même aux prédicateurs, en faisant leur office ; et voici le pieux stratagème dont il aurait usé, au dire de Matthieu Paris, pour prendre les plus récalcitrants dans ses filets :

« Aux approches de l'illustre fête de la naissance du Seigneur, jour où les grands ont coutume de distribuer aux gens de leur maison des habits neufs de rechange que nous appelons vulgairement robes nouvelles, le seigneur roi de France, qui portait, pour ainsi dire, le drapeau de la croix, remplit d'une façon tout extraordinaire l'office de prédica-

---

1. Sur ce légat, voy. l'*Hist. litt. de la France*, t. XIX, p. 228, et une notice plus complète de M. B. Hauréau, dans le recueil des *Notices et extraits des manuscrits*, t. XXIV, 2e partie, p. 204 et suiv. (en cours de publication).
2. Guill. de Nangis, *Histor. de Fr.*, t. XX, p. 353 ; Joinville, ch. XXIV.

teur et de procurateur de la croisade. Il fit confectionner en drap très-fin des capes et tout ce qui en dépend, en bien plus grand nombre qu'il n'avait coutume de le faire, les fit orner avec des fourrures de vair, ordonna qu'à l'endroit des capes qui couvre l'épaule on cousît des fils d'or très-déliés en forme de croix, et veilla prudemment à ce que ce travail se fît en secret et pendant la nuit. Le matin, quand le soleil n'était pas encore levé, il voulut que ses chevaliers, revêtus des capes qu'il leur donnait, parussent à l'église pour y entendre la messe avec lui. Ceux-ci obéirent, et, pour ne pas être accusés de somnolence ou de paresse, se rendirent de grand matin à l'église où l'office devait se célébrer ; mais, lorsque les rayons de l'astre brillant eurent rendu la couleur aux objets, et comme, selon le proverbe de Perse : « La besace est mieux « vue par derrière, » chacun s'aperçut que le signe de la croisade était cousu sur l'épaule de son voisin. Alors l'étonnement fut joyeux, et tous comprirent que le seigneur roi s'était pieusement joué d'eux et les avait trompés, remplissant ainsi un rôle nouveau et inouï de prédicateur et prêchant plutôt en actions qu'en paroles. Or, comme il leur paraissait indécent, honteux et même indigne de rejeter ces habits de croisés, ils se mirent à rire, mais sans se moquer, en versant des larmes abondantes et joyeuses, et ils appelèrent le seigneur roi de France, à cause de ce stratagème, chasseur de pèlerins et nouveau pêcheur d'hommes[1]. »

Les chevaliers disaient vrai de leur roi ; et saint Louis connaissait bien les Français.

---

1. Matth. Paris, trad. de Huillard-Bréholles, t. VI, p. 172, 173. Les priviléges accordés pour la croisade pouvaient donner lieu à des abus. Des hommes indignes se prévalaient de la sauvegarde qui couvrait les croisés pour commettre des vols, des rapts, des homicides. Innocent IV écrivit aux prélats de France de ne pas défendre contre la justice séculière ces criminels (6 novembre 1246). *Layettes du trésor des Chartes*, t. II, n° 3560, et *Trésor des Chartes*, reg. XXX, f° 3 v°; cf. *ibid.*, f° 8 r° (19 février 1249).

La difficulté n'était pas d'entraîner les Français; elle était, comme nous l'avons dit, dans la situation de l'Europe et dans les troubles que la sentence de Lyon avait pu faire prévoir.

II

Continuation de la lutte d'Innocent IV et de Frédéric II.

Le pape, en déclarant Frédéric déchu du trône, avait fait appel à l'insurrection, et Frédéric avait accepté le défi. A la nouvelle de sa condamnation, il ne put maîtriser sa fureur. « Le pape dans son concile m'a privé de ma couronne, s'écria-t-il ; d'où lui vient tant d'audace ? » Et mêlant l'ironie à la colère : « Où sont les coffres qui contiennent mon trésor ? » On les lui apporta, il les ouvrit, et montrant ses couronnes : « Voyez si je les ai perdues, » dit-il. Il en prit une, se la mit sur la tête, et se levant ainsi couronné : « Je n'ai pas encore perdu ma couronne et je ne la perdrai pas soit par les efforts du pape, soit par ceux du concile, sans un sanglant combat. Eh quoi! l'orgueil d'un homme de naissance vulgaire ira jusqu'à vouloir me précipiter du faîte de la dignité impériale, moi le premier des princes, qui n'ai de supérieur ni d'égal ? Mais je ne m'en plains pas. Jusqu'à présent j'étais tenu d'obéir en quelque façon à cet homme ou du moins de le respecter ;

maintenant je suis affranchi envers lui de tout amour, de tout respect, de tout ménagement[1]. »

Dans le premier élan de sa colère, il écrivit à tous les princes une lettre où, leur montrant leur propre dignité ravalée en sa personne, il cherchait à son tour à les entraîner par un sentiment d'intérêt commun dans sa lutte contre l'Église, sans dissimuler que son désir était de ramener les clercs à la pauvreté des temps apostoliques et de leur ôter ces richesses qui les perdent ; ce qu'il regardait comme un acte de charité[2]. Par une autre lettre plus contenue et plus habile, adressée aux prélats et aux barons d'Angleterre, il protestait de son respect pour les droits spirituels de l'Église, mais il s'élevait contre ses entreprises sur le temporel, soutenant qu'aucune loi divine ou humaine ne l'autorisait à punir les princes par la privation de leurs seigneuries : « On commence par nous, disait-il, mais tenez pour certain qu'on finira par tous les autres ; car on se vante de ne craindre aucune résistance de leur part, si l'on arrive à fouler d'abord aux pieds notre puissance. » Il déclarait du reste qu'il saurait bien soutenir sa cause par les armes, et ne demandait aux princes que de n'y point faire obstacle en accordant secours au pape (31 juillet 1245)[3].

1. M. Paris, an 1245, t. VI, p. 131.
2. *Hist. diplom.*, t. VI, p. 391.
3. Matthieu Paris, an 1246, t. VI, p. 22, et Pierre de la Vigne, *Epist.*, I, 3 ; H.-Bréholles, *Hist. diplom.*, t. V, p. 331. Huillard-

Les princes n'étaient pas disposés à soutenir Frédéric, mais ils n'étaient pas non plus d'humeur à le combattre ; et saint Louis, malgré tout son respect pour le pape, n'avait pas l'intention d'agir autrement. Frédéric avait compris combien il lui importait de gagner son suffrage et son appui moral en pareille circonstance. Il ne se borna pas à lui adresser une lettre comme aux autres ; il lui députa Gautier d'Ocre et Pierre de la Vigne son chancelier. Il voulait remettre, tant il avait confiance dans sa haute justice, l'affaire entière entre ses mains, s'engageant à faire à l'Église toutes les satisfactions que lui et les barons de France estimeraient dues. Il promettait que, la paix une fois assurée, il irait en Orient ou y enverrait son fils Conrad, soit avec saint Louis, soit sans lui, si le roi de France préférait demeurer en Occident pour mieux garantir la paix qu'il aurait faite. Il affirmait que la Terre Sainte n'y perdrait rien, et s'engageait à ne point poser les armes qu'il n'eût reconquis tout ce qui avait jamais été au royaume de Jérusalem[1].

Ces promesses étaient assurément de nature à séduire saint Louis. La paix dans la chrétienté, la pro-

---

Bréholles place cette lettre, qui a sa date (31 juillet, 3e indiction), avant la précédente qui n'est point datée et qu'il rejette au mois de février suivant.

1. C'est ce qu'il atteste dans sa lettre adressée, *universis per Franciam constitutis*, 22 septembre 1245. (H.-Bréholles, *Hist. diplom.*, t. VI, p. 349.) L'auteur a collationné le texte sur l'original conservé aux Archives. Cf. *Layettes*, t. II, n° 3380.

tection des Saints Lieux, c'est tout l'objet qu'il se proposait ; et la démarche de Frédéric pouvait faire croire à sa sincérité. Il ne lui eût pas été aussi facile de manquer à ses engagements, quand il se serait lié non plus seulement envers le pape, mais envers le roi de France pris par lui comme arbitre au débat. Mais il exigeait deux choses : que le pape révoquât au préalable sa condamnation, et qu'il lui abandonnât les Lombards[1] : or, le dernier point surtout, qui était l'origine de la querelle, il ne pouvait guère se flatter de l'obtenir.

Cette lutte recommença donc plus implacable. Tandis que le pape, exposant à l'ordre de Cîteaux les raisons de sa conduite, se déclarait prêt à combattre jusqu'à la mort[2], Frédéric faisait en Lombardie une guerre d'extermination. Voulant que le clergé en fît les frais, il leva le tiers des revenus de toutes les églises[3] et il ordonnait qu'on recourût à la prison contre les récalcitrants[4]. Son fils Enzio, roi de Sardaigne, et Eccelino di Romano, le féroce podestat de Vérone, l'aidaient, avec le secours des villes gibe-

---

1. « Ac deinde pace per hoc inter nos et Ecclesiam procedente et reliquiis Lombardorum, prout tenentur et debent, vel ad mandatum nostrum et imperii redeuntibus, vel porsus ab Ecclesiæ defensione seclusis, promptos nos offerimus et paratos, etc. » (*Hist. diplom.*, t. VI, p. 551.)

2. Fin septembre 1245, *Hit. dipl.*, t. VI, p. 346.

3. Encyclique de Frédéric (septembre 1245), *ibid.*, p. 357.

4. *Ibid.*, p. 359. Il écrit aussi à Enzio de faire cette levée et lui dit que c'est, non pour amasser de l'argent, mais pour ramener les rebelles à l'obéissance. (*Ibid.*, p. 361.)

lines, à attaquer les Milanais et les villes de la ligue par tous les côtés à la fois [1]. Ses adversaires étaient traités en rebelles. Ici, les prisonniers étaient pendus ; là, au moins mutilés. A Lodi, il fit arracher l'œil droit à trente-huit arbalétriers génois [2].

III

Entrevue de Cluny. — Mariage de Charles d'Anjou. — Nouvelles démarches de Frédéric II.

Saint Louis voulut pourtant encore essayer d'opérer la conciliation. Des messages eussent indéfiniment prolongé le débat. Il résolut d'en conférer avec le pape personnellement et l'invita à se rendre à Cluny [3]. Innocent IV y était depuis quinze jours, quand arriva le roi accompagné de sa mère, de ses

---

1. *Chron. de rebus in Italia gestis*, p. 206. L'empereur rend compte lui-même de cette guerre à l'un de ses fidèles (*Hist. dipl.*, t. VI, p. 364).

2. *Chron. de rebus in Italia gestis*, p. 207 ; H.-Bréholles, *Hist. dipl.*, p. 366. Un notaire de Corneto raconte, en vers, au cardinal de Sainte-Marie *in Cosmedino*, comment Vital d'Aversa a fait pendre, par ordre de Frédéric, trente citoyens de cette ville pris dans le combat (*Hist. dipl.*, t. VI, p. 368). Enzio lui-même (Henri), fils et légat de Frédéric en Italie, écrit à son père qu'il a fait périr dans les supplices ou punir d'une prison perpétuelle des habitants de Reggio (Lombardie) conjurés, dit-il, pour la ruine de cette ville. (*Ibid.*, p. 374.)

3. Matth. Paris (c'est Matthieu Paris !) prétend qu'il ne lui fut pas permis de venir plus loin dans l'intérieur de la France (t. VI, p. 146).

trois frères, de sa sœur Isabelle et d'un très-grand cortége (novembre 1245)[1]. Le pape lui-même n'était pas moins magnifiquement escorté : le jour de la Saint-André (30 novembre), lorsqu'il dit la messe devant le roi, il avait autour de lui douze cardinaux, les patriarches d'Antioche et de Constantinople, et dix-huit évêques qui n'avaient pas encore pris possession de leurs siéges. Plusieurs autres princes avaient voulu se trouver à cette rencontre du pape et du roi; et tous avec leur suite avaient pu se loger dans l'abbaye, sans que les religieux eussent besoin de quitter les lieux qu'ils habitaient[2].

Saint Louis y conféra quinze jours avec Innocent IV. La conférence fut très-secrète. Mais on peut supposer que le roi ne négligea point de travailler à la réconciliation du pape et de Frédéric[3]. Matthieu Paris dit même qu'avant de se séparer ils convinrent d'une autre conférence à laquelle ils tâcheraient de faire que Frédéric assistât. Le même auteur prétend que le pape, irrité des plaintes portées par les Anglais devant le concile contre les exactions des ministres de Rome, avait cherché à entraîner le roi de France dans une guerre contre l'Angleterre. L'occasion eût été bien choisie, quand saint Louis ne songeait qu'à rétablir partout la paix dans l'intérêt de la

---

1. Guill. de Nangis, p. 353.
2. Tillemont, t. III, p. 94.
3. Matth. Paris, t. VI, p. 200. Il en dit assurément plus qu'il n'en pouvait savoir.

croisade, et quand, à défaut même de la croisade, le pape aurait eu besoin de tout l'appui de saint Louis contre Frédéric! La paix entre la France et l'Angleterre était dans les vues et dans les intérêts de l'un et de l'autre; et s'il fut question de l'Angleterre, ce ne put être que pour aviser à faire proroger la trêve de Henri III et de saint Louis.

Pendant tout ce séjour, le roi traita le pape avec les plus grands honneurs; et ces témoignages de respect rendent absolument invraisemblables ces prétendues marques de défiance avec lesquelles, selon Matthieu Paris, il l'aurait laissé venir dans le royaume. Le grand bien qui pouvait résulter de cette conférence, si les vues de saint Louis y étaient accueillies, donnent tout lieu de croire qu'il l'avait, comme le rapportent d'autres récits, désirée et provoquée.

Avant de quitter le pape, saint Louis avait reçu de lui une absolution générale en vue de son départ pour la croisade. C'est par cette guerre qu'il espérait étouffer l'autre et consacrer l'œuvre d'apaisement qu'il avait entreprise aux conférences de Cluny. En attendant les suites qu'il en espérait, il travailla à préparer le royaume à son absence et à prévenir les périls qui en pouvaient provenir. Les barons de France et d'Angleterre se ressentaient encore de leur origine commune; ils avaient dans l'un et dans l'autre pays des terres qui leur imposaient, en cas de lutte, des obligations contradictoires. Dès l'an 1244, saint Louis les avait invités à choisir entre l'un ou l'autre royaume, rappelant la maxime : « Nul ne peut servir deux maîtres[1] ; » et ces renonciations réciproques lui donnèrent, sans aucun doute, le moyen d'assurer à chacun des compensations[2]. Il termina alors une affaire qui, en ajoutant à la grandeur de sa maison, préparait celle de la France.

Le comte de Provence, nous l'avons vu, avait quatre filles. L'aînée avait été mariée à saint Louis, la seconde à Henri III ; la troisième, Sancie, menée récemment en Angleterre par sa mère, y avait épousé Richard, frère de Henri III. Restait la quatrième, et c'est à elle que le comte, jaloux de laisser son pays indépendant, voulait transmettre tout son héritage[3].

1. Matth. Paris, an 1244, t. V, p. 392.
2. D'assez nombreux hommages furent rendus à saint Louis en 1245 et en 1246. Voy. *Histor. de Fr.*, t. XXIII, p. 676-681. Par une lettre datée de Fontevrault, 2 juin 1246, Isabelle, comtesse de la Marche, priait saint Louis d'admettre ses fils à l'hommage pour la portion qui devait leur échoir dans l'héritage de leur père (Teulet, *Layettes du trésor des Chartes*, t. II, n° 3523). Leur père devait accompagner saint Louis dans la croisade où il mourut. Voy. son testament daté du 8 août 1248, *ibid.*, n° 3705.
3. Voy. son testament en date du 20 juin 1238 (*Layettes du trésor des Chartes*, t. II, n° 2719). Il y donnait à Marguerite, reine de France, et à Éléonore, reine d'Angleterre, les dix mille marcs qui leur avaient été constitués en dot ; à Sancie, femme de Richard de Cornouailles, les cinq mille marcs qui lui avaient été attribués au même titre et il y ajoutait trois mille marcs. Béatrix, sa quatrième fille, était instituée son héritière générale. Si elle avait un ou plusieurs fils, l'aîné lui devait succéder, et ainsi de suite de génération en génération. Si elle mourait sans enfant mâle, l'héri-

Le comte de Toulouse, qui recherchait tant un mariage dont les suites eussent pu ravir son comté aux espérances de la maison de France, trouvait là une excellente occasion d'agrandir son domaine, en attendant qu'il lui assurât un autre héritier. Il avait rencontré le comte de Provence à Lyon pendant le concile, et le pape avait promis les dispenses. Mais le comte de Provence mourut avant que le projet se réalisât (19 août 1245)[1]. Sa mort allait changer complétement la situation. Saint Louis, comme ayant épousé l'aînée des filles de Raimond Bérenger, aurait pu revendiquer sa succession en totalité ou du moins en partie; mais sa conscience lui eût reproché de s'adjuger toute une province dont l'héritage n'avait pas été assuré à sa femme quand il l'épousa, et la politique s'opposait à l'idée d'y introduire les princes anglais par un partage, de laisser une puissance qui dominait déjà au sud-ouest de la France s'établir aussi dans le sud-est, joindre Marseille à Bordeaux. Il entra donc dans les vues des Provençaux qui souhaitaient de rester indépendants. Seulement il voulait que l'héritage échût avec l'héritière, non au comte de Toulouse, mais à son frère, Charles d'Anjou.

La conduite des affaires en Provence était aux

tage devait passer au fils que pourrait avoir Sancie, à la condition de donner cinq mille marcs à la fille que pourrait avoir Béatrix.

1. Guill. de Puy-Laurens, *Hist. de Fr.*, t. XX, p. 770. Il reproduit ce vers qui, au moyen âge, était devenu proverbe :

Nocuit differre paratis.

mains de Romée de Villeneuve, le principal conseiller de Raimond Bérenger. Il comprit bien que pour garder l'indépendance du pays avec Béatrix, il ne fallait pas lui faire contracter un mariage qui eût été un défi porté au roi de France. Il accueillit toutes les vues de saint Louis ; il dissimula avec le comte de Toulouse qui, trompé dans son espoir, aurait pu recourir à la violence, et le pressa de venir en diligence et sans troupes, comme pour éviter de donner l'éveil à personne. Le comte vint vite ; mais on trouva mille raisons pour traîner en longueur. Sur ces entrefaites, le pape, sollicité par les trois sœurs de Béatrix en même temps, refusait les dispenses : l'entrevue de Cluny, qu'il avait eue dans l'intervalle avec saint Louis, avait sans doute ainsi changé ses résolutions. Avec le comte de Toulouse, il y avait encore le roi d'Aragon qui, seigneur de Montpellier, convoitait pour son fils l'héritière de Provence ; et il vint, dit-on, à Aix avec une armée pour donner plus de force au jeune prétendant ; mais saint Louis envoya en Provence une partie des troupes qu'il avait amenées à Cluny, et le roi d'Aragon n'insista pas. Toute contrainte étant ainsi écartée, la jeune princesse fut remise par sa mère aux mains des députés de saint Louis, et Charles, agréé pour époux, prit le chemin de la Provence [1].

1. Matth. Paris, an 1246, t. VI, p. 233 ; Tillemont, t. III, p. 102 et suiv.

Le comte de Toulouse espérait encore, et il députait auprès de la reine Marguerite pour obtenir qu'elle l'appuyât, quand son envoyé rencontra Charles qui venait épouser la princesse. C'était encore un mariage manqué[1]. On dit qu'après avoir échoué tant de fois auprès des filles des seigneurs de France, il vint en Espagne, et que, rencontrant à Saint-Jacques-de Compostelle une dame étrangère, il eut dessein de l'épouser. Mais cela ne se fit pas davantage, et « ainsi, dit Tillemont, il parut que Dieu ne voulait point qu'il eût d'autres héritiers que Jeanne, femme d'Alphonse » (frère de saint Louis)[2].

Charles apportait en Provence des lettres par lesquelles saint Louis consentait que le comté demeurât sans aucun partage à la princesse dont il allait faire sa femme. Le mariage fut célébré le 31 janvier 1246, en présence de la mère et des trois oncles maternels de la fiancée (Amédée, comte de Savoie, Thomas, l'ancien comte de Flandre, et Philippe, archevêque de Lyon), au milieu de la joie de tout le peuple, heureux de voir maintenue et consolidée par là son indépen-

---

1. Il avait tenté d'épouser 1° Sancie, troisième fille du comte de Provence; 2° Marguerite, fille du comte de la Marche; 3° Béatrix dont il vient d'être parlé. Pour son projet de mariage avec la fille du comte de la Marche, voy. l'enquête faite le 13 juillet 1245, relativement à leur parenté, enquête à la suite de laquelle l'annulation du mariage ou du moins des fiançailles fut prononcée par le légat (3 août) et confirmée par le pape (25 septembre 1245). *Layettes du trésor des Chartes*, t. II, n°s 3367, 3371, 3382.

2. Tillemont, t. III, p. 107.

dance. Charles amena la jeune comtesse en France, et, le jour de la Pentecôte (27 mai), saint Louis tint à Melun un parlement où il le fit chevalier. Un trait prouva en cette circonstance l'humeur altière de Charles d'Anjou. On dit qu'il se plaignit à sa mère qu'on n'eût point, en cette occasion, déployé autant d'appareil qu'au mariage du roi son frère, puisqu'il était fils de roi et de reine, et que saint Louis ne l'était pas[1]. Comme il était né depuis que son père était monté sur le trône, il se faisait de cette circonstance un avantage qu'il opposait au droit d'aînesse de saint Louis!

Au milieu de ces soins, le pieux roi ne perdait pas de vue la médiation où il s'était engagé entre le pape et l'empereur; car c'était là le point capital pour l'Europe et pour la Terre Sainte; et malheureusement les choses de ce côté ne faisaient qu'empirer. La question avait été posée au concile sur un terrain tout à la fois politique et religieux. Innocent avait excommunié Frédéric pour ses atteintes non pas seulement aux droits, mais à la foi de l'Église. L'empereur, qui résistait sur le premier point, se serait facilement accommodé sur l'autre; et, pour donner à cet égard toute satisfaction au pape ou pour convaincre le monde de la fausseté de l'imputation, il imagina de se faire interroger sur la foi par-devant notaire. Les évêques, abbés et moines qu'il avait réunis pour cet

---

1. Matth. Paris, t. VI, p. 233.

office en avaient dressé acte, et l'avaient porté au pape. De plus Frédéric leur avait donné procuration pour attester en son nom qu'il croyait toutes les choses nécessaires au salut, et viendrait, pourvu que ce fût en lieu convenable, se disculper de tous les soupçons que l'on avait contre lui. C'était peut-être une nouvelle ruse de l'empereur; mais il faut convenir qu'elle ne réussit guère. Le pape, loin de croire à ces témoins de sa foi, fut tenté de les traiter eux-mêmes comme des excommuniés pour avoir conféré avec lui sans pouvoirs! Il nomma pourtant une commission de cardinaux pour entendre ces envoyés, et les cardinaux firent leur rapport. Le pape n'en fut pas plus édifié. Il fit venir les députés, et leur déclara qu'il ne pouvait recevoir cet examen comme n'ayant été fait ni en lieu ni devant personnes à ce requises[1]. Il acceptait seulement l'offre de Frédéric de venir se justifier en personne, pourvu qu'il vînt avec peu de monde, lui offrant sûreté, et promettant de l'écouter quoiqu'il eût perdu le droit d'être entendu[2]. Ce sont les termes du pape lui-même dans sa lettre à tous les fidèles (23 mai 1246). Et Frédéric prit aussitôt le monde à témoin de cette réponse comme d'un déni de justice et d'une injure[3].

---

1. « Cum nec ubi nec de quibus neque coram quibus debuit, presumpta fuit. »

2. Rinaldi, *Ann. ecclés.*, an 1246, § 18, et H.-Bréholles, *Hist. dipl.*, t. VI, p. 426-429.

3. H.-Bréholles, *ibid.*, p. 429 : « Utinam aliquem ex orbis terræ

L'accusation d'hérésie était-elle sans fondement, et Frédéric devait-il avoir plus de mal à s'en justifier dans les formes demandées par le pape? Assurément l'empereur n'avait rien de commun avec les hérésies qui firent tant de bruit dans ce temps-là. Loin de les soutenir, il les persécuta, et d'autant plus qu'il était lui-même plus accusé. C'était une manière de prouver son zèle qui lui coûtait peu, qui lui convenait même beaucoup : car il détestait personnellement ces hérétiques comme hostiles à son autorité, et il reprochait au pape sa faveur pour Milan, qui était le principal foyer des cathares[1]. Il dressait des bûchers dans ses États, il autorisait l'introduction de l'inquisition en Allemagne[2]. Il ne professait donc aucune doctrine hérétique : il était pour cela trop incrédule; mais s'il n'attaquait pas les dogmes de l'Église, il n'en était pas plus sûr pour elle. Il la voulait ruiner en effet dans sa constitution. Il appuyait le mouvement de réforme que la papauté, d'ailleurs, avait consacré elle-même en instituant les ordres nouveaux fondés par saint Dominique et par saint François[3]. Il ne demandait qu'une chose, c'était d'appliquer à l'Église tout entière cette règle de la pauvreté évangélique : il l'y voulait aider en se chargeant lui-même

lateribus non lateret fastus immensus quem summus pontifex adversus potenciam nostram exercet, quod totus mundus agnosceret liquide justiciam nostræ causæ, etc. »

1. H.-Bréholles, Introd., p. cdxciii.
2. *Ibid.*, p. cdxc.
3. *Ibid.*, p. cdxcv.

de lui prendre ses biens; il la voulait pauvre[1], il la voulait dépendante surtout. S'il souhaitait qu'on revînt à l'état de la primitive Église, c'était principalement au point de vue des rapports de la puissance spirituelle avec la puissance temporelle, et c'est pourquoi il voulait Rome comme le siége naturel des empereurs. Cette tendance se manifestait depuis longtemps déjà dans ses lettres. Mais ses vues ne devaient pas se borner là. Le moyen âge ne concevait pas l'indépendance des deux puissances à l'égard l'une de l'autre. Des deux côtés, on ne rêvait que suprématie et domination, et Frédéric, irrité de la sentence qui le déclarait déchu du trône, allait de plus en plus travailler à la ruine du saint-siége.

On comprend donc qu'il ne se soit pas rendu à l'invitation que le pape lui faisait et qu'il ne soit pas venu davantage à la conférence nouvelle dont saint Louis était convenu, dit-on, avec Innocent IV, conférence qui paraît avoir eu lieu en effet au temps marqué, vers la mi-avril 1246, à Cluny[2]. On dit, il est vrai, qu'il avait remis à saint Louis lui-même

---

1. H.-Bréholles, Introd., p. CDXCVI.
2. Matth. Paris, an 1246, t. VI, p. 400. M. Huillard-Bréholles allègue, à l'appui de l'opinion de Matth. Paris, un voyage de saint Louis en Bourgogne vers cette époque, voyage dont la trace est restée par son séjour à Perrex, près Mâcon, en mai 1246 (*Reg. S. L.*, p. 181, n° 2, dans les *Mansiones et itinera* recueillis par les éditeurs des *Histor. de Fr.*, t. XXI, p. 413); une note des éditeurs sur ce passage prouve qu'ils partagent cette opinion, déjà reçue par Tillemont, t. III, p. 182.

ses pleins pouvoirs. Selon Matthieu Paris, il offrait de céder l'empire à son fils Conrad, et de se vouer jusqu'à la fin de ses jours au service de l'Église en Palestine. Il est à peine besoin de faire remarquer combien l'assertion du haineux historien s'accorde peu avec les dispositions dont témoignent les lettres et les actes de Frédéric en ce temps-là; par exemple, la lettre qu'il adressa en février 1246 au roi et aux barons de France, pour se plaindre des procédés du saint-siége à son égard, et celle qu'à la fin de la même année il écrivait à saint Louis. Saint Louis avait envoyé au pape les évêques de Senlis et de Bayeux pour le presser de faire la paix avec Frédéric, et lui offrir ses bons offices; et le pape dans sa réponse (c'est par elle que l'on connaît la démarche du roi), après leur avoir rappelé tout ce qu'il avait fait pour ramener Frédéric avant le concile de Lyon, se déclarait prêt encore à le recevoir, s'il revenait à l'unité de l'Eglise[1]. Frédéric, prenant cette réponse pour un refus, remontrait au roi que ses envoyés n'ayant rien obtenu de la cour de Rome dans la poursuite du but que l'un et l'autre se proposaient, cette commune injure devait les unir plus étroitement pour le maintien de leurs droits temporels[2].

Cette invitation n'était pas de nature à entraîner saint Louis; mais la lettre de Frédéric aux barons et

---

1. Voy. la lettre d'Innocent IV à saint Louis (5 novembre 1246), *Hist. dipl.*, t. IV, p. 463.
2. Fin novembre 1246, *ibid.*, p. 472.

le spectacle de la lutte engagée avait eu plus d'effet sur leurs esprits. Matthieu Paris raconte qu'un grand nombre de seigneurs se réunirent, et firent serment de ne souffrir qu'aucun laïque fût ajourné devant les cours ecclésiastiques, sauf les cas d'hé résie, de mariage et d'usure. Des fonds étaient faits pour soutenir cette ligue; et quatre seigneurs des plus grands de France, chargés d'y tenir la main : Pierre de Bretagne, le duc de Bourgogne, le comte d'Angoulême, fils aîné du comte de la Marche, et le comte de Saint-Pol. L'acte, en effet, subsiste, rédigé en français, en termes un peu différents[1]; il fut aussi publié dans la langue de l'Église, et l'effet en fut considérable. Le pape y crut voir comme une diversion tentée par la noblesse de France en faveur de Frédéric. Ses craintes auraient dû être bien plus grandes encore s'il eût été vrai, comme le dit Matthieu Paris, que saint Louis eût joint son sceau au bas de l'original à celui des autres seigneurs. Mais comment croire que saint Louis ait procédé, si je puis dire, par voie d'insurrection, quand il pouvait agir par ordonnance? Comment croire qu'il ait favorisé, autorisé un conflit si gros d'agitations, au mo-

---

1. Voy. ce texte dans l'*Hist. dipl. de Frédéric II*, t. VI, p. 468, où H.-Bréholles l'a publié après l'avoir collationné sur un original conservé aux archives nationales (J 198 b). Il a été aussi reproduit par Teulet, *Layettes du trésor des Chartes*, t. II, nº 2569. Il n'y est pas question de la confiscation et de la mutilation d'un membre à infliger aux contrevenants comme le dit Matth. Paris, an 1247, p. 483 (t. IV, p. 297, 298 de la traduction).

ment où il cherchait à tout calmer en vue de son départ pour la Terre Sainte? Rien, d'ailleurs, dans la rédaction n'implique la participation du roi[1]; et une autre chose encore réfute le moine anglais, c'est la lettre même où le pape se plaint à l'évêque de Tusculum, son légat, de ces attaques dirigées contre l'Église déjà tant éprouvée : en lui indiquant la conduite à tenir à l'égard des violateurs de ses libertés, il désigne les barons et nullement le roi lui-même[2], comme il faisait en 1236, à l'occasion de la plainte adressée au saint-siége par les barons, et des mesures qu'ils arrêtèrent contre les empiétements de la juridiction ecclésiastique.

1. Si saint Louis eût été partie dans l'acte, la teneur en eût été toute différente : il n'aurait pas pu n'y pas être nommé. On ignore du reste quels en furent les auteurs ou adhérents. M. Teulet a décrit l'état d'altération où se trouve cette pièce aujourd'hui. « Repliée, dit-il, sur les quatre côtés, la charte était préparée pour recevoir un grand nombre de sceaux, mais elle n'en a jamais reçu que dans sa partie inférieure où l'on remarque les traces de dix-neuf sceaux pendant sur cordelettes de fil; et comme les noms de ceux qui ont scellé ne sont pas exprimés dans le texte, il est impossible de savoir maintenant quels étaient les sceaux apposés à l'acte en signe d'adhésion (*Layettes du trésor des Chartes*, t. II, p. 646).

2. Rinaldi, *Ann. ecclés.*, an 1247, §§. 49-52, et H.-Bréholles, *Hist. dipl. de Frédéric II*, t. VI, p. 483.

IV

Nouvelle intensité de la lutte en Allemagne et en Italie :
Henri Raspon ; — Guillaume de Hollande.

La lutte avait pris une violence qui ne pouvait plus aboutir qu'à la ruine de l'un ou de l'autre. Le pape s'était gagné des adhérents jusque dans la cour et dans le conseil de Frédéric[1] ; il avait soulevé la Sicile[2] ; il avait trouvé en Allemagne non-seulement un prince disposé à accepter l'empire, mais d'autres princes pour le lui donner. Le prétendant était Henri Raspon, landgrave de Thuringe et beau-frère de sainte Élisabeth. Avant même de fuir de Rome, le pape, lui annonçant que Frédéric voulait se départir des articles jurés par ses envoyés le jeudi saint, l'exhortait à accomplir l'œuvre de foi qu'il avait louablement commencée (12 mai 1244)[3]. S'agissait-il de rompre avec l'Empire, et le pape, résolu à déposer Frédéric, s'était-il assuré dès lors du successeur ? L'affaire avait été reprise en 1245, à la suite du concile, par l'archevêque de Cologne. Après bien des hésitations, le landgrave céda enfin, sur les instances du pape et des Lombards. Dès le 21 avril 1246, Innocent écri-

---

1. *Chron. de rebus in Italia gestis*, p. 207.
2. Voy. sa lettre aux prélats et aux nobles de Sicile, *Hist. dipl.*, t. VI, p. 41.
3. *Hist. dipl.*, t. VI, p. 190.

vait à tous les princes d'Allemagne pour les inviter à l'élire[1]; et si les plus considérables s'y refusèrent, il s'en rencontra cependant pour le proclamer roi des Romains à Wurzbourg, le 17 mai 1246.

Ainsi la guerre allait se faire en Allemagne comme en Italie, et le pape, des deux côtés, mettait au service de ses auxiliaires toutes les ressources de l'Église, non-seulement son or, son argent, mais sa milice et toutes ses armes spirituelles. Il ne se bornait pas à délier les sujets de l'empereur du serment de fidélité, il menaçait d'excommunication par ses légats les princes, les villes qui ne se révolteraient pas contre lui. La croisade était prêchée contre Frédéric; et les Jacobins, les Cordeliers, ces légats populaires, parcouraient les provinces appelant les peuples à l'insurrection[2]. L'empereur eût bien voulu enlever au pape cette redoutable milice. Il en savait la puissance. Il avait écrit aux Dominicains assemblés de réprimer plusieurs de leurs frères qui, dit-il, répandaient par tout l'Empire leur fureur contre lui[3]. Mais n'en obtenant rien, il usa de ses armes à lui : il ordonnait à ses officiers de saisir les prêcheurs et de les livrer au feu.

Cette guerre va se continuer avec des succès divers.

1. *Hist. dipl.*, t. VI, p. 400.
2. 28 août et 26 octobre 1247; 1er mai 1248. *Hist. dipl.*, p. 567, 574 et 935. Voy. aussi les lettres de Frédéric qui, dès 1246, en est réduit à la défensive (*ibid.*, p. 394 et 414).
3. Fin 1246 (*ibid.*, p. 479).

En Allemagne, le nouveau roi des Romains bat Conrad, fils de Frédéric, près de Francfort (5 août 1246)[1]. Mais Conrad avait trouvé un refuge dans Francfort, et, vaincu, il avait gardé l'alliance du duc de Bavière. C'est peu de semaines après sa défaite que, malgré les obstacles suscités par un légat du pape, Albert de Beham, il épousait la fille de ce prince, et le rattachait ainsi plus étroitement à la cause de sa maison[2]. Bien plus, Henri Raspon, au retour d'une campagne d'hiver en Souabe, tombait malade et mourait (17 février 1247). Le pape n'en fut pas ébranlé : il avait tout récemment déclaré aux habitants de Strasbourg qu'il ne ferait plus de paix avec Frédéric, tant qu'il serait empereur et roi (23 janvier 1247)[3]. Mais cette mort pouvait cependant ramener à Frédéric ceux qui répugnaient à la guerre civile. Parmi les princes d'Allemagne, personne ne semblait tenté de recueillir la succession du prétendant. Le duc de Gueldre, le duc de Brabant s'y étaient refusés. Même des princes étrangers, Richard, frère de Henri III, Haquin, roi de Danemark et de Norvége, dont le pape avait soutenu les prétentions au trône, malgré l'illégitimité de sa naissance, espérant qu'il se laisserait faire empereur, n'y consentaient pas davantage. Enfin l'aventure tenta un

1. *Ann. Argentinenses*, ap. Böhmer, *Fontes rerum German.*, t. II, p. 108; *Hist. dipl.*, t. VI, p. 873, et la lettre d'Henri Raspon, *ibid.*, p. 45.
2. *Hist. dipl.*, *ibid.*, p. 875; cf. p. 446.
3. *Ibid.*, p. 489.

jeune prince de vingt ans, dont les États confinaient à l'Allemagne, Guillaume, comte de Hollande, de Zélande et de Frise. Nommé roi des Romains le 3 octobre 1247, il fut soutenu par les archevêques de Cologne, de Mayence, et par plusieurs seigneurs de son voisinage ou de sa parenté, et l'année suivante, il entra dans Aix-la-Chapelle avec l'aide d'une armée de croisés et s'y fit couronner empereur (1er novembre 1248). Mais Conrad, quoique battu en cette occasion, s'appuyait sur la plus grande partie de l'Allemagne, restée fidèle à Frédéric; en telle sorte qu'il n'eut pas grand mal à tenir en respect le prétendant[1].

En Italie, c'était Frédéric lui-même qui tenait tête à ses ennemis. Ceux qui avaient tramé un complot contre lui à sa cour, se croyant découverts, s'étaient enfuis avant d'avoir tenté de l'accomplir. Plusieurs avaient été pris dans un château où ils n'avaient pu se prémunir contre la faim et la soif, et Tibaldo Francesco, l'un d'eux, privé des yeux par un supplice atroce, avait été promené sanglant dans le royaume de Naples, afin de servir d'exemple à quiconque le voudrait imiter (juillet 1246)[2]. Les Sar-

---

1. Voy. diverses lettres d'Innocent IV pour l'élection de Guillaume de Hollande. Rinaldi, *Ann. ecclés.*, an 1247, et H.-Bréholles, *Hist. dipl. de Frédéric II*, t. VI, p. 575.

2. Voy. la proclamation faite à cette occasion, juillet 1246. *Ibid.*, p. 440; cf. p. 438 la lettre de Frédéric lui-même à Alfonse, fils aîné du roi de Castille, son neveu, sur le supplice des traîtres (21 juillet).

rasins qui avaient voulu profiter de ces mouvements pour retrouver leur indépendance, avaient été menacés d'extermination, s'ils ne redescendaient des montagnes dans la plaine[1], et Frédéric les avait pour la plupart transférés dans la ville de Lucéra. Il y en avait là soixante mille, dont le tiers était voué au métier des armes[2], excellente milice pour la guerre que l'empereur faisait dès lors sans ménagements à la puissance pontificale. Il avait marié, ou il allait marier une de ses filles à Jean Vatace, prétendant grec au trône de Constantinople occupé par les Latins[3] : ne se souciant plus des intérêts de l'Occident de ce côté, pourvu qu'il s'assurât un allié de plus contre le pape en Italie. Enfin au nord de cette contrée, sur le principal champ de bataille de la lutte, Frédéric avait trouvé un nouvel auxiliaire contre les derniers soutiens de l'indépendance italienne : Amédée, comte de Savoie (naguère allié du pape), qui avait déjà pris pied de ce côté des Alpes par quelques possessions. Frédéric lui concéda divers châteaux et le prit pour

---

1. *Ibid.*, p. 456.
2. H.-Bréholles, Introd., p. CCCLXXXVI.
3. L'*Art de vérifier les dates* place ce mariage en 1244 (t. II, p. 29); H.-Bréholles après 1247. Il rapporte au mois de juin de cette année une lettre de Frédéric à Vatace où il le traite encore de frère, lettre où il lui reproche le ralentissement de son zèle, craignant peut-être qu'il n'ouvre l'oreille au missionnaire envoyé par Innocent IV en Orient pour ramener les Grecs à l'unité de l'Église (voy. Rinaldi, *Ann. ecclés.*, an 1247, § 30, et H.-Bréholles, *Hist. diplom. de Frédéric II*, t. VI, p. 921.

arbitre de ses différends avec le marquis de Montferrat. Il maria son fils Manfred à une fille du comte, et une de ses filles à Thomas de Savoie, ancien comte de Flandre, frère d'Amédée, alliances qui déjà ouvraient à la maison de Savoie des perspectives sur la Lombardie[1]. Grâce à l'appui qu'il s'était ainsi ménagé des deux côtés des Alpes, Frédéric songeait même à venir forcer le pape dans Lyon, au siége même du concile qui l'avait condamné. Il est vrai qu'il n'annonçait pas une intention si menaçante. Il voulait, disait-il, venir trouver le pontife pour se justifier devant lui comme le pape l'y avait invité. C'est ce qu'il écrivait aux barons de France, notamment au comte de Saint-Pol[2], l'un des quatre barons élus par leurs pairs, l'année précédente, pour défendre les droits de la noblesse contre le

1. En septembre 1245, Frédéric promettait à Amédée, comte de Savoie, la restitution du château de Ripailles (*Ripolarum*) dès qu'il serait devenu maître (*Hist. dipl.*, t. VI, p. 356). Le 27 janvier 1246, le comte, pris pour arbitre, prononça que le marquis de Montferrat devait fournir des hommes et d'autres secours à Enzio, roi de Sardaigne, fils de Frédéric, contre les Lombards rebelles, tant que durerait la rébellion (*ibid.*, p. 916). L'engagement pour le mariage de Manfred avec Béatrix, comtesse de Saluces, fille du comte de Savoie, est du 21 avril 1247; la ratification par l'empereur, du 8 mars (*ibid.*, p. 527, 535). Manfred devait avoir en dot tout le pays entre Pavie et les monts, et plus tard le royaume d'Arles. D'autres concessions (les comtés de Gap et d'Embrun) étaient faites à Gui, dauphin, comte de Vienne (juin 1247, *ibid.*, p. 542). — De son côté, le pape concédait à Pandolfe de Fasanella, et autres nobles, divers châteaux en Sicile, le trône étant vacant (14 mars 1247, *ibid.*, p. 508).

2. *Hist. dipl.*, t. VI, p. 528; Introd., p. CCCXI.

clergé¹. Mais saint Louis ne s'y trompait point, et il déclara hautement que si l'empereur marchait sur Lyon, lui-même avec ses trois frères prendrait les armes pour le combattre.

Frédéric n'alla pas au delà de Turin; et le pape, sûr d'un appui qui ne lui ferait pas défaut, put, dans sa lettre de remercîment à saint Louis, l'inviter à ne pas se mettre en route et à attendre que lui-même l'appelât².

Un événement qu'Innocent IV avait peut-être des raisons de prévoir allait mettre Frédéric, n'eût-il pas redouté saint Louis, dans l'impossibilité d'aller plus avant.

Les parents du pape, que l'empereur avait chassés de Parme, réussirent à y rentrer et à rester maîtres de la ville. Frédéric craignit de voir l'insurrection s'étendre dans toute la Lombardie. Il vint assiéger Parme³. Lui-même, dans une lettre à saint Louis, déclare que cette révolte l'empêchait de se rendre à Lyon, où il venait, disait-il, sur l'invitation du pape, afin de se justifier de ce dont il était accusé⁴. Il espérait

---

1. Voy. ci-dessus p. 231, et *Hist. dipl.*, t. VI, p. 468.
2. Juin 1247. *Ibid.*, t. VI, p. 544. Par une lettre du 4 mai 1247 le pape remerciait Aymon, sire de Faucigny, de ce qu'il assistait vaillamment l'Église contre Frédéric. Il le prenait sous sa protection et promettait de ne pas l'abandonner ni de faire la paix tant que Frédéric ou un de ses fils serait roi ou empereur. (*Ibid.*, p. 531.)
3. *Chron. de rebus in Italia gestis*, p. 211.
4. *Hist. dipl.*, t. VI, p. 553.

que cela ne le tiendrait pas longtemps. La ville ne faisant pas mine de se rendre, il éleva à ses portes, comme pour lui ôter tout espoir, une place qu' avait nommée par avance « la ville de la victoire ». Toutes les villes gibelines du voisinage étaient pressées d'y envoyer des hommes pour hâter le succès[1]. Les habitants de Parme, en proie à la famine, avaien plusieurs fois sollicité une honorable capitulation. Mais le désespoir les servit mieux : dans une sortie, ils enlevèrent « la ville de la victoire » ; et Frédéric se vit forcé à fuir jusqu'à Crémone, laissant entre leurs mains son camp et les trésors qu'il y emportait toujours avec lui (18 février 1248)[2].

---

1. Lettre de Frédéric d'Antioche à quelques-uns de ses fidèles sur les nouvelles qu'il reçoit de son frère Enzio, roi de Sardaigne, lieutenant impérial en Italie (juillet 1247, *Hist. dipl.*, t. VI, p. 558). Lettre de Frédéric aux habitants de Modène (août 1247, *ibid.*, p. 564). — Sur ce Frédéric d'Antioche, un des fils naturels de Frédéric, voy. Ducange, les *Familles d'Outre-Mer*, publ. par M. Ed. Rey (*Documents inédits de l'Histoire de France*), p. 215, 216.

2. Voy. sur ce siége de Parme, outre la *Chron. de rebus in Italia. gestis*, un fragment d'un auteur contemporain, publié par H.-Bréholles dans son *Hist. diplom. de Frederic II*, t. VI, p. 923. Le podestat, les chevaliers et le peuple de Parme s'empressèrent d'annoncer la victoire à Milan, demandant des secours (20 février, *ibid.*, p. 591). Frédéric, de son côté, pour empêcher que le bruit public ne grossît son échec, prit soin de l'annoncer à sa façon dans une lettre adressée aux princes et à tous ses fidèles. (*Ibid.*, p. 596.)

V

Préparatifs de la Croisade.

L'échec de Frédéric éloignait le péril qui menaçait la papauté et rendait à saint Louis toute sa liberté pour son grand voyage. Il n'avait pas cessé de s'y préparer. Dès 1246 il achetait du vin et du blé qu'il envoyait en Chypre. L'île de Chypre, enlevée aux Grecs par Richard Cœur de Lion en 1191 et cédée par lui à Gui de Lusignan, était le seul endroit de l'Orient vraiment à l'abri des entreprises ennemies; elle avait été dès lors choisie par saint Louis pour le dépôt de ses approvisionnements. Les villes maritimes d'Italie, Venise et Gênes surtout, servaient à ces transports, et Frédéric n'y mettait point obstacle. Saint Louis ayant envoyé des messagers à Gênes en 1246 pour préparer son passage, l'empereur lui fit porter l'assurance que, nonobstant la guerre, il pourrait faire tout ce qu'il voudrait, fréter des galères, lever des hommes selon ses besoins[1]; et pourtant lorsque Frédéric eut vu la grande quantité de vaisseaux et le nombre de Génois réunis pour cette expédition, il

1. « Nunciis vero domini regis Franciæ, qui pro facto passagii Januam venerunt ob reverentiam domini regis fuit responsum faciendi quidquid placeret domino regi, tam super navibus quam galeis et gentibus, non obstante guerra presenti. » Barthol. scribæ *Annales*, an 1246, *ap.* Pertz, *Mon. Germ. histor.*, t. XVIII, p. 220.)

eut peur. Il craignait que ces Génois n'eussent envie de faire en passant une descente en Sicile, et il réunit des forces sur terre et sur mer pour se mettre à l'abri de ce péril[1]. Mais pour tout ce qui n'était que de la guerre sainte, il s'y prêtait volontiers. Il y aidait même. Il avait trop besoin de ménager le roi de France. C'était le moment où saint Louis envoyait au pape les évêques de Senlis et de Bayeux pour tâcher de le fléchir envers l'empereur; et il était doublement de son intérêt que la croisade suivît son cours en Palestine. Elle pouvait lui ôter des adversaires en Occident et de plus servir en Orient les intérêts de sa maison : car le royaume de Jérusalem, dont Frédéric avait porté le titre au nom de sa femme, fille de Jean de Brienne, appartenait comme héritage de cette princesse à son fils Conrad; et saint Louis prenait l'engagement de respecter ses droits[2]. L'empereur avait donc écrit à ses officiers en Sicile de laisser saint Louis acheter et transporter au dehors des chevaux, des armes et des vivres pour tout le temps de sa campagne. Il y mettait seulement

1. *Ibid.*, p. 224.
2. Dans la lettre du roi, que M. H.-Bréholles croit être de février ou mars 1247 et qu'il publie pour la première fois, on voit que Frédéric avait demandé que si les croisés faisaient quelques conquêtes en Terre Sainte, elles fussent rattachées au royaume de Jérusalem. Saint Louis se borne à lui dire qu'il n'a entrepris cette expédition que pour l'honneur de Dieu et l'exaltation de la foi chrétienne, bien loin de vouloir porter préjudice, soit à lui, soit au roi des Romains, héritier du royaume de Jérusalem, ou à aucun prince chrétien. (*Hist. diplom.*, t. VI, p. 501.)

pour condition qu'on ne les fît pas servir au secours, soit des habitants d'Acre qui avaient rejeté sa domination et chassé son lieutenant, soit de ses autres ennemis (novembre 1246)[1], condition que saint Louis acceptait; mais le saint roi l'invitait à prendre lui-même toute garantie à cet égard, ne pouvant répondre de tous les marchands qui viendraient à cette occasion faire des achats en Sicile[2].

Saint Louis n'entendait pas se contenter de ces secours qu'il tirait de la marine étrangère. Il voulut avoir un port à lui. Il fit choix d'Aigues-Mortes, lieu fort mal famé, sans doute, pour ses eaux croupissantes au milieu des lagunes du Languedoc[3] : tous les pèlerins préféraient Marseille ; mais la Provence était au duc d'Anjou, et saint Louis tentait de

---

1. *Ibid.*, p. 465, 466, et *Layettes du trésor des Chartes*, t. II, n° 3562.

2. *Hist. diplom.*, t. VI, p. 502, et *Layettes, ibid.*, n° 3563.

3. « La géologie, d'accord avec l'histoire, dit M. Ch. Martins, prouve que depuis six siècles, époque de la fondation d'Aigues-Mortes, la configuration de la côte n'a guère changé. La mer ne s'est pas retirée, et *sur ce point*, le delta du Rhône n'a pas progressé ; car le bras du fleuve qui l'a formé est éteint depuis le seizième siècle, et les cours d'eau secondaires, le Vistre et le Vidourle, déposent leurs apports dans les étangs qu'ils comblent peu à peu. En partant pour ses deux croisades saint Louis n'est pas monté à Aigues-Mortes même sur le vaisseau qui devait le conduire vers les côtes d'Afrique, mais sur une embarcation d'un faible tirant d'eau. Traversant les étangs de la Marette et du Repausset, il a rejoint la flotte qui l'attendait, mouillée dans le golfe d'Aigues-Mortes, en face du Grau, aujourd'hui fermé, qui porte encore le nom de *Grau-Louis*. » (*Comptes rendus de l'Acad. des sciences*, t. LXXVIII, n° 25 (22 juin 1874), p. 1750.)

mettre directement le royaume en communication avec la mer que la réunion d'une partie du Languedoc lui avait rouverte. Il y fit bâtir une tour et des défenses contre l'ennemi et contre les vents, pour la protection des pèlerins ou des marchands qui s'y porteraient; et il chercha à y attirer des habitants par de nombreux privilèges[1].

Toutes ces dispositions exigeaient de l'argent. Saint Louis en reçut des différentes villes du royaume : de Paris, 10000 livres; de Laon, 3000; de Beauvais, 3400, etc.[2]; mais il en demanda surtout au clergé, qui, de tout temps, avait été spécialement requis de contribuer aux guerres saintes. Le pape avait accordé à cette fin un dixième pendant trois ans[3], et saint

---

1. Voy. la charte des privilèges accordés aux habitants d'Aigues-Mortes, mai 1246 (*Layettes du trésor des Chartes*, t. II, n° 3522). Quant à Marseille, saint Louis se borna à traiter avec les syndics de la ville pour le fret de vingt vaisseaux destinés au passage d'outre-mer (19 août 1246, *ibid.*, n° 3537).

2. Voy. le détail dans un compte de 1248 que Tillemont avait consulté (t. III, p. 118) et qui est publié dans le recueil des *Historiens de France*, t. XXI, p. 270 et suiv. Voy. encore quelques comptes de recettes provenant des dîmes concédées à saint Louis (1247-1250, *ibid.*, p. 535-540). Les bourgeois se ressentirent d'une autre sorte encore de la croisade de la part des seigneurs : non par des contributions, mais par le délai de trois ans qui fut accordé à leurs débiteurs pour s'acquitter de leurs dettes. On lit dans la Chronique de Reims : « Une cose fist li rois dont il ne vint nus biens : car il s'acorda au respit de 3 ans que li chevalier requiseht au légat qu'il orent respit de paiier les dettes que ils devoient as bourgois.... Et ensi n'ouvra mie Godefrois de Buillon ki vendi sa ducée à tousjours et i ala purement dou sien et n'emporta riens de l'autrui. » (*Hist. de Fr.*, t. XXII, p. 311.)

3. Matth. Paris, p. 709 et 710 (t. VI, p. 255 de la trad.). On lit

Louis le fit lever par les ministres du pape, afin que la perception comme l'octroi du subside se trouvât, à l'égard de l'Église, sous le couvert de la même autorité. Les plaintes en effet ne manquèrent point de s'élever, il y eut des résistances : mais la contrainte ne venait pas du roi; et, contre les exacteurs, le clergé ne pouvait pas recourir à ses moyens ordinaires de défense. L'excommunication cette fois frappa non ceux qui levaient l'impôt, mais ceux qui refusaient de le payer[1]. Ils avaient du reste à payer et pour le roi et pour le pape aussi : car le concile de Lyon avait alloué à Innocent IV un vingtième pour le secours de la Terre Sainte, et un autre subside pour Constantinople. En 1247, le malheureux Baudoin venait encore à Paris et à Londres solliciter des secours sans lesquels son empire était à la veille de succomber. A cela se joignait la contribution que réclamait le pape pour sa croisade contre Frédéric; mais pour celle-ci, saint Louis s'y opposa. Les plaintes

dans un document sur les annales et les dîmes, qui paraît avoir été rédigé entre 1307 et 1314 par un conseiller de la Chambre des comptes à la demande de Philippe le Bel : « En celui concile (de Lyon) ledit pape ordonna que le disième fust levé par six ans de toutes Églises sujètes à l'Église de Romé; et parce que li roys prist la croix ou dict concile, le pape li octroia le disième de tous les bénéfices de saincte Église du royaume de France et les legs de la terre saincte, rédemption de vœux, et autres obventions quelles qu'elles fussent, ordonnées à lever par ledict concile audict royaume. » (*Histor. de Fr.*, t. XXI, p. 529.)

1. Voy. Tillemont, t. III, p. 117. On n'eut d'autre ressource que de rapporter plus tard à cette levée d'impôts le mauvais succès de la croisade.

du clergé étaient donc très-vives. Il prétendait que les charges des laïques n'étaient rien au prix des leurs; et pour comble de misère, ils voyaient précisément en cette année les laïques faire comme une levée en masse pour combattre leurs priviléges de juridiction : démonstration qui provoqua, nous l'avons dit, et les plaintes du clergé et les menaces du pape. Sur ce point la querelle devait se prolonger jusqu'après le départ de saint Louis et même après son retour.

Il y avait d'autres difficultés graves que saint Louis aurait voulu résoudre avant de partir : et d'abord celles qu'il avait avec l'Angleterre. La trêve allait expirer. Saint Louis demandait qu'elle fût prorogée : c'est une sûreté qu'il souhaitait pour son royaume pendant son absence. Mais le roi d'Angleterre, qui ne se croisait pas, et que le départ de saint Louis rassurait, n'eût pas été fâché de mettre à profit l'inquiétude qu'il pouvait causer à la France. Il marchandait donc son adhésion; et sans toucher au chapitre des restitutions, il demandait, au nom de sa femme, une partie de la Provence. Saint Louis, au dire de Matthieu Paris[1], eût été disposé à rendre à l'Angleterre quelques provinces comme il le fit plus tard, mais à la condition qu'il s'agît de paix : une simple trêve n'exigeait pas tant de sacrifices; car, après tout, Henri III se fût singulièrement compro-

---

1. T. VI, p. 366, 367 de la trad.

mis lui-même aux yeux de l'Europe, en attaquant les
États d'un roi placé sous la sauvegarde de la chrétienté tout entière par le signe de la croisade. Saint
Louis laissa donc la question en suspens, et la trêve
se prolongea de fait.

Il était un autre point qui pouvait, comme la suite
le montra, provoquer des troubles plus sérieux, et
que saint Louis fut appelé à régler avant de partir :
c'était la succession de Flandre et de Hainaut.

Jeanne, comtesse de Flandre, était morte le 5 décembre 1244[1], et Marguerite, sa sœur, lui avait succédé[2]. Marguerite s'était mariée deux fois : d'abord
avec Bouchard d'Avesnes, qui avait reçu les ordres
et l'avait épousée sans se faire relever de ses vœux ;
puis, ce mariage étant cassé, avec Guillaume de

---

1. Voy. son testament en date du 4 (*Layettes du trésor des Chartes*, t. II, n° 3215).
2. Frédéric lui donna l'investiture pour les terres relevant de l'empire. Marguerite, contre l'usage, s'était fait représenter par procureur (*Hist. diplom. de Frédéric II*, t. VI, p. 327). A la mort de Jeanne, le chapitre de Liége avait réclamé le Hainaut comme lui étant dévolu ; il demandait que Marguerite, qui s'en était emparée, en fût repoussée (*ibid.*, p. 268). Pour ce qui est de la Flandre, Marguerite vint en France ; et comme le roi, malade alors, n'avait pu l'admettre en sa présence, elle obtint de sa mère et de ses frères, par une exception qui ne devait point porter préjudice à l'autorité royale, de recevoir l'hommage de ses propres vassaux avant d'avoir elle-même rendu ce devoir au roi (Pontoise, 10 janvier 1245, *Layettes du trésor des Chartes*, t. II, n° 3223). Plusieurs seigneurs garantirent ses engagements (de janvier à mars 1245, *ibid.*, n°s 3231-3240). Marguerite s'obligea en outre à observer et accomplir les promesses de Jeanne, sa sœur, et de Thomas, mari de Jeanne (mars 1245, *ibid.*, n° 3340).

Dampierre. Or, des enfants étaient nés de ces deux mariages. Les d'Avesnes avaient le droit d'aînesse; les Dampierre prétendaient avoir seuls la légitimité[1]. Ce débat, d'où dépendait la succession des comtés de Flandre et de Hainaut, s'agitait du vivant même de la mère. Les d'Avesnes s'étaient pourvus auprès du pape pour faire maintenir la légitimité de leur naissance, l'union dont ils étaient sortis, bien qu'annulée plus tard, ayant été contractée de bonne foi; et c'est en ce sens que la cour de Rome jugea en 1249[2]. Mais dès ce moment les uns et les autres convinrent de faire résoudre, abstraction faite du point de légitimité, la question d'héritage, et ils s'en remirent à saint Louis assisté du légat. Il était admis que le jugement pourrait réunir ou séparer les deux comtés; et quelle que fût la décision de l'Église sur la question d'état, nulle des parties ne devait s'en prévaloir pour obtenir au delà de son partage.

Ce compromis ayant été ratifié par Marguerite elle-même, saint Louis reçut aussi les engagements de ses enfants, des seigneurs et des villes intéressés

1. Voy. sur les d'Avesnes et les Dampierre la Chronique attribuée à Baudoin d'Avesnes (*Historiens de France*, tome XXI, p. 167). Frédéric avait embrassé la cause des d'Avesnes (1242), en ordonnant aux habitants du Hainaut de ne pas laisser Jean et Baudoin, fils de Bouchard d'Avesnes, souffrir aucune injure des Dampierre dans leurs droits de naissance. (*Histoire diplomatique*, t. VI, p. 33.)

2. Une bulle de Grégoire IX (Viterbe, 31 mars 1237) avait prononcé d'une manière générale l'illégitimité de la race de Bouchard d'Avesnes (*Layettes*, t. II, n° 2489).

dans la querelle[1] ; et de concert avec le légat, il adjugea le Hainaut à Jean d'Avesnes et la Flandre à Guillaume de Dampierre, pour en jouir après la mort de leur mère, à la charge de faire, chacun dans son propre lot, la part de ceux de sa ligne selon les coutumes du pays[2]. Cette sentence équitable fut bien accueillie des princes[3] et encore plus volontiers des peuples, qui espéraient échapper au fléau des guerres de succession ; mais leur espoir devait être trompé le jour où la succession fut ouverte.

1. Voy. la lettre de Marguerite, celles des d'Avesnes et des Dampierre acquiesçant à ce compromis (Paris, janvier 1246, *Layettes*, t. II, n°s 3403, 3404, 3405) ; et celle du roi qui accepte la mission (même date, *ibid.*, n° 3406). Plusieurs villes et divers seigneurs se portèrent aussi caution de ces engagements (*ibid.*, n°s 3408-3429). D'autres s'engagèrent à accepter pour seigneur celui des enfants de la comtesse Marguerite que désigneraient le roi et le légat (février et mars 1246, *ibid.*, n°s 3430-3455, 3475-3506). Voy. aussi le mémoire adressé au roi et au légat au nom de Jean et de Baudoin d'Avesnes pour établir leur légitimité (*ibid.*, n° 3527).

2. Voy. la sentence, datée de juillet 1246, *Layettes*, t. II, n° 2534. Cf. Dachery, *Spicileg.*, t. II, p. 815, et Tillemont, t. III, p. 140.

3. Guillaume de Dampierre et ses frères ratifièrent immédiatement cette sentence (juillet 1246, *Layettes*, t. II, n° 3535). Guillaume alla faire hommage à Pontoise en octobre (*ibid.*, n° 3552). Marguerite, qui restait en possession jusqu'à sa mort, reconnaissait que cet hommage ne la dégageait pas elle-même de ses obligations et que la terre de Flandre serait forfaite si elle ou son fils y manquait (Pontoise, même date, *ibid.*, n° 3533). — On trouve encore à la date de novembre 1248 une lettre de Jean d'Avesnes et de Baudoin son frère approuvant l'accord qu'ils ont fait sur l'héritage de Marguerite leur mère (*ibid.*, t. III, n° 3730. Ce volume n'a pas encore paru : je le cite sur les bonnes feuilles et les épreuves corrigées dont je dois la communication à l'obligeance de mon savant confrère, M. A. Maury, directeur général des Archives nationales).

Cette question de succession ne regardait saint Louis que pour la Flandre. Le Hainaut relevait de l'Empire. On aurait donc pu tout aussi bien s'adresser à Frédéric. Mais il aurait été difficile de réunir en ce moment Frédéric au légat, et on n'en eut même pas la pensée. L'esprit d'équité et de modération de saint Louis le désignait à tous pour arbitre. On savait qu'en toute chose il ne voulait que la justice et la paix, une paix dont il cherchait la garantie dans l'observation de la justice [1].

L'équité de saint Louis envers tous et le respect qu'elle lui attirait était un premier gage pour la sécurité du royaume en son absence. Il en chercha un autre dans la foi du serment. Lui qui était si ferme dans sa parole était porté à croire à celle des autres. Il avait réuni vers la mi-carême (mars 1247) un parlement pour y fixer l'époque de la croisade. Il déclara qu'il était résolu de partir au plus tard à la Saint-Jean de l'année suivante. Il le jura et obtint des autres le même engagement; puis il leur demanda à tous de lui renouveler leur hommage et de jurer foi et loyauté à ses enfants, si quelque chose advenait de lui dans le voyage [2].

1. Le comté de Namur relevait, comme le Hainaut, de l'Empire. C'est pourtant sous la sauvegarde de saint Louis, de sa mère et de ses frères que Baudoin, empereur de Constantinople, plaçait les dispositions qu'il avait prises pour assurer son château de Namur à ses enfants et en régler la succession à leur défaut (Namur, 12 juin 1247, *Layettes*, t. III, n° 3604).

2. Il nous paraît que c'est à cette assemblée qu'il faut rapporter ce qu'en dit Joinville.

Joinville, à qui il le demanda aussi, refusa de le faire, comme n'étant pas son homme[1]. Il ne relevait que du comte de Champagne, et le roi ne songea pas même à prendre mal ce refus; il ne s'en souvint que pour s'attacher ce fidèle serviteur en le prenant un peu plus tard à ses gages. Joinville, en effet, avait reçu aussi la croix; et un grand nombre de seigneurs avaient donné à saint Louis cette autre garantie de sécurité en le suivant dans son entreprise. Dans le nombre il faut compter surtout le comte de Toulouse qui, par ses projets de mariage, avait donné tant de souci à la cour de France. Il ne songeait plus à se marier; il voulait accomplir cette fois ce vœu d'aller en Terre Sainte qu'il avait formé depuis longtemps. Il ne demandait qu'une chose, et c'était une pensée pieuse et sacrée : il demandait que l'on accordât la sépulture à son père qui, depuis vingt-cinq ans, gisait dans son cercueil, attendant une parole de l'Église pour aller mêler sa cendre à la terre bénite[2]. Il semblait que rien ne fût plus facile à exaucer que cette requête, et le pape Innocent IV portait le plus vif intérêt à Raimond. Il l'avait recommandé à saint Louis quand il vint à Paris avant de reprendre la croix : recommandation accueillie par saint Louis, qui, pour l'aider dans les préparatifs de l'expédition, lui avait promis 20 000 livres parisis (506 595 fr. 60 c.), et lui en donna

1. Joinville, chap. xxvi.
2. Guill. de Puy-Laurens, t. XX, p. 771.

5000 (12 664 fr. 89 cent.) en mai 1248[1]. Il avait pris ses terres sous la protection du saint-siége pendant toute la durée de la croisade; il avait écrit au patriarche de Jérusalem et aux Templiers de le bien recevoir. Il lui fit donner une partie des vingtièmes perçus par l'Église elle-même pour la guerre sainte[2]; refuserait-il une pelletée de terre jetée sur un cercueil? Mais la foi était en question ici, et rien ne marque mieux que cet exemple à quel point l'Église entendait pratiquer la maxime de l'égalité des hommes devant Dieu. Ceux-là seuls qui étaient morts chrétiens obtenaient la sépulture chrétienne. Raimond VI était-il mort dans la foi du chrétien? La présomption était contre lui, puisqu'il était mort excommunié. Mais le repentir affranchit l'homme des liens du péché. Le vieux comte en avait-il donné signe? Grégoire IX déjà avait ordonné une enquête, à la prière de Raimond. Innocent IV nomma de nouveaux commissaires pour reprendre l'information qui n'avait pas eu de résultat[3]; elle se poursuivit encore sans aboutir, et Raimond mourut sans avoir eu la

1. *Layettes*, t. III, n⁰ˢ 3665 et 3672.
2. Bulle d'Innocent IV à l'évêque de Tusculum son légat pour qu'il donne au comte de Toulouse 2000 marcs sterling quand il sera arrivé en Terre Sainte (3 décembre 1247); au patriarche de Jérusalem pour qu'il l'accueille favorablement (25 mai 1248); au maître et aux chevaliers du Temple (28 mai), dans le même sens. Une autre bulle du 26 le plaçait sous la protection du saint-siége. (*Layettes*, t. III, n⁰ˢ 3624, 3662, 3663, 3664, 3667, 3672).
3. Bulle adressée à l'archevêque d'Auch et aux évêques du Puy-en-Velay et de Lodève (19 novembre 1247, *Layettes*, t. III, n⁰ 3617).

consolation de déposer son père dans la tombe où lui-même allait descendre. « Le corps du vieux Raimond, ajoute Tillemont, demeura donc ainsi sans sépulture dans la maison des Hospitaliers de Toulouse, où il avait été porté d'abord. Un auteur du dernier siècle dit l'avoir vu dans une bière de bois au cimetière de cette maison, mais qu'il avait été depuis réduit en poudre, hors le crâne, que Catel dit avoir vu gardé dans le trésor de la maison, parmi les joyaux les plus précieux; c'est-à-dire (ajoute méchamment l'excellent homme) que quand peu de gens sauront ce que c'est, on en fera une relique[1]. »

Saint Louis trouvait donc en France tout motif de sécurité. Ceux qu'il aurait pu redouter le plus, ou se croisaient avec lui, ou lui donnaient toute assurance. Ainsi, Trencavel, fils de l'ancien comte de Béziers et de Carcassonne, qui avait pris les armes en 1240 pour recouvrer ses domaines, qui avait eu recours à l'étranger (1241), et qui, depuis la trêve de l'Angleterre et l'accord du comte de Toulouse avec saint Louis, s'était vu de nouveau réduit à fuir au delà des Pyrénées, Trencavel faisait au roi cession de tous ses droits sur son héritage (7 avril 1247)[2]. De son côté, saint Louis ne voulait point partir sans avoir fait toute réparation à qui de droit. Il ne se préparait pas

1. Tillemont, t. III, p. 157.
2. Trésor des Chartes, *registre XXX*, fº 44 verso; et *Layettes du trésor des Chartes*, t. III, nº 3588. Tillemont, t. III, p. 160. Cf. les observations de M. Douet d'Arcq sur la lettre relative au siége de Carcassonne en 1240, *Bibl. de l'École des Chartes*, 2ᵉ série, t. II, p. 363.

seulement à son voyage comme à une guerre lointaine, par des mesures de prévoyance et de sûreté ; il s'y préparait comme aux choses de Dieu, par les bonnes œuvres, répandant les aumônes, multipliant les pieuses fondations et, ce qui est la première loi de la charité, en se disant qu'avant de donner du sien, il faut être sûr de n'avoir rien des autres. Il résolut donc de faire un grand examen de conscience sur toutes les parties de son administration, et donna à cet effet, dès l'automne 1247, des instructions à ses baillis, afin qu'ils provoquassent les réclamations dans leur ressort. De plus, pour recueillir les plaintes que les baillis ne provoqueraient pas, il forma des commissions d'enquête, chargées d'aller par toute la France s'informer des injustices que par lui-même, à son insu, ou par ses agents il avait pu commettre. Il choisit à cette fin des moines jacobins ou cordeliers dont il estimait le plus l'intégrité et le jugement, également étrangers à la flatterie ou à la crainte. Ces sortes d'enquêtes furent poursuivies dans toute la France[1]. Les comptes du roi, à l'Ascension 1248, indiquent les frais qu'elles occasionnèrent en diverses villes, à Paris, à Orléans, à Amiens, à Tours et en beaucoup d'autres lieux.

Ces enquêtes ne se faisaient pas en secret : le roi voulait que ceux qui avaient à se plaindre fussent

---

1. Matth. Paris, t. VI, p. 317 ; Tillemont, t. III, p. 153. Voy. quelques-unes des réclamations aux enquêteurs (décembre 1247, *Layettes*, t. III, n°s 3627, 3733, etc.).

avertis, ne craignant rien tant que de laisser sans satisfaction un sujet de plainte légitime. Il y eut donc autant de réclamations et plus peut-être qu'on n'en aurait vu sous un mauvais roi moins disposé à s'amender. Les rapports de ces enquêteurs, consignés dans des registres récemment mis en lumière, en sont la preuve [1]. Le bruit en alla jusque hors du royaume, et le roi d'Angleterre crut que le moment était propice pour se faire rendre ce que la fortune de la guerre ne lui avait pas fait recouvrer. Le

1. M. E. Boutaric en a traité dans un mémoire dont l'analyse a été insérée aux *Comptes rendus des séances de l'Académie des inscriptions et belles-lettres*, nouv. série, t. IV, p. 78-81 (1868). « Les bailliages de Bourges et d'Orléans, dit-il, furent inspectés par deux frères prêcheurs et deux cordeliers ; les bailliages de Picardie par maître Étienne de Lorris, chanoine de Reims, un franciscain et un dominicain. Nous possédons le registre des enquêteurs de Picardie. Les griefs formulés contre les agents royaux de cette province sont nombreux, mais ils n'ont pas de gravité. Le registre des enquêteurs en Normandie, dont nous ne possédons malheureusement que quelques fragments, fait voir quelles ont été les suites de la conquête de cette province par Philippe-Auguste, conquête qui a été beaucoup plus violente qu'on ne serait tenté de le supposer. Il y a aussi un registre pour la Touraine et le Poitou, provinces qui appartenaient alors à Alfonse de Poitiers ; mais saint Louis se croyait tenu des torts qui avaient pu précéder la constitution de l'apanage. C'est surtout dans le Languedoc, à la suite de la croisade des Albigeois, que des violences avaient été commises : beaucoup de confiscations avaient réuni sans distinction au domaine ce qui était à l'hérétique et ce qu'il détenait comme bien de sa femme, de ses enfants, de ses pupilles, etc. Saint Louis envoya des enquêteurs, dans chacune des grandes sénéchaussées royales du Midi ; et nous le verrons au retour de la croisade mettre toute sa sollicitude à réparer les dommages qui lui auront été signalés. » — Ces précieux registres seront publiés dans le tome XXIV des *Historiens de France*.

comte Richard, venu en France, ne demandait pas moins que la restitution de toutes les provinces prises à Jean, en commençant par la Normandie. Mais le roi ne pouvait pas toucher à ces points sans le conseil de ses barons. Or les barons n'étaient pas disposés à de pareilles concessions; et les déclarations des évêques de Normandie rassuraient d'ailleurs pleinement la conscience du roi. Il répondit que ce n'était pas au moment de partir pour la croisade qu'il pouvait traiter de pareilles questions, et Henri III n'eut garde d'en faire un cas de guerre [1].

On s'apprêtait en effet au départ; et malgré les obstacles que nous avons vus, il venait des croisés même des pays étrangers. Il en venait d'Angleterre, et même de la parenté du roi : comme par exemple Guillaume Longue-Épée, fils d'un bâtard de Henri II, et cet autre seigneur, Français d'origine, devenu Anglais et beau-frère de Henri III, je veux parler de Simon de Montfort, comte de Leicester [2]. Un roi étranger s'était aussi résolu à partir pour la Terre Sainte : Haquin, roi de Norvége, dont le pape avait voulu faire un empereur pour l'opposer à Frédéric. Selon Matthieu Paris, qui prête volontiers aux autres ses sentiments et son esprit, il aurait répondu à Innocent IV

1. Matth. Paris, t. VI, p. 367. L'auteur prétend que Henri, fils de Frédéric II et d'Isabelle d'Angleterre, fit, à la demande de Henri III, son oncle, une démarche semblable auprès de saint Louis quand il était en Chypre (*ibid.*, p. 479). Mais le jeune prince n'avait alors que douze à treize ans !

2. *Ibid.*, p. 381. Il ne parait pas que Leicester soit parti.

qu'il était prêt à combattre tous les ennemis de l'Église, mais non du pape. Saint Louis lui envoya un messager pour l'inviter à faire ce voyage de concert avec les barons de France, lui offrant, comme il était habile aux choses de la mer, le commandement de la flotte. Mais Haquin s'en excusa, disant que ses peuples étaient impétueux et incapables de rien souffrir, et que les Français avaient la réputation d'être fiers et insolents; qu'avec cette humeur, ils pourraient bien ne pas s'accorder, et qu'ainsi mieux valait ne pas faire ensemble la traversée[1]. Ils ne se rencontrèrent ni sur la route, ni sur les champs de bataille. Haquin n'était pas encore parti vers la fin de 1252, quand les Français, sauf saint Louis, étaient déjà revenus.

En France, au printemps de 1248, le mouvement se produisait sur tous les points. A la fête de Pâques, Joinville avait réuni ses hommes et ses vassaux dans sa terre. La veille de la fête, un fils lui était né. La moitié de la semaine se passa en réjouissances. Le vendredi, Joinville, entrant dans les sentiments de celui qu'il allait prendre pour chef, réunit tout ce monde, et leur dit : « Seigneurs, je m'en vais outre mer et je ne sais pas si je reviendrai. Or avancez : si je vous ai de rien méfait, je vous le repaierai l'un après l'autre. » Et il leur fit réparation, au jugement de tous les habitants de sa terre : afin de n'exercer

---

1. Matth. Paris, t. VI, p. 374 de la trad.

sur leur esprit aucune influence, il avait quitté le conseil, et en reçut les décisions sans débat. Pour faire les frais de son expédition, il était allé à Metz, et avait mis une grande partie de sa terre en gage ; et quoiqu'il n'eût encore que peu de bien, il trouva moyen de prendre dans sa compagnie neuf chevaliers et trois bannerets. Il s'entendit avec le sire d'Apremont, comte de Sarrebrück, qui avait le même nombre de gens; et de concert ils louèrent à Marseille un vaisseau pour le voyage[1].

Ces mesures prises, Joinville fit venir l'abbé de Cheminon, que l'on tenait pour le plus vénérable de l'ordre de Cîteaux; et reçut de lui l'écharpe et le bourdon; puis, en habit non pas seulement de pèlerin, mais de pénitent, à pied, sans chaussure et en chemise, il quitta sa demeure pour n'y plus rentrer avant son retour de la guerre, allant d'abord visiter les abbayes et honorer les reliques du voisinage, à Blécourt, à Saint-Urbain. « Et pendant que j'allois à Blécourt, et à Saint-Urbain, dit-il, je ne voulus onques retourner mes yeux vers Joinville; de peur que le cœur ne m'attendrît du beau château que je laissois et de mes deux enfants[2]. »

Ce que Joinville raconte de lui se répéta en bien d'autres lieux de France, et c'est ce que d'autres historiens nous disent aussi de saint Louis[3]. Après

---

1. Joinville, ch. xxv.
2. *Ibid.*, ch. xxvii.
3. En 1247, saint Louis s'était rendu avec sa mère à l'abbaye

avoir mis ordre aux affaires de l'État, achevé ses préparatifs, célébré avec une grande pompe la dédicace de la Sainte-Chapelle, cette merveille de l'architecture gothique achevée en moins de cinq ans[1], et placé son palais sous la sauvegarde des reliques de la Passion, il visita plusieurs lieux sacrés, entre autres l'abbaye de Saint-Victor, et il alla le vendredi après la Pentecôte (12 juin) à Saint-Denys, où il reçut, avec l'oriflamme, l'écharpe et le bâton du pèlerin de la main du légat. De là, revenant à Paris, il se rendit nu-pieds à Notre-Dame pour y visiter une dernière fois, avant de partir, la grande basilique, et y entendre la messe; puis, toujours nu-pieds et en habits de pèlerin, il sortit de Paris, au milieu d'un immense concours de peuple, avec l'escorte des processions de toutes les églises, et il alla ainsi jusqu'à l'abbaye de Saint-Antoine. Après avoir fait ses dévotions dans l'abbaye et s'être recommandé aux prières des religieux, il prit congé du peuple, monta à cheval et partit[2].

de Pontigny pour assister à la translation du corps de saint Edmond, archevêque de Cantorbéry, mort le 16 novembre 1240, au monastère de Soisy et canonisé en 1247. Voy. sa Vie par Bertrand, prieur de Pontigny, dans Martène, *Thesaurus Anecdot. nov.*, t. III, col. 1862, 1863.

1. Commencée entre 1242 et 1245, terminée en 1247 par Pierre de Montereau; consacrée le 25 avril 1248. Plusieurs pièces ont rapport aux indulgences accordées aux fidèles qui la visiteraient durant les fêtes instituées à cette occasion. Archives, cart. J, 155, et *Layettes du trésor des Chartes*, t. III, n° 3666. Voy. aussi le Conf. de Marguerite, *Hist. de Fr.*, t. XX, p. 75, et Tillemont, t. II, p. 413.

2. Confesseur de Marguerite, p. 74; Guill. de Nangis, p. 357.

Chef de la croisade, il reprenait les insignes du chevalier et du roi, sans déposer d'ailleurs l'esprit du pèlerin. Depuis son départ de Paris, il renonça aux habits d'écarlate et de pourpre, aux riches et rares fourrures. Il n'usait plus que d'étoffe commune ou sans éclat, ou des peaux les plus grossières. Plus d'ornements d'or ni d'argent dans son harnais, non plus que dans sa parure. Le concile de Lyon avait recommandé la modestie dans les habits : il en voulut donner l'exemple à tous les siens ; et Joinville rend témoignage que pendant toute la croisade les chevaliers imitèrent sa simplicité. En proscrivant le luxe, on ménageait pour la Terre Sainte des ressources qui se seraient dissipées sans fruit dans ces folles dépenses.

A Corbeil, où le roi s'arrêta le jour même qu'il était sorti de Paris, il prit ses dernières mesures pour le gouvernement du royaume en son absence. Il en confia les rênes à des mains dont le pays avait pu apprécier déjà l'habile direction et la fermeté. Il rendit à sa mère le titre de régente[1] : depuis qu'elle lui avait remis ses pouvoirs, elle n'avait pas d'ailleurs cessé d'être de ses conseils. Il lui donnait pour auxiliaires les hommes sages qui avaient coutume de l'assister. Le roi ne laissait pas que d'user, tant qu'il était présent, de sa prérogative pour transiger sur les différends qui n'étaient pas réglés encore.

---

1. Ordonn., t. I, p. 60.

C'est ainsi qu'il finit à Corbeil son débat avec l'église de Beauvais; à Fleury-sur-Loire, un différend avec cette célèbre abbaye[1]. Des compositions de cette sorte signalent par les noms de ville et les jours dont les actes sont datés, les différentes étapes de saint Louis dans sa marche vers le lieu de son embarquement[2].

Il y avait un bien plus gros différend que le roi eût été surtout heureux de terminer avant son départ; mais pour celui-là, il ne suffisait pas qu'il y mît du sien : c'était le différend du pape et de l'empereur. Saint Louis se proposait bien de tenter un dernier effort. Il avait pris son chemin par la Bourgogne, et devait passer par Lyon, qui était d'ailleurs le rendez-vous d'un grand nombre de croisés. A Lyon, l'on trouvait cette grande voie du Rhône qui se chargeait de porter sans efforts, au lieu d'embarquement, hommes et bagages. C'est à Lyon que Joinville, ayant escorté, avec ses grands destriers, son bagage le long de la Saône, s'embarqua lui-même pour gagner Arles d'où il vint à Marseille. Saint Louis avait donc écrit à Frédéric de lui envoyer des messagers à son passage à Lyon, et il avait probablement aussi préparé le pape à la négociation de l'affaire; mais il devait en espérer bien peu, si c'est à cette époque qu'il faut rapporter ce fragment de lettre qui nous est resté sans date :

1. Juin 1248, *Layettes*, t. III, n° 3692.
2. *Ibid.*, n° 3693.

« Notre cour, lui dit le pape, s'applique entièrement à ce qui peut donner honneur à l'Église et tranquillité au peuple chrétien, et procurer aux fidèles la prospérité que nous souhaitons. C'est pourquoi nous voulons que vous ayez la ferme et inébranlable assurance que, bien que la paix ait été et soit toujours dans notre désir, cependant, quoi que l'on dise ici ou là, ou qu'on pense ou qu'on présume de l'homme, nous n'admettrons jamais aucun traité de paix de la part de Frédéric jadis empereur, si ce n'est avec le plein et manifeste honneur de l'Église et le salut de ceux qui se sont attachés à elle : au nombre desquels, en raison de votre sérénité royale et en considération de la dévotion sincère que vous avez pour Dieu et pour l'Église, nous vous plaçons au premier rang. Au reste, tenez pour certain que quelque traité de paix qui arrive, ledit Frédéric ni aucun de sa race ne sera plus jamais élevé à l'empire [1]. »

Saint Louis arriva donc à Lyon [2]. Il y reçut, avec l'agrément du pape, les messagers de Frédéric, auxquels il avait donné rendez-vous dans cette ville, et se fit le médiateur de leurs propositions auprès du saint-père [3]. Mais les formes respectueuses dont elles étaient enveloppées ne changèrent rien au fond des choses. Frédéric faisait alors la guerre aux villes lombardes avec une ardeur accrue encore par le sentiment de sa défaite. Il ne voulait rien sacrifier de ce côté ; et le pape pouvait savoir que ses vues ne se

---

1. *Hist. diplom.*, t. VI, p. 641.
2. Matth. Paris, t. VI, p. 411, etc.
3. Induit de la lettre de Frédéric au roi d'Angleterre (*Hist. diplom.*, t. VI, p. 645). Frédéric avait écrit d'Asti à saint Louis en juillet 1248 (*Annal. Genuenses* : Muratori, *Scriptores rerum Ital.*, t. VI, p. 515; et Pertz, *Monum. German. histor.*, t. XVIII, p. 225; cf. Huill.-Bréholles, *Hist. diplom.*, t. VI, p. 640).

bornaient pas à l'asservissement de l'Italie. Innocent IV ne se laissa donc pas toucher. Plus de paix avec Frédéric qu'il ne cesse d'être empereur et roi[1].

Ce fut, après comme avant l'entrevue, son inébranlable résolution. Il le dit à un prince, quelque prince d'Allemagne sans doute, dans une lettre où, parlant de cette négociation dernière, il le veut prémunir contre de faux bruits de paix que Frédéric ou ses ministres pourraient mensongèrement répandre pour endormir le zèle des adhérents de l'Église. Il proteste qu'il est résolu à faire exécuter la sentence prononcée par lui au concile de Lyon, et que jamais il ne consentira à un traité qui laisserait à Frédéric ou à son fils l'empire ou le royaume[2]. Aussi ne

---

1. Voyez *Chron. de rebus in Italia gestis*, p. 219, et différentes lettres qui se rapportent à cette lutte (*Hist. diplom.*, t. VI, p. 600, 602, 603, 609, 614, 623, 631, 637).

2. *Lettre d'Innocent IV à un prince.*

« De peur que Frédéric ci-devant empereur ou ses ministres, selon leur habitude, ne vous trompent sur la paix à faire entre l'Église et lui, afin de refroidir le zèle et le dévouement des fidèles au Saint-Siége apostolique, nous faisons savoir par les présentes à Votre Sérénité que comme les messagers de ce même Frédéric, ayant obtenu de venir trouver notre très-cher fils le roi de France, le suppliaient d'intervenir pour négocier cet accord, nous, bien que souffrant, à la requête du roi, qu'il entendit avec notre permission ce que ces envoyés voulaient proposer, comme nous ne pouvons admettre aucun projet d'accord d'après lequel, selon la teneur de la sentence, que nous avons prononcée avec l'assentiment du concile de Lyon, sentence qu'avec l'autorité du Seigneur nous voulons inviolablement exécuter, l'empire et le royaume puisse en aucune sorte demeurer à cet homme ou à son fils Conrad : le roi susdit, zélateur de la foi catholique et de l'honneur ecclé-

faut-il pas s'étonner que Frédéric y cherche une justification de sa résistance dans la lutte où il est engagé et dans l'appel qu'il fait à tous les rois contre le pape; témoin cette lettre, où, de son côté, rendant compte au roi d'Angleterre de la démarche qu'il a faite à la requête de saint Louis, il lui rappelle combien de fois déjà, pour le bien général de la religion chrétienne et en particulier de la Terre Sainte, dont la délivrance est l'objet de tous les vœux, il s'est abaissé (*humilitatis nostræ colla submisimus*) afin d'obtenir cette paix tant désirée entre l'Église et l'Empire. Mais comment croire à sa modération quand elle se traduit en cette sorte : « Nous avons voulu adoucir par notre patience cet antique serpent et modérer la rigueur dont nous savons que plusieurs de nos prédécesseurs, les divins empereurs romains, ont usé en cas pareil? » Comment admettre qu'il eût vraiment offert des gages qui dussent paraître suffisants au pontife comme ils l'avaient paru, dit-il, à saint Louis, quand lui-même avoue qu'il n'admet pas de transaction

siastique, ayant, avec la pleine grâce du siége apostolique, continué son voyage commencé, les messagers s'en sont allés sans avoir atteint leur but. C'est pourquoi nous avons voulu non-seulement en informer Votre Sérénité, mais le faire savoir par vous à ceux du pays d'alentour, afin que si l'on en faisait d'autres rapports, le mensonge, comme d'ailleurs on ne pourrait l'ignorer longtemps, et comme l'effet le prouvera, soit reconnu de tous et de chacun. » (Août 1248. Huillard-Bréholles, *Hist. diplom.*, t. VI, p. 644).

sur les Lombards et travestit ainsi les revendications du pape : « Mais ce bon pasteur de l'Église n'a voulu avoir aucun égard au droit et à l'honneur de l'Empire ni à nous ; il a voulu tout soumettre à sa puissance pour le fait des Lombards qui ont toujours apporté jusqu'à ce jour des empêchements à tout accord de paix ; et il a honteusement repoussé, quand on la lui offrait, la paix qu'il devait rechercher. Ainsi, continue-t-il, voilà que nous avons cherché la paix et nous ne l'avons pas trouvée ; nous l'avons appelée et elle n'a pas répondu à notre appel. Reste donc que nous défendions virilement nos droits et ceux de l'Empire, et ceux des autres rois et princes en notre cause ; car il nous faut désormais non plus demander imprudemment la paix, mais l'accepter quand elle nous sera demandée[1]. »

1. *Lettre de Frédéric II au roi d'Angleterre.*
« Combien et de quelle sorte, pour le bien général de la foi chrétienne et principalement de la Terre Sainte au recouvrement de laquelle aspirent les vœux de tous les chrétiens et particulièrement des rois et des princes, nous avons, afin de procurer la douceur de la paix universellement attendue entre nous et celui-là et les autres pontifes de l'Église romaine, baissé le cou de notre humilité, Votre Sérénité, je pense, le sait bien et le monde ne l'ignore pas. Nous avons voulu solliciter la paix avec révérence de peur de paraître bouleverser le monde par nos discordes. Nous avons voulu adoucir par notre patience cet antique serpent et modérer la rigueur dont plusieurs de nos prédécesseurs les divins empereurs romains ont usé en cas pareils. Naguère, à la requête et à la prière de l'illustre roi des Français, notre cher ami, dont nous avons appris qu'il venait de prendre personnellement les armes pour secourir la Terre Sainte et qui aimait à reprendre l'affaire presque désespérée de cette paix : bien que rebuté par l'expérience du passé, nous fus-

Il n'y avait plus rien à faire pour saint Louis quand la question était maintenue sur ce terrain. Il reçut la bénédiction du pape et prit congé de lui avec tristesse. Il sentait que ni le pape ni l'empereur n'auraient le loisir de le seconder dans cette campagne provoquée par l'Église elle-même, mais où il serait seul à défendre les intérêts de la chrétienté.

Saint Louis, quittant le pape, descendit le Rhône, et sur sa route le délivra d'une entrave qui en gênait la navigation : c'était une roche (la roche de Glun) surmontée d'un château, dont le seigneur rançonnait impitoyablement quiconque passait par là. Il força le château en quelques jours, le démolit en partie et eut la fort grande bonté de le rendre à son maître, en l'obligeant d'ailleurs à restituer ce qu'il avait pris et à donner caution de ne plus rien exiger par la suite. Un peu après, laissant une partie des croisés se diriger vers Marseille, il prit lui-même le chemin d'Aigues-Mortes[1].

---

sions contraint de douter du succès de la paix, puisque toutes les fois que nous avons donné des signes évidents de notre humilité, en vue de la paix, nous avons rencontré des dispositions plus dures de la partie adverse, néanmoins, prenant une confiance telle quelle des démarches de ce même roi pour la paix à faire, nous avons fait partir N. et N., nos fidèles, délégués solennels de Notre Excellence, qui pour l'honneur de l'Église notre mère, et les heureux auspices de la chrétienté, sauf l'honneur de l'Empire et des royaumes auxquels nous commandons par l'autorité de Dieu, fissent connaître notre bonne volonté pour la paix et donnassent des gages de satisfaction future que le roi lui-même jugeait suffisants, etc. (Août 1248. *Hist. diplom.*, t. VI, p. 645.)

1. Guill. de Nangis, p. 359.

Saint Louis emmenait avec lui la reine Marguerite sa femme, et ses frères les comtes d'Artois et d'Anjou[1]. Il avait laissé le comte de Poitiers derrière lui, jugeant prudent qu'il restât avec Blanche, pour se mettre au besoin à la tête des hommes d'armes : la trêve avec l'Angleterre touchant presque à son terme (29 septembre) sans avoir été renouvelée[2]. La comtesse d'Artois, qui était près d'accoucher, retourna en France pour revenir avec lui l'année suivante. Saint Louis aurait bien voulu aussi que sa femme demeurât; mais il lui aurait fallu rester avec Blanche : c'était pour elle une trop bonne fortune que de s'en aller avec saint Louis sans que Blanche fût là.

Trente-huit grands vaisseaux étaient réunis dans

1. Il laissait sous la garde de sa mère plusieurs enfants. Il en avait eu cinq jusque-là : Blanche, née le 12 juillet 1240, et qui mourut à moins de trois ans; Isabelle, née le 18 mars 1242, qui fut reine de Navarre; Louis, né le 25 février 1244, qui mourut au commencement de 1260; Philippe, né le 30 avril 1245, qui fut son successeur, et Jean, né en 1247, mort le 10 mars 1248. Il en eut six autres par la suite; trois nés pendant la croisade : Jean Tristan, comte de Nevers, né au mois d'avril 1250 à Damiette; Pierre, comte d'Alençon, né à Châtel-Pèlerin, près d'Acre, en 1251; Blanche, née à Jaffa, en 1253, qui épousa Ferdinand, fils d'Alfonse X, roi de Castille; et trois après son retour : Marguerite, conçue en Palestine, née en 1254, épouse de Jean, duc de Brabant; Robert, comte de Clermont, né en 1256, qui fut la tige de la maison de Bourbon, et Agnès, la dernière, épouse de Robert II, fils du duc de Bourgogne. Voy. Tillemont, t. V, p. 241-245.

2. Le 20 septembre seulement une lettre de Simon de Montfort annonce qu'elle est prorogée jusqu'à cinq jours avant Noël (*Layettes*, t. III, n° 3713). Ce n'était pas s'engager beaucoup.

la baie d'Aigues-Mortes, déjà fournis des approvisionnements et n'ayant plus à recevoir que les hommes, les chevaux et le reste des bagages[1]. Il y avait plus d'hommes que saint Louis n'en pouvait embarquer. Il dut laisser entre autres des archers italiens, si toutefois on peut induire ce fait du récit exagéré et malveillant de Matthieu Paris touchant l'embarquement du roi de France. Les seigneurs, du reste, pourvoyaient eux-mêmes à leur embarquement et trouvaient des ports plus commodes qu'Aigues-Mortes. Nous avons dit que Joinville avait frété un vaisseau à Marseille. C'est aussi à Marseille que le comte de Toulouse, qui vint visiter saint Louis à Aigues-Mortes, devait s'embarquer. Il y faisait venir par Gibraltar un beau vaisseau construit pour lui sur les côtes de Bretagne. Mais le vaisseau se fit attendre : quand il arriva, il n'était plus temps de s'embarquer; et quand le temps en revint, le comte était mort.

Saint Louis mit à la voile le 25 août 1248.

1. Les comptes de dépenses pour 1248 portent plusieurs sommes employées à l'armement de ces vaisseaux (*Histor. de Fr.*, t. XXI, p. 283, 284).

CHAPITRE VII.

PREMIÈRE CROISADE DE SAINT LOUIS.

I

Saint Louis en Chypre.

La première croisade de saint Louis fut malheureuse, et ce malheur aurait été prévenu peut-être par un plan mieux conçu et exécuté avec plus de décision. Mais si la conduite de cette campagne peut accuser l'habileté militaire du saint roi, il y montra un si grand caractère, énergie dans les revers et les souffrances, dignité dans la captivité, dévouement à ses compagnons de guerre et d'infortune, qu'il en sortit plus grand et plus glorieux : gloire peu goûtée, encore moins enviée du jeune et fameux général qui a fait la critique de cette expédition avec une autorité pleinement justifiée par l'éclat de ses victoires sur le même théâtre[1], mais qu'on ne peut louer de la même

---

1. *Mémorial de Sainte-Hélène.*

sorte, quoi qu'il dise, pour la pensée qui le jeta dans cette aventure et pour la façon dont il en sortit. A ce double point de vue le vaincu de Mansoura peut soutenir la comparaison avec le vainqueur des Pyramides et d'Aboukir.

Le but de la croisade était l'Égypte. Depuis l'expédition manquée de Philippe-Auguste et de Richard Cœur de Lion, on était dans la pensée que, pour avoir Jérusalem, il fallait la reconquérir au siége même de la puissance qui l'avait ravie aux chrétiens. C'est en Égypte que le roi titulaire de Jérusalem, Jean de Brienne, avait conduit les croisés pour se rouvrir le chemin de sa capitale; c'est par un traité avec l'Égypte que Frédéric II se l'était fait remettre et qu'il put s'y couronner roi. Jérusalem, après les nouvelles vicissitudes que nous avons signalées, étant retombée aux mains des Égyptiens, c'est par une campagne en Égypte que saint Louis voulait la rendre aux chrétiens avec des gages qui la leur assurassent désormais.

Une telle entreprise demandait de grands efforts. La campagne pouvait être longue. Saint Louis avait choisi pour base d'opération l'île de Chypre; et ne comptant pas trop sur les ressources que lui offrirait le pays où il portait la guerre, il avait, durant deux années, fait transporter dans cette île du vin, du blé et toutes sortes de provisions :

« Les celliers du roi, dit Joinville, étoient tels, que ses gens avoient fait, au milieu des champs, sur le rivage de la mer, de grandes moies (tas) de tonneaux de vin qu'ils avoient achetés dès deux ans avant que le roi vînt, et ils les avoient mis les uns sur les autres, de sorte que quand on les voyoit par devant il sembloit que ce fussent des granges. Les froments et les orges, ils les avoient mis par monceaux au milieu des champs, et quand on les voyoit il sembloit que ce fussent des montagnes; car la pluie qui avoit battu les bleds depuis longtemps les avoit fait germer par-dessus, si bien qu'il n'y paraissoit que l'herbe verte. Or il advint que quand on les voulut mener en Égypte l'on abattit les croûtes de dessus avec l'herbe verte, et l'on trouva le froment et l'orge aussi frais que si on les eût nouvellement battus (ch. xxix).

Saint Louis débarqua en Chypre dans la nuit du 17 au 18 septembre 1248. Il aurait voulu n'y rester que le temps de rallier sa flotte, éprouvée dans la traversée par une tempête, et ceux qui, des divers ports, avaient dans le même temps mis à la voile pour faire la campagne avec lui. Mais un plus grand nombre se disposaient à le suivre, qui n'étaient point partis encore. Les princes et les barons le décidèrent par leurs instances à les attendre. C'était une faute. On fut amené par là à passer l'hiver en Chypre. La difficulté de retrouver des vaisseaux (on ne les avait qu'en location et pour la traversée) fit qu'on ne se trouva pas en mesure de repartir quand il l'eût fallu, dès le commencement de l'année. D'autres retards s'ajoutant à celui-là, l'expédition déjà compromise fut décidément ruinée.

Le roi de Chypre, Henri I, qui prenait alors, de l'aveu du pape et avec l'assentiment des barons, le titre de roi de Jérusalem, reçut avec grand honneur saint

Louis et le fit demeurer à Nicosie sa capitale[1]. Jamais on n'avait vu en Chypre prince d'Occident si bien accompagné.

C'était, il est vrai, le digne roi des Francs. L'empereur Frédéric II, qui s'était aussi arrêté dans l'île, n'avait rien eu qui soutînt la comparaison avec un si grand appareil. Aussi le renom de saint Louis se répandit-il au loin, et, plus tard, quand Rubruquis (Ruysbroek) pénétra au fond de l'Asie, un Tartare lui disait que le plus grand souverain, ce n'était pas l'empereur, mais le roi de France.

1. Conrad, fils de Frédéric II, héritier du royaume de Jérusalem, étant absent, les Ibelins, ennemis de Frédéric, avaient fait décider que la reine Alix de Chypre aurait, en attendant, la garde du royaume (en 1240), comme la plus proche héritière de sa nièce la reine Isabelle. Après la mort d'Alix, Henri, son fils, lui succéda dans cet office. En 1247, le pape le délia du serment qu'il avait prêté à Frédéric II, et bientôt le reconnut comme seigneur du royaume de Jérusalem (17 avril 1247). Voyez Huillard-Bréholles, *Hist. diplom.*, introd., p. ccclvii et ccclxvii; cf. t. VI, p. 506. — Mélissende, sœur utérine d'Alix et alors veuve de Bohémond IV, paraît avoir réclamé ces pouvoirs : elle s'adressa pour cela au Saint-Siége. Innocent IV manda à l'évêque de Tusculum, son légat, d'examiner les titres qu'elle pouvait avoir (29 mars 1249; *Hist. diplom. de Frédéric II*, t. VI, p. 709); mais cette réclamation n'eut pas d'autre suite. Voy. M. de Mas Latrie, *Histoire de l'île de Chypre sous le règne de la maison de Lusignan*, t. I, p. 337. — Henri étant mort en 1253, transmit ses droits à un enfant, Hugues II, âgé de quelques mois. Une telle minorité laissait place à plusieurs générations de régents. Le titre en fut donné successivement à la mère du jeune roi, puis à sa tante Isabelle, mariée à Henri, fils de Bohémond IV, prince d'Antioche, et après la mort d'Isabelle, à son fils Hugues, qui, le jeune roi étant mort (novembre 1267), se fit couronner roi de Chypre (Hugues IV) et un peu après de Jérusalem (1269).

Saint Louis cherchait moins à frapper l'imagination des hommes qu'à les gagner à lui et à les tourner au bien ; et ce temps passé en Chypre, si fatalement pour le succès de l'expédition, ne fut point perdu pour toute chose. On y ressentait autour de lui la bonne influence qui émanait comme naturellement de sa personne. Il allait faire la guerre aux infidèles : mais il y avait guerre, il y avait au moins des haines et des rivalités qui pouvaient aboutir à la guerre parmi les fidèles qu'il venait défendre; rivalité entre les Grecs et les Latins, rivalité entre les princes chrétiens de l'Orient, et même et surtout entre les ordres religieux de Palestine. Les Templiers et les Hospitaliers, on l'a vu, ne se haïssaient guère moins que les infidèles : faisant leurs guerres et leurs traités isolément et le plus souvent en sens opposé; de telle sorte que si les uns étaient en guerre les autres étaient en trêve avec celui qui était pourtant l'ennemi commun. Le roi d'Arménie et les princes d'Antioche se querellaient les armes à la main en présence des Turcs et des Tartares. Enfin entre les Grecs et les Latins il y avait, non pas la guerre comme entre les Latins établis à Constantinople et ceux qu'ils en avaient chassés, mais des rapports de mépris et de haine, les Grecs étant condamnés à vivre sous le joug des Latins qui les dominaient.

Saint Louis s'efforça d'ôter les causes de cette irritation et de faire cesser ces discordes plus funestes aux chrétiens que toute la puissance de leurs ennemis. Déjà Innocent IV s'était inquiété de cette oppression des Grecs par les Latins, et son légat venait de faire rappeler en Chypre l'archevêque grec qui en avait été banni; il rentrait en promettant obéissance à l'Église romaine[1]. Selon une ancienne chronique, ce fut saint Louis qui fit cesser le schisme[2]; on peut croire au moins qu'il contribua beaucoup à adoucir ce qu'il pouvait y avoir de froissement encore dans ce rapprochement que l'état des choses plus que la disposition des esprits avait amené. Il travailla aussi à réconcilier les Templiers et les Hospitaliers; et pour ramener l'unité dans la direction de la guerre, unité si souvent rompue par les négociations séparées des deux ordres avec les Musulmans, un jour que le grand maître du Temple lui faisait savoir qu'un envoyé du sultan d'Égypte l'était venu trouver pour s'enquérir si le roi voulait faire la paix, saint Louis s'en indigna (on disait que les Templiers avaient eux-mêmes provoqué cette ambassade) et il écrivit au grand maître pour lui défendre de recevoir aucun messager sans son exprès commandement[3].

1. Guill. de Nangis, p. 358.
2. Tillemont, t. III, p. 211.
3. Guill. de Nangis, p. 367-369. Le chroniqueur donne une raison plausible du mécontentement du roi : c'est que de pareilles démarches auprès des Sarrasins ne pouvaient que provoquer leur orgueil et les rendre plus mal disposés à toute transaction. Les chrétiens de Syrie le savaient bien. « On disoit parmi Chipre, dit-il, cil qui connoissoient les pays de la terre de Surie, que li Syrien, combien que il fussent grevé, ne faysoient point pru-

Sa présence eut au moins pour effet de ramener les deux ordres rivaux à une action commune. Il reçut aussi les ambassadeurs du roi d'Arménie et du prince d'Antioche. Sur la demande du premier, il s'entremit pour rétablir la paix entre eux, et le prince d'Antioche aurait eu mauvaise grâce de lui résister : car il avait sollicité de lui des secours contre les Turcomans, et saint Louis lui avait donné six cents arbalétriers. Le roi lui rendit un plus grand service en l'amenant à faire, avec son rival, une trêve qui reportait tous leurs efforts contre les Musulmans.

L'union des chrétiens d'Orient, ainsi rétablie par saint Louis, aurait pu relever leur fortune : car l'ennemi à qui ils avaient affaire était lui-même divisé.

miers mention ne paroles de trèves prendre; mais lors le faysoient quant ils en estoient requis à grant instance. Et pour ce que li maistres en avoit pruimiers parlé, si comme on disoit, la condition des crestiens en estoit empiriée; et mesmement pooient li Turs croire que li roys Loys ne se sentit plus foibles des Sarrasins, que il ne requesist pas trives ne pays (paix). » Les Chroniques de Saint-Denys ajoutent à cette occasion : « Tant avoit grant amour entre le soudan et le mestre du Temple, que quand il voloient estre sainiez ils se faisoient sainier ensemble et d'un meisme bras et dans une meisme escuelle. » Allusion sans doute à une coutume orientale de mélanger son sang en signe d'alliance contractée. « Pour tel contenance, continue-t-il, et pour plusieurs autres les crestiens de Surie estoient en soupeçon que le mestre du Temple ne feust leur contraire; mais les Templiers disoient que telle amour monstroit il et telle honneur il portoit por tenir la terre des crestiens en pais et qu'elle ne feust guerroiée du Soudan ne des Sarrasins. » (Extrait du ch. XLVII dans les *Hist. de France*, t. XXI, p. 114.)

Le sultan ou soudan d'Égypte, Saleh-Ayoub, avait triomphé de la ligue des princes de Syrie et des chrétiens, grâce à la diversion des Karismiens; et à la suite de la bataille de Gaza, il avait reconquis la Palestine, Damas et une partie de la Syrie. Mais les princes syriens s'étaient relevés. Les Karismiens, on l'a vu, avaient été presque entièrement détruits; et Saleh-Ayoub venait de recommencer la guerre contre le prince d'Alep, lorsqu'il apprit l'arrivée de saint Louis en Chypre. Il s'arrêta, se croyant menacé. Quand il sut que saint Louis se proposait d'hiverner dans cette contrée, il continua sa marche, voulant contraindre le prince d'Alep à se joindre à lui contre les chrétiens, ou s'en débarrasser. Il vint avec une puissante armée à Gaza (saint Louis en fut averti par un message des Templiers et des Hospitaliers), il traversa Jérusalem et se dirigea vers la Syrie, parlant toujours de ses projets d'accommodement. Le Calife, le Vieux de la montagne les appuyaient; car de cet accord semblait dépendre la fortune des ennemis de la croix. Mais le prince d'Alep ne se fiait pas à des propositions apportées en si grand appareil. La guerre se continua donc entre eux : le sultan d'Égypte faisant effort pour reprendre la Chamelle et le prince d'Alep pour la garder. La difficulté du siége, peut-être l'intervention du Calife et sans doute aussi une maladie et la nécessité d'en finir, pour aller tenir tête à saint Louis, amenèrent le sultan d'Égypte à s'accommoder avec son rival, à des conditions probablement moins favorables qu'il ne l'avait espéré[1].

Tandis que les Musulmans sentaient le besoin de s'unir contre le roi de France, les Tartares lui envoyaient une ambassade : ambassade qui fit grand bruit alors, et dont plus tard on contesta l'origine et, si je puis dire, l'authenticité, mais qu'il convient d'admettre en la réduisant à ses vraies proportions.

Ce ne fut pas le successeur de Genghis-Khan, mais ce fut, selon toute apparence, un de ses officiers en Asie, qui, apprenant l'expédition des Francs contre les Turcs, ennemis communs des deux races, lui envoya, comme au nom du Khan, une députation pour former avec lui des relations amicales. Il lui mandait qu'il était prêt à l'aider à conquérir la Terre Sainte et à délivrer Jérusalem des mains des Sarrasins[2]. Il était d'ailleurs de l'intérêt des Tartares, au moment où ils s'apprêtaient à porter un coup mortel au califat de Bagdad, de voir ses sectateurs d'Égypte et de Syrie retenus par l'invasion de saint Louis. Il n'est pas impossible que cet officier, nestorien peut-être, ait flatté saint Louis de l'espoir de convertir sa nation : sur ce chapitre, on était assuré de trouver le roi prêt à tout dans son zèle trop crédule. Ce qui n'est pas douteux, c'est que saint Louis répondit avec empressement à cette démarche. Il envoya de

---

1. Guill. de Nangis, p. 367; cf. Aboulféda dans les *Hist. arabes des Croisades*, t. I, p. 124-125.
2. Joinville, ch. xxix.

son côté des ambassadeurs au khan des Tartares ;
il lui faisait porter par eux, à titre de présents, une
tente faite en guise de chapelle, d'écarlate fine, et
par conséquent d'un grand prix. Afin de les attirer
à notre croyance, il y avait fait tailler en image
l'Annonciation et les principales scènes du Nouveau
Testament : la Nativité, le Baptême de Notre-
Seigneur, la Passion, l'Ascension, la descente du
Saint-Esprit; il y avait joint des calices, des livres,
et tout ce qu'il fallait pour chanter la messe, avec deux
frères prêcheurs pour leur enseigner ces mystères[1].
Les messagers restèrent deux ans en route, et leur
voyage, au moins, put donner des Tartares une
idée plus juste qu'on n'en avait alors[2].

Le roi reçut, vers ce temps-là, une autre visite encore : c'était l'impératrice de Constantinople qui venait solliciter son appui contre les ennemis dont cette grande ville était environnée. Arrivée à Baffe (Paphos) elle avait mandé à Joinville et à Erard de Brienne de l'y venir prendre; et notre historien nous raconte la détresse où il la trouva. Après son débarquement, le vent avait rompu les ancres de son vaisseau qui avait été poussé vers Acre, et l'impératrice était restée sur

1. Joinville, ch. xciii.
2. Voy. Guill. de Nangis, p. 359 et suiv.; et sur les rapports d'Innocent IV (1246), puis de saint Louis avec les Tartares, C. d'Ohsson, *Hist. des Mongols depuis Tchinguiz-Khan jusqu'à Timour-Bey*, t. II, p. 187-244. Un des missionnaires d'Innocent IV était le cordelier Plan Carpin, dont la relation a été conservée; un des envoyés de saint Louis, le jacobin André de Lonjumeau.

le rivage, n'ayant de tout son harnais que la chappe dont elle était vêtue et un surcot de table. Joinville la présenta au roi et à la reine à Limassol ou Limisso, et le lendemain il lui envoya du drap et de la fourrure de vair, dont elle se put faire un vêtement plus convenable, et du cendal (taffetas) pour le doubler. La princesse ne pouvait pas espérer qu'elle détournerait saint Louis de son expédition; pourtant, elle fit si bien qu'elle obtint d'une centaine de chevaliers et notamment de Joinville, l'engagement de se rendre à Constantinople, si le roi, à son retour d'outre-mer, y voulait envoyer trois cents chevaliers : engagement que Joinville aurait voulu tenir plus tard; mais saint Louis se déclara hors d'état de remplir la condition que les chevaliers y avaient mise. L'impératrice partit pour la France quand saint Louis fut en Égypte[1].

Ces chevaliers, qui se montraient si prompts à aider cette grande infortune, avaient, du reste, eux-mêmes besoin d'être secourus. Saint Louis, pendant son séjour en Chypre, dut prêter de l'argent à plus d'un seigneur pour les aider à acquitter les engagements contractés au départ[2]. Plusieurs avaient épuisé

1. Joinville, ch. xxx. Elle emportait avec elle des pouvoirs (octobre 1248) qui l'autorisaient à engager les terres de l'empereur Baudouin en France pour le payement des sommes qu'il avait empruntées (*Layettes du trésor des Chartres*, t. III, n° 3727). L'année suivante, par diverses lettres (janvier et février 1249), elle prie la reine Blanche d'acquitter plusieurs dettes sur l'argent qu'elle lui a confié (*ibid.*, n°s 3737, 3740, 3745).

2. Voyez les lettres de reconnaissance des sires de Coucy, de Dampierre, de Chassenay (Némosie [Limassol], mai 1249, *Layettes*

déjà les ressources qu'ils s'étaient procurées et durent s'adresser à saint Louis ; témoin Joinville :

« Moi, dit-il, qui n'avois pas mille livres de rente en terre, je me chargeai quand j'allai outre-mer de moi dixième de chevaliers, et de deux chevaliers portant bannière ; et il m'advint ainsi que, quand j'arrivai en Chypre, il ne m'étoit demeuré de reste que deux cent quarante livres tournois, mon vaisseau payé. A cause de quoi quelques-uns de mes chevaliers me mandèrent que si je ne me pourvoyois de deniers, ils me laisseroient. Et Dieu, qui onques ne me faillit, me pourvut en telle manière que le roi, qui étoit à Nicosie, m'envoya querre, et me retint (à ses gages) et me mit huit cents livres dans mes coffres ; et alors j'eus plus de deniers qu'il ne m'en falloit (ch. XXIX). »

C'est en raison de ce prêt, constituant une sorte de fief, que Joinville devint dès lors l'homme du roi.

Au mois de février 1249, saint Louis songea (il en était grand temps) à entrer en campagne. Pour cela, il fallait retrouver des vaisseaux : il envoya au port d'Acre où il y en avait toujours ; mais ce n'était pas chose si facile que de les décider à se louer pour son entreprise. Les marchands de Venise, de Gênes et de Pise ne consentaient point à suspendre, pour si peu, leurs affaires : comme s'ils n'avaient pas intérêt plus que personne à sauver des Musulmans ces ports où ils faisaient, grâce aux croisades, un commerce si lucratif ! Il y avait de plus des querelles entre ces Italiens et les gens du pays, querelles qui

du trésor des Chartes, t. III, n^{cs} 3769-3771), et un peu plus tard celles de Gaucher de Châtillon, de Gui, comte de Forest (au camp devant Damiette, septembre 1249 ; *ibid.*, n°s 3810, 3811 et 3823).

allaient jusqu'à des luttes à main armée : le consul de Gênes y fut tué, et cette agitation, qui dura trois semaines, ne permit pas de rien conclure. Le 19 mars, saint Louis et le légat députèrent d'autres personnages pour calmer la sédition et obtenir des vaisseaux : c'étaient le patriarche de Jérusalem, l'évêque de Soissons, le comte de Jaffa, le nouveau connétable de France Imbert de Beaujeu, et Geoffroi de Sargines. On comptait partir vers le milieu d'avril (c'était bien tard déjà) et, en attendant, saint Louis, ne voulant pas manquer aux formes d'usage entre peuples civilisés, écrivit au sultan d'Égypte pour lui déclarer qu'il s'apprêtait à marcher contre lui, s'il ne se soumettait et ne lui faisait hommage.

Les Musulmans ne pouvaient prendre cette démarche que pour une insulte. Le sultan en pleura, et ce qui ajoutait à sa douleur, c'est l'impuissance où sa maladie le réduisait personnellement. On disait que le prince d'Alep, attaqué par lui, avait gagné un de ses serviteurs pour l'empoisonner. Le sultan avait un ulcère à la jambe : le serviteur aurait enduit de poison une natte où le prince venait s'asseoir chaque jour pour jouer aux échecs; et le venin, touchant sa chair au vif, se serait insinué dans ses veines. On soupçonnait volontiers les Orientaux de crimes de ce genre. On assurait même que le sultan d'Égypte avait cherché à faire périr le roi et les principaux de l'armée chrétienne par le poison. Des émissaires arrêtés en Chypre avouèrent, disait-on, qu'on les avait chargés d'empoisonner les vivres[1]. Joinville et les principaux historiens de saint Louis n'en disent rien ; et quant au sultan, comme on rapporte que le poison lui ôta « tout mouvement de la moitié du corps[2] », on pourrait croire qu'il fut simplement frappé de paralysie. Quoi qu'il en soit, tout malade qu'il était, il ne laissa pas que de quitter Damas pour regagner l'Égypte : il expédia l'ordre de mettre Damiette en défense, se souvenant que dans la croisade de Jean de Brienne c'était là que les chrétiens avaient porté leur attaque. Il chargea l'émir Fakhr-eddin[3], qui avait commandé au siége de la Chamelle, de former un camp devant la ville. Mais les chrétiens pouvaient aussi se tourner vers Alexandrie, et le bruit courait à Damiette que c'est de ce côté que saint Louis voulait diriger ses efforts[4]. On y envoya également des troupes et des munitions.

II

Prise de Damiette.

Saint Louis avait enfin des vaisseaux amenés d'Acre ou recrutés dans l'Archipel; plusieurs seigneurs

1. Guill. de Nangis, p. 371.
2. Joinville, ch. XXXI.
3. « Glôire de la religion. »
4. On le crut aussi dans l'armée de saint Louis. Voyez la lettre de Gui, chevalier du vicomte de Melun, dans les additions de Matthieu Paris, t. VI, p. 552.

qui avaient passé l'hiver dans quelqu'une des îles de ces parages, ralliaient le gros de la flotte. Les provisions furent embarquées ; on embarqua même des instruments aratoires : mesure dont le sultan se moqua, promettant bien de ne pas laisser au roi de France le temps de recueillir le blé qu'il aurait semé¹. Mais s'il paraissait établi que la Terre Sainte ne pouvait être gardée sans qu'on eût l'Égypte, la précaution n'était pas si mauvaise et elle semble indiquer la pensée de s'établir dans le pays. On avait voulu s'embarquer à la mi-avril, on ne le put faire que le 13 mai au soir, jour de l'Ascension. Le roi de Chypre accompagnait saint Louis². Jamais flotte plus considérable ne s'était montrée dans ces mers. Elle comptait cent vingt gros vaisseaux, sans les galères et les embarcations de moindre tonnage ou les bateaux plats construits en Chypre pour aborder sur la plage de l'Égypte. A les comprendre toutes, il n'y avait pas moins de seize à dix-huit cents voiles, portant deux mille huit cents chevaliers et un nombre proportionné d'autres gens³.

1. Voyez l'extrait de la relation de Jean, moine de Pontigny, dans Matthieu Paris, t. VI, p. 564, et Matthieu Paris, t. VII, p. 18.
2. Tillemont, t. III, p. 235 ; L. de Mas-Latrie, *Hist. de l'île de Chypre sous les princes de la maison de Lusignan*, t. I, p. 350.
3. Guill. de Nangis, p. 371 ; Joinville, ch. xxxii. Jean Sarrasin, chambellan de saint Louis, qui fut de l'expédition et qui écrit peu de jours après la prise de Damiette (le 23 juin 1249), en porte le nombre à deux mille cinq cents chevaliers, cinq mille arbalétriers et « grand planté d'autres gens à pied et cheval. » Voyez sa lettre publiée dans la continuation de Guillaume de Tyr, *Hist. occid. des*

Jusqu'à l'embarquement, le secret avait été gardé sur le point où l'on devait descendre; on disait même généralement que l'on irait à Alexandrie, et la nouvelle, nous l'avons vu, s'en était répandue en Égypte. Lorsqu'on fut en mer, l'ordre fut donné de se diriger sur Damiette. Mais on n'était pas encore

Croisades, t. II, p. 571. Elle avait été donnée pour la première fois (avec des additions) par MM. Michaud et Poujoulat dans leur *Nouvelle collection de Mémoires pour servir à l'histoire de France*, 1re série, t. I, p. 359-401. « La difficulté pour arriver à préciser la force de l'armée royale, dit M. de Mas-Latrie, est de savoir si, sous le nom de chevaliers, Jean Sarrasin et Joinville comprennent indistinctement les bannerets et les bacheliers. Les bannerets réunissaient sous leur guidon un nombre de chevaliers-bacheliers quelquefois considérable, mais qui ne pouvait être moindre de deux ou trois, indépendamment des écuyers; chacun des bacheliers, ou chevaliers vassaux, avait à son tour au moins un écuyer et un homme de service, compris parmi les autres gens à pied et à cheval, dont il y avait « grand planté » dans l'armée. On peut considérer ainsi que l'évaluation à deux mille huit cents chevaliers, faite par Joinville, représente un effectif combattant cinq ou six fois plus fort que ce nombre. Le corps des barons français aurait donc été à peu près de vingt à vingt-cinq mille hommes; et, d'après une grave autorité, celle de Jacques de Molay, dernier grand maître du Temple, qui avait connu les chevaliers revenus de la campagne de Damiette, l'armée de saint Louis n'aurait pas même été si considérable. En comptant cependant vingt-cinq mille Français, en ajoutant à ce nombre mille chevaliers de Chypre, mille chevaliers de Jérusalem, le contingent des ordres militaires et ceux qui étaient venus de l'Angleterre, de la Morée, et probablement de l'Italie, on atteindrait peut-être, mais avec peine, le chiffre de cinquante mille hommes, que les calculs les plus acceptables des chroniques arabes donnent à l'armée débarquée en Égypte sous les ordres du roi de France. » (*Histoire de l'île de Chypre sous le règne des princes de la maison de Lusignan*, t. I, p. 350.).

parti. Tout le monde ne se trouvait pas prêt, et le vent se montrait contraire ; on n'était pas à la hauteur de Paphos, qu'il fallut revenir à Limassol. Le samedi 22, on se remit en route : la mer, presque à perte de vue, était couverte de voiles ; mais le lendemain, jour de la Pentecôte, il s'éleva une tempête qui en dispersa la plus grande partie. Plusieurs furent chassés jusque vers Acre. Saint Louis était rentré au port, et il dut attendre encore huit jours avant de trouver un vent favorable ; c'est durant cette relâche forcée qu'il fut rejoint par G. de Villehardouin, prince d'Achaïe, et par le duc de Bourgogne, qui avait passé l'hiver près de lui en Morée : ils amenaient des vaisseaux et des troupes qui compensaient un peu ce qu'avait dissipé la tempête[1]. Enfin, le jour de la Trinité, 30 mai, la flotte put remettre à la voile, et le vendredi 4 juin, après une nuit qui ne fut pas sans péril, on se trouva en vue du rivage de Damiette[2].

1. Guill. de Nangis, dans les *Histor. de France*, t. XX, p. 371.
2. Sur l'attaque et la prise de Damiette, voyez avec Joinville et Jean Sarrasin quatre lettres écrites de Damiette même par des compagnons de saint Louis : Robert, comte d'Artois, son frère, Gui, l'un des chevaliers du vicomte de Melun, Guillaume de Sonnac, grand maître du Temple, et Jean, moine de Pontigny. Elles ont été conservées par Matthieu Paris dans ses additions, p. 165-169, édit. 1640 ; t. VI, p. 549-565 de la traduction. Il faut préférer pour le débarquement la date du 4 juin, adoptée par Guillaume de Nangis (p. 371), à celle du jeudi après la Pentecôte (27 mai) donnée par Joinville (ch. xxxIII). C'est la date (vendredi après la Trinité) donnée par le comte d'Artois, qui y était comme Joinville, mais, de plus, qui l'écrivit à sa mère, trois semaines après, le 23 du même mois ; c'est ce que dit Jean Sarrasin dans sa lettre, qui est préci-

Le roi réunit le conseil de ses barons, et plusieurs étaient d'avis d'attendre qu'il eût rallié un plus grand nombre de vaisseaux; car il n'avait pas, disait-il, le tiers de ses gens. Mais saint Louis pensa tout autrement. Il lui parut qu'attendre, c'était laisser croire à l'ennemi qu'on hésitait, qu'on avait peur; et puis il n'y avait là aucun port où l'on pût se réfugier en cas de mauvais temps; et l'on avait assez éprouvé les effets des vents contraires pour n'en plus courir l'aventure.

Ceux de Damiette étaient sur leurs gardes. Quatre galères, à l'apparition de la flotte du roi, avaient été envoyées à la découverte. On les avait enveloppées et trois furent coulées à fond par les machines, mais la quatrième s'échappant était venue annoncer à la ville que l'on avait devant soi le roi de France. Aussitôt on sonna la cloche et tout le monde courut au rivage pour s'opposer au débarquement.

La ville de Damiette s'élevait entre la mer, au nord, qui en était à environ une demi-lieue, et à l'ouest le bras du Nil qui porte son nom. Elle était donc plus sur le fleuve que sur la mer. Elle était jointe à l'autre rive par un pont de bateaux; et deux chaî-

---

sément de la même date; c'est ce que répète le grand maître du Temple dans une lettre de la même époque (il fut blessé mortellement à Mansoura. Voyez pour le comte d'Artois et le grand maître du Temple, Matth. Paris, t. VI, p. 550 et 565, et pour Jean Sarrasin, *Hist. occid. des Croisades*, t. II, p. 589 : le récit de la prise de Damiette reprend à cette page, après plusieurs chapitres intercalés dans la lettre de Jean Sarrasin.

nes, dont les extrémités se rattachaient à deux tours, l'une tenant à la ville, l'autre au bord opposé, interceptaient à volonté l'accès du fleuve. Les Français jetèrent l'ancre devant la rade; elle était bordée de vaisseaux et couverte de cavaliers et de soldats, qui faisaient retentir les airs du son de leurs cors et de leurs nacaires ou grosses timbales.

On résolut de débarquer au lieu où était descendu Jean de Brienne en 1218, c'est-à-dire, sur la rive du Nil opposée à Damiette, ou plus exactement dans une île formée de ce côté par une dérivation du fleuve. L'ordre en fut donné pour le lendemain matin. Pendant la nuit, on se garda de toute surprise en allumant grand nombre de flambeaux; les arbalétriers, disposés tout à l'entour, devaient repousser ceux qui tenteraient d'attaquer ou d'incendier la flotte. Le matin on leva l'ancre et on se dirigea vers l'île; mais les Sarrasins s'y portèrent, prêts à repousser le débarquement en quelque lieu qu'on voulût l'opérer. Les grands vaisseaux ne pouvant s'approcher du bord, on se jeta dans les galères et dans les plus légères embarcations, pour avancer le plus loin possible vers la grève. Le roi descendit lui-même dans une barque avec le légat qui portait devant lui l'image de la vraie croix, comme on faisait jadis aux rois de Jérusalem dans les batailles. Devant, dans une autre barque, était l'oriflamme ou bannière de Saint-Denys. Les frères du roi et un grand nombre de barons et de chevaliers armés, ayant leurs chevaux auprès d'eux dans leurs barques, lui faisaient cortége ; et ils étaient eux-mêmes entourés d'arbalétriers qui, par leurs carreaux, devaient tenir l'ennemi à distance et favoriser le débarquement[1].

Joinville nous a laissé une vivante peinture de cette scène en décrivant comment lui-même s'y comporta. On lui avait promis une galère pour le débarquement ; mais il n'en put avoir, et il dut se contenter pour tous les hommes contenus dans son gros vaisseau, d'un vaisseau plus petit qu'il tenait de Mme de Baruth sa cousine, et où étaient ses huit chevaux. Le transbordement ne se fit pas sans péril. Ses gens s'étaient jetés dans la chaloupe « qui plus plus, qui mieux mieux », c'est-à-dire en confusion, et les mariniers remontèrent au plus vite sur le gros vaisseau, croyant que le frêle esquif allait sombrer. On le déchargea et on procéda par ordre ; en trois fois, tous passèrent sans encombre. Quant à Joinville, revenu à son vaisseau, il mit dans sa petite chaloupe un écuyer qu'il fit chevalier, Hugues de Vaucouleurs, et deux très-vaillants bacheliers, Villain de Versey et Guillaume de Dammartin, qui avaient grande haine l'un contre l'autre. Joinville les fit se pardonner leur rancune et s'embrasser, mais il ne l'obtint qu'en faisant serment sur des reliques de ne les point mener à terre s'ils n'abjuraient leur ressentiment. Ils

---

1. Jean Sarrasin, *l. l.*, p. 589, etc.; cf. Tillemont, t. III, p. 241 et suiv.

s'avancèrent alors et passèrent près de la barque où était le roi. Les gens du roi crièrent après eux, parce qu'ils allaient plus vite, leur enjoignant d'aborder à la bannière de Saint-Denys ; mais chacun avait été laissé libre de prendre terre où il voudrait et comme il pourrait. Joinville donc passa outre et fit aborder devant un gros corps de Turcs[1].

La bannière de saint Louis abordait à peu près en même temps, au milieu d'une grêle de traits lancés de part et d'autre. Il fallait la soutenir. On eût voulu retenir le roi sur son vaisseau jusqu'à ce qu'on pût voir ce que ferait sa chevalerie qui allait à terre. Si elle succombait dans l'attaque, le roi, demeuré à bord, pourrait renouveler l'entreprise autrement. Mais le légat et les autres eurent beau dire, le roi n'y voulut rien entendre, il sauta dans la mer tout armé, ayant de l'eau jusqu'aux aisselles, l'écu au col, le heaume en tête, la lance au poing, et fut des premiers à terre. Il aurait couru sans plus attendre sur les Sarrasins, si ses « prud'hommes » qui étaient avec lui[2] n'eussent jugé plus sage d'attendre qu'on fût en nombre pour faire l'attaque avec plus de succès[3].

La première chose à faire était de se maintenir au

---

1. Joinville, ch. xxxiii.
2. C'étaient cinq ou six hauts personnages, le connétable, etc., qui formaient sa principale escorte.
3. Joinville, ch. ii et xxxv ; Jean Sarrasin, *l. l.*, p. 590 ; Guill. de Nangis, p. 371.

rivage. C'était vaincre déjà que de résister aux assaillants. Les cavaliers turcs se précipitaient sur chaque groupe, à mesure qu'ils en voyaient se former. C'est ainsi qu'une troupe d'environ six mille hommes, piquant des éperons, se porta sur le point où Joinville venait de débarquer : mais Joinville et ses compagnons fichant la pointe de leurs écus dans le sable et y appuyant aussi le fût de leurs lances, leur opposèrent un mur solide tout hérissé de fer. Les cavaliers, voyant ces piques prêtes à leur entrer dans les flancs, tournèrent bride[1].

Les groupes se multipliaient sur tous les points. Le comte de Jaffa, entre autres, avait abordé près de Joinville, posté fièrement sur sa galère, qui était peinte dedans et dehors d'écussons à ses armes; trois cents rameurs dont la place était marquée par une targe et un pennon également à ses armes, fendaient l'onde en cadence. Il semblait que la galère volât; il semblait que la foudre chût des cieux au bruit des pennons agités, des timballes, des tambours et des cors sarrasins, qui retentissaient sur la galère. La galère ainsi lancée s'enfonça dans le sable, et le comte avec ses chevaliers, sautant dehors, vint se ranger près de Joinville, qui était un peu son parent, et dressa ses pavillons. A ce bruit, à cette vue, les Sarrasins, donnant des éperons, voulurent renouveler leur atta-

---

1. Joinville, ch. xxxiii.

que. Mais se voyant aussi bien attendus, ils revinrent en arrière[1].

C'était enfin pour les chrétiens l'heure d'aller en avant. Leurs petits groupes commençaient à se rallier : Baudoin de Reims venait d'envoyer à Joinville son écuyer pour le prier de l'attendre, et bientôt mille hommes d'armes arrivaient avec lui. Saint Louis, à la tête de ses chevaliers, put donc marcher contre les Sarrasins. Un combat assez vif s'engagea. Mais l'ennemi, qui n'avait pu accabler les chrétiens dans le désordre du débarquement, n'était pas en état de supporter leur choc. Plusieurs émirs succombèrent, entre autres le gouverneur de Damiette. Fakhreddin et les autres regagnèrent la rive droite du Nil par le pont de bateaux. Les chrétiens les auraient poursuivis au delà, si leurs chefs n'eussent redouté une embuscade; car la nuit était noire. Ils restèrent donc maîtres de toute la rive occidentale du Nil, et en même temps leur flotte avait forcé l'entrée du fleuve en repoussant les vaisseaux des Sarrasins qui la gardaient[2].

Les ennemis avaient perdu beaucoup de monde; les chrétiens au contraire eurent peu de tués. Parmi les blessés on compta Hugues de la Marche, qui se montrait toujours au premier rang comme pour effa-

---

1. Joinville, ch. xxxiv.
2. Joinville, ch. xxxv.; Jean Sarrasin, p. 590; Guill. de Nangis, *l. l.*; Chron. de Reims, t. XXII, p. 312; *Annales Genuenses*, an 1249, ap. Pertz, *Monum. German. histor.*, t. XVIII, p. 227.

cer par l'éclat de sa valeur les souvenirs de sa révolte. Il succomba à ses blessures[1].

Saint Louis avait établi son camp sur le champ de bataille, théâtre de sa victoire. Il voulait avant tout achever le débarquement de ses troupes; et il y fut aidé par les chrétiens échappés des prisons de Damiette. Ils avaient profité de ce que tout le monde était sorti contre les Francs pour sortir comme les autres et aller se mettre à leur service : par la connaissance qu'ils avaient des lieux, ils purent guider les mariniers vers les endroits qui se prêtaient le mieux à l'accostage.

Les hommes et les chevaux mis à terre, saint Louis ne songeait qu'à tout préparer pour le siége de Damiette, et l'entreprise n'était pas facile. La ville, protégée par le Nil, était défendue par plusieurs enceintes de murailles : deux vers le Nil, trois vers la terre; et ces murailles étaient comme hérissées de tours. Les chrétiens jadis l'avaient tenue assiégée du 24 août 1218 au 5 novembre 1219, et ne l'avaient réduite qu'à l'aide de la famine et de la peste; or depuis ce temps on avait ajouté à ses fortifications. Mais les habitants étaient comme frappés de terreur par

---

1. Matth. Paris, t. VI, p. 504 de la traduction. Dans la lettre de Gui, chevalier du vicomte de Melun, il est dit : « Il avait été placé au premier rang des volontaires comme étant suspect, ce qu'il n'ignorait pas » (*ibid.*, p. 559). On sait par le récit de Joinville et des autres historiens qu'il n'y eut point d'ordre de bataille et que ce fut à qui combattrait au premier rang.

l'audace de ce débarquement, et tout secours leur semblait refusé. Depuis que la flotte chrétienne avait apparu, on en avait, par trois fois, envoyé la nouvelle par des pigeons messagers au sultan, que l'on disait arrivé de Damas à Achmoun, et nulle réponse n'était venue. On le savait malade, on le crut mort; et Fakhr-eddin, laissant à Damiette le corps des Kénana avec les habitants, partit pour se rendre, avec le reste de ses troupes, au lieu où l'on avait à décider du sort de l'Empire. Mais les Kénana les suivirent, et les habitants, qui en tout autre temps auraient pu se défendre, s'effrayèrent en se voyant, après une défaite, abandonnés des troupes qui les devaient protéger. Ils tuèrent, en leur écrasant la tête, ceux des prisonniers chrétiens qui ne s'étaient point échappés de leur prison, et partirent après avoir mis le feu au quartier marchand, pour ôter à l'ennemi les richesses que l'on ne pouvait emporter. Grand dommage! « il advint de cette chose comme si quelqu'un demain (dont Dieu le garde) boutoit le feu au Petit-Pont[1]. » Deux captifs échappés au massacre en apportèrent la nouvelle au roi. Il envoya un chevalier qui trouva en effet la ville déserte et pénétra jusqu'aux maisons abandonnées. Le roi fit chanter le *Te Deum*, et, montant à cheval, il dressa son pavillon auprès du pont que les Sarrasins avaient négligé de détruire.

---

1. Joinville, ch. xxxv; cf. Jean Sarrasin, p. 791. Aboulféda est très-bref sur ces événements (*Hist. arabes des Croisades*, t. I, p. 126).

On en rétablit les abords, et les troupes furent envoyées dans la ville, le roi restant près du pont, afin de soutenir les siens, en cas d'embuscade. Mais il n'y avait pas d'embuscade. Tous les Sarrasins étaient vraiment partis, ne laissant que des morts. On éteignit le feu, on purifia la ville, et le roi, rapportant à Dieu ce triomphe inespéré, entra dans la place non en vainqueur, mais en pénitent, processionnellement, avec le légat, le patriarche de Jérusalem, les prélats, les religieux, tous pieds nus; les barons et le reste de l'armée complétaient le cortége (6 juin).

Dès son entrée, il se rendit à la mosquée déjà consacrée à Dieu, sous l'invocation de la sainte Vierge, lors de la prise de Damiette en 1219. On y chanta le *Te Deum;* puis l'ancienne église, réconciliée et purifiée, fut rendue au culte, et saint Louis y établit un évêque avec des chanoines, comme pour prendre, au nom du Seigneur, possession de la ville qu'il lui avait livrée.

III

Séjour de saint Louis à Damiette.

La fuite des habitants avait été trop précipitée pour qu'ils eussent pu détruire entièrement ce qu'ils étaient forcés de laisser après eux. Malgré l'incendie, une quantité considérable de vivres était restée dans Damiette, et beaucoup d'objets de valeur. Le roi réunit son conseil pour savoir ce qu'on en devait faire. Le patriarche de Jérusalem, qui parla le premier, fut d'avis que l'on gardât les vivres pour les besoins de la ville, et que le reste fût remis au légat pour qu'il en fît le partage. Chacun devait, sous peine des censures de l'Église, lui rapporter ce qu'il avait pris. Plusieurs s'en abstinrent sans doute. Les divers objets portés chez le légat ne furent pas estimés au delà de 6000 liv. Il fut décidé que le légat les garderait et donnerait l'argent pour être partagé d'une manière plus commode; et le roi fit venir un brave chevalier, Jean de Valery, qu'il chargea de cette distribution. Mais il s'en excusa :

« Sire, dit-il, vous me faites grand honneur, merci à vous ! mais cet honneur et cette offre que vous me faites, je ne l'accepterai pas, s'il plaît à Dieu, car je déferois les bonnes coutumes de la Terre Sainte, qui sont telles, que quand l'on prend les cités des ennemis, des biens que l'on trouve dedans, le roi doit en avoir le tiers et les pèlerins en doivent avoir les deux tiers. Et cette coutume le roi Jean (de Brienne) la tint bien quand il prit Damiette; et ainsi que les anciens le disent, les rois de Jérusalem qui furent avant le roi Jean tinrent bien cette coutume. Et s'il vous plaît que vous me veuillez bailler les deux tiers des froments, des orges, du riz et des autres vivres, je m'entremettrai volontiers pour les partager aux pèlerins. »

« Le roi, ajoute Joinville, ne se décida pas à le faire, et l'affaire demeura ainsi ; d'où maintes gens se tinrent pour mal satisfaits de ce que le roi défit les bonnes coutumes anciennes[1]. »

1. Ch. XXXVI.

Le sultan que l'on avait cru mort était vivant, et Fakhr-eddin le trouva furieux d'une fuite qui avait livré à l'ennemi les portes de l'Égypte. Fakhr-eddin était trop puissant et trop nécessaire dans l'état de santé où était le sultan pour subir le châtiment de sa faute : mais les émirs inférieurs payèrent pour lui. Les chefs des Kénana furent pendus au nombre de cinquante[1]. Après quoi le sultan se fit porter à Mansoura, cette ville élevée en 1221 par Malec-Camel, son père, contre l'invasion des premiers vainqueurs de Damiette[2]. Il voulait y défendre à son tour le chemin de sa capitale, si le roi de France tentait d'y aller. Il l'envoya même défier pour le 25 juin. Saint Louis répondit qu'il le défiait, lui, pour tous les jours, à moins qu'il ne se fît chrétien[3] : ce que le pieux roi voulait toujours espérer des infidèles et ce qu'il eût regardé comme la plus précieuse des conquêtes.

En assignant bataille à saint Louis pour le 25 juin, le sultan comptait sur un auxiliaire qui lui devait arriver à jour fixe, le Nil; le Nil dont la crue commence alors et qui n'eût pas tardé à ôter aux chrétiens tout moyen de reculer comme de marcher en avant. Saint Louis, grâce à sa fatale résolution de passer l'hiver en Chypre, à la nécessité de renvoyer

---

1. Aboulféda dit qu'il fit étrangler tous les Kénana jusqu'au dernier (*Hist. arabes des Croisades*, t. I, p. 126).

2. Gemal-eddin dans la *Bibl. des Croisades*, t. IV, p. 453.

3. Lettre de Gui dans Matth. Paris, t. VI, p. 562 de la traduction ; Tillemont, t. III, p. 256, 257.

ses vaisseaux, à la difficulté d'en retrouver et au temps qu'il avait fallu pour reprendre la mer ou opérer le voyage, était arrivé en Égypte au moment où il lui était impossible d'entrer en campagne. Après avoir volontairement passé l'hiver en Chypre, il se voyait donc forcé à passer l'été à Damiette.

Il y aurait eu pourtant quelque chose à faire pendant l'inondation et à la faveur même de l'inondation.

On avait, au début, hésité si l'on irait prendre Damiette ou Alexandrie; et l'on s'était prononcé pour Damiette comme la plus rapprochée de la Terre Sainte, et pouvant le mieux servir, entre les mains des chrétiens, à protéger la Palestine contre les Turcs d'Égypte. Maintenant on avait à décider si l'on marcherait sur Alexandrie ou sur le Caire[1]. Mais l'attaque du Caire étant impossible, en raison de l'inondation, rien ne semblait plus naturel que de se tourner contre Alexandrie. L'impression de la chute de Damiette devait se faire sentir dans cette ville, et l'inondation devait rendre plus difficile les secours qu'elle pouvait attendre de l'intérieur du pays. Rien ne portait à croire que la prise d'Alexandrie aurait plus coûté que celle de Damiette, et les chrétiens eussent ainsi possédé les deux principales portes de l'Égypte sur la mer : l'une du côté de la Terre Sainte, l'autre du côté de l'Occident. Saint Louis aima mieux

---

1. Voyez la lettre du grand maître du Temple dans Matth. Paris, t. VI, p. 564 de la traduction.

rester à Damiette pour attendre son frère Alfonse et les secours qu'il devait amener de France; il se borna à fortifier la ville qu'il avait occupée.

La reine s'y était logée avec la garnison destinée à protéger la place. Saint Louis s'était établi dans un camp au voisinage avec le reste de l'armée. On n'y était pas sans alerte. Le sultan avait à son service des Bédouins du désert qui rôdaient à l'entour et pénétraient pendant la nuit sous les tentes, décapitant les soldats endormis : on leur donnait deux besants d'or par tête; ou bien encore ils se cachaient dans la campagne et surprenaient ceux qui s'aventuraient au dehors[1]. Après la Saint-Jean, il y eut même une

---

1. Joinville, ch. xxxviii; Jean Sarrasin, p. 592; Gemal-eddin dans la *Bibl. des Croisades*, t. IV, p. 453. « Les Bédouins, dit Joinville dans un autre passage, ne demeurent ni en villages, ni en cités, ni en châteaux, mais couchent toujours aux champs; et ils établissent leurs ménages, leurs femmes et leurs enfants, le soir pour la nuit, ou de jour quand il fait mauvais temps, dans une manière de logement qu'ils font de cercles de tonneaux liés à des perches, comme sont les chars des dames; et sur ces cercles ils jettent des peaux de moutons que l'on appelle peaux de Damas, corroyées à l'alun : les Bédouins eux-mêmes en ont de grandes pelisses qui leur couvrent tout le corps, les jambes et les pieds. Quand il pleut le soir et qu'il fait mauvais temps la nuit, ils s'enveloppent dans leurs pelisses, et ôtent les freins à leurs chevaux, et les laissent paître près d'eux. Quand vient le matin, ils rétendent leurs pelisses au soleil et leur donnent un apprêt; et ensuite il ne paraît en rien qu'elles aient été mouillées le soir. Leur croyance est telle, que nul ne peut mourir qu'à son jour, et pour cela ils ne veulent pas mettre d'armure; et quand ils maudissent leurs enfants, ils leur disent : « Ainsi sois-tu maudit « comme le Franc qui met une armure par peur de la mort. » En bataille, ils ne portent rien que l'épée et la lance. Presque

tentative d'attaque plus générale. Le sultan avait envoyé ses troupes contre le camp des chrétiens. Saint Louis s'arma avec ce qu'on appelait ses bons chevaliers, ou comme nous dirions son état-major; c'étaient, on l'a vu, sept ou huit chevaliers, parmi lesquels Geoffroi de Sargines, Philippe de Montreuil et Imbert de Beaujeu, connétable de France. Pour ne rien compromettre on avait interdit aux barons toute escarmouche; et Joinville, qui en était venu demander la permission au roi, fut rudement repoussé par Jean de Beaumont. Jean de Beaumont lui enjoignit de ne pas sortir de sa tente qu'il n'en ait reçu le signal[1].

Un chevalier qui enfreignit la défense n'eut point à s'en louer : c'était un seigneur de la maison de Châtillon, nommé Gautier d'Autresche. Par une étrange bravade, il se fit armer dans sa tente, et quand il fut à cheval l'écu au cou, le heaume en tête, il fit lever les pans de son pavillon, et piquant des éperons se précipita tout seul sur les Turcs, au cri de « Châtillon » poussé par ceux de sa maison. Mais avant qu'il arrivât à l'ennemi, son cheval le renversa, et avant qu'il pût se relever, quatre Turcs, se

tous sont vêtus de surplis ainsi que les prêtres; leurs têtes sont entortillées de toiles qui leur vont par-dessous le menton; à cause de quoi ce sont de laides gens et hideux à regarder : car les cheveux de la tête et la barbe sont tout noirs. Ils vivent du lait de leurs bêtes, et achètent dans les plaines des riches hommes les pâturages de quoi leurs bêtes vivent » (ch. LI).

1. Joinville, ch. XXXVII.

jetant sur lui, l'accablèrent de leurs masses d'armes. On accourut du camp royal. Le connétable et plusieurs sergents relevèrent le blessé et le ramenèrent jusqu'à son pavillon. On le saigna des deux bras, mais tous les secours de l'art ne purent le ramener à la vie; et le roi, l'apprenant, affecta de ne point le plaindre. Il déclara qu'il n'en voudrait pas avoir mille pareils qui voulussent agir contre son commandement[1].

Ce n'était pas seulement de cette indiscipline devant l'ennemi que saint Louis avait à gémir. L'inaction où les soldats demeuraient généralement ne leur était pas bonne. Les seigneurs dépensaient leur argent en festins magnifiques; le peuple et des chevaliers aussi, sans doute, s'abandonnaient à des désordres encore plus coupables. Quand le pieux roi était parti de France, il avait dit à ses gens qu'ils se mettaient en campagne pour le service de Dieu; qu'ils devaient donc mener une vie chaste, et que s'ils n'en avaient pas la force, ils le dissent : il était prêt à leur donner congé. Tous promirent, tous ne tinrent point parole[2]. Il y avait des lieux de débauche à un jet de pierre de la tente du roi[3]. Le roi d'ailleurs n'était pas maître en toute chose au milieu des siens. Plusieurs seigneurs avaient un droit de juridiction qu'ils entendaient exercer à leur manière;

---

1. Joinville, ch. XXXVII.
2. Confesseur de Marguerite, *Histor. de France*, t. XX, p. 111 *d*.
3. Joinville, ch. XXXVI.

et les gens mêmes du roi commirent des excès dont l'armée devait se ressentir par la suite. Au lieu d'user de débonnaireté envers les marchands à Damiette, ils leur louèrent les boutiques à tel prix que le bruit s'en étant répandu au loin, les étrangers s'abstinrent de venir, n'y trouvant plus leur avantage[1]. Autre chose regrettable : l'expédition se composait principalement de Français, mais des hommes d'autre race s'y étaient joints; car ce n'était pas une entreprise exclusivement nationale, c'était un acte de la chrétienté, une croisade. Les Anglais, qui avaient encore tant de relations étroites avec la France, s'y étaient surtout associés. Au mois d'août, Guillaume Longuépée, sire de Salisbury, avec plusieurs barons et une suite de deux cents chevaux, avait rejoint saint Louis à Damiette, et le prince les avait accueillis avec joie; mais des querelles se mirent entre les seigneurs des deux nations. L'historien anglais prétend que les Français étaient jaloux de ses compatriotes pour un exploit qu'il est seul à raconter (les Français s'en sont-ils tus aussi par jalousie?). Il ajoute qu'un autre jour les Anglais ayant pillé une caravane, le comte d'Artois leur enleva leur butin sous prétexte qu'ils étaient sortis sans permission. Il prétend même que, sur la plainte de Guillaume, saint Louis, tout en gémissant de cette violence, lui avoua qu'il n'avait pas assez d'autorité

---

1. Joinville, ch. xxxvi.

pour la réprimer, craignant une sédition[1]. Ce n'est pas la façon d'agir de saint Louis en pareil cas, surtout à l'égard de ses frères. Tout ce récit est donc suspect ; mais ce qui ressort des faits, c'est la mauvaise intelligence des Anglais et des Français dans cette vie commune. Guillaume, en effet, quitta l'Égypte pour se rendre en Palestine, où il espérait être rejoint par d'autres pèlerins de sa nation et accomplir avec eux quelque exploit dont ils eussent tout l'honneur; mais le roi d'Angleterre s'opposa à de nouveaux départs, et Guillaume, sur l'appel de saint Louis, finit par lui revenir au moment où l'armée française s'avança dans l'intérieur de l'Égypte[2].

Ce ne devait pas être avant l'arrivée d'Alfonse de Poitiers, qu'attendait saint Louis; et dès ce temps même Alfonse préparait tout pour son départ[3]. Le

---

1. Matth. Paris, t. VII, p. 49 et suiv. de la traduction.
2. Matth. Paris, *ibid.*, p. 65.
3. On le voit, après le départ de saint Louis, régler plusieurs affaires importantes. En septembre 1248, Hugue l'Archevêque, seigneur de Parthenay, lui fait hommage et reconnaît qu'il doit lui remettre ses châteaux à la première réquisition. Le 13 novembre, Hugues le Brun, fils du comte de la Marche, comte d'Angoulême, lui fait hommage, de la volonté de son père, pour le comté de la Marche et le château de Lusignan; en mars 1249, Alfonse octroie des statuts de franchises à la ville de Riom; en avril, Jeanne, dame de la Roche-sur-Yon, s'accorde sur un différend qu'elle avait avec lui pour quelques fiefs; en août, au moment de partir, il annonce qu'il a chargé l'évêque de Beauvais de réparer tous les torts qu'il a commis par lui-même ou par ses baillis (*Layettes du trésor des Chartes*, t. III, n⁰ˢ 3715, 3728, 3755, 3762, 3796).

pape, l'empereur, bien qu'alors au plus fort de leur lutte, y prêtaient également la main. Le pape avait mis à sa disposition les sommes payées par les croisés pour le rachat de leur vœu et tout l'argent laissé par testament en France pour de bonnes œuvres dont l'objet n'était pas spécifié [1]; et l'empereur, à qui il avait écrit pour obtenir la permission d'acheter des vivres en Sicile, s'était empressé de la lui accorder. Il lui fit même présent de cinquante chevaux et d'une certaine quantité de provisions, protestant qu'il en aurait envoyé à saint Louis, qu'il lui aurait fait passer des troupes, qu'il les aurait amenées lui-même, sans les troubles que lui suscitait le pape. Alfonse s'embarqua au jour anniversaire de l'embarquement de saint Louis, le 25 août; et comme il ne voyait rien d'urgent à faire en Égypte dans cette saison, il fit voile pour Acre, d'où il vint à Damiette le 24 octobre.

Il n'y serait point venu, sans doute, et ne serait point parti de France si son départ avait été plus différé. Le 27 septembre était mort son beau-père Raimond VII, comte de Toulouse, engagé aussi à la croisade, mais qui, n'ayant pu partir avec saint

1. Lettre d'Innocent IV à Philippe, trésorier de l'église de Saint-Hilaire de Poitiers, 27 octobre 1248; *ibid.*, n° 3721. En novembre 1249, Bernard, abbé de Froidmont, du diocèse de Beauvais, dans une lettre qui reproduit la bulle apostolique, déclare qu'il y a obéi en tout point (*ibid.*, n° 3828). Des sommes assez considérables lui furent encore expédiées outre-mer. Voyez un compte de 1250 apparemment (*ibid.*, n° 3911).

Louis, s'était laissé, dit-on, détourner, lui, l'ancien ami de Frédéric, vers une croisade intérieure contre le comte de Savoie et d'autres soutiens de l'empereur. Il ne fit ni l'une ni l'autre, et mourut après avoir renvoyé, tant à Blanche qu'au pape, l'argent qu'il avait reçu pour les deux expéditions[1].

Sa mort laissait vacante cette grande succession que Blanche, par le traité de Meaux ou de Paris et le mariage de son fils Alfonse avec la fille du comte, avait assurée à la maison de France. Il n'est pas té-

---

1. Matth. Paris, t. VI, p. 505 de la traduction; Tillemont, t. III, p. 272. Voyez son testament en date du 23 septembre 1249 (*Layettes du trésor des Chartes*, t. III, n° 3802). Il veut que son corps soit déposé au monastère de Fontevrault, où reposaient le roi d'Angleterre, Henri II, son aïeul, le roi Richard, son oncle, et la reine Jeanne, sa mère; qu'on le dépose aux pieds de sa mère. Il ordonne que l'on restitue tous les biens, meubles ou immeubles, qu'il a pu acquérir injustement et fait des legs à de nombreux monastères, en premier lieu et pour la plus large part à celui de Fontevrault. Sa fille Jeanne, femme d'Alfonse, qu'il institue son héritière, est particulièrement chargée de l'exécution de ses volontés. Dans un codicile dicté deux jours après, l'avant-veille de sa mort, il déclare que s'il guérit il est résolu à accomplir son vœu d'aller en Terre Sainte; mais que s'il vient à mourir, il enjoint à son héritier d'envoyer en Terre Sainte, pour l'exécution de ce vœu, cinquante hommes d'armes bien armés et bien équipés, qui y demeurent un an au service de Jésus-Christ. En même temps il ordonne la restitution de l'argent qu'il a reçu du roi de France et de la reine pour son voyage (*ibid.*, n° 3803). Alfonse, à son retour, fit annuler ce testament, quoiqu'il soit parfaitement en règle, comme on peut s'en assurer par l'examen de l'original qui est, nous l'avons dit, aux Archives. On ne respecta que le codicile dont les prescriptions n'avaient pas grande valeur. Voyez M. Boutaric, *Saint Louis et Alfonse de Poitiers*, p. 83.

méraire de supposer, comme nous le faisions tout à l'heure, qu'Alfonse, s'il s'était trouvé en France, aurait cru devoir y rester pour aller prendre possession de cet héritage. Mais son absence ne compromettait pas ses droits ; car sa mère était là pour recueillir en son nom ce qu'elle avait semé à son profit[1], et sa présence en Égypte allait enfin mettre saint Louis en mesure d'agir.

A l'arrivée d'Alfonse, on mit de nouveau en délibération si l'on irait attaquer le Caire ou Alexandrie, et plusieurs, notamment Pierre Mauclerc, se prononçaient encore pour Alexandrie, donnant d'excellentes raisons qui auraient dû être décisives, quand l'inondation ne permettait pas de songer au Caire. Mais puisqu'elles avaient été alors sans effet, il était difficile qu'elles prévalussent, maintenant que la route du Caire était ouverte. Le comte d'Artois l'emporta donc sans grand'peine, en disant qu'il fallait aller au Caire parce que c'était le chef-lieu de l'Égypte, et que, qui veut tuer tout d'abord le serpent, lui doit écraser le chef. On ne lui répondit pas qu'il arrive bien aussi que le serpent mord au talon et qu'on ne lui écrase pas toujours la tête[2]. Saint Louis se décida pour le

---

1. Voyez la formule du serment de fidélité des habitants de Toulouse à Alfonse de Poitiers le 6 décembre 1249 (Alfonse était absent) et les serments prêtés par divers barons et consuls de villes en décembre 1249 et janvier 1250 (*Layettes du trésor des Chartes*, n°s 3880, 3881 et suiv., 3889, etc.).

2. Cf. *Genèse*, III, 15.

Caire¹. On disait qu'une autre raison, qui ne fut pas dite au conseil, le détermina en ce sens : c'est qu'il y avait des intelligences, et que le gouverneur ou l'un des principaux de la ville, pour venger son frère mis à mort par le sultan à la suite de l'abandon de Damiette, promettait de lui livrer la place².

On partit le 20 novembre 1249.

La nouvelle en fut portée rapidement à Mansoura, où le sultan était mourant. On dit que, dans cette extrémité, il essaya d'arrêter la marche de saint Louis par les propositions les plus avantageuses. Il lui offrait de lui livrer tout ce que les rois de Jérusalem avaient jamais possédé, de mettre les prisonniers chrétiens en liberté, de lui abandonner une somme énorme d'or et d'argent pourvu qu'il rendît Damiette et fît la paix³. D'autres disent même, ce qui est plus incroyable, qu'il lui eût laissé Damiette et son territoire; d'autres (car on ne s'arrête pas dans cette voie) que le sultan et les principaux des Sarrasins, en traitant avec saint Louis, avaient résolu de se convertir. On a reproché vivement à saint Louis d'avoir rejeté, je ne dis pas ces dernières propositions, mais les premières, et rien, en effet, n'eût été plus à regretter si elles avaient été faites, ou si, étant faites, elles avaient eu quelque chance d'être exécu-

1. Joinville, ch. xxxviii.
2. Tillemont, t. III, p. 281.
3. Matth. Paris, t. VII, p. 16 de la traduction.

tées; mais en aucun cas saint Louis n'y pouvait avoir foi. Le sultan allait mourir : évidemment celui qui lui succéderait ne se serait point cru lié par sa parole, et l'on aurait perdu, pour de vaines espérances, un temps qu'il était urgent de mieux employer. La suite le montra bien. A la mort du sultan, l'émir qui tint sa place rompit toutes les négociations engagées.

L'armée chrétienne se mit donc en marche à travers le Delta[1].

1. Le roi de Chypre qui avait accompagné saint Louis en Égypte n'alla pas plus loin que Damiette. Il en repartit, étant convenu de tenir au service du roi de France cent vingt chevaliers pendant un an. (L. de Mas-Latrie, *Histoire de Chypre sous les princes de la maison de Lusignan*, t. I, p. 354.)

CHAPITRE VIII.

BATAILLE DE MANSOURA.

I

Départ de Damiette. — Le Nil. — Le canal d'Achmoun.

On quittait le rivage, on allait entrer dans le véritable domaine du Nil. Pendant les six mois que l'on avait passés à Damiette on avait déjà pu voir les merveilles qu'y accomplit la nature, et il ne faut pas s'étonner si le fleuve, en qui l'Égypte des Pharaons adorait un dieu, garde sur l'imagination des hommes du moyen âge quelque chose de l'empire qu'il exerçait sur ses anciens adorateurs. Le Nil, pour Joinville, qui nous reproduit naïvement les sentiments de ses compagnons d'armes, n'est pas un fleuve comme un autre : s'il n'est pas une divinité, au moins vient-il du paradis, et ses phénomènes sont vrais miracles de Dieu :

« Il nous convient, premièrement, de parler du fleuve qui

vient par Égypte du paradis terrestre[1]. Ce fleuve est différent de toutes autres rivières ; car plus les autres rivières viennent en aval, plus il y tombe de petites rivières et de petits ruisseaux ; et en ce fleuve il n'en tombe aucune ; au contraire il advient ainsi qu'il vient par un seul canal jusques en Égypte, et alors il fait sortir de lui ses branches, qui se répandent parmi l'Égypte. »

Il décrit ses inondations et la merveilleuse fécondité qu'elles donnent au pays :

« Et l'on ne sait pas, ajoute-t-il, d'où cette crue vient, sinon de la volonté de Dieu ; et si elle ne se faisoit, nul bien ne viendroit dans le pays à cause de la grande chaleur du soleil, qui brûleroit tout, parce qu'il ne pleut jamais dans le pays. Le fleuve est toujours trouble ; aussi ceux du pays qui en veulent boire prennent de l'eau vers le soir et écrasent quatre amandes ou quatre fèves, et le lendemain elle est si bonne à boire que rien n'y manque. Avant que le fleuve entre en Égypte, les gens qui sont accoutumés à le faire jettent leurs filets déployés dans le fleuve au soir ; et quand on vient au matin, ils trouvent en leurs rets les denrées qu'ils vendent au poids, que l'on apporte en cette terre, c'est à savoir gingembre, rhubarbe, bois d'aloès et cannelle. Et l'on dit que ces choses viennent du paradis terrestre, que le vent abat des arbres qui sont en paradis ainsi que le vent abat dans les forêts de ce pays le bois sec. »

Ainsi, même les épices que le commerce apportait de l'Inde aux ports de la Haute Égypte ou de la Nubie étaient regardés, venant par le Nil, comme un don du fleuve et une importation du paradis. On ne devait pas s'étonner si les explorations tentées pour

---

1. Jean Sarrasin l'appelle « le flun de Paradis » (*Hist. occid. des Croisades*, t. II, p. 592).

remonter aux sources du Nil n'avaient point abouti ; et ce que l'on rapportait de la vallée supérieure, des cataractes, des animaux qui peuplaient ces contrées, fournissait encore un thème assez riche à l'imagination populaire :

« Ils disoient au pays, dit Joinville, que le soudan de Babylone avait maintes fois essayé de savoir d'où le fleuve venoit, et qu'il y envoyoit des gens qui emportoient une manière de pains que l'on appelle biscuits parce qu'ils sont cuits par deux fois; et ils vivoient de ce pain jusqu'à ce qu'ils revinssent près du soudan. Et ils rapportoient qu'ils avoient remonté le fleuve, et qu'ils étoient venus à un grand tertre de roches à pic, là où nul n'avoit pouvoir de monter. De ce tertre tomboit le fleuve ; et il leur sembloit qu'il y avoit grand foison d'arbres sur la montagne en haut; et ils disoient qu'ils avoient trouvé merveilles de diverses bêtes sauvages et de diverses façons, lions, serpents, éléphants, qui les venoient regarder de dessus la rive du fleuve, pendant qu'ils alloient en amont. » (Ch. XL.)

Joinville pouvait parler plus pertinemment du Delta; et toutefois il ne faudrait pas admettre sa description sans contrôle pour les parties qu'il n'a pas vues lui-même.

On connaît la configuration de cette région de l'Égypte, formée par le Nil et comprise entre ses diverses branches. On comptait dans l'antiquité sept bouches du Nil, et les principales étaient les deux extrêmes : celles de Péluse et de Canope; dans les temps modernes et dès le temps de saint Louis, c'étaient déjà deux des bouches intérieures, celles de Damiette et de Rosette. Saint Louis remontait la branche de Damiette sur la rive droite et devait, avant d'arriver au Caire ou à Babylone, comme on disait, rencontrer vers leur naissance plusieurs canaux. De ce côté étaient les anciennes branches de Mendès, de Tanis et de Peluse qui vont se jeter à l'orient dans le lac Menzaleh. La plus au nord était celle de Mendès ; mais avant la branche de Mendès, il y avait un canal, le canal d'Achmoun, appelé par quelques historiens le Tanis et pris par eux peut-être pour la branche tanitique : erreur qui vient, sans doute, du nom d'Achmoun-Tanah, donné au canal par les Orientaux parce que la ville de Tanah est située non loin d'Achmoun. L'ancienne Tanis n'est point Tanah, mais San, dont les ruines se retrouvent au bord de la mer[1].

Le canal d'Achmoun, le premier grand cours d'eau qui coule de la branche de Damiette à l'orient vers la mer, était donc la première ligne de défense contre un ennemi qui occupait Damiette. C'était derrière ce retranchement naturel que Malec-Camel s'était établi lors de la croisade de Jean de Brienne ; c'est là aussi et dans Mansoura même, « la ville de la Victoire, » bâtie ou relevée alors par

1. Ni Makrisi, ni Aboulféda, pas plus qu'Edrisi, n'ont mentionné le canal de Moëzz, qui est la branche tanitique. Makrisi et Aboulféda ne parlent que du canal d'Achmoun-Tanah : « Achmoun, n'étant qu'à dix milles de Tanah, a pu prendre le surnom d'Achmoun-Tanah que lui donnent les géographes orientaux. » (Ét. Quatremère, *Mém. géogr. sur l'Égypte*, t. I, p. 300, 301. Voy. *ibid.*, p. 294 et suiv.)

ce sultan au point où le canal sort du fleuve, que son fils Saleh-Ayoub s'était fixé. Son armée campait dans la plaine qui s'étend de Mansoura le long du canal et en protégeait les abords.

Saint Louis partit de Damiette et vint camper à Farescour. Toujours appliqué à éviter le mal que la guerre, même la plus légitime et la plus sainte, peut entraîner après soi, il avait ordonné d'épargner autant que possible les populations que l'on allait traverser. Il défendait qu'on tuât les femmes et les enfants, voulant qu'on leur donnât le plus grand bien qu'il leur sût procurer, le baptême; il recommandait même de ne pas tuer les hommes et de les faire plutôt prisonniers.

Au delà de Farescour on rencontrait un canal destiné aux irrigations et qui barrait la route[1]. Pour le passer, on le mit presque à sec en le fermant à son point de départ par une levée de terre. Le légat avait accordé des indulgences à qui y travaillerait; et saint Louis voulut y mettre la main comme les autres.

On poursuivit la route au milieu des escarmouches des Sarrasins. Ils tombaient sur les fourrageurs,

---

1. Joinville (ch. xxxix) place ce canal assez près de Damiette. La carte de l'expédition d'Égypte ne marque un cours d'eau de quelque importance que beaucoup plus haut, vers Terranis, à une distance moins proche de Damiette que de Mansoura; mais la disposition de ces canaux a dû varier selon les progrès des atterrissements et les besoins de la culture.

mais ne se montraient nulle part assez nombreux pour être sérieusement inquiétants. Une fois, il s'en présenta cinq cents qui annoncèrent l'intention de se joindre aux Français contre le sultan dont ils se disaient mécontents. Saint Louis les reçut, mais en les observant : car on savait la perfidie de leur race ; et, en effet, le 6 décembre, pendant la marche, ils se jetèrent sur une troupe qui cheminait en avant ; mais les Templiers qui étaient au voisinage fondirent sur eux et les tuèrent ou les poussèrent dans le Nil.

A cette époque, le sultan Saleh-Ayoub n'était déjà plus ; sentant sa fin prochaine, il avait mandé son fils, Tourân-Chah, surnommé Malec-Moaddem (*le prince magnifique*), qui gouvernait alors Haran, Édesse et ses autres possessions en Mésopotamie ; et pour maintenir les troupes en obéissance, il avait ordonné de cacher sa mort jusqu'à ce que le jeune prince fût revenu. L'une des femmes de Saleh, nommée Chedjer-eddor (*le Rameau de perles*), Turque ou Arménienne de naissance, qui avait captivé le sultan par ses charmes et n'était pas moins capable de s'imposer aux autres par son énergie et sa fermeté, prit sur elle d'accomplir les desseins du mourant. Elle se concerta avec l'émir Fakhr-eddin, le principal de l'armée. Le corps du sultan fut embaumé et emporté secrètement de Mansoura, où il était mort, au château bâti dans l'île de Rauda, tout près du Caire. Des blancs seings, laissés par lui, permettaient d'expédier les affaires en son nom alors qu'il n'existerait plus. Les émirs et les officiers tant de l'armée que du reste de l'Égypte reçurent l'ordre, comme au nom du sultan, de prêter serment à Tourân-Chah et de reconnaître, jusqu'à son arrivée, Fakhr-eddin[1] pour général en chef et gouverneur du pays. Mais la mort du sultan avait été connue de trop de monde pour qu'on pût longtemps la tenir secrète; et Fakhr-eddin était assez nécessaire pour qu'il pût la rendre publique sans compromettre son autorité. Il la déclara donc, et donna des ordres en son propre nom sans rencontrer de sérieuse résistance, la préoccupation générale étant d'arrêter les Français.

Saint Louis, après un séjour à Charmasah, était arrivé aux bords du canal d'Achmoun, en face du camp des Turcs et de Mansoura. Il établit et fortifia son camp en s'appuyant sur l'une et l'autre rivière, le front vers le canal, la droite vers le Nil, et de ce côté sa flotte concourait à sa défense. Mais les Sarrasins avaient aussi leur flotte avec eux. Ils étaient au milieu de leurs approvisionnements et en mesure d'intercepter les convois des chrétiens, et ils prenaient l'offensive tant sur terre que par eau : car Fakhr-eddin ayant fait passer le canal à quelques troupes vers Charmasah, elles vinrent attaquer le camp le jour de Noël, au milieu même de la journée. Elles furent repoussées par les Templiers; mais ces attaques se

---

1. Gemal-eddin, dans la *Bibl. des Croisades*, t. IV, p. 455; cf. Aboulféda, *Histor. arabes des Croisades*, t. I, p. 126, 127.

renouvelaient incessamment et les Français ne pouvaient pas s'éloigner du camp sans s'exposer à rencontrer quelque embuscade[1].

On n'était pas venu là pour s'y fixer, mais on était fort empêché d'aller plus loin; car la rivière d'Achmoun était profonde, fort encaissée, et l'ennemi en gardait la rive opposée. On résolut de recourir une seconde fois au moyen employé déjà pour le premier canal : c'était de couper la rivière par une chaussée qui retînt l'eau dans la partie supérieure et la fît refluer dans le Nil, laissant la partie inférieure presque à sec ou du moins en état d'être traversée. On se mit donc à cet ouvrage et, pour protéger les travailleurs, on construisit des galeries couvertes, munies d'une tour d'où les arbalétriers pouvaient accabler de leurs carreaux l'ennemi qui se montrerait sur l'autre rive : ces machines doubles s'appelaient d'un double nom *chats-châteaux*. Cette fois l'entreprise devait échouer. On avait réussi au premier canal en le fermant à la sortie du Nil. La brèche comblée, le bord se continuant sans ouverture, l'eau suivait tout naturellement le lit du fleuve. Mais ici on ne pouvait prendre le canal dès l'origine : car il sortait du Nil à Mansoura et suivait d'abord, à peu de distance, le grand fleuve sur une longueur de trois à quatre kilomètres. On avait donc dû choisir un point

---

1. Joinville, ch. XLI; Contin. de Guill. de Tyr (Manuscrit de Rothelin), ch. LXII, dans les *Hist. occid. des Croisades*, t. II, p. 598; Tillemont, t. III, p. 291.

plus éloigné où le travail fût moins périlleux et le passage d'ailleurs plus praticable. Or à ce point que Joinville place à une demi-lieue de l'origine du canal, on ne le pouvait barrer sans avoir une masse d'eau considérable à soutenir. De plus les Sarrasins ne se bornaient pas à inquiéter les travailleurs. Ils travaillaient eux-mêmes en sens contraire et contre-minaient pour ainsi dire ce que faisaient les chrétiens ; ils creusaient des trous en face de la jetée commencée, rendant à la rivière, de leur côté, ce qu'on lui enlevait sur l'autre bord, et détruisant, dit Joinville, en un jour ce qui avait coûté aux chrétiens trois semaines d'efforts et de fatigues[1].

Enfin, si les chrétiens trouvaient une défense dans leurs chats-châteaux, les Sarrasins avaient un moyen d'attaque bien plus terrible, moyen de destruction auquel ces châteaux étaient plus que rien au monde exposés : le feu grégeois. Ils avaient établi des pierrières sur leur bord, en face des machines des chrétiens, et lançaient leurs feux incendiaires comme on lance des pierres. Joinville a raconté naïvement la terreur qu'en ressentaient les chrétiens :

« Un soir, dit-il, où nous faisions le guet de nuit près des *chats-châteaux*, il advint qu'ils nous amenèrent un engin qu'on appelle *pierrière*, ce qu'ils n'avoient pas encore fait, et qu'ils mirent le feu grégeois en la fronde de l'engin. Quand monseigneur Gautier du Cureil, le bon chevalier, qui étoit avec moi, vit cela, il nous dit ainsi : « Seigneurs,

---

1. Joinville, ch. xli; cf. Cont. de Guill. de Tyr, p. 600.

« nous sommes dans le plus grand péril où nous ayons ja-
« mais été ; car s'ils brûlent nos châteaux et que nous de-
« meurions, nous sommes perdus et brûlés ; et si nous lais-
« sons nos postes qu'on nous a baillés à garder, nous
« sommes honnis ; c'est pourquoi nul ne nous peut défendre
« de ce péril, que Dieu. Je suis donc d'avis et vous conseille
« que toutes les fois qu'ils nous jetteront le feu, nous nous
« mettions à coudes et à genoux et priions Notre Seigneur
« qu'il nous garde de ce péril. » Sitôt qu'ils jetèrent le premier coup, nous nous mîmes à coudes et à genoux, ainsi
qu'il nous l'avoit enseigné. Le premier coup qu'ils jetèrent
vint entre nos deux *chats-châteaux*, et tomba devant nous
sur la place que l'armée avoit faite pour boucher le fleuve.
Nos éteigneurs furent appareillés pour éteindre le feu ; et
parce que les Sarrasins ne pouvoient tirer sur eux à cause
des deux ailes des pavillons que le roi y avoit fait faire, ils
tiroient tout droit vers les nues, en sorte que les traits leur
tomboient tout droit vers eux. La manière du feu grégeois
étoit telle qu'il venoit bien par devant aussi gros qu'un tonneau de verjus, et la queue du feu qui en sortoit étoit bien
aussi grande qu'une grande lance. Il faisoit tel bruit en venant, qu'il sembloit que ce fût la foudre du ciel ; il sembloit
un dragon qui volât par l'air. Il jetoit une si grande clarté,
que l'on voyoit parmi le camp comme s'il eût été jour, pour
la grande foison du feu qui jetoit la grande clarté. Trois fois
ils nous jetèrent le feu grégeois ce soir-là, et ils nous le lancèrent quatre fois avec l'arbalète à tour. Toutes les fois que
notre saint roi entendoit qu'ils nous jetoient le feu grégeois,
il se revêtoit sur son lit, et tendoit ses mains vers Notre
Seigneur et disoit en pleurant : « Beau sire Dieu, gardez-
« moi mes gens ! » Et je crois vraiment que ses prières nous
rendirent bien service dans le besoin. Le soir, toutes les fois
que le feu étoit tombé, il nous envoyoit un de ses chambellans pour savoir en quel point nous étions, et si le feu ne
nous avoit point fait dommage. L'une des fois qu'ils nous le
jetèrent, il tomba près le *chat-château* que les gens de

monseigneur de Courtenay gardoient, et frappa sur la rive du fleuve. Alors voilà un chevalier qui avoit nom l'Aubigoiz : « Sire, me dit-il, si vous ne nous aidez, nous sommes tous « brûlés, car les Sarrasins ont tant lancé de leurs traits qu'il « y en a tout comme une grande haie qui vient brûlant vers « notre château. » Nous nous élançâmes et allâmes là, et trouvâmes qu'il disoit vrai. Nous éteignîmes le feu, et, avant que nous l'eussions éteint, les Sarrasins nous chargèrent tous de traits qu'ils lançoient au travers du fleuve. » (Ch. XLIII.)

Un jour, les frères du roi faisaient le guet, et Joinville les devait relever le soir; car le roi avait disposé que quand le duc d'Anjou remplissait le jour cet office, Joinville devait lui succéder pendant la nuit :

« Ce jour-là, dit notre historien, nous étions en grand mésaise de cœur, parce que les Sarrasins avoient tout fracassé nos *chats-châteaux*. Les Sarrasins amenèrent la pierrière de grand jour ; ce qu'ils n'avoient encore fait que de nuit, et lancèrent le feu grégeois sur nos *chats-châteaux*. Ils avoient approché leurs engins si près des chaussées, que l'armée avoit faites pour boucher le fleuve, que nul n'osoit aller aux *chats-châteaux*, à cause des engins qui jetoient de grandes pierres sur la voie. D'où il advint que nos deux châteaux furent brûlés, et le roi de Sicile[1] en étoit si hors de sens qu'il se vouloit aller jeter au feu pour l'éteindre. Mais, ajoute naïvement l'auteur, s'il en fut courroucé, moi et mes chevaliers nous en louâmes Dieu : car si nous eussions fait le guet le soir, nous eussions été tous brûlés. » (Ch. XLIV.)

Saint Louis voulut réparer ce désastre dont Join-

---

1. Nous n'avons pas besoin de rappeler que Joinville ici donne ce titre à Charles d'Anjou par anticipation. Le prince ne devint roi de Sicile qu'en 1266. Mais Joinville écrivait de 1305 à 1309.

ville faisait si facilement son deuil. Il envoya querir tous les barons et les pria que chacun donnât du bois de ses vaisseaux pour refaire une nouvelle machine ; car il n'y avait pas d'autre bois dont on se pût servir. Chacun s'exécuta, et quand la machine fut faite, le roi décida qu'on ne la mènerait pas sur la chaussée jusqu'au jour où le duc d'Anjou devait faire le guet : il voulait lui donner le moyen de venger le malheur qu'il n'avait pu prévenir à sa dernière garde :

« Ainsi qu'on l'avoit réglé, ainsi fut fait : car sitôt que le roi de Sicile fut à son guet, il fit pousser le *chat* jusques au lieu où les deux autres *chats-châteaux* avoient été brûlés. Quand les Sarrasins le virent, ils arrangèrent que tous leurs seize engins tireroient sur la chaussée où le *chat* étoit venu. Et quand ils virent que nos gens redoutoient d'aller au *chat* à cause des pierres des engins qui tomboient sur la chaussée par où le *chat* étoit venu, ils amenèrent la *picrrière*, et lancèrent le feu grégeois sur le *chat* et le brûlèrent tout. »

On a vu que quand le duc d'Anjou faisait le guet le jour, Joinville le faisait la nuit; aussi ne doit-on pas s'étonner qu'il s'écrie en racontant ce nouveau désastre :

« C'est grande courtoisie que Dieu fit à moi et à mes chevaliers ! Car nous eussions le soir fait le guet en grand péril, ainsi que nous eussions fait à l'autre guet dont je vous ai parlé ci-devant. » (Ch. XLIX.)

II

Bataille de Mansoura. — Première journée (mardi avant les Cendres).

Après plusieurs semaines passées à ce travail inutile, un Bédouin vint dire qu'il y avait un gué un peu plus bas ; il demandait cinq cents besants d'or[1] payés à l'avance pour le faire connaître. On les lui donna sans marchander. Il fut convenu que le duc de Bourgogne et les riches hommes (barons) d'outre-mer qui étaient dans le camp y resteraient pour le garder de tout dommage. Le roi et ses trois frères devaient passer au gué[2].

Le jour de carême-prenant (mardi gras, 8 février), dès l'aube du jour, tout était prêt pour le passage. On mit les chevaux à l'eau : ils eurent à nager d'abord avant de trouver le fond, qui ne se rencontrait que vers le milieu de la rivière ; et l'abordage ne fut pas facile, car la pente était raide et glissante. Les chevaux retombaient sur ceux qui suivaient, et il y eut des seigneurs qui se noyèrent, entre autres Jean d'Orléans ; de plus, il y avait sur la rive quelques troupes de Sarrasins qui cherchaient à en repousser les assaillants. Il avait été

---

1. Le besant d'or équivalait à une demi-livre, soit pour 500 besants 5065 fr. 95 c. Voyez la note ci-après, p. 370.
2. Joinville, ch. XLV.

ordonné que les chevaliers du Temple, plus habitués à les combattre, feraient l'avant-garde, et que le comte d'Artois formerait le second corps de bataille. Mais dès qu'il eut passé, il oublia toute discipline et s'élança à la poursuite des Turcs qu'il avait mis en fuite. Les Templiers cherchaient à le retenir. Ils lui représentaient qu'il leur faisait affront en prenant leur place ; ils la réclamaient au nom du roi qui la leur avait assignée. Mais le comte d'Artois avait auprès de lui, à la bride de son cheval, un brave chevalier qui n'entendait rien des réclamations des Templiers (il était sourd), et ne voyant que les Turcs, criait à tue-tête : « Or à eux! or à eux! » Et le comte d'Artois n'était peut-être pas beaucoup plus disposé à les entendre. Il continua donc la poursuite ; et les Templiers, se croyant déshonorés s'ils le laissaient aller devant, piquèrent des éperons pour reprendre le rang qui leur appartenait.

Selon un autre récit, le comte d'Artois aurait surexcité l'ardeur des Templiers par une sanglante injure. Comme le grand maître du Temple lui remontrait le péril d'être entouré et le pressait d'attendre le roi, ainsi que le comte l'avait promis à son frère :

« Ah! ah! vraiment, dit le jeune prince, on dit bien vrai : il y aura toujours en Templiers du poil de l'ours. »

Allusion sanglante à ces rapports avec les musulmans qui rendaient les Templiers suspects parmi les nouveaux venus de la croisade.

« Eh bien! dit le grand maître, chevauchez où vous voudrez, nous vous suivrons : car s'il plaît à Dieu, vous ne pourrez reprocher trahison aux Templiers[1]. »

Et piquant des éperons ils se jetèrent sur l'ennemi.

Rien ne résista à cette foudroyante attaque. Fakhr-eddin, qui était au bain, occupé, dit-on, à se faire teindre la barbe, sortit tout éperdu au bruit de la bataille. Sans prendre le temps de revêtir ses armes, il sauta à cheval, et suivi de quelques soldats ou serviteurs, il courut pour rejoindre son armée et pourvoir au danger. Mais il fut enveloppé par une troupe de Français et périt en combattant avec courage. Les Français, chassant tout devant eux, arrivèrent ainsi pêle-mêle avec les Turcs jusque dans Mansoura, et au delà, jusque sur le chemin du Caire. Des fuyards allèrent jusqu'au Caire, annonçant que tout était perdu. Il n'en était pas ainsi. Quand nos chevaliers, las de la poursuite, revinrent dans la ville qu'ils croyaient être à eux, ils se trouvèrent assaillis dans ces rues étroites, par les habitants qui leur lançaient des poutres et autres matériaux du

---

1. Chron. de Reims, dans les *Hist. de France*, t. XXII, p. 313; Contin. de Guill. de Tyr, ch. LXIV, p. 604; Matth. Paris délaye le même thème en de longs discours (t. VII, p. 74-77). Cf. la lettre du chancelier Richard de Cornouailles à son seigneur sur les désastres des Français en Égypte, lettre qu'il reproduit (*ibid.*, p. 102 et suiv.).

haut des maisons. Le comte d'Artois, le sire de Coucy, Guillaume Longue-Épée, sire de Salisbury, avec les Anglais de sa suite, et jusqu'à deux cent quatre-vingts chevaliers du Temple y périrent[1].

Le corps de bataille du roi n'était venu au gué qu'après le comte d'Artois et tous ceux qui faisaient l'avant-garde. Quand il l'eut passé et qu'il eut gravi la rive du canal, il s'étonna de ne pas voir son frère

[1]. Voici comment Makrisi, qui se trouvait alors au Caire, raconte la bataille : « Le frère du roi de France avait pénétré en personne dans Mansoura. Il s'avança jusque sur les bords du Nil, au palais du sultan. Les chrétiens s'étaient répandus dans la ville. Telle était la terreur générale, que les musulmans, soldats et bourgeois, couraient à droite et à gauche dans le plus grand tumulte; peu s'en fallut que toute l'armée ne fût mise en déroute. Déjà les Francs se croyaient assurés de la victoire, lorsque les mamelouks appelés *giamdarites* et *baharites*, lions des combats et cavaliers habiles à manier la lance et l'épée, fondant tous ensemble et comme un seul homme sur eux, rompirent leurs colonnes et renversèrent leurs croix. En un moment ils furent moissonnés par le glaive, ou écrasés par la massue des Turcs; quinze cents d'entre les plus braves et les plus distingués couvrirent la terre de leurs cadavres. Ce succès fut si prompt que l'infanterie chrétienne, qui déjà était parvenue au canal, ne put arriver à temps. Un pont avait été jeté sur le canal. Si la cavalerie avait tenu plus longtemps, ou si toute l'infanterie chrétienne avait pu prendre part au combat, c'en était fait de l'islamisme: mais déjà cette cavalerie était presque anéantie; une partie seulement parvint à sortir de Mansourah et se réfugia sur une colline nommée Gédilé, où elle se retrancha. Enfin la nuit sépara les combattants. » (*Bibl. des Croisades*, t. IV, p. 459). Aboulféda est beaucoup plus bref. (*Historiens arabes des Croisades*, t. I, p. 127, 128.) — Cf. Joinville, ch. XLV. Matthieu Paris dit faussement que le comte d'Artois se noya en cherchant à fuir au delà du canal (t. VII, p. 81). A ce trait seul on peut voir quelle partialité sa passion met dans son histoire.

dans la plaine, et eut un triste pressentiment. D'autres chevaliers se montraient çà et là dans cette plaine, et plusieurs étaient en grand péril. Joinville, qui paraît avoir passé parmi les premiers, s'était jeté avec ses compagnons sur le camp des Turcs évacué par eux, pour n'être pas surpris dans l'embarras de leurs bagages. Mais quand il l'eut franchi, il trouva six mille Turcs rangés en bataille, et qui, voyant ce petit groupe d'assaillants, se mirent en devoir de les punir de leur témérité. Hugues de Trichastel, seigneur de Conflans, fut tué. Joinville, jeté par-dessus la tête de son cheval, se releva l'écu au col, l'épée à la main; et comme il cherchait à gagner, avec Érard de Siverey, une masure en ruine pour y attendre le roi qui était en vue, une nouvelle troupe de Turcs vint le heurter, le jeta par terre et passa par-dessus. Érard de Siverey le releva; ils atteignirent ensemble les murs de la maison ruinée où d'autres chevaliers les rejoignirent. Mais les Turcs les y vinrent attaquer; et à peine si l'on peut dire que ces ruines leur fussent une défense : car plusieurs des ennemis, entrant dans la maison, leur portaient des coups de lance du haut des murs. Il fallut que les chevaliers de Joinville, mieux en état de combattre, lui donnassent les chevaux à tenir par la bride, afin d'être plus libres de faire tête aux assaillants. Érard de Siverey fut frappé au visage d'un coup d'épée qui lui abattit le nez sur les lèvres. Le bon Joinville invoquait monseigneur saint Jacques. Érard, mis hors de combat par sa blessure, mais ne songeant qu'à son honneur à lui et à la vie de Joinville son seigneur, lui dit : « Sire, si vous pensiez que ni moi ni mes héritiers n'en eussions de reproches, je vous irois querir du secours au comte d'Anjou, que je vois là au milieu des champs. — Messire Érard, lui répondit Joinville, il me semble que vous vous feriez grand honneur si vous nous alliez querir de l'aide pour sauver nos vies ; car la vôtre est bien en aventure. » Érard ne s'en tint pas encore pour autorisé suffisamment. Blessé à mort, il craignait qu'on ne l'accusât de fuir le péril. Il consulta les autres chevaliers, et sur leur avis, il reprit son cheval à Joinville et s'en vint au comte d'Anjou qu'il avertit du danger de son seigneur. L'approche du comte fit fuir les Sarrasins[1].

Un peu après, le roi arriva avec tout son corps de bataille, à grands cris et à grand bruit de trompettes et de cymbales, et il s'arrêta sur un chemin en chaussée : « Jamais, dit Joinville, encore dans l'émotion de la délivrance, je ne vis si beau chevalier : car il paraissoit au-dessus de toute sa gent, les dépassant à partir des épaules, un heaume doré en son chef, une épée d'Allemagne à la main. »

Quand il fut là, ses bons chevaliers (son état-major) et plusieurs des chevaliers de son corps de bataille se lancèrent au milieu des Turcs : « Et sachez, dit l'historien, que ce fut un très-beau fait d'armes :

---

1. Joinville, ch. xlvi.

car nul n'y tiroit d'arc ou d'arbalète, mais c'étoit un combat de masses d'armes et d'épée entre les Turcs et nos gens, qui étoient mêlés. »

Un écuyer de Joinville lui avait ramené un de ses chevaux, et il s'était placé auprès du roi[1].

A ce moment Jean de Valery, chevalier de grande expérience, vint au roi et lui conseilla de se porter à main droite sur le canal, pour avoir l'aide du duc de Bourgogne et de ceux qui gardaient le camp, et donner aux troupes le moyen d'aller boire : car la chaleur était déjà grande. Le roi fit rappeler ses bons chevaliers de la mêlée, et, sur leur avis, il ordonna ce mouvement. A peine l'avait-on commencé que le comte de Poitiers, son frère, le comte de Flandre et d'autres seigneurs l'envoyèrent prier de ne pas bouger; car ils étaient vivement pressés par les Turcs et ne le pouvaient suivre. Il s'arrêta. Mais sur les instances de Jean de Valery, il reprit bientôt sa marche vers la rivière[2]. Au même instant arrive le connétable, Imbert de Beaujeu. Il lui dit que le comte d'Artois se défendait dans une maison de Mansoura, qu'il fallait le secourir. Il n'y avait point à hésiter. « Connétable, dit saint Louis, allez devant et je vous suivrai. » Et Joinville dit au connétable qu'il irait avec lui. Mais comme ils avaient déjà pris de l'avance, la masse des Turcs se jeta entre eux et la troupe du roi; et le roi dut s'arrêter à les combattre : grand pé-

1. Joinville, ch. XLVII.
2. *Ibid.*

[1250] BATAILLE DE MANSOURA. 327

ril pour le connétable et ses compagnons. Que faire ? Ils étaient six et ne pouvaient songer à percer à travers les Turcs. Il y avait dans la plaine un ruisseau qui, dérivé du Nil, au voisinage de Mansoura, peut-être à Mansoura même, coulait dans une direction soit parallèle, soit un peu inclinée au canal d'Achmoun[1]. Joinville dit au connétable : « Sire, nous ne pouvons aller au roi à travers ces gens ; mais allons en amont et mettons ce fossé que vous voyez devant nous entre nous et eux, et ainsi nous pourrons revenir au roi[2]. »

1. C'est ce qui me paraît résulter de l'ensemble des indications de Joinville. Tillemont n'éclaircit rien en disant : « Autant que je le puis concevoir, ce ruisseau coulait entre le gué et le lieu où était le roi » (t. III, p. 311). On ne dit pas que le roi ni aucun de ceux qui avaient passé au gué avec lui aient dû le franchir, et l'on verra que plusieurs de ceux qui reviennent de Mansoura en suivent les bords, tantôt l'un, tantôt l'autre. La carte de l'expédition d'Égypte marque deux petits canaux qui, partant du canal d'Achmoun, au delà du point où devait être le gué, prennent la direction du sud avant de tourner à l'ouest parallèlement au canal : mais leur disposition ne concorde pas avec le récit de Joinville, qui, en suivant le ruisseau dans la direction de Mansoura, dit qu'il marche en amont (ch. XLVII), et quand il le suit dans une direction contraire, regagnant le canal d'Aschmoun, qu'il « revient en aval sur la rive entre le ruisseau et le fleuve (canal) » (ch. XLVIII). Il est donc nécessaire de se figurer la direction de ce ruisseau, telle que le récit la comporte : les ruisseaux d'irrigation doivent varier, nous avons eu déjà l'occasion de le dire, selon les changements que les inondations peuvent apporter à la configuration du sol. Une carte, faite à la fin du dix-huitième siècle, concorderait difficilement avec l'état présent du pays, et bien moins encore avec ce qu'il était au milieu du treizième siècle.

2. Joinville, ch. XLVII.

Le connétable suivit son conseil. Cette marche hardie donna le change aux Turcs, qui ne firent pas attention à eux ou les prirent pour quelques-uns des leurs, et un peu après ils purent repasser le ruisseau et se diriger vers le gros de l'armée[1].

Comme ils revenaient ainsi entre le ruisseau et le canal, ils virent que le roi s'était porté lui-même sur le canal et que les Turcs y ramenaient les autres corps de bataille, à grands coups de masse d'armes et d'épée, les refoulant sur le corps du roi. Plusieurs se jetaient à cheval dans l'eau pour repasser à la nage du côté du duc de Bourgogne; mais les chevaux, fatigués, ne savaient point lutter contre le courant. La rivière roulait les lances, les écus, les montures et les corps mêmes de ceux qui s'y noyaient. Joinville, arrivant à un petit pont qui était sur le ruisseau, proposa au connétable de s'y établir pour le garder contre les assaillants qui pourraient venir de l'autre bord : « Car si nos gens, disait-il, sont attaqués des deux parts, ils pourront bien ne pas résister. » La presse était grande, en effet, et Joinville rapporte qu'au jugement de plusieurs l'armée était perdue si le roi n'avait payé de sa personne. Six Turcs s'étaient jetés sur son cheval et croyaient le tenir, quand il se dégagea tout seul à grands coups d'épée.

---

1. Joinville, ch. XLVII. Il dit plus bas, en parlant d'une troupe de Turcs : « *Ils passèrent le ruisseau*, et se mirent entre le ruisseau et le fleuve, comme nous avions fait pour venir en aval. » (Ch XLIX.)

Son exemple raffermit les courages, et plusieurs, renonçant à passer la rivière, se portèrent à son secours[1].

Pendant que Joinville gardait le petit pont, il vit arriver, revenant de Mansoura, de par delà le ruisseau, Pierre-de-Bretagne blessé d'un coup d'épée au visage, en sorte que le sang lui coulait dans la bouche. « Il était sur un cheval bas, bien membré. Il avait jeté les rênes sur l'arçon de sa selle et le tenait des deux mains, de peur que ses gens, qui étaient derrière et le pressaient fort, ne le jetassent hors de la voie du petit pont. Il maugréait contre les Turcs, et chaque fois qu'il crachait du sang de sa bouche : « Eh bien ! s'écriait-il, par le chef-Dieu, avez-vous vu de ces goujats ? » Ils passèrent donc le ruisseau, rejoignant le gros de l'armée; et les Turcs, voyant aux abords du pont des gens qui les regardaient en face, n'osèrent les poursuivre au delà. A l'arrière du corps de bataille de Pierre de Bretagne étaient le comte de Soissons, dont Joinville avait épousé la cousine, et Pierre de Neuville, qui avait déjà reçu force coups dans cette journée. Joinville les engagea à rester à ce poste avec lui pour contenir les Turcs et empêcher que le roi ne fût attaqué par derrière comme par devant. Ils acceptèrent, ayant reçu de lui l'assurance qu'il y demeurerait avec eux; et le connétable, comptant sur leur fermeté, les quitta pour aller cher-

---

1. Joinville, ch. XLVIII.

cher de quoi renforcer une position dont il avait pu apprécier toute l'importance[1].

Dans ce poste, ils se trouvaient eux-mêmes exposés à l'attaque des Sarrasins répandus dans la plaine. Un d'eux, accourant des environs du corps de bataille du roi, et ainsi par derrière, frappa le seigneur de Neuville d'un coup de masse qui le coucha sur le col de son cheval, puis s'élançant à travers le pont il rejoignit ceux des siens qui étaient au delà. Ceux-ci voyant que Joinville et ses compagnons ne quitteraient pas le petit pont, passèrent le ruisseau sur un autre point, s'établissant aussi entre le ruisseau et le canal; et nos croisés durent leur faire tête, prêts à fondre sur eux, selon qu'ils tenteraient ou de marcher contre le roi, ou de leur disputer le pont. Les cavaliers sarrasins avaient amené avec eux des fantassins qui lançaient contre les hommes de Joinville des mottes de terre[2] et, ce qui était plus redoutable, du feu grégeois. On leur lançait aussi une grêle de traits dont ils se garantissaient comme ils pouvaient, et nécessairement assez mal. Joinville se félicite d'avoir trouvé en cette occurrence une veste rembourrée d'étoupes, appelée *gamboison*, dont il se fit un écu avec grand profit, nous dit-il : « Car je ne fus blessé de leurs traits qu'en cinq endroits et mon roussin en quinze. » Lorsque les Turcs serraient de trop

---

1. Joinville, ch. XLVIII.
2. Mottes de terre durcies au soleil de l'Égypte et équivalant à des pierres.

près les sergents, nos chevaliers fondaient sur eux et les faisaient fuir; et le comte de Soissons, trouvant encore à plaisanter, disait à Joinville : « Sénéchal, laissons huer cette canaille; car par la coiffe-Dieu (c'est ainsi qu'il jurait) encore parlerons-nous de cette journée dans la chambre des dames[1]. »

Le soir, au soleil couchant, le connétable amena à nos braves chevaliers les arbalétriers du roi qui se rangèrent devant eux, et dès que les Sarrasins les virent se mettre en devoir de tendre leurs arbalètes ils s'enfuirent. Le passage était dès lors suffisamment gardé, et le connétable renvoya Joinville à saint Louis, lui disant de ne le plus quitter jusqu'à ce que le roi eût regagné son pavillon.

Les Turcs avaient cédé sur tous les points. Le roi pouvait s'établir dans le camp même qu'ils avaient abandonné. Il s'y porta, remettant à Châtillon la conduite de l'arrière-garde. Mais cet avantage (et qu'était-il au fond?) avait été chèrement payé.

Le roi n'avait appris rien de certain sur son frère le comte d'Artois; il savait seulement qu'il avait eu à se défendre dans Mansoura. Qu'était-il devenu? Voyant venir alors le prévôt de l'Hospital, frère Henri de Ronnay, qui avait passé le canal avec lui, il lui demanda s'il pouvait enfin lui en donner des nouvelles? « Oui, lui répondit-il : car il est certain qu'il est au paradis. » Et voyant le saint roi ému de

---

1. Joinville, ch. XLIX.

cette funèbre annonce : « Hé, Sire, dit-il, ayez-en bon réconfort; car si grand honneur n'advint jamais à un roi de France que celui qui vous est advenu : car pour combattre vos ennemis, vous avez passé une rivière à la nage, et les avez déconfits et chassés du champ de bataille, et pris leurs engins et leurs tentes là où vous coucherez encore cette nuit. » « Et le roi, continue Joinville, répondit que Dieu fût adoré pour ce qu'il lui donnoit, et alors les larmes lui tomboient des yeux bien grosses [1]. »

Cette journée, au dire de Joinville, ne fut pas honorable pour tout le monde : « En cette bataille, dit-il, il y eut des gens de grand air qui s'en vinrent très-honteusement fuyant par le ponceau dont je vous ai parlé avant, et ils s'enfuirent à grand effroi, et jamais nous n'en pûmes faire rester aucun près de nous; j'en nommerois bien, desquels je m'abstiendrai de parler, car ils sont morts [1]. » Mais il mentionne tout particulièrement avec honneur Gui Mauvoisin, qui s'en revint de Mansoura fièrement par la rive du ruisseau où il était le plus exposé à l'ennemi [2]. « Et ce ne fut pas merveille, ajoute-t-il, si lui et sa gent se montrèrent bien en cette journée, car on me dit que toute sa bataille (batail-

---

1. Ch. L. Cf. Chron. de Reims, t. XXII, p. 314. Cont. de Guill. de Tyr, ch. LXIV, p. 607, et la lettre de saint Louis, dans Duchesne, t. V, p. 429.

2. « Et toute la voie que le connétable et moi en allâmes en amont, il revenoit en aval (ch. L). »

lon), ou ne s'en falloit guère, étoit toute de chevaliers de son lignage et de chevaliers qui étoient ses hommes-liges[1]. »

III

Le roi campe sur le champ de bataille. — Deuxième journée (vendredi 11 février).

Le roi s'était logé dans le camp des Sarrasins[2]. Les chevaliers n'y avaient guère trouvé que les tentes dressées; car les Bédouins, après la retraite des troupes régulières, s'y étaient jetés en pillards et y avaient fait place nette[3].

Les Français n'étaient point tellement vainqueurs, ils ne s'étaient point tellement rendus maîtres du camp des Sarrasins, qu'ils n'eussent encore à s'y défendre. Les Sarrasins s'étaient logés un peu en arrière : pendant la nuit leurs gens de pied fondirent sur les hommes préposés à la garde des machines qu'ils avaient abandonnées et les rejetèrent jusque dans la ligne des tentes. Joinville et ses compagnons, tout blessés qu'ils étaient, les repoussèrent, et saint Louis envoya à leur aide Gaucher de Châtillon; celui-ci s'é-

---

1. Ch. L.
2. Lettre de saint Louis. Duchesne, t. V, p. 429.
3. « Au bruit de la mort de Fakhr-eddin, dit Makrisi, les mamelouks et une partie des émirs s'étaient débandés pour courir à sa maison et la piller. Ses coffres furent brisés, l'argent enlevé, les meubles et les chevaux emportés. Après quoi, la maison fut livrée aux flammes. » (*Bibl. des Croisades*, t. IV, p. 458, note.)

tablit devant eux, faisant face à un corps de cavaliers turcs, qui était comme la grand'garde de l'armée ennemie campée derrière. Joinville raconte encore un épisode curieux de cette nuit de la bataille. Huit des principaux de la cavalerie turque placée en observation devant les Français étaient descendus de cheval, et se faisant, de pierres de taille qu'ils trouvaient là, un retranchement pour se mettre à l'abri des arbalétriers, ils tiraient à leur aise dans le camp des chrétiens. Joinville et les siens avaient résolu de se jeter ensemble sur cette embuscade et d'enlever ces pierres pendant la nuit. Mais son chapelain, Jean de Voyssei, qui avait été du conseil, n'attendit pas tant :

« Il partit de notre camp tout seul, dit Joinville, et se dirigea vers les Sarrasins, ayant vêtu son gamboison (veste rembourrée), son chapeau de fer sur la tête, sa lance (dont le fer traînoit) sous l'aisselle pour que les Sarrasins ne l'aperçussent pas. Quand il vint près des Sarrasins, qui le méprisoient parce qu'ils le voyoient tout seul, il tira sa lance de dessous l'aisselle et leur courut sus : il n'y en eut aucun des huit qui se mît en défense, mais ils prirent tous la fuite. Quand les Sarrasins à cheval virent que leurs seigneurs s'en venoient fuyant, ils piquèrent des éperons pour leur venir en aide, et il sortit bien de notre camp jusques à cinquante sergents ; et les Sarrasins à cheval vinrent piquant des éperons et n'osèrent engager le combat avec nos gens de pied, mais gauchirent devant eux, et nos sergents emportèrent les pierres. Dorénavant, mon prêtre fut bien connu dans le camp, et on se le montroit l'un à l'autre, et on se disoit : « Voici « le prêtre de monseigneur de Joinville, qui a déconfit les « huit Sarrasins (ch. LII). »

Des choses plus graves se préparaient. Fakhr-eddin étant mort, il fallait un chef à l'armée. Chedjer-eddor, qui avait conservé tout son crédit sur les Turcs, fit choisir l'émir Bibars-Bondocdar qui venait particulièrement de se signaler en accablant les chrétiens dans Mansoura. Ce succès compensait aux yeux des Sarrasins les pertes qu'ils avaient faites sur le champ de bataille. On annonça au Caire, par les pigeons que l'on gardait toujours pour de semblables usages, que les chrétiens étaient vaincus ; Bibars, ayant ramassé du milieu des morts la cotte d'armes du comte d'Artois, semée de fleurs de lis, fit croire aux siens que le roi était mort, et disposa tout pour une attaque générale contre les chrétiens. Saint Louis s'y était préparé. Maître des deux rives du canal par le combat du 8, il s'était empressé d'y jeter un pont de bois et d'établir plusieurs ponts de bateaux pour relier ses troupes à celles qui gardaient son camp : les machines des Sarrasins, mises en pièces, avaient servi à entourer sa position de barricades[1].

La journée (vendredi 11 février) s'annonçait bien plus terrible que celle du mardi. Les Français n'attaquaient plus : ils étaient attaqués. Bibars avait commencé par investir complétement de troupes à cheval et à pied la position des chrétiens[2] ; lui-

---

1. Joinville, ch. LIII; Contin. de Guill. de Tyr, ch. LXIV, p. 607; Tillemont, t. III, p. 313.

2. Il les fit ranger tous entour notre ost, dit Joinville (ch. LIII), depuis le fleuve qui vient de Babylone jusqu'au fleuve qui partoit

même, monté sur un petit cheval, en parcourait la ligne tout entière, et selon qu'il voyait que leurs bataillons étaient plus forts en tel ou tel lieu, il y renforçait les corps de bataille opposés aux nôtres. Il avait de plus jeté trois mille Bédouins de l'autre côté du canal pour inquiéter le duc de Bourgogne dans le camp et l'empêcher de venir au secours du roi, ou même forcer le roi d'envoyer à son aide[1].

Quand il eut tout disposé à son aise, vers midi, il fit battre les tambours et assaillit l'armée de saint Louis. Le comte d'Anjou, qui était le plus en avant, fut aussi attaqué le premier. « Ils vinrent à lui, dit Joinville, de la manière que l'on joue aux échecs » : les piétons commençant l'attaque avec le feu grégeois et les cavaliers venant ensuite. Ils le pressèrent tellement qu'ils mirent le désordre parmi les siens. On le dit au roi qui, piquant des éperons, se lança au milieu des troupes de son frère, l'épée au poing, et s'engagea si avant parmi les Turcs, qu'ils couvrirent de feu grégeois la croupière de son cheval.

---

de notre ost et alloit en une ville que l'on appelle Risil. » — Il ne faut pas perdre de vue que les chrétiens campent maintenant au sud du canal d'Achmoun (rive droite). L'armée de Bibars s'étendait donc depuis Mansoura où coule le Nil jusqu'au premier des canaux qui, partant de la rive droite du canal d'Achmoun, se dirige de l'ouest à l'est à peu près parallèlement au canal de Tannâh, canal qui sort de Mansoura, et coule vers l'est (voy. la carte de l'expédition d'Égypte, fol. 35). — Quant à l'indication de la ville de *Risil*, on peut la remplacer par *Rexi*, mais il ne faut pas la traduire par Rosette. La branche de Rosette n'a rien à faire ici.

1. Joinville, ch. LIII.

Cette vive riposte sauva le comte d'Anjou et rejeta les Turcs hors du camp. Gui d'Ibelin et Baudouin son frère qui commandaient les barons d'outre-mer, puis Gautier de Châtillon, rangés dans l'ordre où nous les nommons, avec leurs corps de bataille, à la droite du comte d'Anjou, soutinrent, sans se laisser entamer, le choc des Turcs. L'attaque fut vive surtout au lieu où Guillaume de Sonnac, grand maître du Temple, s'était barricadé derrière les débris des engins des Sarrasins avec ce qui lui restait de frères. Les Turcs incendièrent ces barricades de leur feu grégeois, et se jetèrent au travers sans même attendre que les flammes fussent éteintes. Le maître du Temple, qui avait perdu un œil à la journée de Mansoura, y perdit l'autre et la vie, car il succomba à ses blessures; mais il avait repoussé les assaillants : « Et sachez, dit Joinville, qu'il y avoit bien un journal de terre derrière les Templiers qui étoit si chargé des traits, lancés par les Sarrasins, que l'on n'y voyoit plus la terre[1]. »

Gui Mauvoisin, qui venait après les Templiers, tint comme eux, mais ce ne fut qu'à grand'peine qu'on éteignit le feu grégeois dont il était couvert. Joinville suivait, mais il était moins exposé à l'attaque. A partir du corps de bataille de Mauvoisin, l'enceinte du camp descendait vers le canal jusqu'à un jet de pierre, et de là se redressait pour enve-

---

1. Joinville, ch. LIV.

lopper le corps du comte Guillaume de Flandre, puis s'étendre jusqu'au Nil. Les Sarrasins ne pouvaient s'engager dans cet angle sans se placer entre deux ennemis; Mauvoisin ayant résisté, Joinville se trouva couvert : « En quoi, dit-il, Dieu nous fit grande courtoisie; car moi ni mes chevaliers n'avions ni hauberts ni écus, parce que nous étions tous blessés de la bataille du jour de carême-prenant. » Mais ils ne laissèrent pas d'avoir leur part à cette journée. Comme les Sarrasins attaquaient le campement du comte de Flandre, de l'autre côté de l'angle dont nous avons parlé, les arbalétriers de notre sénéchal, les prenant en flanc, les mirent en fuite, et une sortie des gens du comte acheva de les disperser [1].

Les Sarrasins avaient été plus heureux d'abord contre la bataille qui venait ensuite : c'était celle du comte de Poitiers, frère du roi. Il était seul, à cheval, au milieu de ses gens, quand les Turcs, fondant sur eux, les dispersèrent et ils l'emmenaient lui-même prisonnier : mais les bouchers et autres hommes du camp et les femmes qui vendaient les denrées l'ayant appris, ils poussèrent le cri d'alarme, et à l'aide de Dieu ils secoururent le comte et chassèrent les Turcs. Joinville parle encore du sire de Brancion, brave chevalier qui avait été à trente-six batailles d'où il avait remporté le prix de vaillance : il était venu avec le comte de Poitiers en Égypte, et occupait la place

---

1. Joinville, ch. LV.

la plus voisine de lui dans le camp. Lui aussi avait fait mettre ses chevaliers à pied, restant seul à cheval avec son fils et un autre jeune seigneur, parce que tous les deux étaient encore enfants. Plusieurs fois les Turcs firent plier ses hommes d'armes; mais chaque fois qu'ils les poursuivaient, Brancion fondait sur eux par derrière et ramenait à lui les assaillants. Il aurait perdu tout son monde et succombé lui-même, si les arbalétriers, restés au camp avec le duc de Bourgogne, n'eussent tiré sur les ennemis pardessus la rivière. Ce brave seigneur après une campagne qu'il avait jadis faite en France avec Joinville, ayant chassé les Allemands d'une église qu'ils saccageaient, s'était agenouillé devant l'autel, disant à Dieu : « Sire, je te prie qu'il te prenne pitié de moi, et que tu m'ôtes de ces guerres entre chrétiens, là où j'ai vécu si longtemps, et m'octroies que je meure à ton service, par quoi je puisse avoir ton royaume de paradis. « Son vœu, ajoute Joinville, fut exaucé, car il mourut des suites des blessures qu'il reçut en cette rude journée[1].

Les Turcs étaient repoussés. Le roi, réunissant ses barons, voulut tourner leurs cœurs vers celui dont il tenait la victoire : « Nous devons, dit-il, grandes grâces à Notre-Seigneur de ce qu'il nous a fait deux fois en cette semaine un tel honneur, que mardi, le jour qui précède le carême, nous les chassâmes de

---

1. Joinville, ch. LV.

leur camp là où nous sommes logés; et que le vendredi suivant, qui vient de passer, nous nous sommes défendus contre eux, nous à pied, eux à cheval. »

« Et il leur dit, ajoute Joinville, beaucoup d'autres belles paroles pour les réconforter[1]. »

IV

Souffrances de l'armée. — Arrivée du jeune sultan. — Premières négociations. — Progrès de l'épidémie et de la disette.

Après de telles victoires ils avaient, en effet, besoin d'encouragement. Ils avaient tenu bon : mais c'était peu de résister, leur rôle était d'aller en avant; et leurs pertes avaient été si grandes en ces rencontres, qu'ils n'étaient plus en mesure de le faire. Le roi garda donc ses positions sur les deux rives du canal, et bientôt commencèrent les grandes misères de l'armée. Les corps de ceux qui avaient péri flottaient dans la rivière et, comme le tablier du pont touchait à l'eau, ils s'y arrêtaient. Le canal était couvert de morts d'une rive à l'autre, à la distance en longueur du jet d'une menue pierre. On fut huit jours à le déblayer. Les corps des Sarrasins étaient rejetés de l'autre côté du pont au cours de l'eau; ceux des chrétiens, recueillis et inhumés dans de grandes

---

1. Ch. LV. Cf. Contin. de Guill. de Tyr, ch. LXIV, p. 608, et la lettre de saint Louis. Duchesne, t. V, p. 429.

fosses. Autre circonstance : on était en carême, et l'armée faisait maigre. On n'avait à manger que les barbotes du Nil. Or ces poissons se nourrissaient des cadavres. On y vit une des causes de la maladie qui bientôt décima nos croisés. « La chair de nos jambes séchoit, dit Joinville, toute la peau de nos jambes devenoit tachetée de noir et de couleur de terre ainsi qu'une vieille botte ; et à nous qui avions telle maladie, il venoit de la chair pourrie aux gencives, et nul ne réchappoit de cette maladie : mais il lui en falloit mourir ; le signe de la mort étoit tel que quand le nez saignoit il falloit mourir[1]. »

Le roi, au milieu de cette affliction, levait les yeux au ciel et bénissait la main qui le frappait ; il allait visiter les malades pour les consoler et les soigner, quoiqu'on lui remontrât qu'il pouvait lui-même gagner la maladie. Il savait que sa vue seule leur faisait du bien. Un de ses chambellans, frappé du mal commun, dit qu'il ne mourrait pas content que le roi ne fût venu le voir : et le roi se rendit à son désir. Il ne cessa que quand lui-même fut atteint et que ses forces trahirent son zèle[2]. Joinville aussi était tombé malade vers la mi-carême, et il raconte qu'il se faisait chanter la messe devant son lit, sous sa tente, par son prêtre, malade comme lui :

---

1. Joinville, ch. LVIII. Cf. Contin. de Guill. de Tyr, ch. LXV, p. 609.
2. Guill. de Chartres, t. XX, p. 32.

« Or il avint, dit-il, qu'en faisant la consécration il se pâma. Quand je vis qu'il vouloit cheoir, moi qui avois vêtu ma cotte, je sautai de mon lit tout déchaux, je le pris dans mes bras, et lui dis qu'il fit tout à loisir et tout bellement son sacrement, que je ne le laisserois pas qu'il ne l'eût fait. Il revint à soi et fit son sacrement, et parchanta sa messe tout entièrement, ne onques puis ne chanta. » (ch. LX.)

Dans cette situation, l'armée était perdue s'il ne lui venait des secours de Damiette. Or, les Turcs (et les chrétiens n'en savaient rien encore) leur avaient fermé le chemin de Damiette. Ils avaient fait démonter des galères, qu'ils transportèrent par pièces à dos de chameaux, et les reconstruisirent plus bas sur le Nil, de manière à intercepter tous les convois qui viendraient au camp des Français. Quatre-vingts bateaux furent ainsi capturés et leurs équipages mis à mort sans qu'on en sût rien à l'armée du roi. On l'apprit enfin par une petite embarcation du comte de Flandre qui réussit à forcer le passage, ou plus vraisemblablement qui sut se dérober à la vue de l'ennemi. Les Turcs n'avaient pas seulement enlevé au roi le chemin de Damiette; ils avaient fait venir des vaisseaux d'Alexandrie et d'autres ports, afin de garder la mer et empêcher que Damiette même ne reçût des secours de l'Occident. Ainsi ils étaient entièrement maîtres du Nil inférieur, et les caravanes les plus nombreuses ne parvenaient pas à s'ouvrir un passage. Une première fois cinquante-deux vaisseaux, une autre fois, le 8 mars, trente-deux tombèrent en la puissance des ennemis. De pareilles prises ne s'opéraient pas sans combat : dans la première rencontre, il y eut un grand carnage et les Turcs firent encore mille prisonniers ; dans les deux rencontres toutes les munitions et les vivres furent entièrement perdus[1].

Le but de la campagne était manqué : saint Louis à son tour dut faire des propositions de paix à l'ennemi.

Le jeune soudan était arrivé en Egypte, et le 22 février il avait pris possession du royaume ; mais dès son retour on aurait pu prévoir que sa domination aurait du mal à s'affermir. Il avait ôté aux officiers de son père, que Joinville appelle le sénéchal et le connétable, les verges d'or, insignes de leur autorité, pour les donner à ceux qu'il ramenait avec lui. Il avait donc froissé par là les émirs et s'exposait aux effets de leur ressentiment. Or ces émirs étaient puissants et ils avaient autour du sultan des intelligences redoutables.

Les sultans d'Égypte s'étaient donné pour gardes une troupe formée d'enfants achetés par eux, élevés par eux et portant les armoiries d'or du maître avec une *différence* ou pièce accessoire qui était le signe particulier de chacun d'eux. Lorsque le sultan était au camp, ils étaient logés comme gardes du corps autour de sa tente. On les nommait *bahriz*, et leur

---

1. Joinville, ch. LVIII ; Contin. de Guill. de Tyr, ch. LXV, p. 610, etc. Lettre de saint Louis. Duchesne, t. V, p. 429.

troupe *la Halca*. Le maître de la Halca était celui qui donnait l'ordre du sultan à l'armée ; les « chevaliers » de cette milice, selon qu'ils se distinguaient dans les batailles, étaient faits émirs et placés à la tête de compagnies de deux cents et de trois cents chevaux. Ils pouvaient parvenir à tout ; mais il fallait que leur puissance, œuvre de leur maître, n'allât point jusqu'à lui inspirer des craintes : or la puissance est facilement suspecte dans ces cours d'Orient, et les soupçons ne se dissipent que par la mort du suspect. Quand plus tard les émirs qui avaient vaincu le roi d'Arménie allèrent saluer Bibars-Bondocdar, fiers de leur exploit et comptant sur une récompense, il leur dit : « Je ne vous salue pas, » et il leur fit couper la tête[1].

Les émirs d'Égypte s'alarmèrent donc de l'attitude du jeune sultan à leur égard. Ils lui avaient rendu de trop grands services en son absence ; et ils savaient combien il y a péril quelquefois à trop obliger : ils se rappelaient comment son père avait traité ceux qui avaient pris le comte de Bar et le comte de Montfort dans la précédente expédition des chrétiens. Ils s'entendirent donc avec ceux de la Halca, et se tinrent prêts à prévenir le coup qu'ils redoutaient.

Les chrétiens n'en pouvaient rien savoir ; et, l'eussent-ils su, il ne leur eût pas été plus facile de

---

1. Joinville, ch. LVI.

se dire ce qu'ils y avaient à perdre ou à gagner. Ce qui leur importait, c'était de s'entendre avec l'ennemi qu'ils avaient devant eux, quel qu'il fût, pour se tirer de la position fâcheuse où ils étaient. Makrisi dit que, dès après la perte du convoi, le 8 mars, saint Louis avait envoyé demander une trêve au sultan, et deux émirs furent désignés pour s'entendre avec les députés du roi. Saint Louis offrait de rendre Damiette pourvu qu'on lui rendît Jérusalem et les ports qui complétaient l'ancien royaume. Il paraît que le sultan était lui-même tellement sensible à la perte de Damiette, qu'il aurait accepté cet échange, proposé, dit-on, par son père, si l'on avait pu s'entendre sur les garanties[1]. Le roi offrait de donner ses frères en ôtage; le sultan voulait avoir le roi lui-même. Saint Louis n'y eût pas fait difficulté; mais les Français eussent regardé cet abandon de leur roi comme une tache irréparable à leur honneur. Ils aimaient mieux se faire tuer jusqu'au dernier[2].

La négociation en resta là et la détresse ne faisait qu'augmenter dans le camp. Au temps de Pâques (27 mars), un bœuf y valait quatre-vingts livres; un mouton, un porc, trente livres; un œuf, douze deniers;

---

1. Ce n'est pas ainsi qu'en parle le sultan lui-même dans la lettre qu'il écrivit après sa victoire à l'émir Gemal-eddin, qui gouvernait Damas en son nom, lettre reproduite par Makrisi (voy. *Bibl. des Croisades*, t. IV, p. 465). Il dit qu'il refusa.
2. Joinville, ch. LX.

un muid de vin, dix livres[1]; et la maladie augmentait avec la misère. « La maladie commença à empirer en l'ost de telle manière qu'il falloit que les barbiers ôtassent la chair morte des gencives pour que l'on pût mâcher la viande et l'avaler. Grand pitié étoit, continue Joinville, d'ouïr braire les gens parmi l'ost, auxquels on coupoit la chair morte; car ils brayoient ainsi que femmes qui travaillent d'enfants[2]. »

Saint Louis dut se décider à un premier pas en arrière. Il prit ses dispositions pour reporter toutes ses troupes sur la rive gauche du canal. Il construisit une sorte de réduit en tête du pont pour le défendre, et quand ce boulevard fut élevé, il fit prendre les armes à tous ses gens. Les Turcs, croyant le moment favorable, assaillirent le camp; mais ils furent contenus. Le roi garda ses positions jusques à tant que tous les bagages furent portés outre. Alors il opéra la retraite avec ordre, Gautier de Châtillon commandant l'arrière-garde. Érard de Valery, au moment d'entrer dans le réduit, arracha des mains des Turcs son frère qu'ils emmenaient prisonnier. Le péril était surtout pour ceux qui, postés dans le réduit, avaient à protéger la retraite, car les défenses n'en étaient pas très-élevées. Les Turcs à cheval tiraient sur eux à découvert; les

---

1. Rappelons que la livre tournois (valeur intrinsèque) valait 20 fr. 26 cent. de notre monnaie.
2. Joinville, ch. LX.

gens à pied leur jetaient des mottes de terre au visage. Ils étaient tous perdus, si le comte d'Anjou, par un retour vigoureux, n'était allé les délivrer. Assez d'autres étaient restés au delà qui ne devaient jamais revenir. Joinville raconte à cette occasion un trait qui se rapporte à la veille du passage et de la première bataille. Un de ses barons portant bannière était mort, et le corps gisait en bière dans la chapelle; le prêtre célébrait l'office. Six des chevaliers de Joinville étaient là aussi, causant si haut que Joinville leur vint dire de se taire, ajoutant que c'était mal à des chevaliers et gentilshommes de parler ainsi pendant que l'on chantait la messe. Ils se prirent à rire et dirent à Joinville qu'ils s'occupaient précisément du mort et lui remariaient sa femme : « Je les reprimandai, dit Joinville, et leur dis que de telles paroles n'étoient ni bonnes ni belles, et qu'ils avoient bientôt oublié leur compagnon. Dieu, ajoute-t-il, en fit telle vengeance, que le lendemain, à la grande bataille de Carême-prenant, ils furent tués ou blessés à mort : d'où il arriva que leur femmes se remarièrent toutes les six [1]. »

De l'autre côté du canal, l'armée française était un peu plus à l'abri des attaques des Sarrasins; mais sa situation n'en était guère meilleure. La mort était dans le camp, ceux qui avaient bravé l'ennemi étaient désarmés contre cette sorte d'attaque. Le

---

1. Ch. LIX.

vide se faisait dans tous les corps de bataille; souvent les valets devaient prendre les armes et les chevaux de leurs maîtres pour faire la garde à leur place.

V

Retraite par terre et par eau. — Le roi fait prisonnier.

Il fallait prendre une résolution définitive et regagner Damiette à tout prix. Saint Louis n'hésita plus : et c'est dans ce désastre qu'il allait montrer ces vertus héroïques qui font sa gloire au ciel et sur la terre, comme pour accomplir cette parole de l'Apôtre : *Quum infirmor, tunc potens sum*[1]. Il fit placer les malades sur les vaisseaux avec les autres personnes sans armes; il ne garda de vivres que pour huit jours et fit jeter le reste, même les provisions réservées pour sa propre maison, afin d'avoir plus de bateaux à mettre au service des malheureux[2]. Des chevaliers placés sur des bâtiments légers devaient défendre les bateaux de transport; d'autres, à cheval, leur faisaient encore une escorte sur la rive, afin de chercher à leur venir en aide quand ils arriveraient aux passages gardés par les vaisseaux ennemis. Lui-même aurait bien pu monter avec les

---

1. 2 Cor., xii, 10.
2. Confesseur de Marguerite, t. XX, p. 88; cf. Contin. de Guill. de Tyr, ch. lxvi, p. 612.

malades sur les vaisseaux; car il avait en même temps plusieurs maladies : « Fièvre double, tierce, dyssenterie très-forte, maladie de l'armée (la maladie épidémique) dans la bouche et dans les jambes. » Son conseil voulait qu'il le fît; on n'alléguait pas seulement son état de faiblesse, on lui disait que s'il arrivait malheur à ses gens, sauvé lui-même, il les pourrait tirer de captivité. Le légat insistait tout particulièrement et lui prêcha d'exemple, exemple sûr, puisqu'il arriva sans encombre à Damiette; mais saint Louis n'en voulut croire personne : il dit « qu'il ne laisseroit pas son peuple et feroit telle fin comme ils feroient[1]. » Joinville se mit avec ses gens et les deux seuls chevaliers qui lui restaient dans une petite barque qui était à lui. Il ne devait pas en retirer avantage.

Le départ, tant par terre que par eau, se fit le soir du mardi après la *Quasimodo*, 5 avril 1250[2]. On n'avait pas pu s'y préparer sans que les Sarrasins s'en aperçussent. Dès la veille le sultan avait distribué des armes et de l'argent pour mettre tout ce qu'on pourrait trouver de soldats et d'Arabes à la

---

1. Joinv., ch. II; Confesseur de Marguerite, t. XX, p. 88; Chron. de Reims, t. XXII, p. 314. Les musulmans eux-mêmes ont rendu à saint Louis ce témoignage, qu'il aurait pu éviter son sort en se sauvant à temps soit sur un cheval, soit sur un bateau, et que s'il fut pris, c'est qu'il préféra demeurer à l'arrière-garde pour veiller au salut de ses troupes. (Voy. Reinaud, *Bibl. des Croisades*, t. IV, p. 463.)

2. Joinville, ch. LXI; Guill. de Nangis, t. XX, p. 377 et 553.

poursuite des chrétiens; et avant même qu'on fût parti, une troupe de Sarrasins se jeta dans le camp, tuant les malades qui attendaient encore leur embarquement sur la rive : ce qui fit que les mariniers effrayés coupèrent les cordes des ancres pour gagner le large; mais le roi leur commanda de s'arrêter et d'achever de prendre les malades. On partit donc sans rien laisser que les bagages dont on ne pouvait s'embarrasser; mais on partit toutefois, quoi que le roi pût faire, en telle confusion, qu'on négligea de rompre, comme il l'avait prescrit, les attaches du pont de bateaux; de sorte qu'en s'éloignant, les Français laissaient à l'ennemi toute facilité pour les poursuivre[1].

Saint Louis, quittant son corps de bataille qui devait marcher au milieu de l'armée, vint, avec Geoffroy de Sargines, se placer à l'arrière-garde conduite par Gaucher de Châtillon. Il était bien difficile qu'ils soutinssent l'effort des assaillants. L'armée, selon Matthieu Paris, ne comptait plus que deux mille trois cents bons chevaux et quinze mille hommes de combat, la plupart malades; d'autres disent même que de trente-six mille hommes elle était réduite à six mille[2]. Dès le matin, elle fut environnée d'une nuée de Sarrasins qui en tuèrent un fort grand nombre. Plusieurs, pourtant, vendirent chèrement

---

1. Joinville, ch. LXI.
2. Confesseur de Marguerite, p. 67.

leur vie : il en est un qui courut au-devant de la mort; c'est Gui de Castel ou plutôt de Château-Porcien, évêque de Soissons. Il ne se consolait pas de cette retraite; « Quand il vit que nos gens s'en revenoient vers Damiette, lui qui avoit grand désir d'aller à Dieu, il ne s'en voulut pas revenir en la terre dont il étoit né. Il piqua des éperons et s'attaqua tout seul aux Turcs, qui le tuèrent de leurs épées et le mirent en la compagnie de Dieu au nombre des martyrs[1]. »

Dans la position que saint Louis avait prise, il devait être un des premiers en péril. Geoffroy de Sargines se tenait près de lui, « le défendant contre les Sarrasins, ainsi que le bon valet défend la coupe de son seigneur contre les mouches. » Il avait mis sa pique[2] près de l'arçon de sa selle, et toutes les fois que les Sarrasins l'approchaient, il la prenait et la mettant sous son aisselle recommençait à leur courir sus et les repoussait d'auprès du roi. Il mena ainsi le roi jusqu'à un village[3] où on le recueillit dans une maison; et on le coucha comme mort « au giron (sur les genoux) d'une bourgeoise de Paris. » On croyait qu'il ne passerait pas la journée; et il ne semblait pas qu'il dût même, en ce peu d'heures qui lui étaient

---

1. Joinville, ch. LXXVII.
2. « Son espié, » dit Joinville (ch. LXII). C'était, selon M. J. Quicherat, une sorte de lance. Voy. la note IV sur les *armes offensives* dans les éclaircissements de la belle édition de Joinville, publiée par M. N. de Wailly chez MM. Didot, p. 470.
3. Le sultan, dans sa lettre au gouverneur de Damas, appelle ce village Minié-Abou-Abdallah (*Bibl. des Croisades*, t. IV, p. 465).

réservées, échapper aux Sarrasins. Le village n'avait qu'une rue et elle était cernée. Gaucher de Châtillon se multipliait pour en dégager les abords. Il s'y tenait, l'épée au poing, et quand il voyait les Turcs y pénétrer, il se précipitait sur eux et les jetait dehors; puis revenant tout couvert des flèches qu'ils lui avaient lancées en fuyant, il s'en débarrassait, remettait sa cotte de mailles, et droit sur ses étriers, il s'écriait l'épée haute : « Châtillon, chevalier ! où sont mes prud'hommes? » Et comme les Turcs rentraient par l'autre bout, il courait à eux et les chassait encore. Il refit ce manége par trois fois; mais il dut succomber à la peine. Un des chevaliers menés captifs à Mansoura vit un Turc monté sur le cheval du brave Châtillon. Il lui demanda ce qu'il avait fait du cavalier; et l'autre lui dit qu'il lui avait coupé la tête sur son cheval même : la croupière ensanglantée du cheval donnait créance à son récit[1].

Ceux qui environnaient saint Louis avaient reconnu l'inutilité de la résistance. Philippe de Montfort, voyant l'émir avec qui il avait auparavant négocié une trêve, obtint du roi l'autorisation d'aller à lui pour la renouveler. Le Sarrasin avait déjà ôté la toile qui lui couvrait la tête, et retiré de son doigt son anneau en signe d'acceptation, quand un sergent de Paris, nommé Marcel, un traître, dit Joinville, plus probablement un de ces imprudents dont le

---

1. Joinville, ch. LXXVII.

faux zèle ne fait pas moins de mal, s'écria : « Seigneurs chevaliers, rendez-vous, le roi le commande. Ne faites pas tuer le roi! » Il craignait que la résistance se prolongeant, sans chance de réussir, n'entraînât le massacre du roi comme des autres. Les chevaliers déposèrent les armes; et l'émir les voyant amenés prisonniers, jugea qu'il n'y avait plus lieu de faire trêve. Philippe de Montfort, couvert par son titre de parlementaire, fut le seul qui gardât sa liberté (6 avril 1250)[1].

Le roi s'était rendu à l'eunuque Gemal-eddin[2]; ses frères et tous les grands seigneurs qui l'accompagnaient furent pris de même[3]. La partie de l'armée

---

1. Joinville, ch. LXII. Cf. Cont. de Guill. de Tyr, ch. LXVII, p. 612. — On lit encore dans les Chroniques de Saint-Denys (ch. LVII) : « Devant le roy estoit un sergent d'armes que l'on apeloit Guillaume de Bourc-la-Royne, qui tenoit entre ses poins une grant hache et faisoit si grant abateiz et si grant occision que tuit li Sarrazin estoient esbahis de sa grant force. Le roi li commença à crier à haute vois qu'il se rendist; car il se doutoit (*craignoit*) que si bon sergent feust ocis. Et ne pourquant (*néanmoins*) jà n'en feust eschapé, se ne feust un crestien renoié qui li dist en anglois qu'il se rendist, et il li sauveroit la vie. » (*Histor. de France,* t. XXI, p. 114.) Au moins, ce renégat, qui combattait parmi les ennemis du roi, n'était pas un Français.

2. *Bibl. des Croisades,* t. IV, p. 462. Aboulféda l'appelle l'eunuque Mohcen, ancien mamelouk de Saleh-Ayoub. (*Hist. arabes des Croisades,* t. I, p. 128.)

3. « Peccatis nostris exigentibus in manus inimicorum incidimus » dit humblement saint Louis dans sa lettre aux prélats et barons de France (août 1250). La date du 5 avril, donnée par le roi, semble devoir se rapporter au départ qui avait eu lieu la veille au soir. (Duchesne, t, V, p. 429.)

qui ouvrait la marche avait pu, grâce à la résistance de l'arrière-garde, s'avancer jusqu'à Farescour; mais les Sarrasins ne lui laissèrent pas gagner Damiette. Après un combat très-vif, elle fut battue aussi; et tous ceux qui ne périrent pas, faits prisonniers; l'oriflamme tomba avec le reste des étendards aux mains du vainqueur[1].

1. Matth. Paris, t. VII, p. 86 et suiv.; Tillemont, t. III, p. 328. Le sultan dit, dans sa lettre à Gemal-eddin, gouverneur de Damas : « Le lendemain nous en massacrâmes trente mille, sans compter ceux qui furent engloutis par les flots. Nous ôtâmes aussi la vie aux prisonniers, et nous jetâmes leurs corps dans le fleuve. » (*Bibl. des Croisades*, t. IV, p. 465.)

CHAPITRE IX.

LA CAPTIVITÉ DE SAINT LOUIS.

I

La reine sauve Damiette. — Le roi ramené à Mansour — Joinville pris avec ceux qui faisaient retraite par eau. Sort des prisonniers.

La nouvelle de la prise du roi produisit chez les musulmans et chez les chrétiens une impression profonde. Le sultan avait annoncé sa victoire à son lieutenant de Damas. Ce fut partout chez les musulmans des réjouissances et des blasphèmes contre le Dieu qui n'avait pas su défendre le roi puissant armé pour sa cause. Ils fouettaient la croix en présence des chrétiens sur les places publiques et la foulaient aux pieds. Le sultan avait même eu, dit-on, la pensée d'envoyer le roi au calife, et de le faire servir de jouet aux Sarrasins; mais il y renonça par espoir de rançon, et aussi par crainte de représailles[1].

1. Matth. Paris, t. VII, p. 92; Tillemont, t. III, p. 345.

Parmi les chrétiens la consternation était extrême. En France on en était encore à la prise de Damiette par saint Louis, et l'on parlait de son entrée victorieuse au Caire, lorsqu'arriva la nouvelle que le roi et l'armée entière étaient captifs! Les premiers qui l'apportèrent furent condamnés à être pendus comme propagateurs de fausses nouvelles, dit Matthieu Paris. Mais bientôt il ne fut plus possible de douter de la vérité, et la douleur fut immense. Les Anglais eux-mêmes la partagèrent. Le pape et l'empereur se rencontrèrent pour la première fois dans le même sentiment[1].

A Damiette la nouvelle faillit avoir les effets les plus désastreux. Ce fut une terreur pareille à celle qui chez les Turcs avait fait abandonner la ville au débarquement de saint Louis. Les Pisans et les Génois qui composaient la flotte et tout le petit peuple ne songeaient qu'à fuir. C'était perdre sans remède le roi et tous les prisonniers : car Damiette rendue, pas de rançon possible. La reine, que le roi avait laissée dans la ville, venait d'y mettre au monde un fils qui fut nommé Jean et qu'on appela Tristan en souvenir des tristes circonstances où il était né. Le lendemain même, elle fit venir devant son lit tous les gens de la ville, et sa chambre en fut pleine. « Seigneurs, leur dit-elle, pour l'amour de Dieu, ne

---

1. Voy. Matth. Paris, t. VII, p. 108, et les lettres du pape et de Frédéric, résumées par Tillemont, t. III, p. 336 et suiv. Cf. H.-Bréholles, *Introd.*; p. cccxix.

laissez pas cette ville; car vous voyez que monseigneur le roi serait perdu et tous ceux qui sont pris avec lui, si elle était perdue. Si ce n'est pas votre plaisir, ayez au moins pitié de cette chétive créature qui est ici gisante, et attendez que je sois relevée. » Et comme ils alléguaient la crainte d'être affamés dans Damiette, elle se fit fort de leur procurer des vivres et les retint tous aux gages du roi. Ils finirent par y consentir; et la reine fit acheter tous les vivres qui se trouvaient dans la ville (car on n'en manquait pas) et les nourrit, sans qu'il leur en coûtat rien. Elle y dépensa elle-même trois cent soixante mille livres et plus, dit Joinville[1].

Cette habile intervention sauva le roi. A ces mêmes circonstances se rattache une anecdote qui montre dans la reine, sous des traits bien naïfs, la femme et la chrétienne. La nouvelle de la captivité du roi était arrivée trois jours avant qu'elle accouchât. « Elle en fut si effrayée, dit Joinville, que toutes les fois qu'elle s'endormoit dans son lit, il lui sembloit que toute sa chambre fût pleine de Sarrasins, et elle s'écrioit : « A l'aide! à l'aide! » Et de peur que l'enfant dont elle étoit grosse ne pérît (par suite de ses frayeurs), elle faisoit coucher devant son lit un vieux chevalier de l'âge de quatre-vingts ans qui la tenoit par la main. Toutes les fois que la reine crioit, il

---

1. Ch. LXXVIII. Cela ferait 7 294 975 fr. de notre monnaie. Tillemont, trouvant avec raison cette somme énorme, propose de lire 36 000 liv. (729 497 fr. 50 c.) (t. III, p. 336).

disoit : « Madame, n'ayez pas peur : je suis ici. » Avant qu'elle accouchât, elle fit sortir tout le monde de sa chambre, excepté le chevalier, et s'agenouillant devant lui elle lui requit une grâce : le chevalier lui en fit le serment. « Je vous demande, dit-elle, par la foi que vous m'avez baillée, que si les Sarrasins prennent cette ville, vous me coupiez la tête avant qu'ils me prennent. — Madame, dit le vieux chevalier, soyez tranquille : je le ferai de tout mon cœur, car j'y avois déjà pensé[1]. »

Saint Louis et les barons pris avec lui avaient été ramenés captifs à Mansoura, dans cette ville dont il avait espéré faire la conquête. Comme roi il eut le privilége d'être enchaîné d'une chaîne de fer avec ses frères et quelques autres dont on tenait d'autant plus à s'assurer qu'ils étaient de plus grande importance[2]. Mais il pouvait leur échapper d'une tout autre manière. C'est à peine s'il lui restait un souffle de vie. La maladie avait fait en lui les plus affreux ravages : la chair de ses gencives était livide ; les dents lui branlaient dans la bouche ; la dyssenterie l'épuisait. Il était si maigre que les os de l'épine dorsale lui perçaient la peau, si faible qu'il le fallait porter à toutes ses nécessités ; et il n'avait gardé

---

1. Joinville, ch. LXXVIII.
2. Il fut logé dans la demeure du scribe Fakr-eddin, fils de Locman, sous la garde de l'eunuque Sabih. On montre encore à Mansoura, dit M. Rifaud, la maison où il fut enfermé. (Voy. Reinaud, *l. l.* p. 463.)

auprès de lui que son chapelain et son cuisinier : l'un lui était d'un plus grand secours que l'autre[1].

Les Sarrasins, du reste, ne tardèrent point à se préoccuper de sa situation : sa vie leur était trop précieuse. Le soudan le fit traiter par ses propres médecins, et comme ils étaient plus experts dans ces sortes de maux, ils le mirent bientôt hors de danger : en telle sorte que sa captivité peut être regardée comme un bienfait de la Providence à son égard. Abandonné aux siens, il aurait pu ne pas guérir[2]. Le soudan ne cessa plus de l'entourer de soins, et ordonna qu'on lui fournît tout en abondance et qu'on pourvût chaque jour à ce qui lui était nécessaire. Quand il était arrivé à Mansoura il avait, dit-on, à peine de quoi se vêtir. Un pauvre homme lui donna sa casaque, dont il se couvrit jusqu'à ce qu'on lui eût envoyé de l'étoffe de Damiette. Le soudan lui fit faire deux robes de taffetas noir, fourrées de vair et de gris, avec des boutons d'or : magnificence que saint Louis n'eût pas déployée s'il eût été libre. Il portait encore, quand il arriva à Saint-Jean-d'Acre, cette livrée de sa captivité[3] !

1. Le cuisinier pourtant se multipliait auprès de lui ; et, à défaut de son office ordinaire, lui rendait tous les services que réclamait son état. Voy. Confesseur de Marguerite, t. XX, p. 80.

2. Geoffroi de Beaulieu, ch. xxv, t. XX, p. 16, et G. de Nangis, p. 379.

3. Joinville, ch. LXXIX. Au contraire, « Aboulmahassen, dit M. Reinaud, rapporte, d'après Saad-eddin, qu'un jour le sultan envoya par honneur au roi de France et aux seigneurs qui étaient avec lui, des khilas ou habits d'honneur, au nombre de plus de

Dans les rigueurs des premiers moments, dans les souffrances de la maladie, comme dans cet état meilleur, le saint roi avait gardé la même sérénité d'âme, vivant simplement sa vie de tous les jours. Il disait avec son chapelain les heures, selon l'usage de l'Église de Paris. Il avait perdu son bréviaire : c'était peut-être ce que le roi regrettait le plus, et assurément ce dont les Sarrasins se souciaient le moins. On le retrouva, et les contemporains en font presque un miracle[1]. Cette placidité, cette force, cette douceur émurent vivement les disciples de Mahomet. Ils n'avaient connu que le roi, le guerrier : ils avaient devant eux le saint, et cette vertu divine subjuguait leurs âmes[2]. Saint Louis ne perdait pas l'occasion de leur expliquer sa foi; il usait de la captivité pour travailler à conquérir des âmes; et s'il

---

cinquante. Tous les revêtirent, excepté lui; il répondit qu'il était aussi riche en domaines que le sultan, et qu'il ne lui convenait pas de revêtir les habits des autres. Le lendemain, suivant le même Saad-eddin, le sultan ayant invité le roi à un festin splendide, ce *maudit* refusa d'y assister, prétendant qu'on voulait le donner en spectacle et le couvrir de ridicule.

« On lit dans la chronique syriaque d'Aboulfarage une autre particularité qui mérite d'être rapportée; c'est que, sur ces entrefaites, la reine, femme du roi de France, qui était restée à Damiette, ayant accouché d'un fils, le sultan envoya de riches présents à la mère, avec un berceau d'or et des vêtements magnifiques pour l'enfant. » (*Bibl. des croisades*, t. IV, p. 464.)

1. Jean du Vignay dans sa trad. de Primat, t. XXIII, p. 65 *g*, et Boniface VIII dans son premier sermon sur la canonisation de saint Louis.

2. Guill. de Chartres, ch. xxv, t. XX, p. 16.

est vrai que plusieurs, touchés de la grâce qui était en lui, se convertirent et reçurent le baptême[1], le saint roi dut bénir ses fers ; car ils lui procuraient le triomphe dont il fut toujours le plus jaloux.

Saint Louis, à peine arrivé à Mansoura, avait vu bientôt se grossir le nombre de ses compagnons d'infortune. Ceux en effet qui avaient pris la voie du fleuve, n'avaient point, pour la plupart, évité le sort commun. Le péril était évident. En descendant le cours du Nil, on rencontrait nécessairement les galères que les Sarrasins avaient amenées entre Damiette et Mansoura pour couper les communications de la ville à l'armée. Il n'y avait guère que les grands vaisseaux qui eussent chance de forcer le passage. La double escorte par terre et par eau donnée aux malades courait donc risque de n'y pas suffire, et pour les petites barques, c'était merveille si elles parvenaient à se faire un chemin à la faveur des ténèbres ou de la confusion. Les mariniers de Joinville tremblaient de s'y aventurer. On arriva un peu avant le lever du jour au passage redouté; mais les Sarrasins veillaient, et ils jetèrent sur les vaisseaux et sur ceux qui les escortaient le long de la rive, une telle quantité de feu grégeois, que l'on eût dit une pluie d'étoiles. Les bâtiments légers, chargés par le roi de défendre les malades, ne songeant plus qu'à

---

1. Voy. le Confesseur de Marguerite, p. 66. Il le rapporte, il est vrai, au temps de son séjour dans la Terre Sainte.

leur propre salut, s'enfuirent vers Damiette : un vent contraire s'était élevé ; sur les deux rives du fleuve, on ne voyait que petits vaisseaux qui ne pouvaient poursuivre leur route. Les Sarrasins s'en emparaient, tuaient et jetaient les gens à l'eau, et prenaient les bagages.

Joinville, pendant cette rencontre, s'était revêtu d'un haubert de tournoi pour se défendre des traits qui tombaient sur sa barque. Il était resté au milieu du Nil, voyant le sort réservé à ceux qui croyaient trouver un refuge au rivage, quand ses gens lui crièrent : « Sire, sire, vos mariniers vous veulent mener à terre. » Les Sarrasins, impatients de se saisir de cette proie, menaçaient de mort ses mariniers, s'ils ne venaient s'y rendre. Joinville tira l'épée et dit qu'il les tuerait, s'ils faisaient mine de leur obéir ; et ceux-ci se déclarèrent tout prêts à faire ce qu'il voulait. On ancra donc ; mais Joinville lui-même n'avait que le choix du péril. Il tombait infailliblement aux mains des Sarrasins du rivage s'il y abordait, de ceux des galères s'il restait sur le fleuve : quatre galères s'avançaient pour s'emparer de sa barque. Dans cette extrémité il tint conseil : tout bien considéré on préféra se rendre aux galères du soudan. Là, au moins, ils avaient chance de rester ensemble au lieu d'être dispersés et vendus aux Bédouins. Il n'y en eut qu'un qui s'écria : « Ce n'est pas mon avis. » — Et quel est-il ? — Je suis d'avis que nous nous laissions tous tuer, afin d'aller tous en paradis. » — Mais, ajoute Joinville, « nous ne le crûmes pas[1]. »

A l'approche de l'ennemi, Joinville voulait au moins lui dérober ce qu'il avait de plus précieux ; il prit ses joyaux et ses reliques et les jeta à la rivière. Alors un de ses mariniers lui dit : « Sire, si vous ne me laissez dire que vous êtes le cousin du roi, on vous occira tous et nous avec. » Joinville lui en donna la permission, et cela suffit à peine pour lui sauver la vie. Quand les hommes du premier vaisseau l'abordèrent, un Sarrasin qui était de la terre possédée par Frédéric II en Orient, vint à la nage jusqu'à sa barque et le prenant au corps, lui dit : « Sire, vous êtes perdu, si vous n'y mettez de la résolution ; car il vous faut sauter de votre vaisseau sur la pointe de la quille de cette galère ; ils ne vous verront pas, occupés comme ils sont au pillage de votre embarcation. » On lui jeta une corde et il sauta non sans péril ; car si le Sarrasin, sautant après lui, ne l'eût soutenu, il tombait à l'eau. Mais là, nouveau danger. Il y avait sur cette galère deux cent quatre-vingts de leurs gens qui se ruèrent sur lui et le terrassant le voulaient égorger. Par deux fois ils le renversèrent, et le malheureux chevalier sentit la pointe du couteau à la gorge ; il n'eût pas évité la mort, sans le Sarrasin qui, le tenant toujours embrassé, criait : « Cousin du roi ! » Il put ainsi se

1. Chap. LXVIII.

tirer de leurs mains et être mené au pavillon où se tenaient les chefs des ennemis :

« Quand je vins au milieu d'eux, continue Joinville, ils m'ôtèrent mon haubert, et pour la pitié qu'ils eurent de moi, ils jetèrent sur moi une mienne couverture d'écarlate doublée de menu vair, que madame ma mère m'avoit donnée ; et l'un d'eux m'apporta une courroie blanche, et je me ceignis par dessus ma couverture, où j'avois fait un trou, et que j'avois vêtue ; et l'autre m'apporta un chaperon que je mis sur ma tête. Et alors, pour la peur que j'avois, je commençai à trembler bien fort, et pour la maladie aussi. Et alors je demandai à boire, et l'on m'apporta de l'eau en un pot, et sitôt que je la mis dans ma bouche pour l'avaler, elle me jaillit dehors par les narines. Quand je vis cela, j'envoyai querre ma gent, et leur dis que j'étois mort, que j'avois un apostume dans la gorge. Et ils me demandèrent comment je le savois, et sitôt qu'ils virent que l'eau me jaillissoit par la gorge et par les narines, ils se prirent à pleurer. Quand les chevaliers sarrasins qui étoient là virent ma gent pleurer, ils demandèrent au Sarrasin qui nous avoit sauvés pourquoi ils pleuroient ; et il répondit qu'il pensoit que j'avois un apostume dans la gorge ; c'est pourquoi je ne pouvois échapper. Et alors un des chevaliers sarrasins dit à celui qui nous avoit sauvés, qu'il nous réconfortât ; car il me donneroit quelque chose à boire avec quoi je serois guéri dans deux jours : et ainsi fit-il. » (Ch. LXIV.)

Avec lui était un de ses chevaliers, Raoul de Wanou, qui, à la grande bataille, avait eu les jarrets coupés. Les ennemis surent honorer le courage malheureux : « Et sachez, dit Joinville, qu'un vieux sarrasin chevalier, qui étoit en la galère, le portoit aux chambres privées suspendu à son col. » (*Ibid.*)

L'émir qui commandait la flotte, apprenant la

captivité de Joinville, le fit venir et lui demanda s'il était vrai qu'il fût parent du roi. « Non, » répondit-il ; et il lui conta pourquoi le marinier l'avait dit. Il répondit qu'il avait fait que sage : car, sans cela on les eût tués tous. Il lui demanda encore s'il tenait en rien au lignage de l'empereur Frédéric, et, apprenant que Joinville lui était un peu parent par sa mère, il lui dit qu'il l'en aimait d'autant mieux. Joinville ajoute ici un trait qui peint bien naïvement les mœurs du temps. Comme il mangeait, on fit venir devant lui un bourgeois de Paris qui s'écria : « Sire, que faites-vous ? — Que fais-je donc, dit Joinville. — En nom Dieu, fit-il, vous mangez chair le vendredi ! » A ce mot, Joinville s'empressa de rejeter son écuelle ; et l'émir, ayant su pourquoi il le faisait, répondit que Dieu ne lui en saurait pas mauvais gré, puisqu'il ne l'avait pas fait sciemment. Le légat ne lui en parla pas autrement quand il fut hors de prison. Mais Joinville ne laissa pas de jeûner tous les vendredis du carême d'après, au pain et à l'eau, pour expier cette faute involontaire[1].

Le dimanche d'après, l'amiral le fit descendre au rivage du fleuve avec tous les autres qui avaient été pris sur l'eau, ainsi que lui. Comme on tirait « monseigneur Jean », son bon prêtre, hors de la soute de la galère, il s'évanouit ; on le tua et on le jeta dans

---

1. Joinville. ch. LXV : « Ce dont le légat, continue-t-il, se courrouça très-fortement contre moi parce qu'il n'étoit demeuré avec le roi de riche homme (baron) que moi. »

le Nil[1]. Son clerc s'étant pâmé aussi par l'effet de la maladie, on lui lança un mortier sur la tête, et on jeta son corps à la rivière. A mesure que l'on faisait descendre des galères les autres malades, il y avait là des Sarrasins, l'épée nue, qui les tuaient et les jetaient à l'eau. Joinville s'en indigna et leur fit dire par son Sarrasin, celui à qui il devait la vie, que c'était mal et contraire aux enseignements de Saladin : car Saladin disait qu'on ne devait tuer nul homme, après qu'on lui avait donné à manger de son pain et de son sel. Mais l'amiral lui répondit que c'étaient des hommes qui ne valaient rien, attendu qu'ils ne pouvaient plus se tenir debout par suite de leurs maladies. Il lui fit amener ses mariniers et lui dit qu'ils avaient tous abjuré. Joinville lui conseilla de ne point se fier à eux : car « de la même manière qu'ils nous ont laissés, dit-il, ils vous laisseront dès qu'ils trouveront temps ou lieu pour le faire. » Et l'amiral dit qu'il le pensait bien comme lui ; que Saladin disait « qu'on ne vit jamais nul devenir de bon chrétien bon Sarrasin, ni de bon Sarrasin bon chrétien[2]. »

Il fit monter Joinville sur un palefroi et l'emmena avec lui à Mansoura, où le roi et sa gent étaient prisonniers. Des scribes du sultan écrivirent son nom, et on le fit entrer dans un grand pavillon où étaient les barons « et plus de dix mille personnes avec eux, »

1. C'est celui qui avait si vigoureusement attaqué seul et mis en fuite une troupe embusquée de huit Sarrasins. Voy. p. 334.
2. Joinville, ch. LXV.

dit-il; et les barons témoignèrent une grande joie de le voir, car il le croyaient perdu.

On les fit passer dans un autre pavillon, où ils purent être témoins de la façon dont les Sarrasins traitaient leurs captifs malades ou non. Le sultan, qui en était embarrassé, avait donné ordre à l'émir Sayf-eddin-Youssouf de s'en défaire peu à peu. On les avait renfermés dans une cour close d'un mur de terre. On les en tirait l'un après l'autre et on leur demandait : « Veux-tu renier? » Ceux qui ne le voulaient pas étaient mis d'un côté et décapités; ceux qui reniaient, mis de l'autre. C'était un premier triage. On avait d'abord réservé les artisans et les gens de métier, pour tirer profit de leur industrie; mais ensuite on les fit mourir comme les autres. Chaque jour un émir en prenait ainsi trois ou quatre cents, et s'ils ne reniaient, leur faisait couper la tête[1].

Quand on les crut suffisamment émus par ce spectacle, le sultan leur envoya ses conseillers; et Pierre de Bretagne (Mauclerc) ayant été désigné pour répondre en leur nom, on lui dit par les drogmans : « Sire, le soudan nous envoie à vous pour savoir si vous voudriez être délivrés? — Oui, dit le comte. — Et que donneriez-vous pour votre délivrance? — Ce que nous pourrions faire et souffrir par raison. — Donneriez-vous quelques-uns des châteaux des barons d'outre-mer? » Le comte répondit qu'il n'en

---

1. Makrisi, cité par Reinaud, *Bibl. des croisades*, t. IV, p. 464.

avait pouvoir : car on les tenait de l'empereur d'Allemagne (roi de Jérusalem). « Et des châteaux du Temple ou de l'Hôpital? » Cela ne se pouvait pas davantage : car en y mettant des capitaines, on leur fait jurer sur reliques que pour délivrance de corps d'hommes, ils ne les rendront pas. « Il nous semble bien, dirent les envoyés, que vous n'avez pas envie d'être délivrés; mais nous allons vous envoyer des gens qui joueront de l'épée avec vous comme ils ont fait aux autres [1]. »

Dès qu'ils s'en furent allés, les barons virent se précipiter dans la salle une troupe de jeunes Sarrasins, l'épée au côté; avec eux était un vieillard aux cheveux blancs qui fit demander aux prisonniers si c'était vrai qu'ils crussent en un Dieu pris et mis à mort pour eux, et ressuscité le troisième jour? — « Oui, » dirent les barons. Ils pensaient avoir prononcé eux-mêmes leur sentence. — « Ne vous découragez donc pas, dit le vieillard, si vous avez souffert ces persécutions pour lui : car encore n'êtes-vous pas morts pour lui comme il est mort pour vous, et, s'il a eu pouvoir de ressusciter, soyez certains qu'il vous délivrera quand il lui plaira. » Et il sortit, suivi de sa bande, « ce dont je fus fort aise, dit Joinville; car je croyois qu'ils nous venoient trancher la tête [2]. »

1. Ch. LXVI.
2. *Ibid.*

C'est après cette cruelle épreuve qu'ils apprirent que le roi avait traité de leur libération.

II

Traité de saint Louis avec le sultan. — Meurtre du sultan. — Le roi devant les conjurés maîtres du pouvoir. — Renouvellement du traité.

Les conseillers du sultan avaient éprouvé le roi comme les seigneurs pour tâcher d'obtenir de lui quelque château du Temple, ou de l'Hôpital, ou des seigneurs de Palestine; et le roi leur avait répondu comme ses barons. Ils le menacèrent de le mettre aux bernicles : c'était une sorte d'entraves qui se composait de deux pièces de bois armées de dents et rentrant l'une dans l'autre; on y introduisait les jambes du patient, et le poids d'un seul homme assis sur cette machine suffisait pour les rompre à plusieurs places. Au bout de trois jours, on renouvelait l'expérience sur les membres enflés et meurtris. Le roi dit qu'il était leur prisonnier et qu'ils pouvaient faire de lui leur volonté.

Quand ils virent qu'on ne le pourrait vaincre par les menaces, on en revint aux propositions : on lui demanda combien il voudrait donner d'argent, outre Damiette, qu'il aurait à rendre. Il répondit que si le soudan se contentait d'une somme raisonnable, il demanderait à la reine qu'elle la payât pour la délivrance des prisonniers. « Mais comment n'en prenez-vous pas l'engagement? — Je ne sais si la reine le voudra faire, car elle est la maîtresse. » C'est à elle qu'il avait confié Damiette; c'est elle, le roi étant pris, qui, restée libre, avait à décider. Les conseillers en parlèrent au soudan et revinrent dire, en son nom, que si la reine voulait payer un million de besants d'or, valant cinq cent mille livres, il le délivrerait[1]. Saint Louis demanda si le soudan s'y engageait, et quand les conseillers lui en eurent rapporté l'assurance : « Je vous donnerai, dit-il, les cinq cent mille livres pour mes gens, et Damiette pour ma personne : car je ne suis pas tel que je me dusse racheter à prix d'argent. » Quand le soudan en fut informé : « Par ma foi, dit-il, il est large le Franc, qui n'a pas marchandé sur une si grande somme de deniers, » et

1. Joinville évalue le million de besants à 500 000 liv. en nombre rond; et c'est par suite de la même façon de compter qu'il parle plus bas et des 100 000 liv. (200 000 besants, remis par le sultan au roi) et du payement qui fut fait de la moitié de la rançon avant le départ; 10 000 liv. par 10 000 liv. M. de Wailly a montré qu'il ne pouvait être question que de livres tournois et non de livres parisis : le besant étant évalué en plusieurs comptes, dans l'un à raison de 8 s. tournois (compte de la Pentecôte 1282, *olim*, t. II, p. 197), dans un autre à raison de 7 s. parisis ou 8 s. 3 d. tournois. (Note de l'édition de Joinville, publiée chez MM. Didot, p. 461-462.) J'irai plus loin et je crois qu'on peut dire que les 800 000 besants que devait payer saint Louis ne furent guère évalués à un taux supérieur. En effet, dans deux comptes qui donnent les dépenses faites par saint Louis durant son voyage d'outre-mer, la somme payée en 1250 pour sa rançon figure pour 167 102 l. 18 s. 8 d. (*Histor. de Fr.*, t. XXI, p. 404 et 513), ce qui, pour 200 000 besants, réduit la valeur du besant à 8 s. 4 d. 1/4 tournois.]

pour ne point paraître moins généreux : « Allez lui dire, ajouta-t-il, que je lui donne cent mille livres pour payer la rançon[1]. »

On se mit en devoir d'exécuter le traité. Le roi et les principaux seigneurs furent placés en quatre galères qui reprirent le chemin de Damiette. Dans celle que montait Joinville étaient les comtes Pierre de Bretagne, Guillaume de Flandre, Jean de Soissons, le connétable de France, Imbert de Beaujeu, Baudouin d'Ibelin et Gui son frère. On arriva le jeudi avant l'Ascension (28 avril 1250) à un campement clos de treillis et de toiles, où était le sultan, sur les bords du Nil, auprès de Farescour. Une tour en charpente, revêtue de toile, en occupait l'entrée ; à l'intérieur on trouvait un pavillon où les émirs admis auprès du sultan déposaient leurs armes ; de là on entrait dans la salle où le prince les recevait, puis on rencontrait une tour semblable à la première, qui était la porte de la chambre de Tourân-Chah. Au

---

1. Joinville, ch. LXVII ; Contin. de Guill. de Tyr, ch. LXVII, p. 617 ; cf. Guill. de Nangis, p. 379. Il dit VIII mille besants : mais les éditeurs supposent avec raison, malgré la concordance du texte latin et du texte français, que le mot cent a été omis à l'origine entre VIII et mille : c'est à 800 000 besants qu'a été réduite la rançon après la remise des 100 000 l. (200 000 besants) faite par le sultan ; en francs : 8 105 528. — Le roi avait défendu à ses barons de traiter en particulier de leur rançon, de peur que ces transactions où les plus riches auraient trouvé leur délivrance ne rendissent impossible celle des pauvres. Il se chargera de traiter pour tous et de les délivrer tous à ses propres frais (voy. Confesseur de Marguerite, p. 89).

delà était un préau, et au milieu du préau une tour plus haute que les autres, d'où le sultan inspectait le camp et tout le pays. Du préau partait une allée qui menait au fleuve, en un lieu où le prince s'était fait tendre un autre pavillon pour s'y baigner. Le roi fut déposé dans un pavillon proche du camp. Le surlendemain il devait rendre Damiette et être remis en liberté.

Un tragique événement allait mettre ces conventions en péril.

Tourân-Chah, à son retour de Syrie, avait fait entrer dans son conseil les jeunes émirs qu'il avait ramenés avec lui[1]. C'étaient eux qui l'avaient pressé de traiter au plus vite aux conditions que l'on a vues. Ils lui représentaient qu'il n'avait de sultan que le nom ; que l'ambitieuse Chedjer-eddor et les émirs en retenaient tous les pouvoirs, à cause du besoin qu'il avait d'eux ; qu'il fallait à tout prix amener les Français à rendre Damiette et à quitter l'Egypte, et qu'alors il ne serait plus esclave de ses troupes et pourrait chasser qui lui semblerait bon. Le jeune prince n'était que trop accessible à ces conseils. Deux jours après la captivité de saint Louis, il avait ôté le gouvernement du Caire à Jesam-eddin, un de ceux qui l'étaient allés chercher à Caïfa (près du Tygre), et le père de cet officier, ayant sollicité pour lui, avait été lui-même frappé de disgrâce. Selon Makrisi, il avait

---

1. Aboulféda, dans les *Hist. arabes des croisades*, t. I, p. 128.

même enjoint à Chedjer-eddor de lui rendre compte des trésors de l'État. Cette femme, indignée, lui répondit qu'elle les avait employés à la guerre qui avait sauvé son trône, et elle se plaignit de cet affront aux mamelouks Bahrites[1]. Il refusait à Farès-eddin-Actaï, chef de ces mamelouks, une faveur qu'il lui avait promise; il laissait de côté tout ménagement, toute précaution : et le soir, quand il s'était enivré, on le voyait prendre plaisir à abattre de son sabre des têtes de chandelles de cire, disant : « Voilà comme je ferai aux mamelouks; » et il les nommait chacun par son nom[2].

Les émirs menacés résolurent de le prévenir. Actaï les y excitait : soixante entrèrent dans le complot.

Ils ne s'étaient pas mépris sur la raison du traité, si brusquement conclu; et le soin qu'avait pris le sultan de doubler sa garde était un autre indice dont le sens paraissait assez clair. Tout était à craindre le jour où enfin il serait maître de Damiette. Ils voulurent ne pas lui laisser le temps d'y arriver. Le traité avait été définitivement conclu le 1ᵉʳ mai; le 2, le sultan réunit dans un banquet ses principaux officiers. Il avait pris congé d'eux, et allait rentrer dans sa chambre, quand les conjurés se jetèrent sur lui, l'épée à la main. Le premier qui le frappa fut Rocn-eddin-Beïbars (Bibars-Bondocdar), qui portait

---

1. Reinaud, t. IV, p. 468.
2. Tillemont, t. III, p. 354, et les auteurs arabes qu'il cite.

alors son épée. Le soudan, qui sans doute voulait parer le coup, eut les doigts tranchés et la main fendue jusqu'au poignet. Il crut à une trahison de ses gardes et s'enfuit au milieu du désordre, jurant de n'en pas laisser un seul en vie : c'était les jeter tous dans la révolte. Tandis que les timbales sonnaient, que l'on publiait la prise de Damiette et que l'on ordonnait aux troupes, comme au nom du sultan, de marcher en hâte après lui, les cinq cents hommes de sa garde, abattant ses pavillons, l'assiégèrent dans la tour où il avait cherché un refuge, lui criant de descendre ; et, comme il demandait sûreté, ils dirent qu'ils sauraient bien l'y contraindre, qu'il n'était pas dans Damiette ; et ils lui lancèrent du feu grégeois qui embrasa en un instant le frêle édifice de sapin et de toile. « Jamais, dit Joinville, je ne vis feu si beau et si droit. » Tourân-Chah s'était précipité de la tour. Il vit Actaï : il se jeta à ses genoux, lui demandant protection ; mais Actaï le repoussa. Il s'enfuit alors vers le fleuve, appelant à son aide, ne demandant que la vie, et criant qu'il ne voulait plus être roi. On le poursuivit à coups de flèches ; un mamelouk même l'atteignit de sa lance, qui lui resta dans le côté. Il put fuir encore, la traînant après soi jusqu'à la rivière, où il se jeta tout éperdu. Mais on l'y suivit encore et on l'acheva à coups de sabre. Actaï, sans pitié pour son cadavre, lui arracha le cœur[1].

---

1. Il y a quelques variétés dans les détails donnés par les divers

Les chrétiens avaient assisté aux sanglantes péripéties de ce drame. Un instant ils purent craindre d'en être eux-mêmes les victimes. Les Sarrasins se jetèrent dans les vaisseaux où ils étaient retenus, l'épée à la main, la hache danoise au cou, et poussant des cris de mort :

Il y avoit, dit Joinville, tout plein de gens qui se confessoient à un frère de la Trinité, qui avoit nom Jean, et qui étoit au comte Guillaume de Flandre. Mais à mon endroit, il ne me souvint pas de péché que j'eusse fait ; mais je réfléchis que plus je voudrois me défendre ou m'esquiver, et pis cela me vaudroit. Et alors je me signai et m'agenouillai aux pieds de l'un d'eux, qui tenoit une hache danoise à charpentier, et je dis : « Ainsi mourut sainte Agnès. » Messire Gui d'Ibelin, connétable de Chypre, s'agenouilla près de moi et se confessa à moi ; et je lui dis : « Je vous absous, avec tel pouvoir que Dieu m'a donné. » Mais quand je me levai de là, il ne me souvint plus de chose qu'il m'eût dite ou racontée (ch. LXX).

Le roi n'avait pas été moins en péril que les autres. Actaï entra sous sa tente, les mains ensanglantées, et lui demanda ce qu'il lui donnerait pour avoir tué son ennemi ; mais saint Louis ne lui dit pas un mot. Actaï lui demanda de le faire chevalier : c'était, comme on le sait, parmi les plus nobles chez les chrétiens une sorte d'initiation à la vie militaire[1].

historiens arabes ou français sur cette scène. Voy. pour les historiens français Joinville et Guill. de Nangis ; pour les historiens arabes les extraits de Reinaud, *Bibl. des croisades*, t. IV, p. 468, et Aboulféda dans les *Hist. arabes des croisades*, t. I, p. 129.

1. Voy. Ducange, 22ᵉ dissertation sur l'histoire de saint Louis.

Les Musulmans, dans leurs rapports avec eux, y avaient plus d'une fois aspiré ; et Frédéric II avait fait chevalier l'émir Fakhr-eddin, qui était naguère le plus puissant entre les chefs des Égyptiens. Actaï croyait peut-être, en recevant du roi des Francs cette marque d'honneur, s'en faire aussi un titre entre tous les autres dans cette révolution où il avait joué un des principaux rôles; et, comme le roi restait impassible, il agitait son épée sanglante comme pour l'en percer, disant qu'il était maître de sa personne, et que, selon qu'il rejetterait ou accueillerait sa demande, il lui ôterait la vie ou lui rendrait la liberté. Tous ceux qui étaient autour de lui le pressaient de le faire : mais la chevalerie était une cérémonie chrétienne. Saint Louis, plus scrupuleux que Frédéric en cette matière, protesta qu'il n'y admettrait pas un infidèle, ajoutant que, s'il se voulait faire chrétien, il le ferait chevalier et lui conférerait beaucoup d'autres honneurs[1]. C'était laisser en péril sa liberté et sa vie même : mais c'était obéir à sa conscience, et nulle force humaine n'avait empire sur ce domaine-là.

Bientôt arrivèrent en tumulte les autres Sarrasins, l'épée nue, les mains teintes de sang, poussant des cris de rage « comme des ours ou des lions en fureur ». On croyait qu'ils venaient achever cette terrible tragédie en massacrant le roi après le sultan. Mais à sa vue ils furent comme transformés : ils le

---

1. Guill. de Nangis, p. 381 ; Confesseur de Marguerite, p. 67.

saluèrent à la mode des Orientaux en portant les mains sur leurs têtes ; ils lui dirent de ne pas s'effrayer de ce qui était arrivé ; qu'ils avaient dû tuer un tyran dont le dessein était de le mettre à mort dès qu'il serait maître de Damiette, sans épargner les chrétiens davantage, et le prièrent d'accomplir le traité fait avec Tourân-Chah, lui promettant de le mettre en liberté lui et tous les siens dès qu'il aurait rendu Damiette[1].

Les chrétiens se sentaient par là soulagés d'un grand poids. Un traité n'était censé valable qu'entre ceux qui l'avaient signé : c'était par une sorte de réaction contre la convention de Tourân-Chah et de saint Louis que le complot avait éclaté : les chrétiens avaient donc tout lieu de craindre pour leur liberté et pour leur vie ; et ceux qui avaient été si brusquement assaillis sur les galères, bien qu'épargnés pour le moment, n'en étaient guère plus rassurés. On les avait jetés à fond de cale ; et ils croyaient que c'était uniquement pour ne les pas tuer tous à la fois. Ils y restèrent toute la nuit entassés les uns sur les autres, « au point, dit Joinville, que mes pieds étaient contre le bon Pierre de Bretagne et les siens étaient contre mon visage. » Le matin enfin on les en tira, non pour les tuer, mais pour les envoyer aux émirs, afin de renouveler les conventions[2].

1. Guill. de Chartres, p. 31 ; cf. Contin. de Guill. de Tyr, ch. LXVII, p. 618.
2. Joinville, ch. LXX.

Dans ce temps que les chrétiens avaient passé au milieu de si vives angoisses, la sanglante révolution qu'ils avaient traversée s'était elle-même réglée. Tourân-Chah laissait des enfants : mais ils étaient en Mésopotamie, et nul d'ailleurs ne songeait à remettre sa succession à qui voudrait venger sa mémoire. On décida que Chedjer-eddor aurait l'autorité, que tout se ferait en son nom, et qu'un émir aurait, avec le titre d'atabek, le commandement des troupes. Ce titre offert à l'émir Hassam-eddin, puis à Schehab-eddin, fut, sur leur refus, donné à l'émir Aïbek, surnommé Eizz-eddin (*l'honneur de la religion*) et appelé aussi le Turcoman, parce qu'il avait été le mamelouk d'un autre émir, Turcoman d'origine; et ce fut Hassam-eddin qui fut chargé de reprendre les négociations avec les chrétiens[1]. Le traité fut renouvelé. Il fut convenu que, dès qu'on aurait rendu Damiette aux musulmans, ils remettraient le roi et les autres seigneurs : car pour le menu peuple, tous ceux qui n'avaient point été mis à mort, le sultan, contrairement au traité, les avait fait mener

---

1. Voy. Aboulféda dans les *Hist. arabes des croisades*, t. I, p. 129; Reinaud, *l. l.* p. 471, 472. C'est le nom de Chedjer-eddor qui fut inscrit sur les monnaies sous cette forme : *La Mostacémienne* (servante d'El-Mostacem, calife de Bagdad), *la saléhienne* (servante d'El-Malec-es-Saleh, son époux), *la reine des musulmans, la mère d'El-Malec-el-Mansour Khalîl*. Elle avait eu de Saleh-Ayoub un fils qui était mort en bas âge et qui s'appelait Khalîl. Le seing manuel, qu'elle apposait aux lettres patentes et aux ordonnances, portait ces mots : *La mère de Khalîl* (Aboulféda, *ibid.*, p. 129).

à Babylone (le Caire). Le roi devait jurer de remettre deux cent mille livres avant de quitter le fleuve et deux cent mille dès qu'il aurait gagné Acre. Les Sarrasins s'obligeaient à garder ses malades, et à tenir en réserve ses approvisionnements, ses armes et ses machines jusqu'à ce qu'il pût les envoyer querir[1].

Les émirs jurèrent le traité sous la sanction des imprécations les plus fortes que comportait leur loi : s'ils y manquaient, ils voulaient être aussi honnis que le Sarrasin qui, pour son péché, fait le pèlerinage de la Mecque la tête nue, ou qui reprend sa femme après l'avoir répudiée, ou qui mange de la chair de porc! Ils comptaient bien lier saint Louis par de semblables imprécations, et, dit Joinville, ils s'étaient fait dresser par un apostat une formule d'exécration qu'ils estimaient d'une force sans pareille. On faisait dire au roi que, s'il ne tenait pas les conventions, il voulait être aussi honni que le chrétien qui renie Dieu et sa mère, et privé de la compagnie des douze apôtres et de tous les saints. Cela fut accepté; mais comme on ajoutait : « Aussi honni que le chrétien qui, en mépris de Dieu, crache sur la croix et marche dessus, » il s'y refusa absolument. On ne voit pas bien pourtant quelle différence il pouvait faire entre ces deux formules et l'on est

---

1. Joinville, ch. LXX. Lettre de saint Louis. Duchesne, t. V, p. 430.

tenté de préférer la version de l'Anonyme de Saint-Denys, de Guillaume de Nangis et du Confesseur de la reine Marguerite : selon ces chroniqueurs, on lui faisait jurer dans la formule qu'il renierait le Christ s'il manquait à sa parole. Il ne s'agissait plus seulement de déshonneur à encourir, mais d'apostasie à faire : la seule supposition en révoltait sa conscience, il refusa[1]; et comme on lui disait que les Sarrasins en étaient furieux, que, s'il ne jurait pas, ils lui feraient couper la tête à lui et à ses gens, il dit qu'ils en pouvaient faire leur volonté; qu'il aimait mieux mourir bon chrétien que de vivre dans la haine de Dieu et de sa mère.

Auprès du roi se trouvait alors le patriarche de Jérusalem, vieillard de quatre-vingts ans qui s'était rendu au camp avec un sauf-conduit de Tourân-Chah pour aider le roi à traiter de sa libération; mais la mort du sultan avait, selon la coutume suivie alors par les musulmans et les chrétiens, annulé le sauf-conduit, et le prélat, venu pour délivrer le roi, était retenu lui-même comme prisonnier. Un des émirs s'en prit à lui de la résistance du roi. « Si vous voulez me croire, dit-il aux autres, je ferai jurer le roi; car je veux faire voler dans son giron la tête du patriarche. » Et il brandissait son sabre. — On n'alla

---

1. Anon. de Saint-Denys, p. 55; Guill. de Nangis, p. 381; Confesseur de Marguerite, p. 67; cf. *Extrait d'un vieux lectionnaire*, t. XXIII, p. 163, et Jean du Vignay qui a tout un discours pour en exposer les raisons, *ibid.*, p. 67.

pas jusque-là, mais on saisit le vieillard et on l'attacha à un des pieux du pavillon si étroitement que ses mains en étaient grosses comme la tête et que le sang lui jaillissait des ongles. Le patriarche criait au roi : « Sire, jurez en toute sûreté, car je prends sur mon âme le péché du serment que vous ferez, puisque vous êtes résolu à le tenir. » Et en effet, le roi devant tenir le serment, il pouvait admettre au cas contraire toutes les suppositions, sans encourir le blâme de l'impiété ou du blasphème. On parvint sans doute à concilier les demandes des Sarrasins avec les scrupules de sa conscience : car les émirs se tinrent pour satisfaits du serment qu'il prêta[1].

Ils allaient donc le remettre en liberté. Le bruit courut même qu'ils avaient songé à le mettre sur le trône d'Égypte. Si l'ascendant que le saint roi par sa vertu, par son calme et par sa fermeté exerçait autour de lui avait pu leur inspirer cette idée, bien des raisons, et celle même qui lui donnait tant d'autorité parmi eux, auraient suffi à la faire écarter. Saint Louis en parla plus tard à Joinville, lui demandant s'il croyait qu'il eût accepté cette proposition; et Joinville lui répondit qu'il eût agi en fol, attendu qu'ils venaient de tuer leur seigneur. Mais le roi répondit : « que vraiment, il ne l'eût pas refusé[2]. » Prendre pour roi saint Louis c'eût été faire un pre-

---

1. Joinville, ch. LXXI.
2. Joinville, ch. LXXII.

mier pas vers la religion chrétienne : c'est pour cela que saint Louis eût accepté la couronne et que les Sarrasins ne la lui ont pas offerte.

III

Exécution du traité.

Il fut convenu qu'on mettrait les seigneurs en liberté le lendemain de l'Ascension, 6 mai 1250, et qu'aussitôt que Damiette serait livrée aux émirs, on relâcherait le roi et ceux qui étaient avec lui. En conséquence, le jeudi au soir, jour de l'Ascension, les galères qui portaient les prisonniers vinrent ancrer au milieu du fleuve près du pont de Damiette, et l'on tendit devant le pont un pavillon où le roi descendit.

Au soleil levant, Geoffroi de Sargines alla dans la ville et la fit rendre aux émirs. On avait, au préalable, fait monter sur les vaisseaux la reine et ceux qui étaient avec elle à Damiette, excepté les malades. Aux termes du traité, les malades devaient rester sous la sauvegarde des Sarrasins avec les approvisionnements mêmes et les machines, jusqu'à ce que le roi ait pu les faire reprendre. Mais rien de tout cela ne fut respecté. Dès que les enseignes du sultan furent arborées sur les murailles, les Sarrasins se jetèrent sur la ville, tuèrent les malades, mirent en pièces les machines, burent le vin, et, plus respectueux ici de la loi du prophète, s'abstenant de manger du porc, ils brûlèrent en tas toutes les salaisons, faisant des couches alternatives des engins brisés, des porcs et des cadavres : le feu dura trois jours[1].

Damiette rendue, le traité serait-il mieux observé à l'égard des prisonniers? La chose était douteuse. Un des Sarrasins qui avaient pris part au massacre des malades était venu sur la galère où était Joinville, et montrait son épée sanglante, se vantant d'avoir tué pour sa part six chrétiens. « Ce jour-là, dit Joinville, nous ne mangeâmes pas du tout, ni les émirs non plus ; mais ils furent en dispute tout le jour. » Ceux-ci disputaient s'ils tueraient ou non les autres. Un émir soutenait fortement l'opinion qu'il leur fallait tuer le roi et les seigneurs. C'était, disait-il, se donner, vu l'âge de leurs enfants, la sécurité pour quarante ans. « Mais, disait un Mauritanien, si nous tuons le roi après que nous avons tué le soudan, on dira que les Égyptiens sont les plus mauvaises gens et les plus déloyaux du monde. » L'autre confessait que l'on avait méchamment agi en tuant le soudan ; car Mahomet commande que l'on garde son seigneur comme la prunelle de ses yeux ; mais il y a un second commandement : « En l'assurement de la foi, tue l'ennemi de la loi. » Ce nouveau meurtre rachetait l'autre. La résolution en fut presque prise. Déjà un des émirs,

---

1. Joinville, ch. LXXII.

qui était de cette opinion, était venu sur les bords du fleuve et, en agitant son turban, avait donné aux commandants des galères le signal de rebrousser chemin. Ils levèrent l'ancre et remontèrent le fleuve vers le Caire d'une grande lieue : les seigneurs se croyaient perdus; « et il y eut, dit Joinville, maintes larmes versées[1]. » Ces appréhensions n'étaient pas vaines. Les historiens arabes confirment, à cet égard, le récit de Joinville. Aboul-Mohasser dit que l'émir Hassam-eddin, ce sage émir qui avait refusé la succession du sultan et reçu la mission de reprendre les conférences avec les chrétiens, proposa lui-même, contre le traité dont il avait été le négociateur, de retenir le roi, vu qu'il était le prince le plus puissant de la chrétienté, et qu'il y avait danger à renvoyer un homme qui avait pénétré dans le secret de leur gouvernement. Ce fut le nouvel atabec, Aïbec, et les autres émirs qui défendirent contre Hassam-eddin le respect de la foi jurée, et l'historien le regrette : il ne croit pas au sentiment d'honnêteté qui fit prendre cette résolution : « L'avis d'Hassam-eddin était, dit-il, sans contredit le plus sage, et si les mamelouks le rejetèrent, ce fut par esprit d'intérêt, ne voulant pas être frustrés de la rançon qu'on leur avait promise[2]. » Vers le soir donc l'avis contraire prévalut. Les galères descendirent le Nil, et abordèrent au ri-

---

1. Joinville, ch. LXXIII.
2. Reinaud, *Bibl. des croisades*, t. IV, p. 473.

vage ; les prisonniers demandaient à rejoindre les leurs au plus vite ; mais on leur dit qu'on ne le ferait pas sans leur avoir donné à manger ; que ce serait une honte pour les émirs s'ils partaient à jeun des prisons ; et on leur apporta des beignets de fromage rôtis au soleil, et des œufs durs qu'en leur honneur on avait fait peindre de diverses couleurs [1].

On les mit enfin à terre, et ils allèrent à la rencontre du roi qu'on ramenait de la rive. Vingt mille Sarrasins, l'épée au côté, lui faisaient cortége. Les Français avaient envoyé pour le recevoir une galère de Gênes ; un seul homme s'y montrait. Mais quand il vit le roi au bord du fleuve, il donna un coup de sifflet, et aussitôt quatre-vingts arbalétriers s'élancèrent sur le pont, armés de toutes pièces et le carreau sur l'arbalète. Sitôt que les Sarrasins les virent, ils s'enfuirent tous comme des brebis, dit Joinville (il peut bien avoir peint leur retraite sous les couleurs que lui donnait la joie de sa délivrance). On jeta une planche à terre pour recevoir le roi sur la galère. Le comte d'Anjou son frère, Geoffroi de Sargines, Philippe de Nemours, maréchal de France, le maître de la Trinité et Joinville y montèrent avec lui. Le comte de Poitiers était gardé comme otage jusqu'au payement des deux cent mille livres que le roi devait donner pour la rançon avant de partir d'Égypte [2].

---

1. Joinville, ch. LXXIV.
2. *Ibid.*

Ils étaient libres. Plusieurs pensèrent qu'ils n'en seraient pas bien assurés tant qu'ils n'auraient pas revu la terre de France. Le comte de Soissons et quelques autres vinrent donc dès le lendemain (samedi 7 mai) prendre congé du roi. Le roi leur dit qu'il lui semblait qu'ils feraient bien d'attendre que le comte de Poitiers fût délivré : c'est pour eux qu'il était encore prisonnier, c'est d'eux tous qu'il était l'otage. Mais ils dirent qu'ils ne le pouvaient pas ; que leurs galères étaient tout appareillées : et ils partirent, emmenant avec eux Pierre de Bretagne, qui était venu expier, avec saint Louis, dans la guerre sainte, les guerres civiles dont il avait été le principal auteur durant sa minorité. Gravement atteint de la maladie épidémique, il mourut en mer trois semaines après son départ[1].

Saint Louis ne se regardait point comme libre, tant qu'il n'aurait pas rempli tous ses engagements. Il aurait bien eu cependant le droit de s'en tenir pour affranchi, par la conduite des Sarrasins à Damiette. Le roi n'avait pas attendu jusque-là pour protester contre le massacre des malades. Dès qu'il l'eut appris, il envoya frère Raoul vers Actaï pour lui exprimer son étonnement et lui porter sa plainte sur cette sanglante violation du traité. « Frère Raoul, répondit Actaï, dites au roi qu'à cause de ma loi je n'y puis remédier, et cela me pèse ; mais dites-lui de par

---

1. Joinville, ch. LXXV.

moi de ne faire nul semblant qu'il en soit irrité tant qu'il est entre nos mains : car ce serait un homme mort. » Il ne lui refusait pas le droit de s'en souvenir quand il serait à Acre. Lorsque le roi fut tiré de leurs mains, son frère y était encore. Il dut donc renoncer à poursuivre une satisfaction impossible, et pour sa part exécuter les conventions.

On commença à faire le payement le samedi matin et on le continua toute la journée du dimanche. On payait à la balance, dix mille livres à la fois[1]. Comme il manquait trente mille livres, Joinville donna au roi le conseil de les demander aux Templiers. Le grand maître était mort : c'est au commandeur et au maréchal du Temple que Joinville, par ordre du roi, s'adressa à défaut du grand maître. Mais ils objectèrent qu'ils n'avaient d'argent qu'en dépôt, et qu'ils faisaient serment de ne le donner qu'à ceux dont ils l'avaient reçu.

Les Templiers ne pouvaient rien prêter de cet argent, mais on pouvait le leur aller prendre. Joinville s'en chargea. Il s'en vint en la maîtresse galère du Temple, et descendit dans la cale où était le trésor, invitant le maréchal à le suivre pour voir ce qu'il prendrait. Le maréchal s'y refusa, disant qu'il se bornerait à constater la violence. Joinville descendit donc et demanda au trésorier de lui donner les clefs

---

1. Nous reproduisons cette assertion de Joinville, sous le bénéfice de l'observation faite ci-dessus, p. 370, note 1.

d'une huche qui était devant lui ; l'autre le rebuta. Qui était cet homme maigre et décharné, encore couvert de l'habit de sa prison? Il ne daignait même pas s'en enquérir. Mais Joinville, ramassant une cognée, dit qu'il en ferait la clef du roi. Sur ce mot, le maréchal, le prenant par le poing, lui dit : « Sire, nous voyons bien que c'est violence que vous nous faites. » Sa conscience était dès lors à couvert : il lui fit remettre les clefs. La huche renfermait un dépôt de Nicolas de Choisy, cousin du roi. On en tira tout ce qu'elle contenait d'argent. Joinville le reçut sur le vaisseau qui l'avait amené, et quand il revint à la galère du roi : « Sire, dit-il, regardez comme je suis garni ; » « et le saint homme, ajoute-t-il, me vit bien volontiers et en eut une grande joie[1]. »

Le payement put ainsi s'achever. Il y eut difficulté encore. L'argent pesé, les Sarrasins ne voulaient pas rendre le comte de Poitiers avant que les sacs fussent dans leur demeure. Les seigneurs voulaient que le comte revînt avant que l'argent fût emporté. Saint Louis ordonna de le remettre, puisqu'il l'avait promis, ajoutant que pour eux ils verraient s'ils voulaient manquer à leurs promesses. Un trait marque encore la délicatesse de saint Louis envers des gens qui pourtant avaient déjà faussé leur foi. Philippe de Nemours dit avec un malin plaisir au roi que les Sarrasins s'étaient laissé tromper d'une pesée de dix

---

1. Ch. LXXV.

mille livres. Saint Louis se fâcha et dit qu'il voulait qu'on leur rendît ces dix mille livres, puisqu'il en avait promis deux cent mille avant de quitter l'Égypte :

« Alors, dit Joinville, je marchai sur le pied de monseigneur Philippe, et dis au roi qu'il ne le crût pas, parce qu'il ne disoit pas vrai ; car les Sarrasins étoient les plus habiles compteurs qui fussent au monde. Et monseigneur Philippe dit que je disois vrai, car il ne le disoit que par moquerie. Et le roi dit qu'une telle moquerie étoit malencontreuse : « Et je vous commande, dit-il à monseigneur « Philippe, sur la foi, que vous me devez comme mon homme « que vous êtes, si les dix mille livres ne sont pas payées, « que vous les fassiez payer. » (Ch. LXXVI.)[1]

Pendant que l'on faisait ce payement d'où dépendait la mise en liberté du comte de Poitiers, saint

1. Les comptes de l'année 1250 établissent qu'il fut payé 167 102 l. 18 s. 8 d. tournois pour la rançon du roi (*Histor. de Fr.*, t. XXI, p. 404 et 513). C'est ce que valaient les 400 000 besants à payer avant de quitter le Nil à raison de 8 s. 4 d. 1/4 tournois le besant, valeur fort rapprochée de celles qui se retrouvent dans d'autres comptes. Il n'est porté ni dans cette année ni dans les suivantes, ni dans le détail des dépenses faites outre-mer aucune somme complémentaire pour la rançon du roi : ce qui confirme ce qui est dit par les historiens, comme nous le verrons plus tard, que les émirs d'Égypte ayant violé le traité par le massacre de la plupart des prisonniers, dont les 400 000 besants à payer étaient la rançon, le roi, dans les trèves qu'il conclut avec eux, se fit libérer de la somme dont il restait redevable. Ducange, qui connaît ce chiffre de 167 102 l. 18 s. 8 d. tournois donnés pour la rançon de saint Louis, conjecture que c'est la somme payée sur les dépenses de son hôtel et que le reste fut pris sur les dépenses de la guerre (*Dissertation XX sur la rançon de saint Louis*, p. 80). Mais la somme est précisément portée en dehors des dépenses de l'hôtel et des dépenses de la guerre qui sont comptées à part.

Louis montra par un autre exemple combien sa conscience était incapable de tout compromis. Un Sarrasin, de fort bonne mine et richement vêtu, vint lui offrir un présent, faisant en français son hommage. Le roi lui demanda où il avait appris le français, et cet homme lui avoua qu'il avait été chrétien. « Allez-vous-en, lui dit saint Louis; je ne vous parlerai plus; » et il le congédia ainsi, au risque de provoquer une inimitié fatale à la liberté de son frère. Joinville, qui était plus porté aux accommodements, tira ce personnage à part et lui demanda quelle était sa position. Il lui dit qu'il était né à Provins et venu en Égypte avec le roi Jean de Brienne; qu'il s'y était marié et comptait parmi les grands seigneurs. « Mais, dit Joinville, choqué lui-même de cette apostasie, ne savez-vous pas bien que si vous mouriez en ce point, vous iriez en enfer? — Oui, répondit l'autre, car il ne méconnaissait pas l'excellence et la vérité de la loi des chrétiens; mais je redoute, si je retournais chez vous, la pauvreté et le reproche. Toujours on me dirait : « Voilà le renégat; » et j'aime mieux vivre riche et tranquille que de me mettre dans cette situation. » Joinville lui dit qu'au jour du jugement, là où chacun verrait son péché, le reproche serait bien plus grand; et il ajouta beaucoup d'autres bonnes paroles qui guère ne valurent. «Il se départit de moi, continue-t-il, et jamais depuis je ne le vis[1]. »

---

1. Ch. LXXVII.

Saint Louis, du reste, était loin de rejeter les renégats. Il fit un édit pour défendre qu'on leur reprochât leur faute, de peur que cette note d'infamie n'en détournât plusieurs de revenir à la religion chrétienne, comme on l'avait vu par cet exemple[1].

Le payement achevé, le roi donna le signal d'aller rejoindre son vaisseau qui l'attendait en mer : car jusque-là, fidèle à sa promesse, il s'était refusé à quitter le fleuve, quelque péril qu'il y courût de la mauvaise foi des Sarrasins au milieu de leurs vaisseaux[2]. On navigua l'espace d'une lieue en silence. On pensait au comte de Poitiers qui était encore aux mains des Sarrasins ; mais Philippe de Montfort, monté sur un vaisseau plus léger, vint annoncer au roi qu'il arrivait en vue. Le roi ordonna d'illuminer[3] ; le bonheur de le revoir jetait quelque rayon de joie sur le deuil de ce grand désastre.

---

1. Tillemont, t. III, p. 379.
2. Joinville, ch. LXXVI ; Confesseur de Marguerite, p. 89.
3. Joinvillle, ch. LXXVI.

CHAPITRE X.

SAINT LOUIS EN PALESTINE (1250-1251).

I

Arrivée à Saint-Jean-d'Acre. — Question du retour. — Départ des frères du roi. — Message de Frédéric II.

Quand saint Louis arriva sur son vaisseau, rien n'était prêt pour le recevoir. Telle était la détresse (car on ne peut accuser la négligence de ses gens et encore moins celle de la reine), qu'il dut, jusqu'à ce qu'il eût gagné Acre, coucher sur le matelas que lui avait procuré le sultan d'Égypte, et porter l'habit qu'il lui avait donné. On n'avait encore mis en liberté que le roi et les principaux seigneurs; le menu peuple, conduit au Caire, restait à délivrer, comme il restait à payer deux cent mille livres sur la somme convenue. Pour faire ce payement et pour attendre cette libération, le roi devait aller à Saint-Jean-d'Acre où était son trésor. On mit à la voile dans cette direction, et pendant les six jours que l'on fut en mer, Joinville, malade et toujours assis auprès du roi, eut tout le temps d'apprendre de lui les circonstances dont il n'avait pas été le témoin. Saint Louis lui racontait comment il avait été pris et s'enquérait de ce qui lui était arrivé à lui-même sur le Nil ; et tirant de toute chose un texte d'enseignement, il lui disait qu'il devait savoir grand gré à Notre Seigneur, qui l'avait délivré de si grands dangers. Il exprimait sa peine de la mort du comte d'Artois, se plaignait de l'indifférence du comte de Poitiers qui ne le venait pas voir sur son vaisseau, et de celle du comte d'Anjou qui, logé dans le même navire, négligeait de lui tenir compagnie. Il ne comprenait pas davantage qu'on eût le cœur au jeu le lendemain de pareils malheurs. Un jour, ayant appris que le jeune comte était avec Gautier de Nemours, jouant aux tables, il vint à lui, tout chancelant par suite de sa maladie, prit les dés et les tables et les jeta à la mer. « Mais monseigneur Gautier, ajoute Joinville, en fut le mieux payé; car il jeta en son giron tous les deniers qui étoient sur les tables (dont il y avoit grand foison) et les emporta[1]. »

Lorsque le roi débarqua au port d'Acre (vers le 12 mai 1250), de toutes les églises on vint en procession à sa rencontre. Ce n'était plus le souverain dans sa puissance comme il était parti des rivages du

---

1. Joinville, ch. LXXIX. Le jeu de *tables* est le trictrac.

Languedoc ; mais même sous ce triste appareil de roi vaincu, sortant de prison, les chrétiens voyaient en lui le seul homme qui se fût intéressé à leur sort ; c'était pour eux qu'il avait souffert. Dans sa visite, il y avait encore un témoignage de sympathie et pour eux une espérance. L'image de la patrie absente apparaissait au milieu d'eux pour les consoler et les soutenir[1].

Le premier soin du roi fut de songer à retirer des mains des Musulmans ceux qu'il avait laissés derrière lui. Il envoya un ambassadeur en Égypte avec des vaisseaux pour les ramener, et sans doute aussi les deux cent mille livres qui complétaient le prix de leur délivrance. Mais déjà les Sarrasins avaient achevé les malades à Damiette, et ils avaient de même mis à mort ou forcé à l'apostasie plusieurs de ceux qu'ils avaient emmenés au Caire. Les ambassadeurs, après avoir été longtemps retenus dans l'attente, ne purent obtenir que quatre cents prisonniers sur douze mille qu'on supposait encore détenus, et encore ces quatre cents étaient de ceux qui avaient pu payer eux-mêmes leur rançon. En telle sorte que les envoyés gardèrent leur argent, sans trop d'espoir de recouvrer jamais ceux dont ils avaient voulu payer la délivrance[2].

Saint Louis avait compté que le traité serait exé-

---

1. Joinville, ch. LXXX ; cf. Contin. de Guill. de Tyr, ch. LXVIII, p. 619, etc.

2. Guill. de Nangis, p. 380 ; Contin. de Guill. de Tyr, ch. LXIX, p. 620 ; lettre de saint Louis. Duchesne, t. V, p. 431.

cuté par les Sarrasins qui l'avaient imposé, comme par lui qui l'avait dû subir. Ses compagnons délivrés, il aurait pu reprendre le chemin de la France : car, d'une part, la trêve dont il était convenu pour dix ans lui ôtait toute faculté d'agir et donnait aux chrétiens de Palestine le temps de se remettre en défense ; et d'autre part sa mère, ignorant même sa captivité, le pressait de revenir : elle alléguait que depuis son départ la trêve avec l'Angleterre, étant expirée, laissait le royaume en péril. La mauvaise foi des Sarrasins remettait tout en question. Le roi pouvait-il partir, laissant derrière lui tant de Français exposés encore à l'abjuration ou à la mort entre les mains des Sarrasins, et les chrétiens de Palestine sous le coup de sa défaite? Ses dispositions ne pouvaient pas être douteuses; mais il ne suffisait pas qu'il restât seul ; et d'ailleurs, en cas si grave, il voulait avoir l'avis de ses barons.

Le dimanche 19 juin, il réunit ses frères et les principaux seigneurs, et il leur exposa la situation. La reine sa mère le presse de revenir en France, disant que le royaume est en péril; mais, d'autre part, ceux de Palestine lui disent que s'il s'en va ce pays est perdu : car nul ne se résoudra à rester dans Acre avec si peu de monde. Il les invitait à réfléchir sur cette double considération, et leur donnait huit jours pour lui en dire leur avis. Plusieurs étaient en mesure de le lui exprimer dans l'heure même : le légat, par exemple. Avant le jour fixé, il vint trouver

Joinville et lui dit qu'il ne comprenait pas comment le roi pourrait demeurer ; et il lui offrait de le prendre sur son vaisseau. Joinville s'en fût bien volontiers allé avec lui; mais il se rappelait une parole que lui avait dite son cousin de Bourlemont avant son départ : « Vous vous en allez outre-mer; or prenez garde au revenir; car nul chevalier ne peut revenir sans être honni, s'il laisse aux mains des Sarrasins le menu peuple de Notre Seigneur, en compagnie duquel il est allé. » Il l'opposa au légat qui s'en fâcha et qui lui dit qu'il n'aurait pas dû refuser[1].

Le dimanche (26 juin) on se réunit, comme il était convenu, devant le roi. Les frères de saint Louis et les seigneurs avaient chargé Gui Mauvoisin de lui exprimer leur opinion commune. C'était qu'on ne pouvait demeurer plus longtemps en Palestine avec honneur pour le roi et son royaume : « car, disait-il au roi, de tous les chevaliers qui vinrent en votre compagnie et dont vous en amenâtes en Chypre deux mille huit cents, il n'y en a pas en cette ville cent de reste. Aussi vous conseillent-ils, Sire, que vous vous en alliez en France et vous procuriez gens et deniers, avec quoi vous puissiez promptement revenir en ce pays vous venger des ennemis de Dieu qui vous ont tenu en prison. »

Le roi ne s'en voulut pas tenir à ce qu'avait dit Gui Mauvoisin. Il interrogea encore le comte d'An-

---

1. Ch. LXXXII.

jou, le comte de Poitiers, le comte de Flandre et plusieurs autres seigneurs; et tous s'accordèrent avec le préopinant. Près d'eux était assis le comte de Jaffa: son opinion pouvait être de grand poids, puisqu'il était de Palestine; et c'est au nom de l'intérêt de la Palestine que les seigneurs avaient conseillé le départ. Le légat lui demanda ce qu'il en pensait. Le comte se refusa de donner son avis, disant que son château était sur la frontière, et que son conseil pourrait ne point paraître désintéressé. Mais comme le roi insistait pour l'avoir, il lui dit que s'il se trouvait en état de tenir la campagne pendant un an, il se ferait grand honneur à rester.

Ceux qui venaient après appuyèrent l'avis de Mauvoisin, jusqu'à Joinville qui, interrogé comme les autres par le légat, n'hésita point à répondre qu'il était d'accord avec le comte de Jaffa. « Et comment, dit le légat tout courroucé, le roi pourrait-il tenir la campagne avec si peu de troupes qu'il a? — Je vais vous le dire, répondit Joinville sur le même ton. On dit que le roi n'a rien dépensé encore que sur les deniers du clergé (l'argent de la croisade); qu'il prenne du sien; qu'il envoie chercher des chevaliers en Morée et outre-mer : quand on entendra dire qu'il paye bien et largement, les chevaliers lui viendront de toutes parts, et il pourra tenir la campagne pendant un an, s'il plaît à Dieu. En demeurant, il fera délivrer les pauvres prisonniers qui ont été pris au service de Dieu et au sien, et qui jamais n'en sortiront si le roi s'en va. » « Il n'y en avoit aucun là, continue Joinville, qui n'eût de ses proches ainsi en prison : aussi nul ne me reprit; mais tous se mirent à pleurer [1]. »

Guillaume de Beaumont, maréchal de France, qui vint après Joinville, l'approuva; mais cela n'alla pas plus loin; et quand il allait exposer ses raisons, son oncle, Jean de Beaumont, qui voulait retourner en France, l'apostropha avec injure, s'écriant : « Orde longaigne (sale ordure), que voulez-vous dire? Rasseyez-vous tout coi ! — Messire Jean, dit le roi, vous faites mal; laissez-le dire. — Non, » reprit Jean. Et le maréchal dut se taire. Il n'y eut plus de l'avis de Joinville que le sire de Châtenay.

Le roi les remercia et remit à huit jours pour leur dire ce qu'il aurait résolu [2].

On se sépara, et Joinville se vit exposé à mille assauts. « Le roi serait bien fou, sire de Joinville, lui disait-on ironiquement, s'il ne vous croyait contre tout le conseil du royaume de France. » La table mise, le roi le fit asseoir auprès de lui, comme il faisait toujours quand ses frères n'étaient pas là; mais, contrairement à son habitude, il ne lui dit pas un mot de tout le repas; et le sénéchal croyait qu'il était fâché contre lui pour cette parole : « qu'il n'avait encore rien dépensé de ses deniers, » quand en réalité il en usait largement. Tandis que le roi en-

---

1. Ch. LXXXIII.
2. *Ibid.*

tendait les grâces, il s'en vint à une fenêtre grillée qui était vers le chevet du lit de saint Louis, et il tenait les bras passés par les barreaux de la fenêtre, pensant en lui-même que si le roi retournait en France, il s'en irait vers le prince d'Antioche (qui le tenait pour parent et l'avait envoyé querir), jusqu'à ce qu'une autre croisade vînt au pays, qui permît de délivrer les prisonniers, selon le conseil du sire de Bourlemont (ou Boulaincourt) :

Au moment où j'étois là, continue-t-il, le roi se vint appuyer à mes épaules et me tint ses deux mains sur la tête. Et je crus que c'étoit monseigneur Philippe de Nemours, qui m'avoit causé trop d'ennui ce jour-là pour le conseil que j'avois donné au roi, et je dis ainsi : « Laissez-moi en paix, monseigneur Philippe! » Par aventure, en faisant tourner ma tête, la main du roi me tomba au milieu du visage, et je reconnus que c'étoit le roi à une émeraude qu'il avoit au doigt. Et il me dit: « Tenez-vous tout coi; car je veux vous demander comment vous, qui êtes un jeune homme, vous fûtes si hardi que vous m'osâtes conseiller de demeurer, contre tous les grands hommes et les sages de France qui me conseilloient de m'en aller. — Sire, fis-je, si j'avois une mauvaise pensée dans le cœur, je ne vous conseillerois à aucun prix de l'exécuter. — Dites-vous, fit-il, que je ferois une mauvaise action si je m'en allois? — Oui, Sire, fis-je ; que Dieu me soit en aide! » Et il me dit : « Si je demeure, demeurerez-vous? » Et je lui dis : « Oui, si je puis, ou à mes frais, ou aux frais d'autrui. — Or soyez tout aise, me dit-il ; car je vous sais bien bon gré de ce que vous m'avez conseillé ; mais ne le dites à personne toute cette semaine. » Je fus plus à l'aise de cette parole, continue Joinville, et je me défendois plus hardiment contre ceux qui m'assailloient. On appelle les paysans du pays, poulains; et messire Pierre d'Avallon qui demeuroit à Sur ouït dire que l'on m'appeloit poulain parce que j'avois conseillé au roi de demeurer avec les poulains. Aussi, monseigneur Pierre d'Avallon me recommanda que je me défendisse contre ceux qui m'appeloient poulain, et que je leur disse que j'aimois mieux être poulain que roussin fourbu, ainsi qu'ils l'étoient.

Le dimanche venu (3 juillet), les seigneurs se rendirent chez le roi. Quand il les vit autour de lui, il se signa sur la bouche, comme pour invoquer le Saint-Esprit sur ses paroles, et leur dit :

« Seigneurs, je remercie beaucoup ceux qui m'ont conseillé de m'en aller en France, et je rends grâces aussi à ceux qui m'ont conseillé de demeurer. Mais je me suis avisé que, si je demeure, je n'y vois point de péril que mon royaume se perde : car Madame la reine a bien des gens pour le défendre; et j'ai regardé aussi que les barons de ce pays disent que, si je m'en vais, le royaume de Jérusalem est perdu, et que nul n'osera y demeurer après moi. J'ai donc regardé qu'à nul prix je ne laisserois perdre le royaume de Jérusalem, lequel je suis venu pour garder et pour conquérir; ainsi ma résolution est telle que je suis demeuré quant à présent. Aussi vous dis-je à vous, riches hommes qui êtes ici, et à tous autres chevaliers qui voudront demeurer avec moi, que vous veniez me parler hardiment; et je vous donnerai tant, que la faute n'en sera pas à moi, mais à vous, si vous ne voulez demeurer. »

« Il y en eut beaucoup, dit Joinville, qui ouïrent

cette parole, qui en furent ébahis, et il y en eut beaucoup qui pleurèrent¹. »

Cette résolution était grande, généreuse et sage en même temps. On a vu les deux raisons capitales qui devaient determiner saint Louis. Rentrer dans son royaume, c'était abandonner, sans espoir de délivrance, ceux de ses compagnons qui survivaient encore dans les prisons de l'Égypte; c'était laisser la Palestine exposée à toutes les conséquences de sa défaite en présence d'un ennemi que la victoire avait exalté. Tout le retenait en Orient, et rien n'exigeait impérieusement son retour dans ses États. Sa mère y veillait, et quel ennemi eût osé l'attaquer profitant de son absence? Si la croisade était pour tous une sauvegarde, ses malheurs mêmes le rendaient plus sacré encore, et assuraient une inviolabilité absolue à son domaine. Il pouvait donc et il devait rester. Il resta et ne pensa à l'Occident que pour en réclamer des secours qui lui permissent de continuer son œuvre². C'est le cri qui s'échappe de son cœur dans cette lettre si belle qu'il écrivit alors aux prélats et aux barons de France, lettre où, après avoir raconté avec la même simplicité ses premiers succès et ses derniers revers, il sait se féliciter des uns sans s'excuser des autres, s'humiliant pour le tout

---

1. Ch. LXXXV. Cf. Guill. de Nangis, p. 383; Cont. de Guill. de Tyr, ch. LXIX, p. 622, 623.
2. Voy. Tillemont, t. III, p. 393 et suiv.

devant Dieu. Il expose pourquoi il s'est décidé à rester et fait appel à tous pour qu'on vienne le rejoindre :

Courage donc, soldats du Christ! armez-vous et soyez prêts à venger ses outrages et ses affronts. Prenez exemple sur vos devanciers qui se distinguèrent entre les autres nations par leur dévotion, par la sincérité de leur foi, et remplirent l'univers du bruit de leurs belles actions. Nous vous avons précédés dans le service de Dieu; venez vous joindre à nous. Quoique vous arriviez plus tard, vous recevrez du Seigneur la récompense que le père de famille de l'Évangile accorda indistinctement aux ouvriers qui vinrent travailler à sa vigne à la fin du jour, comme aux ouvriers qui étaient venus au commencement. Ceux qui viendront ou qui enverront du secours pendant que nous serons ici, obtiendront, outre les indulgences promises aux croisés, la faveur de Dieu et celle des hommes. Faites donc vos préparatifs, et que ceux à qui la vertu du Très-Haut inspirera de venir ou d'envoyer du secours, soient prêts pour le mois d'avril ou de mai prochain. Quant à ceux qui ne pourraient pas être prêts pour ce premier passage, qu'ils soient du moins en état de faire celui qui aura lieu à la Saint-Jean. La nature de l'entreprise exige de la célérité, et tout retard deviendrait funeste. Pour vous, prélats et autres fidèles du Christ, aidez-nous auprès du Très-Haut par la ferveur de vos prières; ordonnez qu'on en fasse dans tous les lieux qui vous sont soumis, afin qu'elles obtiennent pour nous, de la clémence divine, les biens dont nos péchés nous rendent indignes.

Fait à Acre, l'an du Seigneur 1250, au mois d'août[1].

[1]. Michaud, *Histoire des Croisades*, t. III, p. 474 (note 4). Le texte latin a été publié par Duchesne, t. V, p. 428 et suiv. — En même temps, il renvoyait à sa mère les reconnaissances de ceux qui lui avaient emprunté, afin qu'elle les rendît à ceux qui se seraient acquittés de leurs dettes : «Ne possent eis, si retinerentur, in peri-

Le roi ordonna que ses frères retourneraient en France. Etait-ce à leur requête ou par sa volonté? Joinville ne se prononce pas. Ses frères devaient souhaiter de repartir, et le roi pouvait aimer de les mettre à la disposition de sa mère dans son royaume. Mais, restant lui-même, il avait besoin de recomposer autour de lui sa compagnie ; et ce n'était pas sans quelques difficultés : car le plus grand nombre voulant partir, ceux qui se montraient disposés à demeurer élevaient haut leurs prétentions. Un mois s'était écoulé que les négociations n'avaient pas encore abouti. Joinville seul se montrait plus accommodant : mais ce qu'il demandait paraissait encore si considérable aux principaux officiers du roi, qu'ils n'osaient le lui donner; et ils le déclarèrent à saint Louis. Le roi dit : « Appelez-moi le sénéchal. » Joinville s'approcha et s'agenouilla devant le roi. Le roi le fit asseoir et lui dit : « Sénéchal, vous savez que je vous ai toujours beaucoup aimé; et mes gens me disent qu'ils vous trouvent dur? — Comment est-ce, sire? dit Joinville ; je n'en puis mais : car vous savez que je fus pris sur l'eau et qu'il ne me demeura rien. » Le roi lui demanda ce qu'il voulait avoir. Il réclamait deux mille livres pour les huit mois qui restaient à courir jusqu'à Pâques. Il s'était assuré de trois chevaliers bannerets moyennant quatre cents livres cha-

culum aut incommodum redundare » (25 septembre 1251. *Layettes du trésor des Chartes*, t. III, n° 3960).

cun. Le roi compta sur ses doigts : « Ce sont, dit-il, douze cents livres que vos nouveaux chevaliers coûteront. — Or regardez, sire, repartit Joinville, s'il ne me faudra pas bien huit cents livres pour me monter, m'armer, et donner à manger à mes chevaliers ; car vous ne voulez pas que nous mangions dans votre hôtel. » Le roi dit à ses officiers : « Vraiment, je n'y vois rien d'excessif; » et à Joinville : « Je vous retiens[1]. »

C'est alors que les frères du roi et les seigneurs qui devaient retourner en France prirent congé de saint Louis (commencement d'août 1250). Le comte de Poitiers, toujours généreux, emprunta des joyaux à ceux qui partaient avec lui, pour en donner à ceux qui restaient[2]. Les deux frères du roi ne le quittèrent pas sans recommander à Joinville de veiller sur sa personne. Le comte d'Anjou montra en partant une douleur qui surprit tout le monde et principalement sans doute ceux qui le connaissaient. Peu après leur départ arrivèrent des envoyés de Frédéric. Ils disaient

---

1. Ch. LXXXVI.
2. Ch. LXXXVII. Joinville a cité des traits de cette générosité qu'on pourrait trouver un peu prodigue : « En ce temps, dit-il, que le roi étoit en Acre, les frères du roi se prirent à jouer aux dés ; et le comte de Poitiers jouoit si courtoisement que quand il avoit gagné, il faisoit ouvrir la salle et faisoit appeler les gentilshommes et les dames, s'il y en avoit, et donnoit à poignées ses propres deniers comme il faisoit de ceux qu'il avoit gagnés. Et quand il avoit perdu, il achetoit par estimation les deniers de ceux avec qui il avoit joué, de son frère le comte d'Anjou et des autres ; et il donnoit tout, et son bien et celui d'autrui. » (Ch. LXXXI.)

que l'empereur les avait envoyés pour travailler à la délivrance du roi, et montrèrent les lettres qu'il écrivait au soudan dont il ignorait la mort. Tout ce que faisait Frédéric était suspect. Plusieurs pensèrent qu'il n'eût pas été bon que les messagers trouvassent encore le roi prisonnier, soupçonnant qu'ils étaient envoyés dans la pensée bien moins de le tirer de prison que de l'y retenir[1], soupçon qui ne paraît pas fondé. Saint Louis s'était toujours montré empressé à réconcilier le pape et l'empereur. Frédéric n'avait d'autre espoir qu'en lui. Le saint roi, revenant de la croisade avec l'auréole des souffrances endurées pour la cause de Jésus-Christ, eût été bien plus fort dans sa médiation auprès du saint-siége. C'est un appui que Frédéric, au milieu des périls d'une lutte qui menaçait de tourner contre lui, avait intérêt à se ménager.

II

Saint Louis en présence des musulmans d'Égypte et de Syrie. — Il fortifie Saint-Jean-d'Acre. — Message du Vieux de la Montagne. — Délivrance des prisonniers d'Égypte. — Lutte des Égyptiens et des Syriens.

On aurait pu croire saint Louis dans l'impuissance de rien faire au sortir d'une campagne où il avait essuyé de tels revers. Il n'en fut rien; et les circonstances semblaient donner raison à la résolution gé-

---

1. Joinville, ch. LXXXVII.

néreuse qu'il avait prise de rester en Palestine, pour le salut de ses compagnons captifs et de ces chrétiens d'outre-mer si près eux-mêmes de leur ruine.

La révolution accomplie en Égypte avait amené une séparation plus grande entre ce pays et les États de Syrie. Les villes de Mésopotamie qui formaient, avec l'Égypte, l'héritage laissé par Saleh-Ayoub à son fils Tourân-Chah, étaient restées, après la mort du jeune sultan, à ses propres enfants; et les autres principautés rivales se trouvaient mieux garanties par ce partage. Le sultan d'Alep, Nacer-Youssof, y trouva même une occasion naturelle de s'étendre. Damas, si longtemps disputé entre Alep et l'Égypte, appartenait alors à l'Égypte. Les émirs qui l'occupaient refusèrent le serment qu'on leur demandait au nom des mamelouks et de Chedjer-eddor, et ils se donnèrent à Nacer-Youssof, qui vint à Damas et y transféra le siége de son empire (13 juillet 1250)[1]. Nacer n'en resta pas là ; il prit quelques autres places qui appartenaient aux Égyptiens en Syrie, et à l'appel de quelques émirs il songeait même à envahir l'Égypte, qui était encore agitée et troublée, malgré sa victoire, par les suites de sa révolution. Pour cette entreprise, il eut l'idée de faire alliance avec saint Louis et il lui envoya des ambassadeurs. Ainsi la rivalité des Musulmans relevait le roi vaincu et en faisait presque l'arbitre de leur querelle. En s'y mê-

---

1. Aboulféda, *Hist. arabes des Croisades*, t. I, p. 130; Reinaud, *Bibl. des Croisades*, t. IV, p. 471 et suiv.; Tillemont, t. III, p. 397.

lant, elle lui offrait du moins l'occasion de stipuler des garanties en faveur des chrétiens[1].

Saint Louis avait toute raison de se croire dégagé à l'égard des Égyptiens. Ils avaient tué ses malades, ils avaient gardé, s'ils n'avaient tué aussi, le plus grand nombre de ses prisonniers. C'était plus qu'il n'en fallait pour être autorisé à rompre la trêve qui avait été conclue. Néanmoins, avant d'accepter les offres de Nacer, il voulut savoir si les Égyptiens étaient disposés à revenir aux conditions qu'ils avaient acceptées. Ceux-ci, en présence du péril dont ils étaient menacés, avaient voulu mettre un homme à leur tête : à Chedjer-eddor ils avaient substitué Aïbek Eïzz-eddin, le Turcoman, qu'ils avaient naguère élevé à la dignité d'atabek ; ils le proclamèrent sultan sous le nom de Malek-Moëzz (*prince illustre*); mais bientôt, craignant de s'être amoindris eux-mêmes en répudiant la race d'Ayoub, ils donnèrent ce titre à l'ayoubite Moussa sous le nom de Malec-Achref (*le prince très-noble*) : Aïbek, redevenu atabek, n'en restait pas moins le maître de toute chose[2]. Ce changement de personne pouvait suffire à leurs yeux pour les dégager de toute promesse. Le roi envoya donc tout à la fois Jean de Va-

---

1. Joinville, ch. LXXXVII.
2. Voy. Aboulféda, p. 130. Malec-Achref était fils de Nacer-Youssof, fils de Mesoud-Youssof (sultan de l'Yémen), fils de Kamel, fils de Malek-Adel. Voy. le tableau généalogique à la fin de ce volume, p. 480.

lenciennes au nouveau sultan en Égypte pour lui poser la question, et à Nacer un jacobin breton, frère Yves, pour suivre les négociations entamées.

Dans l'attente du résultat de ces ambassades, résultats qui devaient décider de sa conduite, il employait son temps à mettre le pays en défense. Il ajoutait aux fortifications de Saint-Jean-d'Acre; il entourait de murs un quartier de la ville, le mont Musard, qui en était dépourvu. Il réparait de la même sorte l'enceinte de Caïphas, située au pied du Carmel, et de quelques autres châteaux. Il y travaillait de ses mains pour gagner les indulgences attachées à ces labeurs et en donner l'exemple aux autres [1]. Il s'efforçait aussi de rétablir le bon accord et la discipline parmi les chrétiens, chose qui n'importait pas moins que l'autre à leur sûreté. Il voulait qu'on oubliât même la faute de ceux qui avaient renié la foi, lorsqu'ils y étaient revenus, et défendit, nous l'avons vu, qu'on leur reprochât leur faiblesse. Sa bonne influence, là comme en Égypte, se faisait sentir sur les infidèles. Des émirs, attirés par sa réputation, venaient le voir, voulaient faire amitié avec lui, et plusieurs (ce qu'on n'a guère vu depuis), touchés de sa sainteté, se laissaient gagner à sa religion et reçurent le baptême [2]. Ce fut pendant ce séjour à Saint-

---

1. Confesseur de Marguerite, p. 68; cf. Tillemont, t. III, p. 403.
2. Geoffroi de Beaulieu, ch. xxvii, t. XX, p. 16; Confesseur de Marguerite, p. 66. Primat en porte le nombre à plus de cinq cents: « Et donc, dit-il, plusieurs d'iceulx (aussi comme environ v c.)

Jean-d'Acre qu'il reçut les messagers du Vieux de la Montagne. La scène racontée par Joinville met en une vive lumière la terreur que cet étrange despote répandait dans le monde par les aveugles exécuteurs de ses commandements, et l'ascendant que nos ordres religieux et militaires, bravant la mort aussi, mais pour d'autres croyances, savaient prendre sur le chef même de ces fanatiques. Saint Louis était bien digne de le mettre aussi à ses pieds.

Il reçut ces messagers au sortir de la messe. Ils se présentèrent devant lui dans cet ordre : en tête, un emir richement vêtu, derrière lui un assassin tenant trois couteaux fichés l'un dans l'autre : la lame du second dans le manche du premier et celle du troisième dans le manche du second. Symbole de mort inévitable : au premier exécuteur devait succéder un second, et au second un troisième jusqu'à l'accomplissement de l'arrêt; c'était en même temps le signe du défi qui était porté au roi et du sort qui l'attendait

delessièrent cele puante loy de Mahommeth et s'en accoururent à li. Et il avoient esté premièrement entroduis des frères Prescheurs et des frères Meneurs, et entroduis dans l'ensaignement de la foy; et après ce ils furent renouvelés par le saint baptesme de salu en Jhesu-Crist. Ne il n'aparoit pas que ceste chose ils feissent adonc sous fainte dissimulation ; car ils firent leur capitaine d'un qui estoit crestien dès s'enfance et faisoient d'euls meismes une propre bataille contre les Sarrasins et se mettoient parmi les voies encontre les périls d'iceulx et froissoient les premiers et villes et mesons, et enhardissoient les nos à faire aussi; et au retour ils soutenoient les derreniers forciblement les assaus des Sarrasins.» (*Histor. de Fr.*, t. XXIII, p. 14.) Ce paragraphe ne se trouve pas dans Guillaume de Nangis.

en cas de refus. Derrière celui-ci venait un autre qui portait un linceul, entortillé autour de son bras, comme pour ensevelir celui que le poignard de son compagnon aurait frappé.

Le roi invita l'émir à parler : « Mon seigneur, dit l'émir, m'envoie vous demander si vous le connaissez. — Non, répondit tranquillement saint Louis, puisque je ne l'ai jamais vu. Mais j'ai entendu parler de lui. — Puisque vous avez entendu parler de lui, reprit l'émir, je m'étonne que vous ne lui ayez pas envoyé du vôtre assez pour le retenir comme ami, ainsi que font chaque année l'empereur d'Allemagne, le roi de Hongrie, le soudan de Babylone et les autres, certains qu'ils ne peuvent vivre qu'autant qu'il plaira à mon seigneur. Si vous ne le voulez pas, faites-le au moins acquitter du tribut qu'il doit à l'Hôpital et au Temple. »

Ce farouche potentat devant qui le monde tremblait, payait en effet tribut à l'Hôpital et au Temple : que pouvait-il sur des ordres dont le grand maître tué était aussitôt remplacé par un autre? C'eût été en pure perte envoyer les assassins à la mort!

Le roi répondit à l'émir de se représenter dans l'après-dînée.

Quand il revint, il trouva le roi assis entre le maître de l'Hôpital et le maître du Temple; et le roi lui dit de répéter ce qu'il lui avait dit le matin. L'émir répondit qu'il ne voulait le faire que devant ceux qui, le matin, étaient avec le roi. Mais les deux maîtres :

« Nous vous commandons de le dire. » Il obéit; et les deux maîtres lui dirent de leur venir parler le lendemain à l'Hôpital.

Il y vint. Les deux maîtres lui dirent que son seigneur avait été bien hardi de faire entendre au roi de telles paroles. « N'eût été pour l'amour du roi, ajoutèrent-ils, nous vous aurions fait noyer tous les trois dans la sale mer d'Acre, en dépit de votre seigneur. Et nous vous commandons que vous vous en retourniez vers lui, et que, dans la quinzaine, vous soyez ici de retour, apportant de votre seigneur telles lettres et tels joyaux que le roi en soit satisfait[1]. »

Dans la quinzaine les messagers revinrent, apportant en présent la chemise du Vieux de la Montagne : « Comme la chemise est de tous les vêtements le plus près du corps, ainsi, disaient-ils, le Vieux voulait tenir le roi plus près dans son amour que nul autre roi. » Le cheik lui envoyait du reste d'autres symboles de son amitié avec d'autres présents : un anneau d'or très-fin où son nom était écrit, en signe qu'il épousait le roi et voulait être désormais tout un avec lui; un éléphant et une girafe en cristal, des pommes de diverses espèces en cristal, des jeux de table et d'échecs : « et toutes ces choses étaient fleuretées d'ambre, et l'ambre était lié au cristal par de belles vignettes de bon or fin. »

Le roi, content de cet acte de soumission, ne voulut

---

1. Ch. LXXXIX.

pas se laisser vaincre en générosité. Il envoya au Vieux de la Montagne des joyaux, des draps d'écarlate, des coupes d'or et des freins d'argent. Il lui députa aussi frère Yves, un Breton qui savait la langue du pays, le même qu'il avait naguère envoyé en ambassade auprès du sultan de Damas[1]. Ce

---

1. C'est à l'occasion de son ambassade à Damas que Joinville raconte cette anecdote : « Tandis qu'ils alloient de leur hôtel à l'hôtel du soudan, frère Yves vit une vieille femme qui traversoit la rue, et portoit à la main droite une écuelle pleine de feu, et à la gauche une fiole pleine d'eau. Frère Yves lui demanda : « Que « veux-tu faire de cela ?. » Elle lui répondit qu'elle vouloit avec le feu brûler le paradis, et avec l'eau éteindre l'enfer, afin qu'il n'y en eût plus jamais. Et il lui demanda : « Pourquoi veux-tu faire « cela ? — Parce que je ne veux pas que nul fasse jamais le « bien pour la récompense du paradis ni pour la peur de l'enfer ; « mais simplement pour avoir l'amour de Dieu, qui vaut tant, et « qui tout le bien nous peut faire. » (Ch. LXXXVII.)

Et il ajoute ce trait qui mérite aussi d'être recueilli :

« Jean l'Ermin, qui étoit artilleur du roi, alla alors à Damas pour acheter de la corne et de la glu pour faire des arbalètes ; et il vit un vieil homme, très-âgé, assis dans le bazar de Damas. Ce vieil homme l'appela, et lui demanda s'il étoit chrétien ; et il lui dit qu'oui. Et le vieil homme lui dit : « Vous devez vous haïr « beaucoup entre vous chrétiens ; car j'ai vu telle fois que le roi « Baudouin de Jérusalem, qui fut lépreux, déconfit Saladin ; et il « n'avoit que trois cents hommes d'armes, et Saladin, trois mil- « liers ; or vous êtes amenés par vos péchés à ce point, que nous « vous prenons dans les champs comme des bêtes. » Alors Jean l'Ermin lui dit qu'il se devroit bien taire sur les péchés des chrétiens, à cause des péchés que les Sarrasins faisoient, qui sont beaucoup plus grands. Et le Sarrasin répondit qu'il avoit répondu follement. Et Jean lui demanda pourquoi. Et il lui dit qu'il le lui diroit, mais qu'il lui feroit avant une demande. Et il lui demanda s'il avoit un enfant. Et Jean lui dit : « Oui, un fils. » Et le Sarrasin lui demanda de quoi il se chagrineroit le plus s'il recevoit un soufflet d'un autre ou de son fils. Et Jean lui dit qu'il sen'était probablement pas dans la pensée de convertir le chef des assassins. Si ce bon frère l'essaya comme Joinville paraît l'indiquer, il en fut pour sa peine, et

roit plus irrité contre son fils, s'il le frappoit, que contre lui. « Or
« je te fais, dit le Sarrasin, ma réponse en telle manière : c'est
« que vous autres chrétiens, vous êtes fils de Dieu, et de son nom
« de Christ êtes appelés chrétiens ; et il vous fait une telle grâce
« qu'il vous a baillé des docteurs par qui vous sachiez quand vous
« faites le bien et quand vous faites le mal. C'est pourquoi Dieu
« vous sait plus mauvais gré d'un petit péché quand vous le faites,
« que d'un grand à nous, qui ne connaissons rien, et qui sommes
« si aveugles que nous croyons être quittes de tous nos péchés si
« nous pouvons nous laver dans l'eau avant que nous mourrions,
« parce que Mahomet nous dit qu'à la mort nous serions sauvés
« par l'eau. »

Ce « vieil homme, » s'il a tenu ce langage, était plus chrétien que Sarrasin. Quant à Jean l'Ermin, son interlocuteur, il était bien digne d'avoir été le compagnon de saint Louis, si l'on en juge par ce trait que Joinville raconte encore de lui :

« Jean l'Ermin, dit-il, étoit en ma compagnie, depuis que je revins d'outre-mer, une fois que je m'en allois à Paris. Pendant que nous mangions dans un pavillon, une grande foule de pauvres gens nous demandoient pour l'amour de Dieu, et faisoient grand bruit. Un des nôtres, qui étoit là, commanda et dit à un de nos valets : « Lève-toi sus, et chasse dehors ces pauvres. » — Ah ! fit
« Jean l'Ermin, vous avez très-mal dit ; car si le roi de France
« nous envoyoit maintenant par ses messagers à chacun cent
« marcs d'argent, nous ne les chasserions pas dehors ; et vous
« chassez ces envoyés qui vous offrent de vous donner tout ce que
« l'on vous peut donner : c'est à savoir qu'ils vous demandent pour
« que vous leur donniez pour Dieu, c'est-à-dire que vous leur
« donniez du vôtre et qu'ils vous donneront Dieu. Et Dieu le dit
« de sa bouche, qu'ils ont pouvoir de le donner à nous ; et les
« saints disent que les pauvres nous peuvent accorder avec lui,
« en telle manière que comme l'eau éteint le feu, l'aumône éteint
« le péché. Ainsi qu'il ne vous advienne jamais, dit Jean, de chas-
« ser les pauvres dehors ; mais donnez-leur, et Dieu vous don-
« nera. » (Ch. LXXXVIII.)

il n'y devait pas encourager les autres par le tableau qu'il fit de cette étrange cour. Quand le Vieux chevauchait, il avait devant lui un héraut qui portait une hache danoise à long manche, manche tout couvert d'argent et hérissé de couteaux ; et le héraut criait : « Détournez-vous de devant celui qui porte la mort des rois entre ses mains[1]. »

Les émirs d'Égypte avaient compris le péril dont ils étaient menacés, si le roi de France acceptait le secours du sultan d'Alep pour tirer vengeance de sa défaite. Puisque saint Louis se montrait disposé à s'en tenir au traité, ils avaient tout intérêt à y revenir eux-mêmes. Ils lui renvoyèrent immédiatement quelques prisonniers, entre autres Guillaume de Châteauneuf, grand maître de l'Hôpital, et trente de ses frères d'armes[2], avec des ambassadeurs pour renouveler les conventions. Mais saint Louis déclara qu'il ne ferait pas de nouvelle trêve, avant qu'on lui eût rendu les têtes des chrétiens exposées sur les murs du Caire depuis 1239, et tous ceux qui avaient été pris enfants et contraints d'abjurer. Il demandait de plus, en raison des infractions faites par les Musulmans au traité, la remise des deux cent mille livres res-

---

1. Joinville, ch. xc.
2. Ils arrivèrent à Acre le 17 octobre 1250. C'est le grand maître de l'Hôpital qui le constate lui-même dans une lettre à Gautier de Saint-Martin, de l'ordre des frères Prêcheurs, et il déclare qu'un très-grand nombre de fidèles restent encore prisonniers. Il espère leur délivrance de la division de Turcs et des renforts de l'Occident (Matth. Paris, *addit.*, t. VII, p. 482 de la trad.).

tant à payer sur la somme convenue. Jean de Valenciennes fut renvoyé avec les ambassadeurs pour faire cette déclaration aux émirs et en recueillir les effets[1].

Les émirs d'Égypte ne s'y refusaient pas ; mais l'exécution de ces articles n'était pas toujours facile. Plusieurs des captifs avaient été vendus à des particuliers; il les fallait rechercher dans le pays où ils étaient dispersés. Saint Louis n'y ménagea ni peine ni argent. Les Égyptiens laissaient à ses députés toute liberté de parcourir leur contrée pour les retrouver et les racheter. Cela demandait du temps, et les émirs n'en étaient point fâchés sans doute, puisque, durant tout ce temps, saint Louis ne pouvait songer à se joindre à leur ennemi. Mais à la fin, le pieux roi obtint un résultat complet ; et les historiens témoignent qu'il délivra, selon qu'il en avait marqué l'intention au traité, non-seulement ceux qui avaient été pris en combattant avec lui (autant du moins qu'il en restait), mais ceux mêmes qui étaient demeurés captifs en Égypte depuis le traité de Malec-Camel avec Frédéric, en 1229[2].

Ces malheureux, en arrivant à Saint-Jean-d'Acre, trouvaient encore dans la charité de saint Louis ce qui pouvait subvenir à leur dénûment. Quelques-uns entrèrent au service du roi dans des conditions avan-

---

1. Joinville, ch. xcii.
2. Tillemont, t. III, p. 402; cf. Contin. de Guill. de Tyr, ch. lxxi, p. 625.

tageuses. Au nombre de ceux que Jean de Valenciennes ramena de sa première mission, il y avait quarante chevaliers de la cour de Champagne, que Joinville habilla lui-même et présenta à saint Louis, en le priant de les retenir avec lui. Le roi demanda ce qu'ils exigeaient, et quand ils l'eurent dit, il gardait le silence. La somme paraissait excessive, vu la pénurie du trésor, et un chevalier du conseil en reprit vivement Joinville. Mais Joinville lui répondit que la Champagne avait déjà perdu à la croisade trente-cinq chevaliers, tous portant bannière ; que le roi ferait mal de le croire, vu le besoin qu'il avait de chevaliers; et sur cela il fondit en larmes. Le roi lui dit qu'il se tût; qu'il lui donnerait tout ce qu'il avait demandé; et il les mit dans son corps de bataille[1].

Les chrétiens restaient donc neutres, mais la guerre se poursuivait entre le sultan d'Alep et les Égyptiens. Nacer, avec ou sans le roi de France, espérait bien faire la conquête de l'Égypte. Ses troupes s'avancèrent jusqu'à Gaza et les Égyptiens se replièrent jusqu'à Salehiya, à vingt-deux heures du Caire. L'indiscipline régnait parmi eux comme au lendemain d'une révolution. A Salehiya, ils eurent l'idée de se donner un nouveau souverain et proclamèrent Omar, surnommé Malec-Moghîth (*prince secourable*) : ils ne sortaient pas de la famille du dernier sultan, car Omar était fils d'Adel-Abou-Bekr, frère de Saleh-Ayoub.

---

1. Joinville, ch. xcii.

Mais ce choix ne prévalut pas. Les émirs, tout en déclarant qu'ils s'en remettraient à la décision du calife de Bagdad, renouvelèrent leur serment à Malec-Achref-Moussa, comme sultan; et à Aïbek, comme atabek. Actaï, revêtu de la dignité de djamdar (maître de la garde-robe), une des principales de la cour, partit du Caire avec deux mille cavaliers, se dirigeant sur Gaza; et il força les troupes de Nacer à reculer vers la Syrie (2 octobre 1250)[1].

Il fallait que Nacer se mît lui-même en campagne s'il voulait rétablir ses affaires.

Il partit de Damas vers le milieu de décembre, emmenant avec lui les autres princes de la famille d'Ayoub qui étaient en Syrie, entre autres l'ancien prince de Damas, Saleh-Ismaïl, fils de Malec-Adel; Malec-Achref, l'ancien prince d'Émèse, etc. Il revint à Gaza, d'où les Égyptiens s'étaient retirés, et entra en Égypte. Les émirs réunirent les Turcs et les mamelouks, firent des levées parmi les Bédouins et les Arabes, et, laissant Achref-Moussa au Caire, ils vinrent à Salehiya (26 janvier 1251). Les deux armées se rencontrèrent le jeudi, 2 février, dans le voisinage d'Abassa. Les Égyptiens plièrent d'abord et les Sy-

---

1. Aboulféda, dans les *Hist. arabes des Croisades*, t. I, p. 130. « En cette année, dit le même historien, les grands officiers de l'empire (égyptien) se rappelant l'embarras que Damiette avait plusieurs fois donné aux Musulmans, firent abattre les murs de cette ville et en fondèrent une autre dans le voisinage et à quelque distance du fleuve (*ibid.*; cf. Reinaud, *Bibl. des Croisades*, t. IV, p. 477, et Tillemont, t. III, p. 109).

riens se mirent à leur poursuite. Mais Aïbek avait tenu bon avec un petit nombre de Bahrites, et, voyant le prince d'Alep demeuré en arrière, il fondit sur lui et le força à fuir; puis, revenant sur les Syriens qui poursuivaient le gros des Égyptiens, il s'empara de leur général et lui fit sur-le-champ couper la tête. Saleh-Ismaïl, Malec-Achref et deux fils du grand Saladin furent au nombre des prisonniers. Les premiers bataillons des Syriens vainqueurs étaient déjà parvenus à Abassa, ne doutant pas de l'entière défaite des ennemis. Quand on apprit ce qui s'était passé, les uns furent d'avis de marcher sur le Caire : on y arrivait à la suite des fuyards et on pouvait surprendre la ville dans le trouble qu'ils y avaient porté; les autres, cédant à leur tour au sentiment de leur isolement, opinèrent pour que l'on regagnât la Syrie, et ce fut le parti qui l'emporta[1].

Ce fut une grande joie au Caire, où l'on croyait tout perdu; et tout y était perdu en effet si les Syriens avaient suivi leur première résolution : car Aïbek n'aurait plus eu assez de troupes pour leur livrer bataille. On y attendait le sultan d'Alep, on s'y était à peu près résigné. Ce jour-là, au Caire et dans le château de la montagne, la prière publique se fit en son nom. Aïbek usa cruellement de la victoire. Saleh-Ismaïl, à qui il avait fait rendre, le premier jour, de

---

1. Aboulféda, p. 128; Contin. de Guill. de Tyr, ch. LXXII, p. 626; cf. Tillemont et Reinaud, *l. l.*

grands honneurs, fut étranglé et plusieurs autres chefs tombèrent aussi victimes de ses vengeances. Il aurait surtout voulu atteindre le rival qui lui avait échappé. Actaï entra par son ordre en Palestine, s'empara de Gaza et vint camper à Naplouse. Mais Nacer, malgré sa défaite, disposait encore de forces considérables. Actaï n'ayant pas reçu de renforts suffisants, n'osa marcher plus avant ni même y attendre les Syriens quand ils se mirent en devoir de l'attaquer (29 juillet 1251). Il revint à Gaza, et de Gaza en Égypte[1].

III

Saint-Louis à Césarée. — Sa conduite en Palestine.

Cette guerre avait donné pendant toute une année sécurité entière à saint Louis. Les routes étaient libres, et des vaisseaux, entretenus par le roi, protégeaient les rivages contre les pirates[2]. Durant ce repos forcé, le roi n'oubliait pas les obligations du pèlerin. Privé d'aller dans la ville où Jésus-Christ était mort, il voulut visiter au moins celle où il s'était incarné pour nous; et la veille de l'Annonciation (24 mars 1251) il partit de Sephora (l'ancienne Diocésarée) où il avait couché, et prit la route du mont Thabor et

---

1. Aboulféda, p. 131, 132.
2. Voy. la lettre de saint Louis à son frère Alfonse de Poitiers (11 août 1251, *Layettes du trésor des Chartes*, t. III, n° 3936).

de Nazareth. De si loin qu'il put voir le lieu sacré, il descendit de cheval et, se mettant à genoux, il adora ; puis il se rendit à pied dans l'humble et sainte ville, entra dans le lieu consacré par le souvenir de l'Incarnation, y fit célébrer avec grande pompe la solennité du jour, et le lendemain y communia[1].

Il sut employer d'une autre façon encore ses loisirs. Le 29 mars 1251, au retour de son pèlerinage, il partit d'Acre pour se rendre à Césarée. Il voulait, selon le conseil des Templiers et des Hospitaliers, rendre à cette ville, autrefois la métropole de la Palestine, son ancienne force. Il campait aux abords et en faisait relever les murailles, mettant lui-même la main à l'œuvre et portant la hotte, comme il l'avait fait pour Acre et les châteaux voisins. C'est à ce séjour à Césarée que se rapportent plusieurs anecdotes racontées par Joinville, où le roi est en scène ainsi que son historien, et où l'on voit parmi divers traits de mœurs avec quelle simplicité et quelle fermeté en même temps saint Louis agissait soit à l'égard de ses barons, soit envers les deux ordres puissants de l'Hôpital et du Temple.

Voici d'abord pour ce qui est de Joinville :

Tandis que le roi fermoit (fortifioit) Césarée, j'allai dans son pavillon pour le voir. Dès qu'il me vit entrer dans sa chambre, là où il parloit au légat, il se leva, et me tira à part et me dit : « Vous savez, fit le roi, que je ne vous retins que jusques

---

1. Geoffroi de Beaulieu, ch. XXII (*Histor. de Fr.*, t. XX, p. 14).

à Pâques[1]; ainsi je vous prie de me dire ce que je vous donnerai de Pâques en un an. » Et je lui dis que je ne voulois pas qu'il me donnât plus de ses deniers que ce qu'il m'avoit donné, mais que je voulois faire un autre marché avec lui. « Parce que, fis-je, vous vous fâchez quand on vous demande quelque chose, je veux que vous conveniez avec moi que si je vous demande quelque chose pendant toute cette année, vous ne vous fâcherez pas; et si vous me refusez je ne me fâcherai pas non plus. » Quand il ouït cela, il commença à rire aux éclats, et me dit qu'il me retenoit à cette condition. Et il me prit donc à cette condition, et me mena par devers le légat et vers son conseil, et leur répéta le marché que nous avions fait; et ils en furent très-joyeux, parce que j'étois le plus riche qui fût dans le camp.

Je vous dirai ci-après comment j'ordonnai et arrangeai mon affaire pendant quatre ans que j'y demeurai, depuis que les frères du roi s'en furent allés. J'avais deux chapelains avec moi qui me disoient mes heures; l'un me chantoit ma messe sitôt que l'aube du jour paraissoit, et l'autre attendoit que mes chevaliers et les chevaliers de mon corps de bataille fussent levés. Quand j'avois ouï ma messe, je m'en allois avec le roi. Quand le roi vouloit chevaucher, je lui faisois compagnie. Quelquefois il se trouvoit que des messagers venoient à lui, à cause de quoi il nous falloit travailler pendant la matinée.

Mon lit étoit fait dans mon pavillon de telle manière que nul ne pouvoit y entrer qu'il ne me vît couché dans mon lit; et je faisois cela pour ôter tout faux soupçon de femmes.

Il ajoute ces détails sur l'administration de sa maison :

Quand approchoit la Saint-Remi, je faisois acheter plein mon étable de porcs et ma bergerie de moutons; et de la fa-

---

1. L'engagement de Joinville était fait jusqu'à Pâques de l'an 1251 (voy. ch. LXXXVI).

rine et du vin pour les provisions de l'hôtel pendant tout l'hiver ; et je faisois cela parce que les denrées enchérissent en hiver, à cause de la mer qui est plus mauvaise (felonnesse) en hiver qu'en été. Et j'achetois bien cent tonneaux de vin, et je faisois toujours boire le meilleur avant ; et je faisois tremper d'eau le vin des valets, et mettre moins d'eau dans le vin des écuyers. A ma table, on servoit devant mes chevaliers une grande bouteille de vin et une grande bouteille d'eau ; alors ils le trempoient comme ils vouloient.

Le roi m'avoit baillé dans mon corps de bataille cinquante chevaliers ; toutes les fois que je mangeois, j'avois dix chevaliers à ma table avec les dix miens ; et ils mangeoient l'un devant l'autre, selon la coutume du pays, et s'asseyoient sur des nattes à terre. Toutes les fois que l'on crioit aux armes, j'y envoyois cinquante-quatre chevaliers qu'on appeloit dizeniers, parce que chacun menoit une dizaine. Toutes les fois que nous chevauchions en armes, tous les cinquante chevaliers mangeoient à mon hôtel au retour. A toutes les fêtes annuelles, j'invitois tous les riches hommes du camp ; à cause de quoi il falloit que le roi empruntât quelquefois de ceux que j'avois invités (ch. xcviii).

Voici maintenant ce qui regarde plus généralement le régime des chrétiens en Terre Sainte :

Vous ouïrez ci-après les condamnations et les jugements que je vis prononcer à Césarée, pendant que le roi y séjournoit.

Tout en premier, nous vous parlerons d'un chevalier qui fut pris dans un mauvais lieu, et auquel on laissa un choix à faire, selon les usages du pays. Ce choix fut tel : ou que la ribaude (femme de mauvaise vie) le mèneroit par le camp, en chemise [honteusement] lié avec une corde ; ou qu'il perdroit son cheval et ses armes, et qu'on le chasseroit du camp. Le chevalier laissa son cheval au roi et ses armes, et s'en alla du camp. J'allai prier le roi, ajoute Joinville, qu'il me donnât le cheval pour un pauvre gentilhomme qui étoit dans le camp. Et le roi me répondit que cette prière n'étoit pas raisonnable, et que le cheval valoit encore quatre-vingts livres. Et je lui répondis : « Comment avez-vous violé nos conventions en vous fâchant de ce que je vous ai demandé ? » Et il me dit tout en riant : « Dites tout ce que vous voudrez, je ne me fâche pas. » Et toutefois n'eus-je pas le cheval pour le pauvre gentilhomme.

La seconde condamnation fut telle, que les chevaliers de notre corps de bataille chassoient une bête sauvage que l'on appelle gazelle, qui est comme un chevreuil. Les frères de l'Hôpital se jetèrent sur eux, poussèrent et chassèrent nos chevaliers. Et je me plaignis au maître de l'Hôpital, et le maître de l'Hôpital me répondit qu'il me feroit droit selon l'usage de la Terre Sainte, qui étoit tel, qu'il feroit manger à terre, sur leurs manteaux, les frères qui avoient fait l'outrage, tant que ceux à qui l'outrage avoit été fait ne les en relèveroient. Le maître leur en tint bien parole ; et quand nous vîmes qu'ils eurent mangé quelque temps sur leurs manteaux, j'allai au maître et le trouvai mangeant, et je le priai qu'il fît lever les frères qui mangeoient sur leurs manteaux devant lui ; et les chevaliers auxquels l'outrage avoit été fait, l'en prièrent aussi. Et il me répondit qu'il n'en feroit rien, car il ne vouloit pas que les frères fissent vilenie à ceux qui viendroient en pèlerinage à la Terre Sainte. Quand j'ouïs cela, je m'assis à terre avec les frères et commençai à manger avec eux ; et je lui dis que je ne me lèverois pas à tant que les frères ne se lèveroient aussi. Et il me dit que c'étoit lui faire violence, et m'octroya ma requête ; et il me fit manger avec lui moi et mes chevaliers, qui étoient avec moi ; et les frères allèrent manger à table avec les autres.

Le troisième jugement que je vis rendre à Césarée fut tel, qu'un sergent du roi, qui avoit nom le Goulu, mit la main sur un chevalier de mon corps de bataille. Je m'en allai plaindre au roi. Le roi me dit que je m'en pouvois bien désister, ce lui sembloit ; car le sergent n'avoit fait que le pousser. Je lui dis que je ne m'en désisterois pas, et que s'il ne m'en faisoit droit, je laisserois son service, puisque ses sergents poussoient les chevaliers. Il me fit faire droit, et le droit fut tel, selon les usages du pays, que le sergent vint en mon pavillon, déchaux, en braies (caleçon), sans plus, une épée toute nue en sa main, et s'agenouilla devant le chevalier, et lui dit : « Sire, je vous fais réparation de ce que je mis la main sur vous, et je vous ai apporté cette épée pour que vous me coupiez le poing s'il vous plaît. » Et je priai le chevalier qu'il lui pardonnât son offense; et ainsi fit-il.

La quatrième punition fut telle, que frère Hugues de Jouy, qui étoit maréchal du Temple, fut envoyé au soudan de Damas de par le maître du Temple, pour obtenir que le soudan fît un accord au sujet d'une grande terre que le Temple avoit coutume de tenir, en sorte que le soudan voulût bien que le Temple en eût la moitié et lui l'autre. Les conventions furent faites en telle manière, si le roi y consentoit. Et frère Hugues amena un émir de par le soudan de Damas, et apporta les conventions dans un écrit qu'on appeloit *monte-foi* (authentique). Le maître dit ces choses au roi ; de quoi le roi fut fortement surpris, et lui dit qu'il étoit bien hardi d'avoir conclu ou négocié aucune convention avec le soudan, sans lui en parler ; et le roi voulut que réparation lui en fût faite. Et la réparation fut telle, que le roi fit lever les tentures de trois de ses pavillons, et là fut tout le commun de l'armée en général qui venir y voulut ; et là vint le maître du Temple et tous ses chevaliers, tout déchaux, à travers le camp, parce que leurs tentes étoient en dehors du camp. Le roi fit asseoir devant lui le maître du Temple et le messager du soudan, et le roi dit au maître tout haut : « Maître, vous direz au messager du soudan qu'il vous pèse d'avoir fait aucun traité avec lui sans m'en parler ; et parce que vous ne m'en aviez pas parlé, vous le tenez quitte de tout ce qu'il vous a promis et lui rendez toutes ses promesses. » Le maître prit les conventions et les bailla à l'émir ; et alors le maître dit : « Je vous rends les conventions que j'ai faites à tort, ce dont il me pèse. » Et alors le roi dit au maître qu'il se levât et qu'il fît lever tous ses frères ; et ainsi fit-il. « Or, agenouillez-vous, et me faites réparation de ce que vous y êtes allés contre ma volonté. »

Le maître s'agenouilla, et tendit le bout de son manteau au roi, et abandonna au roi tout ce qu'ils avoient pour y prendre sa réparation, telle qu'il la voudroit régler. « Et je dis, fit le roi, tout d'abord, que frère Hugues, qui a fait les conventions, soit banni de tout le royaume de Jérusalem. » Ni le maître, qui étoit compère du roi comme parrain du comte d'Alençon né à Châtel-Pèlerin, ni la reine, ni autres, ne purent venir en aide à frère Hugues, et empêcher qu'il ne lui fallût vider la Terre Sainte et le royaume de Jérusalem (ch. XCIX).

C'est un peu après, pendant que saint Louis était à Jaffa, qu'il fut appelé à régler les affaires d'Antioche. Après la mort de Boémond V, une querelle funeste menaçait d'éclater entre son fils (Boémond VI) et sa veuve qui, vu l'âge du jeune prince, devait le garder en tutelle. Boémond vint avec sa mère trouver saint Louis :

Le roi, dit Joinville, lui fit grand honneur, et le fit chevalier très-honorablement. Son âge n'étoit pas de plus de seize ans, mais jamais je ne vis un enfant si sage. Il requit au roi de l'ouïr parler devant sa mère; et le roi le lui octroya. Les paroles qu'il dit au roi devant sa mère furent telles : « Sire, il est bien vrai que ma mère me doit encore tenir quatre ans en sa mainbournie (tutelle); mais il n'est pas juste pour cela qu'elle doive laisser ma terre se perdre ni déchoir; et je dis ces choses, sire, parce que la cité d'Antioche se perd entre ses mains. Ainsi je vous demande, sire, que vous la priiez de me bailler de l'argent avec quoi je puisse aller secourir mes gens qui sont là, et les aider. Et, sire, elle le doit bien faire; car si je demeure dans la cité de Tripoli avec elle, ce ne sera pas sans grandes dépenses, et les grandes dépenses que je ferai seront faites pour rien. » Le roi l'ouït bien volontiers et il négocia de tout son pouvoir avec sa mère pour qu'elle lui baillât autant que le roi put tirer d'elle.

Sitôt qu'il quitta le roi, il s'en alla à Antioche, là où il se fit très-bien venir. Du gré du roi, il écartela ses armes, qui sont vermeilles, des armes de France, parce que le roi l'avoit fait chevalier[1].

1. Ch. ci. « Avec le prince vinrent trois ménétriers de la grande Arménie ; et ils étoient frères, et s'en alloient en Jérusalem en pèlerinage, et avoient trois cors dont les sons sortoient du côté de leur visage. Quand ils commençoient à donner du corps, vous eussiez dit que c'étoient les chants des cygnes qui partent de l'étang ; et ils faisoient les plus douces mélodies et les plus gracieuses, que c'étoit merveille de l'ouïr. Ils faisoient tous trois des sauts merveilleux ; car on leur mettoit une toile sous les pieds, et ils faisoient la culbute tout debout, de sorte que leurs pieds revenoient tout debout sur la toile. Deux faisoient la culbute la tête en arrière, et l'aîné aussi ; et quand on lui faisoit faire la culbute la tête en avant, il se signoit ; car il avoit peur qu'il ne se brisât le cou en tournant. »

CHAPITRE XI.

SAINT LOUIS EN PALESTINE (1251-1254).

I

Dispositions de l'Occident à l'égard de la croisade. — Fin de la lutte d'Innocent IV et de Frédéric II. — Les pastoureaux.

La guerre des deux puissances musulmanes rendait des espérances nouvelles à saint Louis, s'il pouvait recevoir des secours d'Occident; et dans les premiers moments, on avait partout montré beaucoup de zèle. Le pape écrivant aux évêques de France la prise et la délivrance du roi, leur ordonnait de faire prêcher la croisade. Il faisait prescrire à ceux qui avaient déjà pris la croix en France de se mettre à la disposition de Blanche[1]; il pressait de même le départ des croisés d'Allemagne, de Frise et de Norvége[2]. Ferdinand, roi de Castille, avait promis à la

1. Voy. la lettre d'Innocent IV à l'archevêque de Rouen, dans Duchesne, t. V, p. 415. Cf. sa lettre à Blanche, 18 mars 1251; Rinaldi, an 1251. n° 19.
2. Rinaldi, an 1250, art. 28.

reine Blanche d'aller en Orient au secours de saint Louis; et le roi d'Angleterre, après avoir solennellement demandé pardon aux habitants de Londres des torts qu'il leur avait faits, soit par lui, soit par ses officiers (sans rien restituer pourtant), prit la croix, « soit pour piller plus librement ses sujets, soit pour quelque meilleur dessein, » ajoute charitablement le moine chroniqueur[1]. C'est surtout l'empereur qui, par l'Italie et la Sicile, pouvait secourir efficacement saint Louis; mais il était au plus fort de sa guerre contre le pape; et cela même faisait que les manifestes du pape en faveur de la croisade, quelque pressants qu'ils parussent être, devaient avoir moins d'effet.

Depuis le départ de saint Louis pour la croisade, les deux adversaires étaient entièrement à une lutte qui touchait à sa crise suprême. Frédéric ne pouvait plus se dissimuler que c'était une guerre à mort entre lui et le saint-siége. Le pape ne voulait plus ni de lui ni de sa race, soit dans l'empire, soit en Italie; et la fortune tournait décidément contre l'empereur. A son échec de Parme s'était joint un autre échec non moins grave pour sa cause et douloureux pour lui : son fils, son lieutenant Enzio, avait été battu par les Bolonais à Fossalta et fait prisonnier (26 mai 1249). Il se raidit contre ces revers et

---

1. Matth. Paris, t. VII, p. 10; Rinaldi, an 1251, art. 26; Tillemont, t. III, p. 394.

poussa la guerre avec une sorte de désespoir et en Allemagne et en Italie. Son fils Conrad tenait tête en Allemagne à Guillaume de Hollande. Plusieurs chefs gibelins combattaient les villes guelfes dans le nord de l'Italie, entre autres Eccellino di Romano, dont le caractère féroce répondait à l'humeur de Frédéric poussé à bout. Lui-même écrivait à Vatace, pour l'exciter et l'entraîner à quelque diversion, que tout lui réussissait en Allemagne et en Italie[1], et il s'apprêtait à prendre part personnellement à la lutte, quand il mourut (fin décembre 1250). Étrange personnage, admirablement doué, appelé par son génie, autant que par sa naissance, à tenir le premier rang dans le siècle de saint Louis, mais dont les qualités éminentes, n'ayant pour guide ni les mœurs ni la foi, devinrent pour les peuples soumis à sa puissance un véritable fléau, et pour sa maison, comme pour lui-même, un principe de perdition[2].

1. Août 1250; *Hist. diplom.*, t. VI, p. 790. Voy. sur la lutte en Allemagne, *Ann. Worm.* ap. Bœhmer, *Fontes rer. Germ*, t. II, p. 187, 188, et la lettre de Frédéric à Conrad (septembre 1250); *Hist. diplom.*, t. VI, p. 774; sur la lutte en Italie, *Chron. de rebus in Italia gestis*, p. 21. Cf. *Hist. diplom.*, t. VI, p. 767 et 891.

2. Voy. le jugement que porte sur ce prince Huillard-Bréholles, en terminant son *Introduction à l'Hist. diplom. de Frédéric II*, p. DLVI. — Une chronique du temps rapporte qu'en mourant il voulut faire réparation à l'Église : « Qui in fine perveniens octies mille uncias, auri legavit domino papæ ad restitutionem damnorum quæ fecerat Ecclesiæ. Insuper et in reditum regni sui Apuliæ assignavit omnes sumptus quingentorum militum usque ad septem annos in subsidium Terræ Sanctæ. » (*Breve chronicon Lyrensis monasterii*. Martene, *Thes. nov. Anecd.*, t. V, col. 1433.)

La mort de Frédéric semblait mettre fin à cette guerre intérieure de la chrétienté, et rendre libres les forces que réclamait la lutte contre les Musulmans. Mais il n'en fut rien. La guerre se prolongeait contre sa maison, et Innocent IV continuait de lui donner le caractère et d'y attacher les effets d'une véritable croisade : attirant ainsi vers l'Italie ceux qui, par zèle religieux, auraient pu aller rejoindre saint Louis. Le roi, voyant tout ce qu'il pourrait faire en Palestine s'il était aidé, avait écrit à sa mère et à ses frères de lui envoyer de l'argent et des hommes. Dans sa lettre au comte de Poitiers, après un exposé rapide de la lutte des deux puissances musulmanes, dont la Palestine avait été pour une partie le théâtre, et qui venait de se terminer, vers la fin de juillet 1251, par la retraite des Égyptiens, il parle des démarches faites auprès de lui de part et d'autre, et de la trêve qu'il pourrait obtenir soit de l'une soit de l'autre, peut-être même de toutes les deux s'il lui arrivait des secours d'Occident (11 août 1251)[1].

La France pouvait-elle rester sourde à cet appel ? La reine Blanche réunit les barons pour délibérer. Ceux-ci en prirent occasion de s'élever contre la pré-

---

1. Lettre de Louis IX au comte de Poitiers et de Toulouse. Au camp devant Césarée, 11 août 1251, *Layettes du trésor des Chartes*, t. III, n° 3936. Cf. Matth. Paris, an 1251, t. VII, p. 235 de la traduction. Il y est dit un peu plus haut (mais cela n'est pas confirmé par d'autres récits autorisés) que Blanche et ses fils avaient envoyé une grande quantité d'argent pour la rançon du roi, mais qu'une tempête engloutit le vaisseau qui le portait (*ibid.*, p. 205).

dication qui, en appelant les fidèles à se croiser contre Frédéric II, venait à la traverse des désirs du saint roi. La reine, partageant leurs sentiments, l'interdit, et, compensant les indulgences du saint-siége par des rigueurs, elle menaça de la confiscation de leurs biens ceux qui s'engageraient dans cette funeste croisade. Mais si les barons avaient murmuré d'une concurrence qui pouvait ôter à saint Louis des auxiliaires, eux-mêmes n'étaient pas plus disposés à reprendre la croix.

Dans cet abandon de la noblesse, ce sont les petits et les simples qui entreprirent de venir au secours du saint roi. Une nouvelle croisade surgit tout à coup, une croisade qu'après celle de Pierre l'Ermite et de saint Bernard on aurait dû croire impossible : remuant le pays tout entier, entraînant les hommes, les enfants et les femmes. Un tel mouvement ne peut se produire s'il n'a son principe dans un sentiment populaire ; mais pour qu'il se produise il faut qu'un homme lui donne la première impulsion et lui ouvre le chemin. Lorsqu'il eut échoué, on n'y voulut voir qu'une illusion du démon, et le chef qui le dirigea parut volontiers aux chroniqueurs comme un suppôt du diable. On disait que c'était un apostat, Hongrois de nation, qui, après avoir apostasié, avait appris à Tolède, auprès des musulmans, la science des sortiléges[1]. Esclave et disciple de Maho-

---

1. Matth. Paris, t. VII, p. 216, et les indications réunies par son savant traducteur dans une note sur ce passage.

met, il avait promis au soudan de Babylone (Égypte) de lui amener et de mettre entre ses mains une infinité de chrétiens, afin que la France, étant dépourvue d'hommes et veuve de son roi, il lui fût plus facile de réduire la chrétienté en sa puissance[1]. L'imposteur, qui parlait avec la même facilité le français, l'allemand, le latin, s'était donc mis à errer par le monde, prêchant sans l'autorisation du pape, ni le patronage d'aucun prélat, et disant qu'il tenait sa mission de la Vierge Marie. Il s'adressait aux bergers et aux gens de la campagne; c'était à eux, disait-il, que le ciel avait accordé d'arracher la Terre Sainte et les chrétiens captifs des mains des infidèles, et de réparer, dans l'humilité et la simplicité de leurs cœurs, ce que l'orgueil des chevaliers avait perdu. Il s'en allait tenant la main fermée, comme s'il y tenait l'ordre même qu'il avait reçu de la Sainte Vierge[2], et il rassemblait autour de lui tous les pâtres, qui laissaient leurs troupeaux et le suivaient, sans prendre congé de leurs parents ou de leurs maîtres, ni songer même à la nourriture du lendemain. On disait que c'était lui qui, quarante ans plus tôt, avait déjà provoqué en France cette autre croisade, où l'on avait vu les enfants échappant à

---

1. Matth. Paris, an 1251, t. VII, 215 et suiv. de la traduction; Chronique de Saint-Denys, t. XXI, p. 115. Elle est ici plus détaillée que dans Guill. de Nangis, d'où elle est généralement tirée.

2. Matthieu Paris, *ibid.*, p. 216. Cf. Chron. de Primat, *Histor. de France*, t. XXIII, p. 8; Chron. de Guill. de Nangis, t. XX, p. 553.

leurs mères, sans plus se soucier des menaces que des caresses, courir aussi, au mépris de tous les obstacles, à la délivrance des Saints Lieux. Si ce n'était le même homme, c'était évidemment la même pensée.

Ce mouvement, à ses origines, ne fut pas si mal vu qu'il fut jugé par la suite. On se disait avec l'apôtre que Dieu fait souvent choix des faibles pour confondre les forts; et la reine Blanche elle-même put croire qu'il allait par là susciter dans son peuple les vengeurs que saint Louis n'avait pas trouvés parmi ses barons[1]. Ce fut vers la Flandre et la Picardie qu'ils commencèrent à s'assembler, un peu après Pâques 1251. Ils étaient trente mille quand ils vinrent à Amiens où ils furent reçus avec honneur; et leur chef, vénéré comme un homme de Dieu dans cette patrie de Pierre l'Ermite, obtint des habitants tout ce qu'il voulut. Leur nombre alla croissant; bientôt on les comptait par cent mille. Ils avaient des étendards tout comme les seigneurs; sur l'étendard du chef était figuré un agneau portant bannière: l'agneau en signe d'innocence, et la bannière marquée d'une croix en symbole de victoire par la vertu de Jésus-Christ[2].

Mais cette troupe, formée d'abord d'hommes fer-

1. Matth. Paris, t. VII, p. 217; Chron. de Primat, t. XXIII, p. 9; Chron. de Saint-Denys, t. XXI, p. 115, et Chron. de Guill. de Nangis, t. XX, p. 554.
2. Chron. de Guill. de Nangis, *l. l.*

vents et simples, n'avait pu se grossir ainsi sans ramasser bien des impuretés sur la route; des vagabonds s'y joignirent, des fugitifs, des aventuriers, des voleurs même, des gens qui, indifférents au but, ne s'inquiétaient que de ce qu'ils pourraient prendre sur le chemin. Il fallait vivre, et une telle masse savait bien prélever dans le pays ce qu'elle ne recevait point suffisamment de la charité publique. On vit donc en France ce que l'Allemagne et la Hongrie surtout avaient vu au passage des premières grandes croisades populaires, avec un redoublement d'excès, provenant d'un mélange bien plus impur. Mais la troupe ne revendiquait pas seulement les droits du soldat et les priviléges du croisé : les chefs, par une étrange infatuation, prétendaient même exercer les pouvoirs du prêtre. Ils mariaient et rompaient les mariages, ils confessaient et absolvaient; ils prêchaient, et Dieu sait quelle était leur orthodoxie! mais si quelqu'un y voulait contredire, ils répondaient les armes à la main. Leur chef ne montait en chaire qu'entouré de gens bien pourvus de ces moyens de réplique[1]. Le clergé alors s'alarma et voulut sévir, mais le chef de ces bandes était déjà en mesure de se défendre et de prendre l'offensive. Il réprouvait tous les ordres religieux, particulièrement les frères Prêcheurs et les frères Mineurs qu'il appelait hypocrites

---

1. Matth. Paris, t. VII, p. 219; Chron. de Primat, *l. l.*, de Guill. de Nangis et de Saint-Denys, . .

et vagabonds ; les moines de Cîteaux, à son jugement, étaient des accapareurs ; les moines noirs des gloutons et des superbes ; les chanoines des mangeurs de chair. Les évêques n'étaient pas plus épargnés, comme ne sachant qu'amasser de l'argent et vivre dans les délices ; quant à la cour romaine, elle était la plus maltraitée de tous ; « mais le peuple, dit Matthieu Paris, en haine et par mépris du clergé, prêtait l'oreille à ces invectives et y applaudissait avec faveur[1]. »

Ils vinrent à Paris, et leur chef prêcha à Saint-Eustache en habit d'évêque et y donna l'eau bénite : quelques prêtres qui le trouvèrent mauvais furent massacrés ; et il fallut fermer les ponts pour sauver du même sort les écoliers de l'Université, suspects aux pastoureaux par ce caractère de clercs qui, en tout autre temps, faisait leur garantie[2]. Ils sortirent de Paris où on ne tenta pas de les retenir ; mais on ne les avait pas combattus, et ils se faisaient un titre de cette impunité comme d'une approbation obtenue dans la ville qui était la source de toutes les sciences[3]. On les vit dès lors plus audacieux à exercer partout leurs ravages, entrant dans les villages, forçant les villes sans épargner les laïques plus que les

---

1. Matth. Paris, t. VII, p. 219. C'est aussi ce que dit Bernard Guidonis : « Plurimi autem ac pene universi, quia de persecutione clericorum gaudebant. » (*Hist. de France*, t. XXI, p. 697.)

2. Guill. de Nangis, t. XX, p. 554, et Chron. de Saint-Denys, t. XXI, p. 116.

3. Chron. de Primat, t. XXIII, p. 9.

clercs. Ils n'avaient plus besoin d'être unis pour s'imposer; ils se partageaient donc en troupes qui s'en allaient au hasard, portant en plus de lieux la dévastation et le pillage. Le chef vint à Orléans (11 juin 1251), où il fut reçu par les habitants, malgré les anathèmes de l'évêque. Il ne ménagea pas plus ses hôtes, pillant les maisons, tuant les clercs; mais les clercs de l'Université d'Orléans ne se laissèrent pas attaquer sans résistance : plusieurs des pastoureaux périrent dans la lutte; et le chef crut prudent et sage de sortir au plus tôt[1].

Leurs premiers succès n'avaient pu tenir qu'à la surprise. On savait maintenant à qui on avait affaire. La reine mère vit comme elle s'était trompée en croyant trouver en eux des secours pour la Terre Sainte : c'étaient des brigands dont il fallait sauver le pays; et les laïques, attaqués comme les autres, songèrent partout à prêter leur concours aux sentences qui les frappaient. Leur dernière étape fut Bourges, où, malgré les défenses de l'évêque, le petit peuple les reçut encore : à défaut des prêtres qui s'étaient cachés, ils tombèrent sur les juifs; puis le chef prétendit réunir la population pour qu'elle entendît son sermon et fût témoin de ses miracles. Mais on ne fut pas plus dupe de ses jongleries que de ses discours; et les actes de ses compagnons n'a-

---

1. Matth. Paris, t. VII, p. 219-221. Chron. de Primat, de Guill. de Nangis et de Saint-Denys, *l. l.*

vaient probablement pas servi à gagner à leur cause ceux mêmes qui l'avaient reçu. A peine furent-ils sortis de la ville, qu'on se mit en armes à leur poursuite. Le maître de Hongrie fut rejoint et mis à mort entre Morthomiers et Villeneuve-sur-Cher. Un boucher lui fendit la tête d'un coup de hache, et on jeta son corps aux chiens. Tous ceux de ses compagnons que le prévôt de Bourges put saisir furent pendus comme coupables de maléfice. L'alarme était partout donnée; on les traquait, on les tuait comme des chiens enragés[1]. Quelques-uns arrivèrent jusqu'aux ports du Midi : mais leur réputation les avait précédés. On en saisit, on en pendit à Marseille, à Aigues-Mortes[2]. Plusieurs de ceux qui étaient entrés dans ce mouvement de bonne foi trouvèrent moyen de s'en tirer et de regagner leur pays. Quelques-uns, en expiation, prirent même vraiment la croix et allèrent, selon la pensée qu'ils en avaient eue, grossir le nombre des derniers compagnons de saint Louis[3].

1. Matth. Paris, t. VII, p. 222-224; Guill. de Nangis, p. 383. Cf. sa Chronique, et la Chron. de Saint-Denys, *l. l.*
2. Chron. de Saint-Denys, t. XXI, p. 116.
3. Voy. Tillemont, t. III, p. 438. Alfonse de Poitiers parut, presque jusqu'au retour de son frère, disposé à l'aller rejoindre. Dans le cours de 1252, époque où, selon Matthieu Paris, Alfonse fut atteint de paralysie, et certainement avant le 27 ou le 28 novembre, date de la mort de sa mère, son chapelain écrit à saint Louis qu'Alfonse, étant guéri de maladie, a pris la croix et partira le plus tôt possible (*Layettes du trésor des Chartes*, t. III, n° 4030). Le 21 et le 29 mars 1253, le pape met de nouveau à la disposition d'Alfonse toutes les ressources de l'Église. Il ordonne au trésorier de Saint-Hilaire de Poitiers de lui remettre les legs

II.

Conventions avec l'Égypte faites et rompues. — Saint Louis à Jaffa. — Mort de Blanche de Castille. — Mission de Rubruquis chez les Tartares.

Cependant la guerre des sultans d'Égypte et d'Alep se continuait de plus en plus vive, et Aïbek, craignant que saint Louis ne finît par se joindre aux Syriens, se résolut à répondre à ses avances en acceptant les conditions qu'il lui avait offertes[1]. La trêve devait durer quatre ans entre l'Égypte et les chrétiens. De plus saint Louis devait s'allier aux émirs égyptiens contre Nacer, et pour prix de ce concours Aïbek s'engageait à lui délivrer tous les chrétiens captifs (c'est une clause sans laquelle saint Louis ne voulait rien entendre), à lui faire la remise des sommes qui restaient dues pour leur libération, et enfin à rendre aux chrétiens le royaume de Jérusalem à l'exception de Gaza, de Daron et de deux autres châteaux. A peine de nullité du traité, saint Louis devait se rendre à Jaffa au milieu du mois de mai suivant, et les Égyptiens à Gaza, d'où les émirs viendraient à Jaffa,

---

pieux sans destination spéciale, les sommes versées pour se libérer du vœu de la croisade, donnant au même ecclésiastique les pouvoirs d'absoudre ceux qui n'ont pas accompli leurs vœux (*ibid.*, n°ˢ 4043-4047).

1. Tillemont, t. III, p. 443.

pour donner aux conventions une consécration nouvelle. Le roi, les seigneurs et eux s'y obligeaient en même temps par serment[1].

Ce traité donnait aux chrétiens vaincus tout ce qu'ils auraient pu attendre de la victoire. Quand la nouvelle en arriva en Occident, elle y causa une grande joie. Jérusalem était délivrée, et l'on voyait déjà son plus redoutable ennemi, le sultan d'Alep, vaincu par la ligue de saint Louis et des Égyptiens. Vain espoir! Nacer était bien résolu à ne pas laisser les choses en venir là. Pour mieux éviter les conséquences du traité, il voulut faire qu'il n'eût pas même un commencement d'exécution. Il envoya vingt mille hommes entre Césarée et l'Égypte, pour empêcher la rencontre des Égyptiens et de saint Louis. Saint Louis n'en vint pas moins, comme il s'y était engagé, à Jaffa; mais les émirs n'osèrent se rendre à Gaza[2]. Ils ne surent que donner au roi une preuve qu'ils voulaient accomplir le traité en lui envoyant par mer les têtes des chrétiens exposées au Caire et les enfants retenus prisonniers; ils y joignaient un éléphant, que saint Louis envoya depuis, comme une rareté, en France. Ils s'excusaient encore de ne pas venir eux-mêmes et demandaient qu'il leur fixât un autre jour[3].

---

1. Commencement de 1252. Lettre du Trésorier de l'Hôpital (6 mai 1252). Matth. Paris, *addit*, t. VII, p. 525 de la trad.; cf. Joinville, ch. c.
2. Lettre du Trésorier de l'Hôpital dans Matthieu Paris, *ibid*.
3. Joinville, ch. c. Cf. Contin. de Guill. de Tyr, ch. LXXIV, p. 627.

Mais ils ne vinrent pas davantage au rendez-vous. Ils avaient renoncé à y venir : car de musulmans à chrétiens, il y avait des inimitiés de religion et de race; de sultan à sultan, c'étaient querelles d'ambition que les peuples ne partageaient pas. Ceux-ci pouvaient fort bien se tourner contre le prince qui en traitant avec les chrétiens aurait sacrifié à un intérêt particulier un intérêt si capital ; et Aïbek, élevé au pouvoir par une révolution, était plus exposé qu'un autre à ce péril. Sous la médiation du calife de Bagdad, les deux sultans se rapprochèrent; et saint Louis, qui, un moment, avait pu espérer les vaincre l'un par l'autre, se trouva plus que jamais exposé aux efforts de tous les deux réunis (fin d'avril 1253)[1].

Jérusalem échappait encore aux chrétiens. Plus d'espoir de l'affranchir, plus d'autre moyen d'y entrer qu'en pèlerin et sous le bon plaisir des infidèles. Nacer, dit-on, n'aurait pas été éloigné d'accorder cette satisfaction au pieux roi; et saint Louis ne se fût pas cru déshonoré en venant dans cet humble appareil aux lieux où le Sauveur avait souffert : mais on l'en détourna. On lui dit qu'aller ainsi à Jérusalem, c'était reconnaître le droit des infidèles; c'était l'y affermir : car si lui, qui était le plus grand roi des chrétiens, faisait son pèlerinage dans la ville sainte,

---

1. Aboulféda, dans les *Hist. arabes des Croisades*, t. I, p. 132; cf. Cont. de Guill. de Tyr, c. LXXV, p. 629.

sans la délivrer des ennemis de Dieu, combien plus par la suite les autres princes se tiendraient-ils dégagés de leur vœu, en visitant la ville sans s'inquiéter de l'affranchir? Et on lui citait l'exemple de Richard Cœur de Lion, ce héros légendaire de la croisade, l'épouvantail des Musulmans. Quand la retraite du duc de Bourgogne lui ôtant l'espoir de reconquérir les Lieux Saints, il en était réduit à se retirer lui-même, un de ses chevaliers lui dit : « Sire, sire, venez jusqu'ici, et je vous montrerai Jérusalem. » Mais Richard se voilant la face et pleurant : « Beau sire Dieu, dit-il, ne souffre pas que je voie ta sainte cité, puisque je ne la puis délivrer des mains de tes ennemis[1]. »

Saint Louis ne la vit pas non plus. Mais sa mission ne lui semblait point finie en Palestine; et s'il ne pouvait plus rendre Jérusalem aux chrétiens, il voulait au moins les mettre en mesure de garder ce qu'ils possédaient encore. Il s'occupa de fortifier Jaffa comme il avait fait Césarée. La place n'était qu'un château dans une presqu'île; il mit en défense le bourg groupé au pied du château, en lui construisant une enceinte munie de trois grandes portes et flanquées de vingt-quatre tours. Le légat y avait fait bâtir pour sa part une des portes et le pan de mur attenant; et il disait que ce travail lui avait coûté

---

1. Joinville, ch. CVIII.

30 000 livres (607 914 fr. 60 c.) : qu'on juge par là des dépenses que le roi avait supportées[1].

— Un grave événement vint surprendre saint Louis au milieu de ces soins. Blanche sa mère était morte à la fin de novembre 1252.

Tant que Blanche avait vécu, le saint roi avait pu, en toute sécurité, s'en rapporter à elle du gouvernement du royaume. Sa fermeté était connue. Elle avait suffi seule, pendant la minorité du roi, à tirer le pays des difficultés les plus graves ; elle avait tenu tête en même temps aux barons révoltés et aux entreprises de l'Angleterre ; et depuis qu'elle avait remis à saint Louis la direction des affaires, elle n'avait jamais cessé d'avoir place et influence dans ses conseils. Il lui avait donc été facile de maintenir intacte l'autorité si bien affermie par le gouvernement du roi, et de continuer dans le royaume les bons effets de son gouvernement. Elle avait même, dans cette nouvelle régence, eu l'occasion de déployer son énergie par un acte où l'on pouvait voir qu'autant elle respectait l'Eglise, autant elle était résolue à sévir contre ceux de ses membres qui la déshonoraient par leur violence ou leur cupidité.

Le chapitre de Notre-Dame de Paris avait fait prendre les hommes de Châtenay et de quelques villages placés sous sa juridiction, et les avait fait jeter dans ses prisons, sans même leur y donner de quoi

---

1. Joinville, ch. cix. La somme paraît exagérée.

vivre. On en fit des plaintes à la reine qui intercéda pour eux d'abord auprès du chapitre, demandant qu'on les mît en liberté sous caution : mais le chapitre répondit qu'ils étaient ses hommes; qu'il avait droit de les traiter comme il voulait; et par une sorte de défi à l'intercession de la reine, il fit prendre encore les enfants et les femmes et les entasser dans cette geôle, en telle sorte que plusieurs, dit-on, y périrent soit par la presse, soit par la faim.

La reine alors ordonna à la noblesse et aux bourgeois de Paris de prendre les armes : elle les mena devant la prison du chapitre et leur commanda d'en briser les portes; et pour qu'on n'eût pas peur d'encourir les censures de l'Église, elle les frappa la première d'un bâton qu'elle tenait à la main. La prison fut forcée et les malheureux se jetèrent, hommes, femmes et enfants, aux pieds de la reine, invoquant sa protection.

La reine n'y manqua point. Elle fit saisir les revenus du chapitre jusqu'à ce qu'il lui eût fait satisfaction; et pour prévenir toutes représailles elle le contraignit à affranchir les paysans pour la redevance qu'ils lui payaient annuellement[1].

La santé de la reine était déjà fort affaiblie. Elle n'avait vu qu'avec une peine extrême le départ du roi; et son affliction avait été sans mesure, quand elle apprit en même temps la mort du comte d'Ar-

---

1. Chron. de Saint-Denys, t. XXI, p. 117.

tois et la captivité de saint Louis et de ses autres fils. Elle avait vu revenir les comtes de Poitiers et d'Anjou ; mais saint Louis était resté en Palestine, et l'on disait qu'il y voulait achever sa vie. Cela ne lui semblait pas impossible, et le bruit fût-il faux, elle savait le roi au milieu des Musulmans, avec si peu de forces, toujours exposé à de nouveaux dangers. Elle ne fit plus dès lors que dépérir. Atteinte plus gravement à Melun, elle se fit transporter à Paris où elle s'éteignit pieusement vers la fin de novembre 1252[1].

Cinq ou six jours avant sa mort, elle avait voulu prendre l'habit de Cîteaux ; elle fit profession et reçut le voile comme religieuse de l'abbaye de Maubuisson qu'elle avait fondée. Elle donna elle-même aux prêtres qui l'assistaient le signal des prières de l'agonie, et, couchée sur la paille, elle rendit l'âme, ayant près d'elle l'abbesse qu'elle avait prise pour mère, et les religieuses dont elle avait voulu être la sœur[2].

Saint Louis était encore à Jaffa quand la nouvelle en arriva en Palestine. Le légat l'ayant reçue le premier prit avec lui l'archevêque de Tyr et Geoffroi

---

1. Le 27 ou le 28. Voy. Tillemont, t. VI, p. 268, 269. Eudes Rigaud, dans le journal de ses visites, dit qu'il était à Pontoise le 3 des kalendes de décembre (29 novembre), et qu'alors la reine fut enterrée à Maubuisson. *Histor. de Fr.*, t. XXI, p. 576. — Sur la mort de Blanche de Castille et ses funérailles, voy. le R. P. Cros, *Vie intime de saint Louis,* p. 252-257.

2. Tillemont, t. III, p. 455.

de Beaulieu, confesseur du roi, et venant trouver le prince, il lui dit qu'il lui voulait parler en secret. Le roi, voyant à son air grave qu'il avait quelque chose de triste à lui dire, les mena tous trois de sa chambre dans sa chapelle qui tenait à sa chambre, en ferma les portes et s'assit près de l'autel, et eux avec lui. Alors le légat lui rappela tous les bienfaits dont Dieu l'avait comblé dès son enfance, et surtout quand il lui avait donné une mère si vigilante à l'élever dans la foi, si sage, si dévouée dans l'administration de son royaume ; et après une pause, il lui dit en sanglotant qu'elle n'était plus. Le roi poussa un cri de douleur et n'essaya pas de contenir ses larmes. Il se prosterna les mains jointes devant l'autel et dit : « Sire Dieu, je vous rends grâces et merci de ce que par votre bonté m'avez prêté si longuement ma chère mère, et par mort corporelle l'avez prise et reçue par votre bon plaisir à votre part. Il est bien vrai, beau très-doux père Jésus-Christ, que j'aimois ma mère par-dessus toute créature, car elle l'avoit bien mérité, mais puisqu'il vous vient à plaisir qu'elle est trépassée, béni soit votre nom[1]. »

Il demeura deux jours enfermé sans que personne pût lui parler. Le premier qu'il reçut fut Joinville : il l'envoya chercher, et quand il le vit : « Ah ! sénéchal, s'écria-t-il, j'ai perdu ma mère. » — « Sire, je ne m'en étonne pas, lui dit Joinville, car elle devoit

---

1. Guill. de Nangis, t. XX, p. 387.

mourir ; mais je m'étonne que vous, qui êtes un homme sage, ayez montré un si grand deuil ; car vous savez que le sage dit que quelque chagrin que l'homme ait au cœur, rien ne lui en doit paraître au visage ; car celui qui le fait en rend ses ennemis joyeux et en chagrine ses amis[1]. » Quel fut l'effet de ce sermon ? L'auteur ne le dit pas ; mais le lecteur sera moins sensible à la remontrance de Joinville qu'à la douleur de saint Louis.

La reine Marguerite ne témoigna pas moins d'affliction que le saint roi. Joinville, qui avait été prié de la venir consoler, ne put pas s'empêcher de lui en témoigner son étonnement. « Il avoit bien raison, » lui dit-il sur ce ton familier qu'il avait pris dans l'intimité de saint Louis, « il avoit bien raison celui qui dit que l'on ne doit femme croire ; car c'étoit la femme que vous haïssiez le plus, et vous en menez tel deuil ! » Marguerite lui avoua qu'elle pleurait non pas tant pour la reine que pour la peine qu'en avait le roi, et pour sa fille qui, privée de la reine Blanche, demeurait en la garde des hommes[2].

La France entière devait s'associer au deuil de saint Louis, et les contemporains en parlant de la mort de Blanche lui ont payé leur tribut d'éloges : « Femme magnanime portant un cœur d'homme ; — la dame des dames, gardienne et tutrice de la Fran-

---

1. Joinville, ch. cxix.
2. *Ibid.*

ce, etc.¹. » Tous rendent témoignage à l'habileté et à la fermeté de sa conduite dans le gouvernement, à la pureté de sa vie, à sa dévotion, à sa justice, à sa charité. Ils rappellent à l'envi comme elle craignait Dieu et aimait l'Église, comme elle le prouvait par sa sollicitude à l'égard des religieux, par ses aumônes, par ses pieuses fondations²; et Grégoire IX a fait lui-même l'éloge de sa piété et de sa foi; Innocent IV vante son zèle à soutenir l'Église dans ses nécessités : témoignages qui honorent les pontifes autant que la reine Blanche³, quand on se rappelle la fermeté de la reine en quelques circonstances où son respect pour le caractère sacerdotal et l'habit religieux ne l'ont pas empêchée de résister à des violences et de réprimer des abus. Si elle mit quelquefois plus de raideur et d'âpreté qu'on ne le voudrait pour elle-même dans ses conflits avec le clergé, ces attestations générales prouvent qu'en somme les souverains pontifes appréciaient la sincérité de son dévouement et la droiture de ses intentions.

1. « Femineæ cogitationi et sexui masculinum inferens animum. » (Anon. de Saint-Denys, *Histor. de France*, t. XX, p. 46 *a*.) « Dominarum secularium domina; ....Franciæ custos tutrix et regina; ....magnanima, sexu femina, consilio mascula, Semirami merito comparanda. » (Matth. Paris, p. 859; voy. Tillemont, t. III, p. 457.)

2. Voyez les textes cités par Tillemont, *ibid.*, p. 458.

3. Duchesne, t. V., p. 413 *a*; cf. Rinaldi, an 1247, § 15 et 16, et an 1251, § 19-22; Tillemont, *ibid*, p. 459.

Saint Louis se voyait privé de l'appui qui avait protégé sa jeunesse et soutenu son âge mûr; de la main qu'il avait toujours sentie près de la sienne au gouvernail de l'Etat, et à qui il n'avait pas craint de le confier encore pendant sa croisade et jusqu'après les revers de son expédition. Les conseils de Blanche lui allaient faire défaut, et cette tendresse qui rend toujours si douce la direction d'une mère. Avec elle il perdait plus que tout au monde, et il devait se sentir plus que jamais dégoûté d'un pouvoir qu'elle ne partageait plus. Mais il comprenait aussi que son devoir lui commandait d'en prendre la charge tout entière, et cela devait décider la question de son retour.

Cependant la situation de la France n'exigeait pas qu'il y revînt immédiatement. Ses frères, les comtes de Poitiers et d'Anjou, entourés de sages conseillers, avaient pris en main la conduite des affaires[1]; et la défense de la Palestine réclamait de lui quelques jours encore. Saint Louis put donc agir sans précipitation. Il envoya à ses deux frères des pouvoirs pour proroger la trêve avec les Anglais[2], et lui-même tournait les yeux vers l'Orient. On a vu les rapports qu'il avait entretenus, dès son arrivée dans l'île de Chypre, avec

---

1. Ils étaient de retour en France en octobre 1251. Le 30 de ce mois, Alfonse reçoit à Beaucaire les hommages des comtes de Comminges et d'autres seigneurs. (*Layettes du trésor des Chartes*, t. III, n°s 3897-3905.)

2. Au camp devant Joppé (Jaffa), 1er mai 1253. *Layettes du trésor des Chartes*, t. III, n° 4052.

des officiers de l'empire des Tartares. Le bruit qu'un prince tartare, Sartach, fils de Batou, petit-fils de Genghis-Khan, s'était fait chrétien ayant pénétré en Palestine, saint Louis, au moins autant dans la pensée de répandre la foi parmi ses peuples que de s'en faire un auxiliaire contre les Musulmans, lui écrivit des lettres de paix et d'amitié; et nous devons au moins à cette tentative le voyage de Rubruquis, ou Ruysbroek, cordelier de Terre Sainte, Français d'origine, qui envoyé de Sartach à Batou, de Batou à Mangou eut l'occasion de traverser tous les pays occupés par les Tartares, du Volga à Caracarrum, et de nous donner sur ces peuples les notions les plus précises dont la géographie et l'histoire se soient enrichies pour ce temps-là[1].

III

Saint Louis à Sour et à Sidon.

De Jaffa, saint Louis se dirigea sur Sidon, appelée alors Sayette, pour achever les travaux de défense

---

1. Rubruquis composa son récit en latin, et on y distingue deux parties : *de Gestis* ou *de Moribus Tartarorum* et *Itinerarium Orientis*. On en trouve une traduction française dans le recueil de Pierre Bergeron, *Voyages faits principalement en Asie dans les douzième, treizième et quatorzième siècles*, par André de Lonjumeau, Ascelin, Plan Carpin, Rubruquis, etc., avec Introduction (Paris, 1634, in-8). — Le voyage de Rubruquis tient cent quarante-neuf pages à deux colonnes dans l'édition de la Haye, 1735, in-4. Voy. sa Notice et le résumé de son ouvrage par Daunou,

qu'il y avait fait commencer (29 juin 1253). Il campa devant Arsur, et aurait volontiers, en passant, délogé les Sarrasins de Naplouse, l'ancienne Samarie : mais les Templiers et les Hospitaliers furent d'avis qu'il n'y allât point en personne, et il y renonça. Il était sur la plage d'Acre, lorsque arriva une troupe de pèlerins de la Grande Arménie qui allaient en pèlerinage à Jérusalem, en payant un tribut aux Sarrasins. La renommée de saint Louis était répandue dans tout l'Orient. Ils firent prier Joinville de leur montrer le saint roi. Joinville le vint trouver comme il était en un pavillon, assis contre le mât du pavillon, sans tapis, sur le sable : « Sire, lui dit-il, il y a là dehors une grande troupe de la Grande Arménie qui va en Jérusalem, et ils me prient que je leur fasse voir le saint roi ; mais je ne désire pas encore baiser vos os (vos reliques). » Le roi en rit aux éclats et dit à Joinville de les aller chercher ; les pèlerins virent donc le roi et ils le quittèrent, se recommandant mutuellement à Dieu [1].

Le lendemain le roi alla camper devant Sour, l'ancienne Tyr ; et ce fut là qu'il apprit le sort fatal des hommes chargés par lui de commencer les travaux de Sidon. Selon Joinville, les troupes syriennes ramenées des frontières de l'Égypte à la suite de la

---

Histoire littéraire de la France, t. XIX, p. 114 et suiv., et aussi Tillemont, t. III, p. 475-484. — Cf. d'Ohsson, *Hist. des Mongols*, t. II, p. 283-314.

[1]. Joinville, ch. cx.

paix conclue entre Aïbek et Nacer avaient tenté quelques escarmouches contre l'armée du roi, campée alors devant Jaffa (6 mai 1253)[1]; puis elles avaient passé devant Acre sans s'y arrêter davantage, frappées de la bonne tenue de ses défenseurs[2]; et elles s'étaient portées sur Sidon. La ville n'étant pas encore fermée[3], les arbalétriers que le roi avait envoyés pour protéger ses travailleurs durent se retirer dans le château qui était très-fort par sa position, mais très-étroit. Le capitaine n'y put donc recevoir que fort peu de monde avec ses troupes; et les Sarrasins, se jetant sur la ville, y tuèrent plus de deux mille de nos gens, pillèrent les maisons et en emportèrent le butin à Damas. D'autres rapportent la prise et le sac de Sidon aux Turcomans établis à Bélinas, l'ancienne Césarée de Philippe : bandes de pillards qui portaient la désolation partout aux environs[4]; et il est possible qu'au moins ils y aient pris part. Ce massacre venait de s'accomplir, quand saint Louis arriva à Sour. Le roi voulait marcher tout d'abord contre Bélinas. On fut d'avis qu'il y envoyât son corps de bataille sans y aller lui-même, et Joinville a raconté cette courte campagne dont il fut, non sans y courir

---

1. Joinville, ch. cv.
2. *Ibid.*, ch. cvi.
3. *Ibid.*, ch. cvii.
4. Guill. de Nangis, p. 387. Cf. la lettre du Trésorier de l'Hôpital, dans les additions de Matthieu Paris, t. VII, p. 528 de la traduction; Tillemont, t. III, p. 488.

quelque danger[1]. Saint Louis s'était rendu directement à Sidon. Les restes de ceux qui avaient été massacrés gisaient encore sans sépulture et répandaient l'infection à l'entour. Le roi songea tout d'abord à leur rendre les derniers devoirs. Il fit bénir un cimetière; on y creusa de grands fossés, et pour que personne ne reculât devant le dégoût et le péril de l'entreprise, lui-même recueillait les cadavres et les déposait dans les tapis que l'on cousait pour les charger sur les chameaux ou les chevaux et les porter dans les fosses. Plusieurs de sa maison le suivaient, sans avoir le cœur d'en faire autant, se bouchant le nez, tandis que le roi continuait simplement son office, sans paraître sensible aux émanations infectes de ce lieu. La putréfaction était telle que lorsque l'on prenait le mort par le bras ou la jambe, le membre restait dans la main. Le roi ramassait jusqu'aux entrailles répandues sur le sol. Ce travail dura quatre ou cinq jours. Chaque matin, après la messe, le pieux roi se remettait à l'ouvrage, disant aux autres : « Retournons ensevelir nos martyrs; » et quand plusieurs ne paraissaient pas s'y porter volontiers, il ajoutait : « Ils ont souffert la mort, nous pouvons bien souffrir; » et encore : « N'ayez pas abomination de ces corps, car ils sont martyrs et en paradis. » Auprès des fosses se tenaient pour l'inhumation l'archevêque de Tyr, l'évêque de Damiette et

---

1. Ch. cxi-cxii.

un autre évêque, récitant l'office des morts, et le roi avec eux ; ces trois prélats se préservaient autant qu'ils le pouvaient de ces odeurs pestilentielles, mais non le roi. L'archevêque de Tyr mourut trois jours après, et les deux autres évêques furent grièvement malades. On dit, et on le peut croire, que ce fut des suites de cette infection [1].

Ce devoir était rempli, quand Joinville et ceux que le roi avait envoyés contre Bélinas vinrent le rejoindre. Le roi leur avait assigné lui-même leur place. Il avait marqué le logis de Joinville auprès de celui du jeune comte d'Eu, ayant su qu'il aimait sa compagnie [2] ; et Joinville, après quelques traits consacrés à la scène ci-dessus reproduite, trouve encore le loisir de raconter les espiègleries que le jeune prince lui faisait [3]. Le travail entrepris à Sidon dura longtemps. Le roi voulait donner à la ville une forte enceinte munie de tours. Il faisait quelquefois des excursions aux environs ; et Joinville nous en rapporte un trait qui peint bien saint Louis. Un jour que le roi avait pris avec lui le sénéchal pour aller aux champs, il lui montra une chapelle élevée au lieu où l'on disait que Jésus-Christ avait guéri la fille de cette Chananéenne ou

---

1. Anonyme de Saint-Denys, t. XX, p. 55 ; Guill. de Nangis, *ibid.*, p. 387 ; Confesseur de Marguerite, p. 99-100. Cf. Guill. de Chartres, p. 32 ; *Extrait d'un vieux lectionnaire*, t. XXIII, p. 152.

2. Le comte d'Eu avait été avec Joinville dans la petite expédition contre Bélinas (ch. cx-cxi).

3. Ch. cxiii.

Syrophénicienne dont il est parlé en saint Matthieu et en saint Marc ; et il y entra pour entendre une messe qui était commencée. Quand on en vint à donner la paix, Joinville fut effrayé de l'aspect de celui qui l'apportait : il était grand, noir, maigre et hérissé. Le bon sénéchal se dit que c'était peut-être un assassin qui, en s'approchant du roi pour lui faire baiser la plaque sacrée, pourrait bien lui donner la mort! Il s'en vint la lui prendre et la porta lui-même au roi. Le roi fut sensible à cette sorte d'affront fait au clerc. Quand ils furent remontés à cheval, ils trouvèrent le légat dans les champs et le roi lui dit : « Je me plains à vous du sénéchal qui m'apporta la paix et ne voulut pas que le pauvre clerc me l'apportât. » Joinville expliqua pourquoi il l'avait fait, et le légat dit qu'il avait eu raison. « Vraiment non, » dit le roi ; et il soutint longtemps son dire, ne voulant pas que pour la sûreté même de sa personne on affligeât un de ces pauvres gens[1].

---

1. Ch. cxv. Ici se place une ambassade que le roi reçut de Trébizonde et dont Joinville parle en ces termes : « Tandis que le roi fermoit (fortifiait) Sayette, vinrent à lui les messagers d'un grand Seigneur du fond de la Grèce, lequel se faisoit appeler le grand Commène et sire de Trébisonde. Ils apportèrent au roi divers joyaux en présent ; entre autres ils lui apportèrent des arcs de cormier, dont les coches entroient au moyen de vis dans les arcs, et quand on les en tiroit, on trouvoit qu'elles étoient dehors très-bien tranchantes et très-bien faites. Ils demandèrent au roi qu'il envoyât une princesse de son palais à leur seigneur, qui la prendroit pour femme. Et le roi répondit qu'il n'en avoit amené aucune d'outre-mer, et il leur conseilla d'aller à Constantinople vers l'empereur, qui étoit cousin du roi, et de lui demander qu'il

Ce fut à Sidon aussi que la reine le vint rejoindre, relevant de ses couches. Après le fils qu'elle avait mis au monde à Damiette, en de si tristes circonstances (Jean Tristan), Marguerite, pendant ce long séjour de saint Louis en Palestine, lui avait donné un autre fils, Pierre; et elle venait d'enfanter à Jaffa une fille que saint Louis nomma Blanche, en souvenir de sa mère. Joinville ayant appris son arrivée, quitta le roi pour aller à sa rencontre et l'amener au château. Quand il revint à la chapelle, le roi lui demanda si la reine et les enfants se portaient bien. Joinville lui dit que oui. « Je savois bien, reprit le roi, quand vous vous levâtes devant moi que vous alliez au-devant de la reine; et pour cela j'ai fait attendre après vous pour le sermon. » Joinville semble insinuer que le roi aurait fait mieux encore de retarder le sermon pour voir les enfants et la reine; mais assurément rien ne justifie le reproche de froideur qu'il veut fonder sur le silence où le roi demeurait avec lui touchant sa propre famille[1]. L'anecdote même qu'il a citée sur saint Louis et sur Marguerite protesterait contre cette imputation.

leur baillât pour leur seigneur une femme qui fût du lignage du roi et du sien. Et le roi fit cela pour que l'empereur eût alliance avec ce grand et riche seigneur contre Vatace, qui étoit alors empereur des Grecs. » (Ch. CXVI.)

1. Ch. CXVI.

CHAPITRE XII.

RETOUR DE SAINT LOUIS.

I

Derniers temps du séjour du roi en Palestine. — Départ.

Saint Louis ne pouvait pourtant pas ajourner indéfiniment son retour. La France était en paix; et l'on ne pouvait pas croire qu'aucun prince osât profiter de l'absence du roi pour l'attaquer lorsqu'il était absent pour une telle cause; mais il y avait aux frontières des guerres qui pouvaient avoir leur contre-coup dans le royaume. Au midi, il y avait en Gascogne des troubles où les Anglais et les Castillans étaient mêlés : le roi d'Angleterre y était venu, et il avait contracté une alliance, qui pouvait un jour tourner contre la France, en faisant épouser à Edouard, son fils aîné, Éléonore, sœur d'Alphonse X, roi de Castille[1]. D'autre part, à la frontière du

---

1. Tillemont, t. IV, p. 27.

nord, une guerre acharnée, une guerre parricide
avait éclaté entre les d'Avesnes et Marguerite de
Flandre, leur mère, qui voulait assurer tout son héritage aux enfants de son second mariage, les Dampierre; et le plus jeune frère du roi, Charles d'Anjou, venait d'intervenir, en faveur de la comtesse,
dans cette lutte qui ouvrait de nouvelles perspectives
à son ambition[1]. On écrivait donc de France au roi
pour hâter son départ; et un mot qu'il dit à Joinville lui fut un premier indice de ses dispositions en
ce sens.

Joinville voulait profiter de son séjour en ces contrées pour aller en pèlerinage à Notre-Dame de Tortose, lieu très-vénéré, comme le premier où un autel ait été élevé en l'honneur de la mère de Dieu.
Le roi le lui permit et lui dit en plein conseil de lui
acheter cent pièces de camelin (étoffe de laine) de
diverses couleurs, pour donner aux cordeliers quand
on retournerait en France. « Alors, dit Joinville,
mon cœur se calma, car je pensois bien qu'il ne demeureroit guère. » Quand le sénéchal revint, passant
par Tripoli, ses chevaliers lui demandèrent ce qu'il
voulait faire de ces camelins; mais il se plaisait à les
intriguer : « Peut-être, faisait-il, les ai-je dérobées
pour gagner. » Le jeune comte de Tripoli (Boémond VI,
comte de Tripoli, prince d'Antioche) lui fit grande

---

1. Cette intervention est racontée assez longuement dans la
Chronique de Primat, *Histor. de France*, t. XXIII, p. 10 et suiv.

fête et voulait lui faire de grands présents ; mais il n'accepta de lui que des reliques dont il fit part à saint Louis[1].

Cela peut-être donna lieu à l'aventure qu'il s'est plu à raconter. Il avait destiné à la reine quatre pièces de camelin. Un de ses chevaliers les lui porta enveloppées dans une toile blanche :

« Quand la reine, ajoute-t-il, le vit entrer dans sa chambre, elle s'agenouilla devant lui, et à son tour le chevalier s'agenouilla devant elle. « Levez-vous, lui dit la reine, sire chevalier ; vous ne vous devez pas agenouiller, vous qui portez les reliques. — Madame, dit le chevalier, ce ne sont pas reliques, mais camelins, que monseigneur vous envoie. » A ces paroles, la reine et ses damoiselles se prirent à rire, et la reine dit au chevalier : « Dites à votre seigneur que mal jour lui soit donné, quand il m'a fait agenouiller devant ses camelins[2]. »

La reconstruction des murs de Sidon touchant à sa fin, le roi pouvait songer à son départ. Mais il ne voulait rien résoudre sans invoquer les lumières d'en haut. Il fit faire plusieurs processions et demanda au légat des prières, afin que Dieu lui donnât d'agir selon sa volonté. La résolution fut comme on la pouvait attendre. Après les processions, un jour que Joinville était assis avec les seigneurs du pays,

---

1. Ch. CXVIII.
2. *Ibid.*

saint Louis le fit appeler, et le légat lui dit : « Sénéchal, le roi se loue beaucoup de votre service, et pour mettre, me dit-il, votre cœur à l'aise, il me charge de vous dire qu'il a arrangé ses affaires pour aller en France à cette Pâque prochaine qui vient. » — « Dieu, dit Joinville, lui en laisse faire sa volonté[1]! »

Le légat qui lui transmettait cette bonne nouvelle avait souhaité jadis qu'on partît bien plus vite. Si on l'eût cru, le roi n'aurait fait que prendre terre à Saint-Jean-d'Acre au retour de l'Égypte et serait revenu en France avec ses frères et les premiers seigneurs. On se rappelle ses vives interpellations à Joinville qui était d'avis contraire, et son désappointement après la décision du roi[2]. Et maintenant qu'après un séjour de trois ans et plus on allait partir, il ne devait pas être de ce voyage tant désiré. Quand il eut fait cette annonce à Joinville, il le pria de le suivre en son hôtel, il s'y enferma dans sa chambre avec lui, et lui prenant les mains entre ses mains : « Sénéchal, dit-il, je suis très-joyeux, et je rends grâces à Dieu de ce que le roi et les autres pèlerins échappent du grand péril là où vous avez été en cette terre; et je suis en grand chagrin de cœur de ce qu'il me faudra laisser votre sainte compagnie, et aller à la cour de Rome au milieu de ces déloyales gens qui y sont. Mais je vous dirai ce que

---

1. Joinville, ch. cxx.
2. Ch. LXXXII-LXXXIV.

je pense à faire : je pense encore à tant faire que je demeure un an après vous; et je désire dépenser tous mes deniers à fermer (fortifier) le faubourg d'Acre, de sorte que je leur montrerai tout clair que je n'emporte point d'argent; alors ils ne me courront pas à la main (ils ne courront pas après des mains vides)[1] : »

Il ne se faisait point d'ailleurs illusion sur l'avenir du pays auquel il voulait se consacrer encore. Un jour que Joinville lui parlait des désordres qu'un sien prêtre lui avait dénoncés : « Nul ne sait autant que moi, dit-il, les péchés que l'on fait ici; c'est pourquoi il faut que Dieu les venge de telle manière que la cité d'Acre soit lavée dans le sang de ses habitants et qu'il y vienne après d'autres gens qui y habiteront. » — « La prophétie du prudhomme est avérée en partie, dit Joinville qui écrit après avoir vu périr les derniers établissements des chrétiens; car la cité est bien lavée dans le sang de ses habitants; mais ceux-là n'y sont pas encore venus qui y doivent habiter; et que Dieu les y envoie bons selon sa volonté! » — On a cessé de les attendre.

Saint Louis eût regretté de partir sans l'aveu des barons d'outre-mer. Ils se réunirent avec le patriarche

---

1. Joinville, ch. cxx. L'évêque de Tusculum, Eudes de Châteauroux, quitta la Palestine l'année suivante comme il se l'était proposé. On le trouve en juillet 1255, à Anagni, membre du tribunal qui doit juger le célèbre Joachim, abbé de Fiore. Voy. la notice de M. B. Hauréau, *Notices et extraits des man.*, t. XXIV, 2ᵉ partie, p. 221.

et lui dirent : « Sire, vous avez fortifié la cité de Sidon, celle de Césarée et le bourg de Jaffa, ce qui est d'un grand profit pour la Terre Sainte ; et vous avez renforcé beaucoup la cité d'Acre par les murs et les tours que vous y avez faits. Nous ne pensons pas que votre séjour puisse servir davantage au royaume de Jérusalem. C'est pourquoi nous vous conseillons d'aller en Acre au carême qui vient, et de préparer votre passage pour retourner en France après Pâques. » Cet avis ôtait au roi ses derniers scrupules. Il avait déjà fait partir sa femme et ses enfants pour Tyr, sous l'escorte de Joinville. Il les y vint rejoindre et partit avec eux pour Acre, à l'entrée du carême[1].

Tout le carême fut employé à réunir et à équiper les vaisseaux qui, au nombre de douze ou quatorze, devaient l'emmener lui et les siens. Il ne se proposait de laisser derrière lui que cent chevaliers pour garder la ville d'Acre sous les ordres de Geoffroi de Sargines, brave seigneur, éprouvé dans les circonstances les plus périlleuses de l'expédition, et qui, comme lieutenant du roi, et bientôt comme sénéchal de Jérusalem, soutint glorieusement jusqu'à la fin en Orient le nom de la France. Saint Louis s'embarqua le 24 avril 1254, avec sa femme qui était grosse, et les trois enfants nés pendant la croisade : le légat, les barons et tout le peuple l'accompagnèrent jusqu'au rivage, le comblant de bénédictions[2].

---

1. Joinville, ch. cxxi.
2. Guill. de Nangis, *Histor. de France*, t. XX, p. 389. Après le

II.

Périls et incidents du voyage.

On mit à la voile le lendemain, 25 avril, jour de la Saint-Marc. Le roi fit remarquer à Joinville que c'est à pareil jour qu'il était né : « Et aujourd'hui vous êtes rené, dit Joinville ; car c'est bien naître une deuxième fois que d'échapper aux périls de cette terre[1]. »

La vie du roi, dans la traversée, fut ce qu'elle était dans toutes les positions où le plaçait la Providence. La prière, les bonnes œuvres, l'édification du prochain remplissaient ses journées. Il avait obtenu du légat la permission d'avoir le saint sacrement sur son navire. Il lui avait fait ériger, au lieu le plus honorable, un tabernacle ; devant s'élevait un autel où l'on faisait tous les jours les offices ; les reliques qu'il rapportait y étaient déposées. Après la messe il allait visiter les malades ; car il y avait sur son vaisseau tout un peuple : Joinville n'y compte pas moins de huit cents personnes de toute condi-

---

départ de saint Louis, la révolution commencée en Égypte à l'époque de sa captivité se compléta. Aïbek fit périr son ancien compagnon, le *djamdar* Actaï, et ne rencontrant plus d'obstacle il prit le titre de sultan et relégua Achref-Moussa en Syrie (1254-1255). C'est la fin de la dynastie des Ayoubites en Égypte. (Aboulféda, *Histor. arabes des Croisades*, t. I, p. 133.)

1. Joinville, ch. CXXI.

tion. Il les faisait soigner, et ne veillait pas moins au bien-être de leur âme. Trois fois la semaine il y avait sermon; quand une mer calme donnait aux mariniers plus de loisir, il faisait prêcher pour eux; il les exhortait lui-même, et toute sa manière d'être était la plus éloquente des prédications : plusieurs apprirent à son exemple à être chrétiens de fait comme de nom [1].

Avant de quitter pour toujours les côtes de la Palestine, il avait fait une dernière visite au Carmel. Le lendemain de son départ, dimanche 26 avril, il s'y était fait descendre, et il y entendit la messe. Les carmes, établis sur la montagne, le vinrent visiter; il en emmena quelques-uns avec lui, et depuis établit leur ordre à Paris, au lieu où furent les Célestins [2]. On se remit en mer, et le samedi suivant on était en vue de l'île de Chypre; mais une brume s'étant élevée, on se crut plus loin de la terre qu'on ne l'était en réalité, et les matelots déployèrent toute voile pour y arriver avant la nuit. Ils ne savaient où ils couraient : le vaisseau, ainsi lancé, heurta contre un banc de sable, et la secousse fut telle que tout le monde se croyait perdu ; on s'attendait à voir d'un moment à l'autre les flancs du navire s'entr'ouvrir et l'on n'entendait partout que des cris de désespoir. Le roi, dans cette alarme univer-

---

1. G. de Beaulieu, ch. xxix, t. XX, p. 18 ; Guill. de Nangis, p. 389.
2. Tillemont, t. IV, p. 34.

selle, alla se prosterner devant le saint sacrement, implorant de Dieu miséricorde pour tout le monde. Joinville s'était levé en toute hâte. Un de ses chevaliers, plein de sollicitude, lui apporta un surcot fourré qu'il lui jeta sur les épaules : « Et qu'ai-je à faire de votre surcot, s'écria-t-il, quand nous nous noyons? » Les matelots eux-mêmes désespéraient. Frère Remond, templier, qui était le capitaine, avait fait jeter la sonde ; et en voyant ce qu'elle donna, il s'écriait : « Hélas ! nous sommes à terre ! »

On voulait au moins sauver le roi, et les mariniers s'écrièrent : « Çà la galère ! » Il y en avait quatre au voisinage, mais pas une n'approcha : « en quoi, dit Joinville, elles firent sagement, car il y avait bien huit cents personnes dans le vaisseau qui toutes eussent sauté dans les galères pour sauver leur vie, et ainsi les eussent coulées à fond. »

Cependant la sonde, jetée une seconde fois, fit reconnaître que le vaisseau ne touchait plus. Frère Remond le vint dire au roi, qui était toujours en prière devant le saint sacrement. On avait échappé au péril immédiat, et le jour venu, on put reconnaître de quel danger plus grand on avait été préservé par cet accident même. Au delà du banc, il y avait des roches à fleur d'eau où le navire se fût brisé sans remède s'il n'eût trouvé ce banc qui l'arrêta. Restait à savoir quels avaient été les effets de ce choc et ce qu'on en pouvait craindre. Sur l'ordre des maîtres nautoniers, quatre plongeurs allèrent au fond des eaux examiner les basses œuvres du navire, et leur rapport constata qu'il avait perdu trois toises de la quille sur laquelle il était construit.

Le roi alors réunit les maîtres nautoniers et leur demanda ce qu'ils conseillaient de faire. Après s'être consultés, ils lui dirent qu'ils lui conseillaient de monter sur un autre vaisseau ; les ais du sien étaient comme disloqués par le choc, et il était à craindre que, revenant dans la haute mer, il ne pût soutenir le coup des vagues. Ils citaient l'exemple d'un bateau qui ayant touché ainsi et poursuivi son voyage, se rompit en pleine mer avec perte de tout l'équipage, à l'exception d'une femme et d'un enfant. Le roi demanda à ses principaux officiers et à Joinville quel était leur avis, et ils lui répondirent qu'on devait croire ceux qui en savaient le plus : « Nous vous conseillons donc de faire, ajoutèrent-ils, ce que les nautoniers vous conseillent. » Le roi dit alors aux nautoniers : « Je vous demande sur votre honneur, si le vaisseau était à vous et qu'il fût chargé de vos marchandises, en descendriez-vous ? » Ils répondirent tout d'une voix que non, aimant mieux mettre leur corps en danger de se noyer que d'avoir à acheter un vaisseau de quatre mille livres[1] et plus. « Et pourquoi donc me conseillez-vous de descendre ?— Parce que le jeu n'est pas égal ; car ni or ni argent ne peut valoir le prix de votre personne, de votre femme et

---

1. Quatre-vingt mille huit cent cinquante-cinq francs.

de vos enfants qui sont ici; c'est pourquoi nous vous conseillons de ne pas vous mettre en aventure. » Le roi reprit : « Seigneurs, j'ai ouï votre avis et celui de ma gent; je vais maintenant vous dire le mien. Si je descends du vaisseau, il y a ici cinq cents personnes et plus qui demeureront dans l'île de Chypre par peur du péril de leur corps; car il n'y a personne qui n'aime sa vie comme je fais la mienne, et par aventure jamais ils ne rentreront dans leur pays. Donc j'aime mieux mettre en la main de Dieu ma personne, ma femme et mes enfants que de causer tel dommage à un si grand peuple qu'il y a céans[1]. »

Grande parole et grand acte en même temps. Ce n'était point par simple fiction qu'il se réputait le père de son peuple!

On sortit avec précaution de ces écueils; on gagna aux avirons et à la voile l'île de Chypre; on y resta le temps de reprendre de l'eau fraîche et de faire les réparations les plus urgentes; puis on continua le voyage. Un seigneur, Olivier de Termes, brave à la guerre autant que personne, mais qui n'osa affronter le péril où se mettait le roi, confirma les appréhensions de saint Louis par son exemple. Tout riche qu'il était, il fut dix-huit mois sans pouvoir regagner la France. Que serait-il donc arrivé de tant de mal-

---

1. Joinville, ch. II, CXXII et CXXIII; Confesseur de Marguerite, t. XX, p. 69 et 90; Guill. de Nangis, p. 391. Le moine anonyme de Saint-Denys rapporte la conservation du vaisseau au mérite de ses prières (*ibid.*, p. 50).

heureux laissés sur ce lointain rivage, sans avoir même le moyen d'acheter de quoi se nourrir?

Le voyage ne se fit pas sans nouvel incident. De ce premier péril d'où l'on avait échappé par la grâce de Dieu, on tomba dans un autre. Le vent, qui les avait portés à Chypre, les poussait à la côte, et, avec tant de violence, qu'il fallut jeter cinq ancres et abattre la cloison de la chambre du roi qui donnait prise à la bourrasque. Nul n'y pouvait tenir. Le roi recourut à ce qui était sa force dans le péril; il alla se jeter, sans autre vêtement qu'une simple cotte, devant l'autel. La reine, qui le venait chercher dans sa chambre basse, n'y trouva que Joinville, et elle lui dit qu'elle venait prier le roi de vouer à Dieu ou à ses saints quelque pèlerinage, car les matelots disaient qu'on était en péril de se noyer. « Madame, lui dit Joinville, promettez le voyage à Mgr Saint-Nicolas de Varangeville (Saint-Nicolas du Port, près de Nancy), et je vous suis garant pour lui que Dieu vous ramènera en France, vous, le roi et vos enfants. — Sénéchal, dit-elle, vraiment je le ferois volontiers, mais le roi est de telle humeur que s'il savoit que je l'eusse promis sans lui, il ne m'y laisseroit jamais aller. » Joinville lui conseilla de vouer au saint un vaisseau d'argent de 5 marcs (294 francs). Elle le fit, et le sénéchal atteste que c'est lui-même qui fut chargé de le porter à Saint-Nicolas[1].

---

1. Ch. CXXIV et VII.

Ce n'était point assez pour le roi d'échapper au péril, il y voyait des leçons qu'il s'appliquait à lui-même et dont il voulait faire profiter les autres. Un jour, dans la suite de cette longue traversée, assis sur le bord du vaisseau, il fit placer Joinville à ses pieds et lui dit : « Sénéchal, notre Dieu nous a bien montré son grand pouvoir, car un de ces petits vents, non pas le maître des quatre vents, a failli noyer le roi de France, sa femme, ses enfants et toute sa compagnie. Nous lui devons donc bien rendre grâces pour le péril d'où il nous a tirés. Sénéchal, ajouta-t-il, quand de telles tribulations, maladies ou persécutions arrivent, les saints disent que ce sont menaces de Notre-Seigneur. Or, nous devons regarder à nous, qu'il n'y ait chose qui lui déplaise à cause de quoi il nous ait ainsi épouvantés; et si nous trouvons chose qui lui déplaise, il faut que nous le mettions dehors; car si nous faisions autrement après cette menace, il frappera sur nous ou par mort, ou par quelque autre grand malheur, au dommage des corps et des âmes[1]. »

On s'arrêta à Lampedouse, où l'on trouva un ermitage bâti au milieu de jardins. L'eau d'une fontaine coulait à travers les jardins; l'olivier, le figuier, la vigne et d'autres arbres y donnaient leurs fruits à l'ordinaire; mais les habitants ne s'y montraient nulle part. Le roi, avec les seigneurs, parcourut ces lieux

---

1. Ch. cxxv.

enchantés; il entra dans l'ermitage, pénétra sous une première voûte, puis sous une seconde; deux squelettes tournés vers l'Orient, les os des mains sur la poitrine, c'était tout ce qui restait des solitaires qui avaient vécu là. Au moment de s'embarquer, il se trouva qu'un des mariniers manquait; on crut que peut-être il était demeuré pour se faire ermite. On laissa trois sacs de biscuits sur le rivage pour subvenir à ses premiers besoins.

En continuant, on vint en vue de l'île de Pantalaria, peuplée de Sarrasins qui dépendaient du roi de Sicile (Conrad, fils de Frédéric II) et du roi de Tunis. La reine pria le roi d'y envoyer trois galères afin d'y prendre du fruit pour ses enfants. Il y consentit. Les galères avaient ordre de rejoindre le vaisseau du roi quand il passerait devant l'île. Mais quand le vaisseau passa devant le port, nulle galère n'en sortit. Les mariniers commençaient à murmurer entre eux, et quand le roi leur demanda ce qu'ils pensaient de cette aventure : « Nos gens et nos galères, dirent-ils, auront été pris par les Sarrasins; mais nous vous conseillons, Sire, de ne pas les attendre; car vous êtes entre le royaume de Sicile et le royaume de Tunis, qui ne vous aiment guère ni l'un ni l'autre; laissez-nous naviguer; nous vous aurons encore cette nuit tiré du péril, car nous aurons passé ce détroit. — Vraiment, dit le roi, je ne laisserai pas mes gens entre

---

1. Ch. cxxvi.

les mains des Sarrasins, sans tout risquer pour les délivrer, et je vous commande que vous tourniez vos voiles et que nous leur allions courir sus. » La reine se désolait : « Hélas ! s'écriait-elle, c'est moi qui ai fait cela ! » Mais comme on tournait les voiles, on vit les galères sortir de l'île. Quand elles furent à proximité du roi, il s'enquit auprès des mariniers des causes de ce retard. Ce n'était pas leur faute. Il y avait parmi eux six enfants de Paris qui s'étaient mis à manger les fruits des jardins. Les mariniers ne les pouvaient avoir et ne les voulaient pas laisser. Le roi résolut de châtier sévèrement cette malencontreuse gourmandise. Il fit mettre les coupables dans la chaloupe : c'était où l'on mettait, durant la traversée, les meurtriers et les larrons. Nos Parisiens eurent beau le supplier, offrir pour rançon tout ce qu'ils avaient, afin que l'on ne pût pas leur reprocher cette note d'infamie : le roi fut inflexible. Ils y demeurèrent pendant le reste du voyage, fouettés par les vagues qui leur passaient par-dessus la tête quand la mer était grosse. « Et ce fut à bon droit, dit Joinville, car leur gloutonnerie nous fit tel dommage que nous en fûmes retardés de huit jours[1]. »

Après quelques aventures encore dont Joinville nous a fait le récit[2], on aborda à un port à deux

---

1. Ch. cxxvii.
2. Nous ne résistons pas au désir de les citer au moins en note :
« Avant que nous vinssions à terre, une autre aventure nous advint en mer qui fut telle, qu'une des béguines de la reine,

lieues du château d'Hyères. Hyères était au comte d'Anjou et de Provence, frère du roi ; et toutefois le quand elle eut couché la reine, ne prit pas garde, et jeta l'étoffe de quoi elle lui avoit entortillé la tête, auprès de la poêle de fer où la chandelle de la reine brûloit ; et quand elle fut allée coucher dans la chambre au-dessous de la chambre de la reine, là où les femmes couchoient, la chandelle brûla tant que le feu prit à l'étoffe, et de l'étoffe il prit aux toiles dont les draps de la reine étoient couverts. Quand la reine s'éveilla, elle vit la chambre tout embrasée de feu, et sauta du lit toute nue et prit l'étoffe et la jeta tout en feu à la mer, et prit les toiles et les éteignit. Ceux qui étoient dans la chaloupe crièrent à demi-voix : « Le feu ! le « feu ! » Je levai la tête et vis que l'étoffe brûloit encore à claire flamme sur la mer, qui étoit très-calme. Je revêtis ma cotte au plus tôt que je pus, et allai m'asseoir avec les mariniers. Tandis que j'étois assis là, mon écuyer, qui couchoit devant moi, vint à moi et me dit que le roi étoit éveillé, et qu'il avoit demandé là où j'étois. « Et je lui avois répondu, dit-il, que vous étiez dans les « chambres. » Et le roi me dit : « Tu mens. » Tandis que nous parlions là, voilà maître Geoffroy, le clerc de la reine, qui me dit : « Ne vous effrayez pas, car il est ainsi advenu. » Et je lui dis : « Maître Geoffroy, allez dire à la reine que le roi est éveillé, et « qu'elle aille vers lui pour l'apaiser. » Le lendemain, le connétable de France et monseigneur Pierre le chambellan et monseigneur Gervaise le panetier dirent au roi : « Qu'y a-t-il eu cette « nuit que nous ouïmes parler du feu ? » Et je ne dis mot. Et alors le roi dit : « Il faut que cela se trouve bien mal que le séné-« chal soit plus caché que je ne suis ; et je vous conterai, dit le « roi, ce que c'est, et comment nous faillîmes être tous brûlés « cette nuit. » Et il leur conta comment ce fut, et me dit : « Sé-« néchal, je vous commande que vous ne vous couchiez pas doré-« navant jusques à tant que vous ayez éteint tous les feux de « céans, excepté le grand feu qui est dans la soute du vaisseau. « Et sachez que je ne me coucherai pas jusques à tant que vous « reveniez à moi. » Et ainsi fis-je tant que nous fûmes en mer ; et quand je revenois, alors le roi se couchoit. » (Ch. cxxviii.)

« Une autre aventure nous advint en mer ; car monseigneur Dragonet, un riche homme de Provence, dormoit le matin dans son vaisseau, qui étoit bien une lieue en avant du nôtre ; et il

roi n'y voulait point débarquer : il annonça l'intention de ne pas descendre de son vaisseau qu'il ne mît le pied sur sa terre à Aigues-Mortes. Il persista dans cette résolution durant deux jours. Alors il appela Joinville et lui dit : « Sénéchal, que vous en semble ? — Sire, répondit Joinville, il seroit bien juste qu'il vous en advînt comme à Mme de Bourbon, qui ne voulut pas descendre en ce port, mais se remit en mer pour aller à Aigues-Mortes : elle demeura sept semaines en mer. » Le roi réunit son conseil, et l'on fut d'avis qu'il débarquât sans plus attendre ; car il ne ferait pas que sage s'il mettait sa personne, sa femme et ses enfants en aventure de mer, après y avoir échappé. Le roi céda, et la reine en fut très-joyeuse[1].

appela un sien écuyer, et lui dit : « Va boucher cette ouverture, « car le soleil me frappe au visage. » Celui-ci vit qu'il ne pouvoit boucher cette ouverture, s'il ne sortoit du vaisseau : il sortit du vaisseau. Tandis qu'il alloit boucher l'ouverture, le pied lui faillit, et il tomba dans l'eau ; et ce vaisseau n'avoit pas de chaloupe, car le vaisseau étoit petit : bientôt le vaisseau fut loin. Nous qui étions sur le vaisseau du roi, nous le vîmes et nous croyions que c'étoit un paquet ou une barrique, parce que celui qui étoit tombé à l'eau ne cherchoit pas à s'aider. Une des galères du roi le recueillit et l'apporta sur notre vaisseau, là où il nous conta comment cela lui étoit advenu. Je lui demandai comment il se faisoit qu'il n'avoit pas cherché à se sauver, ni en nageant ni d'autre manière. Il me répondit qu'il n'étoit nulle nécessité ni besoin qu'il cherchât à s'aider ; car sitôt qu'il commença à tomber, il se recommanda à Notre-Dame, et elle le soutint par les épaules dès qu'il tomba jusques à tant que la galère du roi le recueillît. En l'honneur de ce miracle, je l'ai fait peindre à Joinville en ma chapelle et sur les verrières de Blécourt. » (Ch. cxxix.)

1. Ch. cxxx.

III

Débarquement de saint Louis. — Le roi à Saint-Denys, — à Paris. Résultats de la croisade.

Saint Louis, débarqué à Hyères, reçut une visite un peu intéressée de l'abbé de Cluny[1], et fit prêcher devant lui un cordelier qui lui parla avec beaucoup de force de ses devoirs de roi, et ne s'éleva pas avec moins de vigueur contre les religieux qu'il voyait trop nombreux à la cour. Le roi aurait voulu l'y retenir, charmé de ce qu'il avait dit sur lui-même. Mais

---

1. « L'abbé de Cluny, qui depuis fut évêque d'Olive (en Morée), dit Joinville, lui fit présent de deux palefrois qui vaudroient bien aujourd'hui cinq cents livres (10 131 fr. 90 c.), un pour lui et l'autre pour la reine. Quand il lui eut fait ce présent, alors il dit au roi : « Sire, je viendrai demain vous parler de mes affaires. » Quand vint le lendemain, l'abbé revint, le roi l'ouït très-attentivement et très-longuement. Quand l'abbé fut parti, je vins au roi, et lui dis : « Je vous veux demander, s'il vous plaît, si vous « avez ouï plus débonnairement l'abbé de Cluny, parce qu'il vous « donna hier ces deux palefrois. » Le roi pensa longuement, et me dit : « Vraiment oui. — Sire, fis-je, savez-vous pourquoi je vous « ai fait cette demande? — Pourquoi? fit-il. — Sire, fis-je, c'est « parce que je vous donne avis et conseil que vous défendiez à « tous vos conseillers jurés, quand vous viendrez en France, de « rien prendre de ceux qui auront à besogner par-devant vous; « car soyez certain que s'ils prennent, ils en écouteront plus vo- « lontiers et plus attentivement ceux qui leur donneront, ainsi « que vous avez fait pour l'abbé de Cluny. » Alors le roi appela tout son conseil, et leur rapporta aussitôt ce que je lui avois dit; et ils lui dirent que je lui avois donné bon conseil. » (Ch. CXXXI.)

c'eût été pour le cordelier se contredire trop ouvertement sur le chapitre des religieux à la conr. Il se refusa à toutes ses instances[1].

Le roi s'en vint par la Provence jusqu'à la ville d'Aix, où l'on disait que gisait le corps de Marie-Magdeleine (c'est, à ce que pense Tillemont[2], la première trace de cette tradition dans l'histoire). Il visita même la grotte où l'on prétendait qu'elle avait vécu en solitaire pendant dix-sept ans. Puis il vint à Beaucaire; où il était sur son propre domaine : c'est là que Joinville le quitta pour s'en revenir dans son pays en visitant sur son passage la dauphine du Viennois, sa nièce, le comte de Châlon, son oncle, et le comte de Bourgogne, fils de ce dernier[3]. Pour le roi, il continua son chemin par le Languedoc, par l'Auvergne et le Bourbonnais, reçu partout avec des acclamations inouïes ; et il arriva le 5 septembre 1254 à Vincennes. Comme à son départ sa dernière visite, sa première visite fut à son arrivée pour Saint-Denys, où il alla rendre grâces à son saint patron de l'heureuse issue de son voyage; et le lundi 7 septembre il fit son entrée dans Paris au milieu de l'enthousiasme du peuple entier, qui se pressait en habits de fête pour le recevoir. Les feux, les réjouissances publiques et les danses se continuèrent pendant plusieurs

---

1. Ch. cxxxii.
2. T. IV, p. 43.
3. Ch. cxxxiv.

jours. Le saint roi ne trouva pas d'autre moyen de les arrêter que de s'en retourner à Vincennes [1].

La croisade était bien loin d'avoir donné les résultats qu'on en avait attendus. On s'était proposé d'occuper la Terre Sainte, et un instant saint Louis, maître de Damiette, aurait pu du moins, au prix de ce gage, obtenir du soudan la restitution de Jérusalem. Mais ce triomphe d'un jour avait été suivi de la plus complète catastrophe. Le roi, l'armée presque tout entière étaient tombés aux mains des infidèles. Damiette n'avait servi de rançon qu'au roi prisonnier; et il avait dû rester quatre ans en Palestine pour achever de délivrer ses compagnons et mettre les villes qui restaient aux chrétiens en état d'échapper au contre-coup de ce désastre.

Ainsi le revers avait été le plus grand qu'aucune croisade ait jamais vu; et pourtant saint Louis, au retour, avait été reçu comme en triomphe! C'est qu'enfin il était rendu à son pays, et cela seul était un bien immense; c'est que d'ailleurs, loin d'être amoindri par son échec, il revenait plus grand : plus grand par ses souffrances et par les vertus qu'il avait montrées dans ces épreuves, dévouement aux autres, oubli de soi-même, soin de sa dignité jusque dans les fers, vertus de chrétien et de roi, portées jusqu'à

---

1. Guill. de Nangis, t. XX, p. 391; Tillemont, t. IV, p. 43-45.

l'héroïsme ; ce n'était pas seulement un saint, c'était un confesseur, l'égal d'un martyr.

Voilà la cause de cet accueil enthousiaste que l'amour et la piété du peuple faisaient au saint roi ; et la suite allait montrer que son ascendant n'avait fait que s'accroître et s'étendre. Son autorité ne pouvait plus être contestée par ses vassaux. Ceux qui l'avaient accompagné à la croisade, témoins de ses actes, sauvés par sa fermeté et sa constance, lui étaient liés par la reconnaissance et l'admiration ; ceux qui n'y avaient pas été n'auraient pas osé lever la tête. Et c'était le sentiment de la chrétienté tout entière, en telle sorte que le prince qui ne l'aurait pas éprouvé de lui-même en aurait dû subir les effets. Au dehors comme au dedans, l'influence de saint Louis fut donc accrue, loin d'être ébranlée par les résultats de la croisade : car elle ne procédait pas de la force des armes ; elle résidait tout entière dans le sentiment universel de ses mérites et de ses vertus. La paix, qu'il aimait par-dessus tout, lui était donc facile à obtenir pour lui-même, et selon Guillaume de Nangis, on pouvait dire de lui ce que l'Écriture disait de Salomon : « De toutes parts il avait la paix dans l'enceinte de son royaume[1]. »

Cette paix, il en voulait faire goûter les bienfaits à ses peuples par de bonnes institutions, et il en usa

---

1. Geoffroi de Beaulieu, ch. xx, t. XX, p. 13, et Guill. de Nangis, *ibid.*, p. 401 ; cf. Reg., III, iv, 24.

lui-même surtout pour se consacrer à la réforme de l'administration de son royaume. C'est le moment de rappeler ce qu'elle était à l'époque de saint Louis, et comment s'y fit sentir l'heureuse influence que son esprit de justice et de droiture exerçait autour de lui.

Deux comptes publiés dans le XXIe volume des *Historiens de France* (p. 404 et 513-515) nous donnent la dépense de saint Louis pendant le temps qu'il passa en Terre Sainte : l'un (extrait du registre dit *Pater*) plus sommaire, l'autre (extrait du manuscrit 9475 de la Bibliothèque nationale) plus étendu, et tous les deux se confirmant en raison des très-légères différences qu'ils présentent. Nous nous bornerons aux sommes totales, en les prenant dans celui des deux (p. 513-515) qui les justifie par le détail des articles de la dépense.

La dépense pour l'hôtel du roi et de la reine depuis les octaves de l'Ascension 1250 jusqu'aux octaves de l'Ascension 1251, soit 383 jours ou un an et 19 jours, est de.. 48 558^l· 15^s· 1^d·

Les dépenses pour la guerre et pour la marine dans le même temps............ 240 800^l· 60^s· 8^d·

Total. .... 289 361^l· 15^s· 9^d·

A quoi il faut ajouter pour la rédemption du roi 167 100^l· 58^s· 8^d·.

Notons que les sommes de sous ne sont pas toujours converties en livres dans les comptes. Ainsi les 58 sous de cette dernière somme équivalent à 2^l· 18^s·, et dans le compte de la page 404 on trouve en effet 167 102^l· 18^s· 8^d· tournois.

Même dépense pour l'année qui s'écoule des octaves de l'Ascension 1251 aux octaves de l'Ascension 1252, soit 351 jours :

Pour l'hôtel...................... 53 621^l· 2^s· 8^d·
Pour la guerre et la marine.......... 212 164^l· 13^s· 11^d·

Total....................... 265 785^l· 16^s· 7^d·

Pour l'année écoulée des octaves de l'Ascension 1252 aux octaves de l'Ascension 1253, soit 385 jours, ou un an et 20 jours :

Pour l'hôtel..................................	60 678$^{l\cdot}$ 10$^{s\cdot}$ 10$^{d\cdot}$
Pour la guerre...............................	270 547$^{l\cdot}$ 15$^{s\cdot}$ 5$^{d\cdot}$
Total...........................	331 226$^{l\cdot}$ 6$^{s\cdot}$ 3^{d}

L'auteur du compte, additionnant le nombre de jours des trois années 1250-1251, 1251-1252 et 1252-1253 prises dans ces termes, trouve qu'ils font 3 ans et 35 jours, et il donne pour ce même espace de temps :

Les gages payés aux chevaliers.........	177 938$^{l\cdot}$ 15$^{s\cdot}$ 7$^{d\cdot}$
Les dons et payements aux chevaliers servant sans gages.............................	65 189$^{l\cdot}$ 8$^{s\cdot}$ 6$^{d\cdot}$
Total............................	243 128$^{l\cdot}$ 4$^{s\cdot}$ 1$^{d\cdot}$

Il donne en outre le résumé des diverses dépenses pour le même espace de temps :

Pour l'hôtel..................................	162 858$^{l\cdot}$ 8$^{s\cdot}$ 7$^{d\cdot}$
(ce qui fait par jour 145$^{l\cdot}$ 8^{s} 2$^{d\cdot}$ ou environ)	
Pour la rédemption du roi...............	167 102$^{l\cdot}$ 18$^{s\cdot}$ 7$^{d\cdot}$
Pour la guerre...............................	594 600$^{l\cdot}$ 4$^{s\cdot}$ 10$^{d\cdot}$
Pour la marine...............................	32 026$^{l\cdot}$ 2$^{s\cdot}$ 10$^{d\cdot}$
Pour les œuvres (travaux) faites outremer...	95 839$^{l\cdot}$ 2$^{s\cdot}$ 6$^{d\cdot}$
Pour la rédemption des chrétiens (menu peuple)...............................	1 050$^{l\cdot}$
Somme totale de toutes ces dépenses..	1 053 476$^{l\cdot}$ 17$^{s\cdot}$ 3$^{d\cdot}$

Pour l'évaluation rapide et sommaire de ces sommes en notre monnaie on peut prendre, nous l'avons dit, la livre tournois (20$^{f\cdot}$ 26$^{c\cdot}$ 382) pour un louis et le sou (1$^{f\cdot}$ 0.1$^{c\cdot}$ 319) pour un franc. Si l'on veut l'évaluation plus rigoureuse de la somme totale, les 1 053 476$^{l\cdot}$ 17$^{s\cdot}$ 3$^{d\cdot}$ représentent 21 347 466 fr. 51 c.

C'est la dépense de trois ans et trente-cinq jours.

Le premier compte (extrait du registre *Pater*), quoique

moins détaillé, nous donne des indications plus étendues : car il comprend non pas seulement les dépenses de saint Louis pour les années de son séjour en Terre Sainte depuis son départ d'Égypte, mais pour toute la durée de la guerre depuis le départ de France.

La dépense pour l'expédition d'outre-mer pendant cinq ans fut de 1 537 570$^{l.}$ 13$^{s.}$ 5$^{d.}$ tournois, soit 31 157 055 fr. 90 c. Notons seulement quelques erreurs dans les dates du manuscrit. Il y est dit « depuis l'Ascension 1247 jusqu'à l'Ascension 1256, pendant cinq ans. » Il faut lire 1248 et 1254, et le copiste lui-même offre le moyen de corriger son texte, non-seulement quand il donne l'intervalle de cinq ans, mais quand il dit que saint Louis partit à la Toussaint 1248 (on sait que ce fut le 25 août), et revint en 1254 (*Historiens de France*, t. XXI, p. 404 *j*.)

Nous donnons dans les deux tableaux ci-contre la généalogie des Ayoubites d'Égypte et de Damas, en nous bornant à ceux qui ont été sultans ou qui ont donné naissance à des sultans dans l'un ou dans l'autre royaume. Nous distinguons par des *italiques* ceux qui n'ont pas régné, et par des PETITES CAPITALES, dans le tableau de Damas, ceux qui régnaient en même temps en Égypte. Nous avons pris les éléments de ces tableaux aux tableaux chronologiques par royaume insérés dans l'Introduction du tome I des *Historiens arabes des Croisades*, p. XXX-XLI, au texte d'Aboulféda, qui y est publié et traduit, et au savant Index mis à la fin de ce volume, sans négliger les tableaux donnés par Deguignes (*Histoire des Huns*, t. I, 1re partie, p. 417-427), et par Marin (*Histoire de Saladin*, t. I, p. 435-444).

ROYAUME D'ÉGYPTE.

Ayoub.

1. Salâh-Eddin (Saladin) (1171).
2. Malec-Aziz (1193).
3. M.-Mansour (1198).

6. M.-Adel II (Abou-Becr) (1238).
M.-Moghith (1250).

4. Malec-Adel (1200).
5. M.-Camel (1218).
7. M.-Saleh-Ayoub (1240).
8. M.-Moaddem Tourân-Chah (1249).
9. (Chedjer-Eddor femme de M.-Saleh-Ayoub).

M.-Mesoud-Youssof (sultan de l'Yémen).
M.-Nacer-Youssof.
10. M.-Nacer-Moussa (1250).
Déposé en 1254 par l'atabek Aïbec (M.-Moëzz).

ROYAUME DE DAMAS.

Ayoub.

1. SALADIN (1174).
3. MALEC-ADEL (1196).

2. M.-Afdal (1186).
M.-Daher Ghazi (sultan d'Alep).
M.-Aziz.
14. M.-Nacer-Youssof (1250).
(Les Tartares s'emparent d'Alep et de Damas en 1260.)

4. M.-Moaddem (1218).
5. M.-Nacer-Dawoud (1227).

6. M.-Achref (1229).

7. M.-Saleh-Ismaïl (1237). Et 11. (1239).

8. M.-KAMEL (1238).
10. M. SALEH-AYOUB (1238-1239). Et 12. (1245).
13. M.-MOADDEM TOURÂN-CHAH (1249).

Mandoud.
9. M.-Djaouad-Younos (1238).

APPENDICES

I

(Voy. ci-dessus, pages 151-158.)

LETTRE DE HENRI III A L'EMPEREUR FRÉDÉRIC II
(19 septembre 1242).

Il peut être curieux de comparer au récit de nos historiens la façon dont Henri III racontait lui-même sa triste campagne de 1242. Sa lettre à l'empereur Frédéric montrera en même temps quelles espérances il gardait et où il cherchait de nouvelles alliances. Après lui avoir fait savoir comment, venu en Poitou à l'appel du comte de la Marche, il a vainement réclamé du roi de France satisfaction pour des violations de la trêve et s'est vu forcé de la dénoncer, il continue :

La trêve étant ainsi rompue par la faute du roi de France, nous avons, du conseil de tous nos fidèles, commencé à lui faire la guerre; et nous sommes certain que notre expédition eût été heureuse avec la grâce divine, si ledit comte et les autres de notre parti du Poitou nous avaient fidèlement aidé et fermement soutenu; mais le contraire est arrivé comme cela paraîtra clairement par ce qui suit.

Nous avançant donc de Pons jusqu'à Saintes, où nous

sommes resté quelques jours, nous sommes venus ensuite jusqu'à Tonnay, sur la Charente, où les nôtres entrèrent pour incommoder le roi, qui assiégea les châteaux dudit comte et de ses gens, et s'en empara selon sa volonté; et cela n'est pas étonnant, car le comte a laissé ces châteaux et les autres dépourvus de bonnes troupes et de toute autre munition. Pendant que nous demeurions dans notre camp près de Tonnay, nous avons traité avec Geoffroi de Rancon, seigneur de Taillebourg, qui s'obligea à revenir à notre service et à notre foi, et dans cette espérance nous lui avons accordé une trêve promettant de ne point l'attaquer. Nous sommes venu alors avec toute notre armée devant la ville de Taillebourg, et là nous avons dressé nos tentes dans la prairie; nous pouvions ou prendre la ville avec le château si nous avions passé la Charente à Tonnay, ou, demeurant devant Taillebourg, détruire le pont de la ville, en sorte que le roi de France, qui était de l'autre côté du fleuve, n'eût point passage vers nous, si, par les perfides intrigues dudit comte de la Marche et de Renaud de Pons, nous ne nous en étions rapporté à Geoffroi de Rancon. Comptant donc que ledit Geoffroi reviendrait à notre foi, comme il nous en avait donné l'espérance, nous sommes retourné à Saintes; mais, pendant que nous y demeurions, infidèle et oublieux de sa promesse, il s'est plus fortement attaché au roi de France contre nous. Quant à nous, apprenant que le roi approchait de l'autre côté du fleuve vers Taillebourg, nous y sommes revenu pour lui fermer le passage du fleuve; mais comme nous ne le pouvions faire, parce que nous avions amené avec nous peu d'hommes d'armes de notre nation d'Angleterre et à cause de la puissance du roi que nous voyions bien supérieur à nos forces, du conseil de tous nos fidèles nous sommes revenu à Saintes.

Le jour de Sainte-Marie-Madeleine, après que ledit roi eut passé le pont de Taillebourg, ses gens, comptant bien occuper la ville de Saintes où nous étions, tandis que les nôtres étaient à table ou endormis, s'y portèrent impétueusement et en grande force; mais les nôtres, Dieu soit béni, quoique surpris à l'improviste, sortirent à leur rencontre et leur résistèrent vigoureusement en face. Il y eut là un engagement sérieux et un très-fort combat où plusieurs de l'armée du roi de France furent tués, plusieurs blessés et plusieurs faits prisonniers. Des nôtres il y en eut de même quelques-uns de pris et quelques-uns de blessés. Enfin, comme nos adversaires sentaient qu'ils ne pouvaient prévaloir sur nous, ils retournèrent tout confus à leurs tentes. Pour nous, étant resté encore le lendemain à Saintes, nous prîmes ensuite la résolution de nous retirer vers Pons. Le comte de la Marche ayant délaissé la ville et le château de Saintes sans défenseurs ni autres munitions, le roi de France, après notre retraite, y entra aussitôt comme dans une ville abandonnée et sans défense. Et comme nous voyions que le séjour de Pons nous était moins sûr à cause de l'approche du même roi, nous avons pris le chemin de Barbezieux, laissant à Pons une bonne et suffisante garnison. Mais incontinent, et aussitôt après que nous fûmes sorti de la ville, Renaud de Pons, nous disant adieu et nous donnant le baiser de Judas, manifesta en fait la fraude qu'il avait méditée, et le comte de la Marche fit de même, adhérant au roi de France; en sorte que, si nous ne nous étions soustrait à leur révolte et à leur malice réfléchie, en marchant tout le jour avec notre armée vers Blaye, ils nous eussent livrés, nous et tous les nôtres, aux mains dudit roi, comme ils l'avaient criminellement projeté : peu soucieux de leur renommée et de leur bonne foi, et violant le pacte qu'ils avaient conclu avec nous.

Nous donc, comme nous ne pouvions demeurer davantage, sans péril pour notre personne et pour tous ceux qui étaient avec nous, au milieu de cette nation perfide et sans pudeur du Poitou, nous nous sommes transporté en Gascogne, où notre cher parent, Raymond, comte de Toulouse et de la Marche de Provence, nous est venu trouver de sa personne et a traité avec nous sur le rétablissement de nos affaires et les mesures à prendre dans la situation. Après avoir passé la Gironde, en laissant une bonne garnison à Blaye, nous nous sommes arrêté en face de cette ville, parce que le roi de France était venu avec une armée pour l'assiéger. Mais étant resté à deux milles de la ville, pendant quinze jours environ, dans son camp, il n'a pas osé en approcher de plus près, bien que ses troupes eussent eu de forts engagements avec notre garnison, et ainsi il a fini par retourner dans son pays.

Nous avons cru devoir informer de ces choses Votre Magnificence Impériale, vous priant instamment, si quelque autre bruit de nature à faire tort à notre réputation dans cette affaire était venu à vos oreilles par l'imposture de quelque rival, de le tenir pour frivole et contraire à la vérité.

En outre, nous voulons faire connaître à Votre Sérénité que nous pourrions compter en Bourgogne plusieurs amis puissants qui nous soutiendraient volontiers avec force dans nos besoins, si le comté de Bourgogne était aux mains d'un autre que le duc de Bourgogne. Veuillez y aviser, s'il vous plaît, pour notre profit, que vous pouvez regarder comme un accroissement de votre honneur. Présent le roi à Bordeaux, le 19e jour de septembre.

(*Royal and other historical letters illustrative of the reign of Henry III*, t. II, p. 25.)

II

(Voy. ci-dessus, p. 261.)

RÉCIT DE FRÈRE SALIMBENE, DE L'ORDRE DES FRÈRES MINEURS, SUR SAINT LOUIS PARTANT POUR LA CROISADE (1248).

L'an du Seigneur 1248, vers la fête de la Pentecôte ou après, je me rendis d'Auxerre au couvent de Sens, parce qu'on y devait célébrer le chapitre provincial de France, et que le seigneur Louis, roi de France, y allait venir; et comme le roi de France était sorti de Paris et venait au chapitre, lorsqu'il approcha de la maison, tous les frères mineurs sortirent à sa rencontre pour le recevoir honorablement. Et frère Rigaud, de l'ordre des frères mineurs, maître et professeur de Paris (*magister cathedralus Parisius*). et archevêque de Rouen, revêtu des ornements pontificaux, sortit de la maison et allait en toute hâte vers le roi, le cherchant et disant : « Où est le roi ? où est le roi ? » et moi je le suivais, car il s'en allait seul et tout ébahi (*attonitus*), la mitre en tête et le bâton pastoral à la main ; il s'était mis en retard à se préparer, en sorte que les autres frères étaient déjà sortis et se tenaient çà et là sur la route, regardant devant eux pour voir le roi qui allait venir. Et je m'étonnai extrêmement en moi-même, disant : « Certes j'ai lu plus d'une fois que les Gaulois Sénonais furent si puissants que sous le commandement de Brennus ils prirent Rome ; et maintenant leurs femmes, pour la plus grande partie, semblent n'être que des femmes de service. Si le roi de France était passé par Pise ou par Bologne, la fleur des dames de ces deux cités serait allée à sa rencontre. » Alors je me rappelai que telle est la coutume des Français ; car en France il n'y a que des bourgeois qui habitent les villes : les chevaliers et les nobles dames demeurent dans leurs maisons de campagne et dans leurs terres.

Le roi était mince et grêle, maigre et assez long (grand)[1], ayant un air angélique et un visage plein de grâces. Et il venait à l'église des frères mineurs, non dans la pompe royale, mais en habit de pèlerin, ayant l'escarcelle et le bourdon de pèlerin au col : digne ornement des épaules royales[2]. Et il venait non à cheval, mais à pied, et ses frères, qui tous trois étaient comtes, le premier appelé Robert, le dernier Charles, qui a fait des choses grandes et très-dignes de louanges, le suivaient avec la même humilité et dans le même habit. Le roi n'avait cure de l'escorte des nobles, mais bien plutôt des prières et des suffrages des pauvres ; et en vérité on pouvait plutôt le dire moine pour la dévotion du cœur, que chevalier quant aux armes de guerre. Il entra donc dans l'église

1. Subtilis et gracilis, macilentus, convenienter et longus.
2. Habens capsellam et burdonem peregrinationis ad collum, qui optime scapulas regias decorabat.

des frères, et s'étant très-dévotement mis à genoux, il pria devant l'autel. Comme il sortait de l'église et qu'il se tenait encore sur le seuil, j'étais auprès de lui. On lui offrit et on lui présenta de la part du trésorier de l'église de Sens un grand brochet vivant dans un baquet de bois de sapin rempli d'eau que les Toscans appellent *bigonza*, où on lave et on baigne les enfants lorsqu'ils sont encore au berceau ; le brochet est tenu pour un poisson cher et de prix en France. Le roi rendit grâces tant à celui qui lui envoyait qu'à celui qui lui offrait ce présent. Quand nous fûmes réunis au chapître, le roi se mit à nous parler de son entreprise, se recommandant lui et ses frères et notre dame la reine, sa mère, et toute sa compagnie, et fléchissant dévotement le genou, il demanda les prières et les suffrages des frères ; et quelques frères de France qui étaient près de moi, émus de dévotion et de piété, pleuraient comme sans consolation. Après le roi, le cardinal de la cour romaine, le seigneur Eudes, qui avait été chancelier [de l'église] de Paris et qui devait passer la mer avec le roi, prit la parole et ne nous dit que peu de mots. Après eux parla frère Jean de Parme, général de l'ordre, qui, par sa charge, avait devoir de répondre.

Le frère résume le discours où son général félicite le roi de ne demander aux religieux ni or ni argent, et lui promet largement les prières qu'il sollicite.

Le roi, continue-t-il, entendant ces paroles, remercia le général et agréa tellement sa réponse qu'il voulut qu'elle fût confirmée par des lettres scellées de lui, et il en fut ainsi. Ce jour-là, le roi fit la dépense et mangea avec les frères, et nous mangeâmes au réfectoire. Là mangèrent les trois frères du roi, le cardinal de la cour romaine, le général et frère Rigaud, archevêque de Rouen, le provincial de France, les custodes, les diffiniteurs et les frères discrets (*discreti*)[1] et tous ceux qui faisaient partie du chapitre et les

---

1. Voyez sur ses fonctions le *Dictionnaire de Trévoux* et le

frères hôtes que nous nommons forains. Le général, sachant qu'avec le roi était une noble et digne compagnie, à savoir : trois comtes, le cardinal-légat de la cour de Rome et l'archevêque de Rouen, ne voulut pas se mettre en évidence dans l'exercice de ses fonctions, quoiqu'il fût invité à s'asseoir auprès du roi ; mais il aima mieux pratiquer, en effet, ce que le Seigneur nous a appris par sa parole et par son exemple : la courtoisie et l'humilité. Frère Jean résolut donc de prendre place et s'assit à la table des humbles ; mais elle fut anoblie par sa présence, et plusieurs, édifiés par sa conduite, en prirent bon exemple.

Le bon religieux donne sur le repas des détails où l'on voit qu'il en avait gardé excellente mémoire :

En ce jour-là, dit-il, le roi accomplit l'Écriture, qui dit, *Ecclésiastique*, IV : « Montre-toi affable à l'assemblée des « pauvres. » Donc, nous avons eu en ce jour d'abord des cerises, ensuite du pain très-blanc ; le vin, comme il convenait à la magnificence royale, était de choix et servi en abondance, et, selon la coutume des Français, il y en avait beaucoup qui invitaient et forçaient à boire ceux qui refusaient. Nous avons eu ensuite des fèves nouvelles cuites au lait, des poissons et des écrevisses, des pâtés d'anguilles, du riz avec du lait d'amandes et de la poudre de cannelle, des anguilles rôties avec une excellente sauce, des tourtes et des jonchées (crèmes), les fruits qu'il fallait, en abondance et convenablement, et tout cela fut offert avec courtoisie et servi avec prévenance.

Le lendemain le roi reprit sa route. Pour moi, le chapitre étant fini, je suivis le roi, car j'avais du général la permission d'aller en Provence pour y demeurer ; et il me fut facile de retrouver le roi, parce qu'il s'écartait souvent du grand chemin pour aller aux ermitages des frères mineurs et autres religieux établis çà et là, à droite et à gauche, afin de se re-

P. Héliot, *Hist. des Ordres monastiques religieux et militaires*, t. VII, p. 29-31.

commander à leurs prières. Et il suivit cette conduite jusqu'à ce qu'il arrivât à la mer et s'embarquât pour la Terre Sainte. Comme je visitais les frères d'Auxerre, du couvent desquels j'avais été, j'allai un jour à Argilly, qui est un noble château en Bourgogne où l'on croyait que reposait alors le corps de la Madeleine. Le lendemain était dimanche. De grand matin le roi vint avec ses frères pour demander les suffrages des frères. Il avait laissé toute sa compagnie dans le château dont ses frères n'étaient pas très-éloignés; il n'emmenait avec lui que ses trois frères et quelques sergents qui gardaient les chevaux. Ayant fléchi le genou et fait révérence devant l'autel, les frères du roi cherchaient des siéges et des bancs où ils pussent s'asseoir; mais le roi s'assit par terre et dans la poussière comme je le vis de mes yeux, car cette église n'avait point de pavé. Il nous appela à lui, disant : « Venez à moi, mes très-doux frères, et écou-« tez mes paroles. » Et nous fîmes cercle autour de lui, nous asseyant avec lui par terre, et ses frères semblablement. Et il fit sa recommandation, et il demanda les prières et les suffrages des frères, selon la forme ci-dessus décrite. Et après la réponse qui lui fut faite, il sortit de l'église pour reprendre sa route. Et on lui dit que Charles priait avec ferveur; et le roi s'en réjouit et il attendit patiemment que son frère eût prié avant de monter à cheval; et les deux autres comtes, frères du roi, attendaient semblablement dehors avec lui. Charles était le plus jeune frère et comte de Provence (car il avait épousé la sœur de la reine); et il faisait beaucoup de génuflexions devant l'autel qui était dans l'aile de l'église, près de la sortie, et je voyais Charles priant avec ferveur et le roi près de la porte, au dehors, attendant avec patience, et j'en fus fort édifié. Après cela, le roi continua sa route, et ses affaires étant terminées, il se hâta vers la flotte qui lui était préparée. (*Chron. Fr. Salimbene Parmensis*, dans les *Monumenta historica ad provincias Parmensem et Placentinam pertinentia*, p. 93-97.)

FIN DU PREMIER VOLUME.

TABLE DES CHAPITRES

DU PREMIER VOLUME

INTRODUCTION..Page   v

CHAPITRE I.

RÉGENCE DE BLANCHE DE CASTILLE.

I. Première éducation de saint Louis. — Sacre. — Révolte des barons. — Traité de Vendôme (1227). — Traité de Paris ou de Meaux (1229)... 1
II. Nouveaux troubles : le comte de Champagne secouru. — Le comte de Bretagne soumis. — Trêve avec l'Angleterre. — Mariage de saint Louis... 24
III. Fin des guerres de barons. — Affaires intérieures : l'Université. — L'archevêque de Rouen. — L'évêque de Beauvais......... 41

CHAPITRE II.

VERTUS CHRÉTIENNES DE SAINT LOUIS.

I. Piété de saint Louis... 51
II. Simplicité. — Pureté. — Bonté. — Humilité. — Charité....... 60

CHAPITRE III.

GOUVERNEMENT PERSONNEL DE SAINT LOUIS. — LA QUERELLE DU SACERDOCE ET DE L'EMPIRE. — LES CROISADES.

I. Soumission des comtes de Champagne et de Bretagne. — Mariages féodaux. — Affaires ecclésiastiques (Beauvais et Reims)... 76
II. La querelle du Sacerdoce et de l'Empire. — Innocent III, Othon IV et Frédéric II... 91
III. Les Croisades de 1217 et de 1228. — Honorius III, Grégoire IX et Frédéric II... 96

IV. Les Tartares. — Constantinople et la Terre Sainte. — Nouvelle excommunication de Frédéric II (1239)............... 106
Dernière lutte de Grégoire IX et de Frédéric II. — Intervention de saint Louis.. 123

CHAPITRE IV.

Ligue de plusieurs seigneurs et du roi d'Angleterre contre saint Louis.

I. Complot du comte et de la comtesse de la Marche............ 137
II. La guerre de Poitou. — Journée de Taillebourg et de Saintes. — Soumission du comte de la Marche...................... 151
III. Trêve avec l'Angleterre. — Soumission des seigneurs du Midi. — Paix de Lorris... 168

CHAPITRE V.

Périls de la chrétienté a l'intérieur et au dehors. — Innocent IV et Frédéric II. — Concile de Lyon.

I. Les Tartares et les Karismiens. — Prise de Jérusalem. — Saint Louis prend la croix....................................... 179
II. Innocent IV et Frédéric II.................................... 195
III. Concile de Lyon. — Déposition de Frédéric II................ 202

CHAPITRE VI.

Suites du Concile de Lyon.

I. Situation de l'Europe après le Concile de Lyon................ 211
II. Continuation de la lutte d'Innocent IV et de Frédéric II....... 215
III. Entrevue de Cluny. — Mariage de Charles d'Anjou. — Nouvelles démarches de Frédéric II...................................... 219
IV. Nouvelle intensité de la lutte en Allemagne et en Italie : Henri Raspon ; — Guillaume de Hollande........................... 233
V. Préparatifs de la Croisade.................................... 241

CHAPITRE VII.

Première croisade de saint Louis.

I. Saint Louis en Chypre... 269
II. Prise de Damiette.. 282
III. Séjour de saint Louis à Damiette............................ 294

CHAPITRE VIII.

Bataille de Mansoura.

I. Départ de Damiette. — Le Nil. — Le canal d'Achmoun........ 308
II. Bataille de Mansoura. — Première journée (mardi avant les Cendres).. 320
III. Le roi campe sur le champ de bataille. — Deuxième journée (vendredi 11 février)..................................... 333
IV. Souffrances de l'armée. — Arrivée du jeune sultan. — Premières négociations. — Progrès de l'épidémie et de la disette....... 340
V. Retraite par terre et par eau. — Le roi fait prisonnier......... 348

CHAPITRE IX.

La captivité de saint Louis.

I. La reine sauve Damiette. — Le roi ramené à Mansoura. — Joinville pris avec ceux qui faisaient retraite par eau. — Sort des prisonniers.. 355
II. Traité de saint Louis avec le sultan. — Meurtre du sultan. — Le roi devant les conjurés maîtres du pouvoir. — Renouvellement du traité.. 369
III. Exécution du traité....................................... 382

CHAPITRE X.

Saint Louis en Palestine (1250-1251).

I. Arrivée à Saint-Jean d'Acre. — Question du retour. — Départ des frères du roi. — Message de Frédéric II................ 392
II. Saint Louis en présence des musulmans d'Égypte et de Syrie. — Il fortifie Saint-Jean d'Acre. — Message du Vieux de la montagne. — Délivrance des prisonniers d'Égypte. — Lutte des Égyptiens et des Syriens.................................. 405
III. Saint Louis à Césarée. — Sa conduite en Palestine............ 419

CHAPITRE XI.

Saint Louis en Palestine (1251-1254).

I. Dispositions de l'Occident à l'égard de la croisade. — Fin de la lutte d'Innocent IV et de Frédéric II. — Les Pastoureaux.... 427
II. Conventions avec l'Égypte faites et rompues. — Saint Louis à

Jaffa. — Mort de Blanche de Castille. — Mission de Rubruquis chez les Tartares... 438

III. Saint Louis à Sour et à Sidon... 449

CHAPITRE XII.

Retour de saint Louis.

I. Derniers temps du séjour du roi en Palestine. — Départ....... 456
II. Périls et incidents du voyage.. 462
III. Débarquement de saint Louis. — Le roi à Saint-Denis. — A Paris. — Résultats de la croisade.................................... 473

Frais de la croisade de saint Louis................................. 477

Tableaux généalogiques des princes Ayoubites en Égypte et à Damas.. 480

APPENDICES.

I. Lettre de Henri III à Frédéric II (19 septembre 1242).......... 481
II. Récit de frère Salimbene sur saint Louis partant pour la croisade (1248)... 484

FIN DE LA TABLE DU PREMIER VOLUME

ERRATA.

Page 17, lignes 4 et 7 *supprimez* [e].
— 36, — 17, ait été *lisez* eût été.
— 291, — 7, mille hommes d'armes, *lisez* ses hommes d'armes.
— 388, — 10, cousin du roi, *lisez* sergent du roi.
— 457, — 24, dérobées, *lisez* dérobés.

14915. — Typographie Lahure, rue de Fleurus, 9, à Paris.

www.ingramcontent.com/pod-product-compliance
Lightning Source LLC
Chambersburg PA
CBHW051405230426
43669CB00011B/1776